Report of Hedge Funds in China 2020

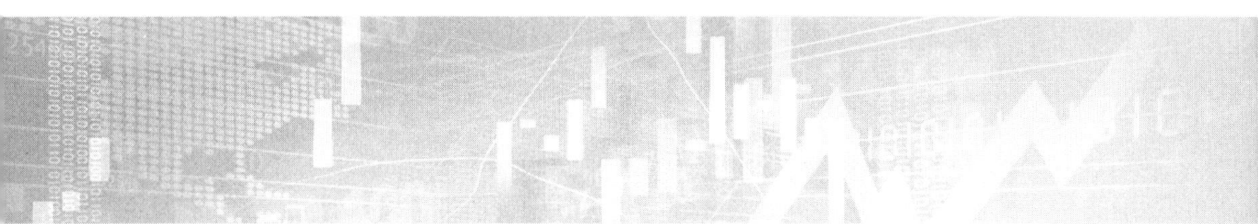

2020年中国私募基金研究报告

曹泉伟　陈卓　等 / 著

中国财经出版传媒集团
经济科学出版社
Economic Science Press

课题组成员

组　长：曹泉伟

副组长：陈　卓

顾　问：李　彬

成　员（按姓氏笔画排序）：

门　垚　王平凡　石　界

姜白杨　滕立雅

前言

2019年，资本市场改革不断深化，监管机构在提高金融服务实体经济的能力、推动金融市场创新和防范化解金融风险等重点工作上持续发力，对私募基金行业来说，也是机遇与挑战并存的一年。这一年，国内政策由初始的宽松转为中性，中美贸易摩擦由激烈转至缓和，全球迎来降息潮，MSCI指数在A股再度扩容，金融市场对外开放程度不断加深，在上述多种因素的作用下，A股市场迎来上涨行情。2019年，沪深300指数和万得全A指数分别上涨36%和33%，创业板指数涨幅超过40%。在股市高涨的背景下，科创板横空出世，从宣布设立至开市仅耗时259天，体现了国家支持科技创新企业的决心。与此同时，外资私募加速布局A股市场、股票股指期权扩容、近九成证券类私募基金在科创板网下打新受限、资管新规细则出台等大事件层出不穷，促使行业内部竞争愈演愈烈，百亿私募大洗牌，多家老牌机构退出百亿规模的阵营，一些头部量化基金逐渐崭露头角，突破百亿私募规模大关。这些事件不仅对私募基金行业有着重要的影响，同时也见证了我国私募基金行业的发展轨迹。

中国的私募基金行业在过去20余年间获得了长足的发展，时至今日，中国的私募基金市场已初具规模，达到2.45万亿元。2019年，在市场行情的带动下，私募基金的累计发行数量达到40557只，继续运营的私募基金数量保持在31414只，全年新发行742只私募基金，较2018年新发基金数量有所下降，整体发行速度趋缓。就私募基金的实际发行规模而言，市场上发行的私募基金以中小规模（3亿元以内）为主。整体来看，我国私募基金行业发展告别过去“井喷式”的增长阶段，处于稳定有序的发展过程。作为资产管理业务内一个新兴专业化的群体，私募基金逐渐成长为我国资产管理市场一股不可忽视的力量，此时对其进行深入研究的现实意义不言而喻。

本书以中国证券投资类私募基金为研究对象，从发展现状、业绩表现、选股择时能力和业绩持续性等角度进行了细致的分析。在第一章中，我们回顾私募基金市场的发展历程，并从不同维度剖析我国私募基金的发展现状。虽然私募基金起步晚于公募基金，但凭借着追求绝对收益的理念、高额的投资回报和较好的风险控制能力，已然成为资本市场上不容忽视的一股力量。2019年，股票股指期权扩容，私募基金增加了一个新的对冲工具，丰富了其自身的投资策略。同年，科创板正式开市，但多数证券类私募基金无缘打新，不过私募基金仍可择机进行二级市场交易。在外资私募加速布局A股市场的大环境下，私募基金行业对外开放的力度也进一步加深，私募基金市场迎来更多的机遇和挑战。

第二章，我们以私募基金中最具代表性的股票型私募基金为研究对象，与股票型公募基金以及覆盖市场上所有股票的万得全A指数的业绩表现进行综合比较。首先，在进行绝对收益率指标比较时，选取年化收益率、累计收益率、基金业绩超越大盘指数的比例三个指标进行分析。结果显示，在2008~2019年的12年里，有7年股票型私募基金的收益超过大盘指数，与公募基金相比也是互有高低，但私募基金年化收益的波动率要低于大盘指数和公募基金。这一期间私募基金的累计收益率为107%，而公募基金的累计收益率为62%，万得全A指数的累计收益率仅为12%，均低于私募基金的业绩。我们在作风险调整后的收益比较时，选取了夏普比率、索丁诺比率和收益—最大回撤比率三个风险调整后收益指标进行分析。结果显示，在过去五年（2015~2019年）中，从夏普比率的分析结果来看，股票型私募基金能够取得高于大盘指数的风险调整后收益，但低于公募基金；从索丁诺比率的分析结果来看，在同样的下行风险水平下，私募基金能够取得高于公募基金和大盘指数的风险调整后收益，并且近五年私募基金的收益—最大回撤比率也远远大于大盘指数。总体来看，2015~2019年，在考虑了基金管理费和交易成本后，主动管理的股票型私募基金的业绩能够战胜大盘指数和公募基金。

第三章，我们评估股票型私募基金经理的选股能力和择时能力。结果显示，在485只样本基金中，只有120只基金（占比25%）的基金经理具有显著的选股能力，有42只基金（占比9%）的基金经理具有显著的择时能力。经自助法（Bootstrap Method）检验后，我们发现，有93位基金经理（占485只基金的19%）的选股能力是源于基金经理自身的投资能力而不是运气，有23位基金经理（占485只基金的5%）的择时能力源于基金经理自身的投资才能。

第四章，我们分别使用基金收益率的Spearman相关性检验、绩效二分法检验、描述统计检验和基金夏普比率的描述统计检验对私募基金业绩的持续性作出检验。结果显示，无论排序期是一年还是三年，只有在少部分样本期中股票型私募基金的收益率表现出持续性，同时，在部分期间内，基金的收益率排名存在反转现象。也就是说，私募基金的收益率并不具有显著的持续性，不能帮助投资者预测其未来的业绩。此外，当排序期为一年时，过去一年夏普比率排名靠前或靠后的基金在未来一年有较大概率仍然排名靠前或靠后；当排序期为三年时，过去三年夏普比率排名靠前的基金在未来一年有较大概率仍然排名靠前。因此，私募基金过去一段时间（一年或三年）的夏普比率，对投资者而言具有重要的参考价值。

第五章，为使大家了解我国私募基金行业的发展状况，以及不同策略的私募基金的业绩和风险程度，我们根据私募基金的投资策略，将私募基金指数主要分为普通股票型私募基金指数、股票多空型私募基金指数、相对价值型私募基金指数、事件驱动型私募基金指数、债券型私募基金指数和CTA型私募基金指数六类。这些指数可以分别反映投资于股票、债券和期货等资产的私募基金的整体收益和风险情况。通过对比不同私募基金指数与相应市场指数间的差异，我们发现，上述六类私募基金指数的收益皆高于市场指数，除债券型私募基金指数的风险略高于其市场指数外，其余五类私募基金指数对风险的控制明显优于所对应的市场指数。在将各指数分别与其对标市场指数进行比较分析的基础上，我们还对主要投资于股票市场的四类私募基金指数进行横向对比。结果发现，普通股票型、相对价值型、股票多空型和事件驱动型私募基金指数的风险和调整风险后的收益都要优于市场指数。此外，尽管相对价值型私募基金指数的绝对收益不是很高，但其风险较低、调整风险后的收益较高。

第六章，我们构建私募基金风险因子，并用这些风险因子解释私募基金收益的来源。其中，私募基金风险因子包括股票市场风险因子（MKT）、规模因子（SMB）、价值因子（HML）、动量因子（MOM）、债券因子（BOND10）、信用风险因子（CBMB10）、债券综合因子（BOND_RET）和商品市场风险因子（FUTURES）。基于私募基金风险因子分析，投资者可以更加充分地了解不同策略私募基金的风险暴露情况。结果显示，当对单只基金进行回归时，四类股票型基金的拟合程度较好，与MKT因子呈正相关的基金数量比例较高，体现出了股票型基金的特征。而债券型基金和CTA型基金回归到模型时调整后R^2偏低，意味着我们构造的八个风险因子不能较好地解释这两个策略私募基金的收益构成。当对私募基金指数进行回归时，普通股票型、股票多空型和事件驱动型私募基金指数的模型拟合程度较高。

本书通过定性的归纳总结和大量的数据分析，力求以客观、独立、深入、科学的方法，对我国私募基金行业的一些基础性、规律性的问题作出深入分析，使读者对私募基金行业整体的发展脉络有一个全面而清晰的认识，加深对私募基金发展现状的理解。同时，也为关注私募基金行业发展的各界人士提供一份可以深入了解私募基金的参阅材料。

目　录 CONTENTS

第一章　中国私募基金行业发展概览　/　*1*

一、简要历程 …… 2
二、私募基金与公募基金的对比 …… 10
三、私募基金行业的新动向 …… 12
（一）外资私募布局中国加速 …… 12
（二）股票股指期权扩容 …… 18
（三）多数证券类私募无缘科创板打新 …… 20
（四）监管制度不断完善 …… 22
四、私募基金行业发展现状 …… 23
（一）基金发行数量 …… 24
（二）基金实际发行规模 …… 26
（三）基金发行地点 …… 27
（四）基金投资策略 …… 28
（五）基金费率 …… 29
五、小结 …… 30

第二章　私募基金能否战胜公募基金和大盘指数　/　*32*

一、收益率的比较 …… 33
（一）四类股票型私募基金与大盘指数的比较 …… 35
（二）年度收益率的比较 …… 43
（三）基金超过大盘指数收益率的比例 …… 46
（四）累计收益率的比较 …… 47
二、风险调整后收益指标的比较 …… 49
（一）夏普比率 …… 49

（二）索丁诺比率 …… 57
（三）收益—最大回撤比率 …… 65
三、四个收益指标的相关性分析 …… 74
四、小结 …… 75

第三章 私募基金经理是否具有选股能力与择时能力 / *77*

一、回归模型及样本 …… 78
二、选股能力分析 …… 81
三、择时能力分析 …… 87
四、稳健性检验 …… 92
五、自助法检验 …… 97
六、小结 …… 104

第四章 私募基金业绩的持续性 / *105*

一、收益率持续性的绩效二分法检验 …… 106
二、收益率持续性的 Spearman 相关性检验 …… 111
三、收益率持续性的描述统计检验 …… 114
四、夏普比率持续性的描述统计检验 …… 122
五、小结 …… 127

第五章 道口私募基金指数 / *128*

一、道口私募基金指数编制方法 …… 129
（一）样本空间 …… 129
（二）指数类别 …… 129
（三）样本选入 …… 129
（四）样本退出 …… 129
（五）道口私募指数计算准则 …… 130
二、道口私募基金指数覆盖的基金数量 …… 131
三、道口私募基金指数与市场指数的对比 …… 138
四、小结 …… 146

第六章 中国私募基金的业绩归因分析 / *147*

一、风险因子的构建 …… 148

二、风险因子的描述统计…… 152
三、私募基金的风险因子归因分析…… 158
（一）样本选取 …… 158
（二）私募基金风险归因模型 …… 160
（三）归因分析结果 …… 160
四、私募基金指数的风险因子归因分析…… 165
（一）私募基金指数风险归因模型 …… 165
（二）归因结果分析 …… 165
（三）稳健性检验 …… 166
五、小结…… 168

附录一　股票型私募基金业绩描述统计表（按年化收益率由高到低排序）：2015~2019 年…… 169
附录二　股票型私募基金经理的选股能力和择时能力（按年化 α 排序）：2015~2019 年…… 195
附录三　收益率在排序期位于前 5%的基金在检验期的排名（排序期为一年）：2014~2019 年…… 221
附录四　收益率在排序期位于前 5%的基金在检验期的排名（排序期为三年）：2014~2019 年…… 243
附录五　收益率在排序期和检验期分别位于前 5%的基金排名（排序期为一年）：2014~2019 年…… 247
附录六　收益率在排序期和检验期分别位于前 5%的基金排名（排序期为三年）：2014~2019 年…… 270
附录七　夏普比率在排序期位于前 5%的基金在检验期的排名（排序期为一年）：2014~2019 年…… 274
附录八　夏普比率在排序期位于前 5%的基金在检验期的排名（排序期为三年）：2014~2019 年…… 296

参考文献…… 300
后记…… 302

第一章

中国私募基金行业发展概览

证券投资基金是指向投资者发售基金份额，汇集资金形成独立财产，由委托基金管理人进行投资管理，基金托管人进行财产托管，由投资人共享收益、风险共担的集合投资方式。证券投资基金所投的有价证券主要是在证券交易所或银行间市场上公开交易的证券，包括股票、债券、货币、金融衍生品等。投资者投资证券投资基金，主要是为了实现资产的保值与增值。根据资金募集方式的不同，证券投资基金划分为公募证券投资基金（以下简称“公募基金”）和私募证券投资基金（以下简称“私募基金”），本书的研究对象为私募基金。

2019 年对私募基金行业来说，是机遇与挑战并存的一年。2019 年，国内政策由初始的宽松转为中性、中美贸易战摩擦由激烈到缓和、全球迎来降息潮、MSCI 宣布在 A 股再扩容等，在多种因素的作用下，A 股由第一季度的大幅反弹到振荡调整，截至 2019 年底，上证综指累计上涨近 20%，万得全 A 指数上涨近 30%。在股市高涨的背景下，科创板横空出世、股票股指期权扩容、资管新规细则出台、外资私募加速布局 A 股市场等大事件层出不穷，私募基金经历了多变的一年。与此同时，行业内竞争愈演愈烈，百亿私募大洗牌，多家老牌机构退出百亿规模阵营，一些量化类基金机构突破百亿私募规模大关。这些事件不仅对私募基金行业有着重要的影响，同时也见证了私募基金行业发展的轨迹。

告别 2018 年的市场寒冬，2019 年私募基金重装出发。据中国证券投资基金业协会（以下简称“中基协”）数据显示，截至 2019 年 12 月底，私募证券投资基金管理人有 8 857 家，存续备案基金产品数量为 41 399 只，规模达到 2.45 万亿元。相较 2018 年而言，市场淘汰了百余家基金管理人，新增 5 711 只备案产品，呈稳步增长态势，产品规模由缩水态势转为回升，较 2018 年增加 2 000 亿元左右。本章将从私募基金发展的简要历程、私募基金与公募基金的对比、2019 年行业新动向以及行业发展现状这四个维度来回顾私募基金行业的发展历程，以期为读者理清私募基金的发展脉络。

一、简要历程

私募基金是向特定投资者，即少数机构投资者和富有的个人投资者，以非公开方式进行资金募集的基金。我国私募基金起步较晚，相较于海外基金和我国公募基金而言还比较年轻，但凭借着追求绝对收益的理念，在我国资产管理行业异军突起，已然成为深受高净值客户青睐的理财方式。它不仅满足了广大投资者多元化的资产配置需求，还为我国资本市场的长期健康发展提供了强有力的支持。回顾私募基金的成长历程，不难发现，私募基金行业经历的是一个自下而上、自发孕育产生、发展并得以阳光化、合法化的过程，同时也是一个在资本市场制度变迁与环境的演进中寻求经济利益的过程。历经多年沉浮积淀，私募基金已告别野蛮式生长并走向规范化发展的道路。本节将从地下生长阶段、阳光化成长阶段和合法化发展阶段来梳理私募基金的发展历程。

第一阶段：20世纪90年代初至2004年，私募基金的地下生长阶段。20世纪90年代初期，市场上出现了私募基金的雏形。随着改革开放的不断推进，一批富有的个人和拥有大量闲置资金的企业相继涌现，民间资本充裕。当时，我国资本市场已初步建立，上海证券交易所与深圳证券交易所皆已成立。但市场制度建设相对滞后，存在许多制度套利和操纵股价的空间。一级市场与二级市场对一家企业的估值差别巨大，例如，一家企业从一级市场进入二级市场，公司估值会大幅提升。两个市场之间套利的风险又很低，许多投资者都想参与两个市场之间的套利。但此时的公募基金并不能满足这一市场需求，规模较小，基金的品种与投资策略不够丰富，不能提供多元化的理财产品和高端的理财服务，市场急需代客理财的创新投资模式，私募基金便应运而生。1993年，政府允许证券公司进入一级市场，随后证券业务的经营范围由经纪业务拓展到承销业务，投资群体快速发展。在此背景下，一些大客户将资金委托给证券公司进行代理证券投资，这部分资金多数发展为“一级市场基金”，即在一级市场上认购新股。这种大客户与证券公司形成的不太正规的信托资金委托关系便是我国私募基金的雏形。

1996~2000年，市场上出现了更接近严格意义上的私募基金。一方面，股市呈上行趋势，股市较高的投资回报率引热私募基金行业。一些上市企业也将闲置资金委托给主承销商代理投资，资金不断涌入股市。另一方面，股市的赚钱效应、券商委托理财的示范效应以及市场上旺盛的投资需求，促使市场上出现了许多以委托理财方式设立的投资咨询公司、投资顾问公司和投资管理公司等。同时，在券商经营过程中，基金管理人受到诸多限制，薪酬水平也较低，大量的券商精英纷纷“跳槽”到私募行业，私募行业的人才得到补充。受这几种因素的多重影响，私募基金迎来了一个新的发展阶段。

2001~2003 年，私募基金阳光化的条件逐渐成熟。政府层面陆续出台了相关政策，为私募基金规范化发展创造了良好的制度环境。2001 年 4 月，全国人大常委会通过了《中华人民共和国信托法》，建立了信托法律制度，明确和规范了信托关系，此后信托公司从事私募业务走向合法化的发展道路。2003 年 8 月，云南国际信托有限公司发行了我国首支投资于二级市场的以信托模式运作的私募基金——“中国龙资本市场集合资金信托计划”。2003 年 10 月，全国人大常委会通过了《中华人民共和国证券投资基金法》，明确了公开募集基金的法律体系，虽并未给予私募基金相同的法律地位，但为国内引入私募基金预留了一定口径。2003 年 12 月，中国证券监督管理委员会（以下简称“证监会”）发布《证券公司客户资产管理业务试行办法》，准许证券公司从事集合资产管理业务，此后券商也逐步展开私募基金业务。

与此同时，公募基金行业的蓬勃发展也为私募基金行业带来契机。2003 年，中国经济进入新一轮的上行期，以钢铁、石化、能源电力、银行和汽车为首的五大行业是市场的主要受益者，被投资者称为“五朵金花”。一批公募基金管理人开始前瞻性地配置这五个行业，在高涨的行情中赚取了丰厚的收益，市场对价值投资有了深刻的认知。此后，价值投资逐渐成为主流投资理念，私募基金陆续转型，逐步接受和运用价值投资的理念。

第二阶段：2004~2013 年，私募基金的阳光化成长阶段。2004 年，“深国投·赤子之心（中国）集合资金信托计划”（以下简称“赤子之心”）的推出，代表了我国私募基金开始告别地下发展阶段，开启了阳光化发展的新纪元。与之前私募产品的运作模式不同，该基金由基金经理赵丹阳和中国深国投股份有限公司合作推出，由信托公司发行，私募机构担任投资顾问，第三方银行作为资金托管方，建立了以信托关系为基础的代客理财机制，这种创新型的运作模式使得基金的资金募集、信息披露等都更加规范化和公开化。并且，“赤子之心”的业绩也十分出色，该基金成立于 2004 年 2 月，在此后将近 4 年的存续期里，基金累计收益高达 370%，年化收益率为 49%，最大回撤仅为 9%，远超同期标普中国 A 指 279%的累计收益。2008 年 1 月，赵丹阳看空股市，清盘了旗下所有的内地信托产品，随后 A 股开始回调，“赤子之心”也画下圆满的句号，成为行业内的神话。“赤子之心”对我国私募基金行业影响深远，以至于后来采用信托方式投资 A 股的私募基金都被称为“阳光私募基金”，这类基金也逐渐被广大投资者认可并成为主流的私募基金。2006 年 12 月，为规范信托公司集合资金信托业务的经营行为，保障集合资金信托计划各方当事人的合法权益，中国银行业监督管理委员会（以下简称“银监会”）发布《信托公司集合资金信托计划管理办法》，促进了阳光私募基金的规范化发展。

2007~2008年，股市跌宕起伏，由暴涨急转到暴跌，私募基金与整个资本市场一起经历了金融海啸的洗礼，经此一役，阳光私募基金并没有消沉，反而得以蓬勃发展。具体来看，2007年上半年，股市大牛，上证指数接连刷新最高点数，10月上证指数已经飙升到6 124点，高涨的行情吸引了众多优秀的公募基金管理人加入私募基金行业，开启了第一波"公奔私"潮流。2008年，股市呈单边下行趋势，标普中国A指的跌幅为63%，股票型公募基金的跌幅为50%，而股票型阳光私募基金的下降幅度却控制在了33%以内，私募基金在风险控制上的优势得以凸显。2010年，股市震荡下跌，私募基金再次分别跑赢股票型公募基金和大盘指数3个百分点和10个百分点。在牛熊市的转换中，私募基金用业绩向投资者证明了自身优秀的投资能力，逐渐获得了市场的关注和投资者的青睐。与此同时，大浪淘沙，管理水平差、经营不规范的私募基金被市场淘汰，生存下来的私募基金运作更加规范。此后，私募基金逐渐崭露头角，资产管理规模迈向了千亿元时代。

值得一提的是，在此阶段出现的"公奔私"现象，之后一直都是行业内的热门话题。究其根源不难发现，公募基金行业缺乏股权激励机制，相较而言，私募基金行业对基金经理的薪酬激励制度更为灵活，更有吸引力，因而许多公募基金经理"跳槽"到私募行业，这其中有许多业内非常优秀的人才，诸如上投摩根的吕俊、工银瑞信的江晖等优秀基金经理，最引人瞩目的必然是原"公募一哥"王亚伟，他是第一位为投资者带来超过10倍高额收益的公募基金经理，并且他管理的"华夏大盘精选"基金在其任职期间（2005年12月至2012年5月）业绩极其出色，复权单位净值增长率高达1 200%。2015年，王亚伟从华夏基金离职，同年9月创立千合资本（私募基金管理公司），进入私募基金领域。这些公募业内的领军人物转跳私募行业，为私募基金带来规范化运作的理念，促进了私募基金的稳健发展，同时还推动了新版《中华人民共和国证券投资基金法》中公募基金股权激励机制条款的产生，对基金行业的长期发展有着不容忽视的作用。

在大量公募基金经理丰富私募行业人才队伍的同时，私募基金自身的运作模式与组织形式也在不断创新发展。2009年7月，证监会叫停证券账户的开设，私募基金衍生了多种创新型合作模式，即TOT产品和有限合伙制私募基金。首先是TOT（Trust of Trust）产品，它是指投资对象主要为阳光私募证券投资信托计划的信托产品，能够有效地分散风险和配置资产，但也会因双层收费摊薄投资者收益。市场上首支TOT型私募基金的出现要比信托证券账户停开早2个月，是由东海证券与平安信托推出的"平安财富—东海盛世一号集合资金信托计划"。当时，非结构化运作的阳光私募基金（深圳模式）有认购/赎回的开放日，可以借助TOT模式应对，而无此机制的结构化阳光私募基金（上海模式）走向没落。其次是有限合伙型私募基金的创新。2009年12月，修改后的《证券登记结算管理办法》明确合伙制企业可以开设证券账户，为合伙型私募基金投资二级市场带来契机，合伙型私募基金应运而生。2010 年 10 月，首支有限合伙型私募基金——“银河普润”成立。有限合伙型私募基金的创立规避了当时不能开设证券账户的障碍，同时这一类型的私募基金还能利用合伙企业的形式开设股指期货账户。直到 2012 年，中国结算有限责任公司发布《关于信托产品开户与结算有关问题的通知》，信托证券账户才获得解禁。随着私募基金的不断发展，阳光私募基金逐渐成为新兴市场上重要的一角，截至 2012 年底，信托型私募产品规模达 2. 2 亿元。

在私募基金阳光化发展期间，能够经受住市场的考验，取得持续优秀业绩而稳立潮头，并且长期坚守在业内的基金经理逐渐成为行业的领军者，如裘国根、江晖等基金经理，他们都是私募基金行业的中坚力量，与基金行业一起成长。裘国根于 2001 年创立上海重阳投资有限公司（以下简称“重阳投资”）。2009 年，他成立了专注于资产管理业务的上海重阳投资管理有限公司。重阳投资的核心经营理念是“价值投资，绝对收益”，认为价值投资是中长期风险收益比最佳的投资方法。2011 年，重阳投资的资管规模突破百亿元大关，是连续九年（2009~2017 年）获得中证报“金牛奖”荣誉的私募基金管理公司。江晖于 2007 年创立星石投资管理有限公司（以下简称“星石投资”），2015 年星石投资成为百亿级私募公司。值得注意的是，星石投资采取的是“复制投资策略”，即十余位基金经理共同管理同一种投资策略。2008 年，星石旗下全部 3 只产品获得超过 4%的正收益，而同期上证指数从 6 124 点最低跌至 1 664 点，全市场正收益的基金产品屈指可数。

除了上述老牌私募机构与我国私募基金行业共同成长以外，市场上还不断有年轻的“血液”注入私募基金行业，为我国私募基金行业增添新活力。例如，成立于 2016 年的小规模私募——大禾投资，在 2018 年股市下行行情中，有 4 只产品都获得了 80%以上的收益。2019 年，大禾投资的资管规模一跃超过 20 亿元，可见投资者对大禾投资的认可。大禾投资的核心基金经理为胡鲁滨，他所管理的两只三年期左右的基金累计回报高于 700%，两只两年期左右的基金累计回报都高于 250%。最引人瞩目的当属于 2017 年成立的杭州斌诺资产管理有限公司，截至 2019 年 11 月底，据私募排排网信息显示，该公司旗下的“斌诺启航 2 号”收益率高达 1 414%(同期沪深 300 的收益为 26%)，这一收益率不仅斩获 2019 年度的收益冠军，也创了历年私募冠军收益率新高，震动私募市场，被誉为史上最猛私募基金。这只基金产品成立于 2018 年 1 月，累计回报率已达 1974%。长江后浪推前浪，这些私募基金行业的后起之秀与行业内的“老兵”相互交织，共同推动形成了如今朝气蓬勃的私募基金行业。资本市场从来都是一个英雄不问出处的地方，无论是券商派基金经理，还是民间派基金经理，又或是公募派基金经理，都能在这个舞台上大展身手。但同时资本市场又是残酷的，只有其管理的产品穿越牛熊市、斩获亮眼业绩，才能得到市场的肯定。

第三阶段：2013~2017 年，私募基金的合法化发展阶段。随着居民财富的日渐增长与理财意识的不断增强，私募基金迅速在资产配置中占据了重要的地位，成为资本市场上不容忽视的一支力量。这一方面得益于私募基金优秀的业绩回报和较好的风险控制能力；另一方面也离不开监管层面的大力支持，国务院、证监会、中基协等多方机构为私募基金的健康发展构建了良好的制度环境。在私募基金的监管体系中，证监会对私募基金施行统一监管，中基协履行行业自律监管职能，负责私募基金的登记备案。不断出台的规范性文件与行业自查等监管措施无疑促进了行业的长期健康发展，私募基金管理更加规范，同时还有效地保护了投资者的权益。私募基金行业合法化发展阶段重要政策如表 1-1 所示。

表 1-1　　私募基金行业合法化发展阶段重要政策一览

施行日期	监管政策名称	发布方
2013 年 6 月	《中华人民共和国证券投资基金法》	证监会
2014 年 2 月	《私募投资基金管理人登记和基金备案办法（试行）》	中基协
2014 年 5 月	《国务院关于进一步促进资本市场健康发展的若干意见》	国务院
2014 年 6 月	《关于大力推进证券投资基金行业创新发展的意见》	证监会
2014 年 8 月	《私募投资基金监督管理暂行办法》	证监会
2016 年 7 月	《证券期货经营机构私募资产管理业务运作管理暂行规定》	证监会
2017 年 7 月	《证券期货投资者适当性管理办法》	证监会
2017 年 8 月	《私募投资基金管理暂行条例》（征求意见稿）	国务院
2018 年 4 月	《关于规范金融机构资产管理业务的指导意见》	中国人民银行、银监会、证监会、外汇管理局
2019 年 12 月	《私募投资基金备案须知》	中基协

资料来源：国务院、人民银行、证监会、中基协。

2013 年，全国人大常委会通过修订版的《中华人民共和国证券投资基金法》（以下简称“新基金法”），首次将非公开募集资金纳入法律监管范围，明确了私募基金的法律地位，这标志着我国私募基金告别野蛮生长阶段，正式开启合法化发展道路。针对私募基金投资者范围小、运作方式灵活、影响面较窄的特点和发展需要，新基金法对私募基金的规范侧重于规章建制，构建出与公开募集基金不同的制度框架，如新基金法新设的私募基金合格投资者制度。新基金法的施行，使私募基金的运作有法可依。2014 年 5 月出台的《国务院关于进一步促进资本市场健康发展的若干意见》（以下简称“新国九条”），对新时期资本市场改革、开放、发展和监管等方面做出统筹规划和总体部署，不仅为资本市场长期稳健发展提供了有力的政策支持，还以专门篇幅提出要“培育私募市场”，将私募基金的发展提高到了一定战略高度。新国九条着重强调要建立健全私募基金发行制度和发展私募投资基金，提出功能监管与适度监管相结合的监管原则，推进私募基金行业监管等行政法规制定工作，为私募基金的合规化发展创造了有利的政策环境。2014 年 6 月，证监会出台《关于大力推进证券投资基金行业创新发展的意见》，支持私募基金行业发展，是落实新国九条中培育私募市场的重要举措。

2014 年 8 月，证监会发布并施行《私募投资基金监督管理暂行办法》（以下简称《暂行办法》），这是证监会首个专门监管私募基金的部门规章，也是我国私募基金行业发展过程中的一个重要里程碑。《暂行办法》是证监会落实新基金法和新国九条的重要举措，对私募基金的登记备案、合格投资者、资金募集、投资运作、行业自律等各方面做出了详尽的规定，并初步建立了各类私募基金的全口径统一检测系统。《暂行办法》为私募基金的规范化运作和发展提供了详尽的法律依据，填补了监管空白，促进私募基金进入更加规范化、制度化发展的崭新阶段。

自 2014 年起，为规范私募基金行业秩序、贯彻新基金法与《暂行办法》的精神与相关规定，中基协出台了若干适用于私募基金的自律文件，开始逐步构建我国私募基金的自律规则体系。据新国九条可知，私募基金不设行政审批，这意味着中基协担负着重大的事中、事后监管职责。2014 年 1 月，中基协发布《私募投资基金管理人登记和基金备案办法（试行）》，明确私募基金管理人登记和基金备案制度。该办法分别从私募基金管理人登记、备案、人员管理、信息报送与自律管理的角度，对私募基金业务进行规范。与此同时，私募基金行业内乱象浮出水面，机构良莠不齐，部分基金公司缺乏合规意识，甚至出现违法违规现象。由此，自 2015 年 2 月起，中基协从行业本质和发展要求出发，开始布局“7+2”自律规则体系，从备案登记、信息披露、募集行为等诸多维度规范私募行为，强化事中、事后监管。“7+2”指七项管理办法与两项指引，具体包括募集办法、登记备案办法、信息披露办法、从事投资顾问业务办法、托管业务办法、外包服务管理办法、从业资格管理办法，以及内部控制指引和基金合同指引。

2016~2019 年，私募基金一直处于严监管进行时，各种“史上最严监管”文件频频出台，行业监管框架愈加完善。2016 年可以称之为私募基金严监管元年，是行业规范化发展的重要节点。中基协在 2016 年颁布的监管文件众多，主要包括《私募投资基金管理人内部控制指引》《私募投资基金信息披露管理办法》《私募投资基金募集行为管理办法》《私募投资基金合同指引》《私募投资基金服务业务管理办法（试行）》《关于资产管理业务综合报送平台上线运行相关安排的说明》等。2016 年 7 月，证监会出台《证券期货经营机构私募资产管理业务运作管理暂行规定》，强化私募基金风险管控，重点对宣传推介行为、结构化资管产品、过度激励等方面进行规范，明确私募证券基金管理人需参照执行。

2017年，监管持续加码。7月，证监会发布《证券期货投资者适当性管理办法》，构建投资者的分类标准、产品或者服务分级、适当性匹配等体系。国务院与其他监管机构对私募基金行业的监管也在加强。8月，国务院发布《私募投资基金管理暂行条例（征求意见稿）》（以下简称《暂行条例》），这代表着私募基金行业的顶层设计即将落地。《暂行条例》从私募基金管理人、托管人、资金募集、投资运作、信息提供、行业自律等多方面严格规范私募基金行为，使私募基金运作有了更为明确的参考标准。11月，"一行三会"（中国人民银行、证监会、银监会、保监会）与外汇管理局联合发布《关于规范金融机构资产管理业务的指导意见（征求意见稿）》，对私募基金的募资、产品设计等多方面有着重大影响。

2018年，行业经历寒冬，监管却不曾放缓，持续加强严监管。4月，《关于规范金融机构资产管理业务的指导意见》（以下简称"资管新规"）正式施行，为资管行业的统一监管时代拉开了序幕，私募基金的监管格局、产品募资与业务模式等诸多方面都受到一定程度的影响。资管新规强调资产管理业务要功能监管与机构监管相结合，对合格投资者新增了家庭资产情况、投资经历上的要求，限制通道和嵌套产品。除此之外，私募基金也获得一定利好，资管新规细则明确私募基金能以投资顾问的角色与银行子公司理财产品展开合作。与此同时，中基协的自律监管也在加强，对私募基金信用信息报告、产品备案、命名等多方面进行严格规范。1月，中基协发布《私募证券投资基金管理人会员信用信息报告工作规则（试行）》，并于5月正式上线施行，私募基金正式成为中基协首个开启信用报告工作的会员；11月，中基协发布《私募投资基金命名指引》，规范私募基金命名事宜；12月，中基协发布更新版《私募基金管理人登记须知》，强化私募基金管理人登记要求。

2019年5月，国务院将《私募投资基金管理暂行条例》列入当年立法工作计划，正式稿的出台有利于与刑事法律监管进行衔接，无疑对促进私募行业健康有序发展起着至关重要的作用，业内翘首以盼。2019年9月，中基协开启了私募行业的第六轮自查，私募机构需要按中基协要求提交登记、备案、经营基本情况、未备案产品情况、基金清算情况、账户开户以及其他重大事项等，这是加强行业自律的一大重要举措。通过自查工作的展开，私募基金管理公司的经营信息更加全面透明，这不仅有利于中基协的监督管理，更有利于保障投资者的合法权益。2019年12月，中基协出台《私募基金管理人登记须知（2019版）》，进一步明晰私募基金的外延边界、重申合格投资者要求、明确募集完毕概念、细化投资运作要求，并针对不同类型基金提出差异化备案要求。再次强调私募基金需打破刚性兑付，禁止资金池和禁止投资单元。中基协自律监管体系的重要政策如表1-2所示。2019年12月，备受瞩目的《中华人民共和国证券法》修订案在第十三届全国人大常委会第十五次会议上通过，完善了资管新规中一些未明确的问题。

表 1-2　　私募基金自律监管体系的重要政策一览

发布时间	监管政策名称
2014 年 1 月	《私募投资基金管理人登记和基金备案办法（试行）》
2015 年 3 月	《关于实行私募基金管理人分类公示制》
2015 年 9 月	《关于建立“失联（异常）”私募机构公示制度的通知》
2015 年 12 月	《私募投资基金募集行为管理办法（试行）（征求意见稿）》
2016 年 2 月	《私募投资基金管理人内部控制指引》
2016 年 2 月	《私募基金管理人登记法律意见书指引》
2016 年 2 月	《私募投资基金信息披露管理办法》
2016 年 2 月	《关于进一步规范私募基金管理人登记若干事项公告》
2016 年 4 月	《私募投资基金募集行为管理办法》
2016 年 4 月	《私募投资基金合同指引》
2016 年 4 月	《私募投资基金风险揭示书内容与格式指引（个人版）》
2016 年 8 月	《关于私募基金管理人注销相关事宜的公告》
2016 年 11 月	《私募投资基金服务业务管理办法》
2017 年 7 月	《基金募集机构投资者适当性管理实施指引（试行）》
2017 年 10 月	《证券投资基金管理公司合规管理规范》
2017 年 12 月	《私募基金管理人登记须知》
2017 年 12 月	《证券投资基金增值税核算估值参考意见》
2018 年 1 月	《私募证券投资基金管理人会员信用信息报告工作规则（试行）》
2019 年 1 月	《私募投资基金备案须知》
2019 年 11 月	《私募投资基金命名指引》
2019 年 12 月	《私募基金管理人登记须知（2019 版）》

资料来源：中基协。

2017~2019 年，一方面，私募行业一直处于严监管中，行业得以规范化发展；另一方面，私募行业也在不断加大对外开放的力度，外资机构在中国私募领域的布局在加快。2017 年初，中基协发布《外商独资和合资私募证券投资基金管理人登记备案填报说明》，此后陆续有 22 家外资机构在中基协登记备案，累计发行 65 只私募基金。这 22 家外资机构不乏全球行业巨头，包括富达（Fidelity）、瑞银（UBS）、英仕曼（Man Group）、富敦（Fullerton）、惠理（Value Partners）、景顺（Invesco）、路博迈（Neuberger Berman）、安本标准（Aberdeen Standard）、贝莱德

（BlackRock）、施罗德（Schroders）等。外资机构的加入丰富了我国私募和公募基金管理人的结构，虽会带来一定的竞争压力，但外资机构的投资理念与风控措施等会推动我国基金管理行业的成长。

二、私募基金与公募基金的对比

公募基金是向不特定投资者公开发行基金份额并进行资金募集的基金。私募基金是向特定投资者，即少数机构投资者和富有的个人投资者，以非公开方式进行资金募集的基金。二者在我国资产管理行业不断发展壮大的过程中扮演了非常重要的角色，呈现出彼此交织、影响与互补的态势。私募基金与公募基金存在较大差异，本节将对比私募基金与公募基金的区别，希望能以此帮助投资者选择更适合自己的产品。表 1-3 展示了私募基金与公募基金的区别。

表 1-3　　私募基金与公募基金的区别

项目	私募基金	公募基金
资金募集方式	非公开募集	公开募集
投资者来源	合格投资者	社会不特定公众
收费标准	固定管理费+浮动管理费	固定管理费
监管程度	相对宽松	较为严格
投资策略	灵活性强	遵循基金合同中的策略
追求目标	绝对收益	相对收益（相对于某一业绩基准）

从资金募集方式的角度比较，二者的差异从定义就可以很明显地看出来，公募基金是公开募集，私募基金是非公开募集。从投资者来源的角度看，公募基金面向社会不特定公众，私募基金则施行合格投资者制度，只有具备风险识别能力和风险承担能力，投资于单只资产管理产品不低于一定金额且符合一定条件的自然人和法人或者其他组织才有资格投资私募基金。二者对投资者要求不同，主要是受到私募基金风险较高的影响，普通投资者没有相应的投资能力，很容易发生不必要的亏损。2018 年，资管新规更新了对私募基金合格投资者的要求，相较于证监会出台的《暂行办法》，进一步提高私募基金合格投资者的认定标准，新增对投资者家庭金融资产和家庭金融净资产的要求。个人合格投资者需要具备两年以上的投资经验，且需要满足以下条件之一：（1）其家庭金融净资产不低于 300 万元；（2）家庭金融资产不低于 500 万元；（3）近 3 年本人年均收入不低

于 40 万元。机构投资者需要满足最近 1 年末净资产不低于 1 000 万元。社会保障基金、企业年金等养老基金，慈善基金等社会公益基金，以及保险资金等都是机构投资者。

从收费标准的角度看，公募基金仅收取固定管理费，私募基金相对复杂，收取固定管理费和浮动管理费。私募基金比较常见的收费模式是“2-20”，即收取 2%的固定管理费用和 20%的浮动管理费用。这里需要注意的是，浮动管理费只有在私募基金管理人达到合同条款要求的收益后，才能提取收益的 20%作为业绩回报。与私募基金不同，不同类别的公募基金的固定管理费率也不尽相同，据万得数据显示，截至 2019 年底，我国股票型、债券型、混合型和货币型公募基金的平均固定管理费率分别在 1.0%、0.5%、1.3%和 0.3%左右。

从监管程度的角度看，公募基金监管较严，私募基金约束相对较低，这与二者的风险特性不无关系。公募基金面向不特定的社会公众募集资金，且发行需满足基金份额持有人数不低于 200 人的要求，投资者中有很大一部分人不具有风险识别和风险承受能力，因而公募基金的监管会比较严苛，发行的产品也需经过证监会的严格审核，投资目标、投资组合等各方面信息都要披露，产品公开化与透明化程度很高。私募基金的投资者具有较高的投资者门槛，投资范围较广，因而更加注重市场主体自治，以行业自律监管为主。私募基金的投资运作主要依据基金合同，信息披露程度较低，有较高的隐蔽性。在我国，由中基协负责私募基金的自律监督管理，包括对私募基金登记备案、信息披露、募集行为、合同指引、命名指引等多维度的监督管理。但中基协不对私募基金管理人和产品作实质性的事前检查。

从投资策略的角度看，私募基金独占优势，在投资方向、投资比例、投资策略、仓位限制等方面都具有较高的灵活性。在仓位限制上，私募基金可以在 0~100%之间自由控制仓位，而股票型公募基金则有 80%的股票仓位限制。单只私募基金的规模通常在几千万元至 1 亿元，而公募基金的产品设立下限为 2 亿元，体量较大。并且，私募基金可以采取丰富的投资策略，如做空、对冲等，公募基金在这方面受约束很大。此外，公募基金在持股集中度上也较为严格，资管新规规定，同一金融机构发行的全部公募资产管理产品投资单只股票的市值不得超过该股票市值的 30%，单只公募基金投资单只股票的市值不得超过该基金净资产的 10%等。

从追求目标的角度看，私募基金追求绝对收益，不论市场行情如何，基金经理都追求绝对的正收益，这也是私募基金备受投资者青睐的原因之一。举例来看，2018 年股市下行，沪深 300 跌幅达 25%，依然有不少私募基金取得正收益，如“潮金产融 1 号”在 2018 年取得了 152%的年度收益。公募基金追求相对收益，更注重与自身业绩比较基准和业内同类型基金的对比。基金管理人会在基金的定期报告中披露基金份额净值增长率及其与同期业绩比较基准收益率的比较，以此向投资者揭示过去一段时间基金的业绩。业绩比较基准通常为股指、债指等，如“兴全轻资”的业绩比较基准为“沪深300指数×80%+中证国债指数×20%”。

三、私募基金行业的新动向

（一）外资私募布局中国加速

2019年8月9日，为积极稳妥地推进私募基金领域的对外开放，中基协发布四项政策，利好外资私募布局我国资本市场。这四项政策具体为：一是明确外资私募实际控制人可以是受境外金融监管部门监管的境外机构；二是明确外资私募基金投资参与银行间债券市场的标准；三是为外资私募的外籍高管和投资经理开设英文从业资格考试；四是放开外资私募产品参与“港股通”交易的限制。在各利好政策的大力支持下，越来越多优秀的外资私募机构在中国登记备案，并发行多只基金产品。

2017年1月3日，富达在中基协完成登记并通过审核，成为国内首家外商独资私募证券投资基金管理人。从管理人登记信息来看，据中基协官方数据显示，2017年有10余家全球知名的外资机构先后完成在中基协的备案，包括富达、瑞银、英仕曼、富敦、惠理、景顺、路博迈、安本标准、贝莱德、施罗德等。2018年，新增安中（Azimut旗下公司）、元胜（Winton旗下公司）、桥水（Bridgewater）、毕盛（APS）、瀚亚（Eastspring）、未来益财（Mirae Asset旗下公司）6家备案的外资机构。截至2019年底，新增联博汇智（AllianceBernstein旗下公司）、安联寰通（Allianz SE子公司）、德劭（The D. E. Shaw Group子公司）、霸菱（Barings）、野村（Nomura旗下公司）、腾胜（Two Sigma）6家外资私募管理人登记备案，与2018年备案数量基本持平，这之间也不乏知名外资机构。从备案产品数量来看，截至2019年底，这23家外资私募机构累计发行私募基金65只，且外资私募基金备案数每年都在以递增的趋势增长。这些外资机构也表示，布局中国资本市场，是其全球化战略中的重要一环。

海外资产管理公司进入中国市场并非一蹴而就，而是一个循序渐进的过程。2002年7月，《外资参股基金管理公司设立规则》正式施行，使外资机构能够以参股、合资成立公募基金公司的形式进入中国市场。但是，在此种模式下，外资机构的持股比例有限，在合资的基金公司里没有掌控权，再加上内外资交易风格不同带来的矛盾和公募基金的特殊限制条件，使外资机构很难在我国资产管理业务中施展拳脚。2015 年起，中美、中英经济对话打开了中国资本市场加速开放的契机，越来越多的海外资产管理机构开始通过外商独资企业（Wholly Owned Foreign Enterprise，WOFE）的形式在境内设立公司。2016 年 6 月，中国证监会表示允许符合条件的外商独资和合资企业申请登记成为私募证券基金管理机构，在中国境内开展包括二级市场证券交易在内的私募证券基金管理业务。随着外资私募备案登记政策的实施，外资可以独立设立私募机构，使得之前因为控股比例而有所顾虑的海外资产管理公司伺机而动。2017 年初，中基协发布《外商独资和合资私募证券投资基金管理人登记备案填报说明》，明确外资机构成为私募基金管理人的两个步骤：一是要成立外商独资企业；二是再在中基协申请登记为私募基金管理人，完成登记后需在六个月内完成首只产品的备案。自此，外资机构在中国的布局拉开了序幕。2019 年 8 月 9 日，中基协出台了上述四项外资私募的利好政策。10 月11 日，证监会新闻发言人表示，将在 2020 年逐步取消证券公司、基金管理公司、期货公司外商持股比例限制，采取“三步走”策略，具体内容为：2020 年 1 月 1 日，取消期货公司外资股比限制；2020 年 4 月 1 日，取消基金管理公司外资股比限制；2020 年 12 月 1 日，取消证券公司外资股比限制。可见，我国资本市场对外开放进程在加速推进。

外商独资私募基金管理人登记及基金备案情况如表 1-4 所示。可以发现，这些知名境外资产管理机构并非首次涉足我国资本市场，许多公司在很早之前就已在中国开展业务。例如，瑞银集团于 2011 年在北京成立瑞银环球资产管理（中国）有限公司，从事私募股权、房地产以及基础设施的投资，并成为第一批合格境外机构投资者（Qualified Foreign Institutional Investors，QFII）和合格境内有限合伙人（Qualified Domestic Limited Partner，QDLP）；英仕曼集团除了设立英仕曼（上海）投资管理有限公司外，还于更早前的 2013 年设立了英仕曼海外投资基金管理（上海）有限公司，并获得开展 QDLP 业务的资格；此外，富敦、景顺和施罗德等资产管理公司旗下机构，也以 QFII 形式参与中国市场多年，具有丰富的 A 股市场投研经历，形成了相应的分析体系。

表 1-4　外商独资私募基金管理人登记及基金备案情况：截至 2019 年底

外商独资私募基金管理人	成立日期	登记日期	母公司所在地	备案基金名称
富达利泰投资管理（上海）有限公司	2015-09-14	2017-01-03	美国	富达中国债券一号私募基金
				富达中国股票一号私募基金
				富达中国债券盈收一号私募基金
				富达中国债券优选一号私募基金

续表

外商独资私募基金管理人	成立日期	登记日期	母公司所在地	备案基金名称
瑞银资产管理（上海）有限公司	2015-08-19	2017-07-13	瑞士	瑞银中国股票精选私募基金一号
				瑞银中国现金添益债券私募基金一号
				瑞银中国裕丰债券策略一号私募证券投资基金
				瑞银中国灵活策略债券私募基金一号
				瑞银中国瑞享债券策略五号私募证券投资基金
				瑞银中国 A&Q 多元策略 FOF 私募证券投资基金一号
				瑞银中国裕丰债券策略二号私募证券投资基金
				瑞银中国瑞享债券策略三号私募证券投资基金
				瑞银中国均衡多元资产私募证券投资基金一号
英仕曼（上海）投资管理有限公司	2017-05-03	2017-09-07	英国	英仕曼宏量 1 号私募基金
				英仕曼美量 1 号私募基金
富敦投资管理（上海）有限公司	2013-12-03	2017-09-07	新加坡	东方赢家富敦成长私募证券投资基金
				富敦中国 A 股绝对收益策略 1 号私募证券投资基金
				富敦中国汇融一期私募证券投资基金
惠理投资管理（上海）有限公司	2017-03-23	2017-11-09	中国香港	惠理中国星享私募证券投资基金
				惠理中国睿莹私募证券投资基金
				惠理中国鸿信 1 号私募证券投资基金
				惠理中国丰泰 1 号私募投资基金
				惠理中国新时代优选 1 号私募投资基金
				惠理中国金钰 1 号私募证券投资基金
				惠理中国中璧 1 号私募投资基金
				惠理中国丰泰 2 号私募证券投资基金
景顺纵横投资管理（上海）有限公司	2017-04-13	2017-11-09	美国	景顺中国股票价值核心 1 号私募基金

续表

外商独资私募基金管理人	成立日期	登记日期	母公司所在地	备案基金名称
路博迈投资管理（上海）有限公司	2016-11-28	2017-11-09	美国	路博迈债券 1 号私募基金
路博迈投资管理（上海）有限公司	2016-11-28	2017-11-09	美国	路博迈量化灵活智选 1 号私募证券投资基金
路博迈投资管理（上海）有限公司	2016-11-28	2017-11-09	美国	路博迈债券 2 号私募证券投资基金
路博迈投资管理（上海）有限公司	2016-11-28	2017-11-09	美国	路博迈量化动态优选 1 号私募证券投资基金
安本标准投资管理（上海）有限公司	2015-09-14	2017-11-29	英国	安木标准优选股票一号私募基金
安本标准投资管理（上海）有限公司	2015-09-14	2017-11-29	英国	安本标准增强核心债券一号证券投资私募基金
贝莱德投资管理（上海）有限公司	2017-09-20	2017-12-25	美国	贝莱德中国 A 股机遇私募基金 1 期
贝莱德投资管理（上海）有限公司	2017-09-20	2017-12-25	美国	贝莱德中国 A 股机遇私募基金 6 期
贝莱德投资管理（上海）有限公司	2017-09-20	2017-12-25	美国	贝莱德中国 A 股机遇私募证券投资基金 2 期
施罗德投资管理（上海）有限公司	2015-12-21	2017-12-25	英国	施罗德中国智汇一号私募基金
施罗德投资管理（上海）有限公司	2015-12-21	2017-12-25	英国	施罗德中国股票优选一号私募基金
施罗德投资管理（上海）有限公司	2015-12-21	2017-12-25	英国	施罗德中国宏观债券一号私募基金
施罗德投资管理（上海）有限公司	2015-12-21	2017-12-25	英国	施罗德中国信用债券一号私募基金
施罗德投资管理（上海）有限公司	2015-12-21	2017-12-25	英国	施罗德中国多元动态配置 1 号 FOF 私募证券投资基金
施罗德投资管理（上海）有限公司	2015-12-21	2017-12-25	英国	施罗德中国多元收益一号 FOF 私募证券投资基金
安中投资管理（上海）有限公司	2011-07-14	2018-02-28	意大利	安中混合 1 号私募基金
安中投资管理（上海）有限公司	2011-07-14	2018-02-28	意大利	安中馨混合 11 号私募证券投资基金
安中投资管理（上海）有限公司	2011-07-14	2018-02-28	意大利	安中馨混合 3 号私募证券投资基金
安中投资管理（上海）有限公司	2011-07-14	2018-02-28	意大利	安中馨混合 2 号私募证券投资基金
元胜投资管理（上海）有限公司	2012-03-26	2018-06-29	英国	元盛中国多元化金选二号私募基金
元胜投资管理（上海）有限公司	2012-03-26	2018-06-29	英国	元盛中国多元化金选三号私募基金
元胜投资管理（上海）有限公司	2012-03-26	2018-06-29	英国	元盛中国多元化金选五号私募基金
元胜投资管理（上海）有限公司	2012-03-26	2018-06-29	英国	元盛中国多元化一号私募基金
元胜投资管理（上海）有限公司	2012-03-26	2018-06-29	英国	元盛中国多元化金选一号私募基金
元胜投资管理（上海）有限公司	2012-03-26	2018-06-29	英国	元盛中国多元化二号私募证券投资基金
元胜投资管理（上海）有限公司	2012-03-26	2018-06-29	英国	元盛中国多策略一号私募证券投资基金
桥水（中国）投资管理有限公司	2016-03-07	2018-06-29	美国	桥水全天候增强型中国私募证券投资基金一号

续表

外商独资私募基金管理人	成立日期	登记日期	母公司所在地	备案基金名称
毕盛（上海）投资管理有限公司	2002-11-18	2018-07-17	新加坡	毕盛狮惠私募证券投资基金
				毕盛狮远私募证券投资基金
				毕盛狮盈私募证券投资基金
瀚亚投资管理（上海）有限公司	2018-03-05	2018-10-16	英国	瀚亚投资私募证券投资基金一号
未来益财投资管理(上海)有限公司(Mirae Asset)	2008-02-26	2018-11-14	韩国	未来益财稳健成长多策略一号私募证券投资基金
联博汇智（上海）投资管理有限公司	2015-12-14	2019-03-01	美国	联博中国A股私募基金一号
安联寰通资产管理(上海)有限公司	2016-12-06	2019-03-25	德国	安联多资产机遇一号证券投资私募基金
德劭投资管理（上海）有限公司	2010-02-24	2019-04-11	美国	德劭锐哲中国私募证券投资基金
霸菱投资管理（上海）有限公司	2018-08-03	2019-06-20	荷兰	霸菱中国A股1号私募证券投资基金
野村投资管理（上海）有限公司	2018-01-08	2019-06-20	日本	野村中国股票精选1号私募证券投资基金
腾胜投资管理（上海）有限公司	2018-11-11	2019-09-11	美国	—
东亚联丰投资管理(深圳)有限公司	2017-10-25	2019-12-25	中国香港	—

资料来源：中基协。

截至2019年底，在23家备案的外资私募基金管理人中，只有来自美国的腾胜与新成立的东亚联丰尚未发行产品，其余21家机构已累计发行65只私募基金。富达于2017年5月推出“富达中国债券一号私募基金”，标志着我国境内第一只外资私募基金正式诞生，该基金为固定收益类产品，也是我国首例债券型外资私募基金。从发行产品的数量来看，发行产品数量最多的机构为瑞银资产管理有限公司，已陆续发行策略不尽相同的9只私募基金；其次为香港惠理投资，发行了8只私募基金；随后为元胜投资，发行了7只产品。从发行产品的类型来看，产品涉及主动管理股票、债券、量化、多元资产等多个类型。在外资私募发行的65只产品中，主投A股市场的主动管理股票策略产品占据半壁江山，为获得先发优势，各机构发行产品的势头持续增强。值得一提的是，虽然外资私募备案产品数量激增，但是在所有外资私募机构中，只有元胜投资的资产管理规模达到 20 亿元以上，其余有 11 家机构规模均在 1 亿~10 亿元，有 9 家机构规模小于 1 亿元，另有 2 家机构尚未发行产品，因而没有规模数据。外资私募机构数量与其备案产品数量具体如图 1-1 所示。

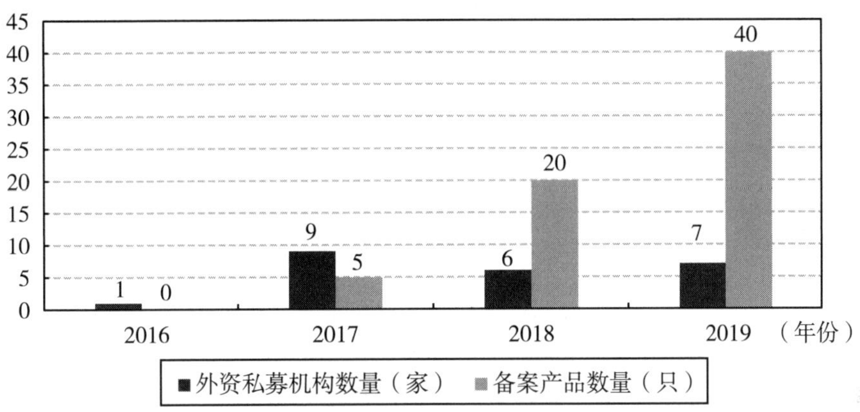

图 1-1　每年新成立的外资私募机构数量及其备案产品数量：2016~2019 年

外资机构的目光不仅瞄准了中国私募基金管理人这个板块，越来越多的外资私募机构也开始布局投顾市场。2018 年，中国银行保险监督管理委员会（以下简称“银保监会”）出台的细则《商业银行理财子公司管理办法》，明确私募基金在满足规定的要求后可以成为银行子公司公募理财与私募理财的投资顾问。2019 年 3 月，路博迈投资和富敦投资成为国内首批获得投顾资格的外资私募机构，可以在国内展开机构业务。截至 2019 年 11 月底，共有 6 家外资机构获得了投顾业务资格，依次为富敦投资、路博迈投资、贝莱德投资、毕盛投资、安本标准投资和元胜资产。未来或许会有更多的外资机构涉足投顾市场，对我国的投顾市场来说也是一个不容忽视的挑战。

外资私募机构的加入，丰富了我国私募基金管理人的结构，挑战与机遇并存。一方面，会对中国本土私募基金管理人带来竞争压力；另一方面，外资私募机构带来的国际视野、丰富的投资策略及先进的风控措施也会促进本土私募机构的快速成长，促使国内私募基金管理人不断提高自身经营能力和投资能力，提升行业规范化程度和投资管理水平。此外，外资机构进入我国市场，也能加大我国资本市场对外开放的深度和广度。外资机构在我国资本市场上的活跃，不管是作为基金管理人还是投资顾问，不仅受到监管层面的政策利好影响，还受到今年权益市场高涨行情的影响。科创板横空出世，MSCI 大幅提高 A 股纳入因子等也都是促进外资进军中国的正面利好因素。另外，外资基金布局中国市场，也说明其对中国 A 股的未来市场是非常看好的。外资机构能否较好地适应国内市场，也值得我们期待。

（二）股票股指期权扩容

2019 年 11 月 8 日，经国务院同意，证监会正式启动扩大股票股指期权试点工作，批准上海证券交易所（以下简称“上交所”）与深圳证券交易所（以下简称“深交所”）推出沪深 300ETF 期权，中国金融期货交易所（以下简称“中金所”）推出沪深 300 股指期权。同日，深交所与中金所开始就股票期权交易的相关规则公开向社会征求意见，发布《深圳证券交易所股票期权试点交易规则（征求意见稿）》，并于 12 月 7 日发布正式版，其主要内容包括合约管理、交易与行权制度、风险控制、监管等事项。11 月 15 日，上交所发布《上海证券交易所、中国证券登记结算有限公司股票期权组合策略业务指引》，并于 11 月 20 日进行再次修订。12 月 14 日，中金所发布《沪深 300 股指期权合约》等 16 份相关业务规则的通知。

2019 年 12 月 23 日，上交所与深交所分别推出交易沪深 300ETF 期权，中金所推出沪深 300 股指期权。上交所推出的合约标的为华泰柏瑞沪深 300ETF 期权，代码 510300。深交所推出的沪深 300ETF 期权，标的为嘉实沪深 300ETF，代码 159919。此次新增的股指期权标的皆为两市规模最大的 ETF 产品，截至 2019 年第三季度，华泰柏瑞沪深 300ETF 规模达 345 亿元，嘉实沪深 300ETF 规模为 226 亿元。中金所的期权标的则是沪深 300 指数。截至 2019 年末，沪深 300ETF 期权上线短短几天，据上交所披露，其合约累计成交 478 万张，累计成交面值 1934 亿元，日均成交面值 276 亿元，股票期权市场迎来了扩容新时代。

期权是风险管理体系里不可缺失且极其重要的一部分，通常被用来套期保值、控制投资组合的风险水平，同时能增加投资策略的多样性、立体性和灵活性，降低市场的无效波动，是资本市场上非常重要的对冲工具之一。我国现今上市交易的期权品种可分为股票期权和期货期权两大类别。期货期权是由大连商品交易所（以下简称“大商所”）、郑州商品交易所（以下简称“郑商所”）和上海期货交易所（以下简称“上期所”）三大商品交易所进行上市交易，品种包括黄玉米、铁矿石、豆粕、一号棉花、白砂糖、极阴铜和天壤橡胶七大种类，都是以期货合约作为标的物的期权。股票股指期权在此次扩容之前，市场上只有上证 50ETF 一个品类的股票股指期权。股票股指期权，顾名思义，是以股票股指作为标的物的期权，其购买者在规定时间范围内，以一定的期权费获得了该指数未来一段时间内，以某种事先约定好的价格水平（即股指价格水平），买入或者卖出该期权的选择权利。

纵观全球，首支股指期权——S&P100 指数期权诞生于 1983 年 3 月，由芝加哥期权交易所（CBOE）推出。虽然股指期权的起步落后于股指期货，但因其自身的便利操作、对冲风险等特性，逐渐受到投资者的青睐，成为衍生品市场上不容忽视的一支力量。目前，全球股指期权的交易量高于利率期权、股指期货、个股期货等期权。我国股指期权的起步较晚，2015 年 2 月 9 日，深交所推出上证 50ETF 期权，这是近年来我国市场上唯一的股票股指期权。随后在 2015 年 6 月，股灾爆发，给金融衍生品市场带来一定的负面影响。之后的几年，金融衍生品市场处于一个逐步恢复与稳定发展的阶段，股指期权一直未扩容。经过资本市场的磨炼，期权市场规模逐年递升，有效控制风险，市场合理定价、投资者理性参与，市场运行平稳，逐步成长为我国金融市场上不可或缺的一部分。随着 A 股国际化进程的加快和投资者对冲需求的与日俱增，市场上对期权扩容的呼声越来越高。与此同时，交易所的业务、技术和市场准备也已经就绪。沪深 300ETF 期权和沪深 300 股指期权的推出可谓是水到渠成。

期权扩容，一来与现有的对冲工具形成互补，促进市场流动性，丰富投资策略，同时也意味着我国正式告别过去市场上只有单一指数期权的时代。不仅是私募基金，其他金融机构如公募基金、保险资金、社保与养老基金等在进行资产配置的时候，都获得了一个新的对冲风险的工具。二来沪深 300 股指期权与沪深 300ETF 期权的推出，使得沪深 300 自身形成了一个包括股票、ETF 基金与 ETF 期权、股指期货和股指期权在内的完整的投资和风险管理工具体系，可以为投资者提供丰富的投资策略和多样化的对冲工具。此外，试点工作的展开亦是全面落实资本市场改革任务的一大重要举措，符合我国资本市场发展的内在需求，能够提升资本市场的流动性、稳定性以及市场的定价能力，为金融市场带来长线资金，促进我国资本市场的长期稳健发展。

新增的沪深 300ETF 是 A 股的核心宽基指数之一，具有较强的影响力、极大的代表性以及更全面的覆盖率。根据万得资讯数据库统计显示，截至 2019 年 10 月，该指数的 300 只成分股的总市值规模达到 36 万亿元，约占 A 股全部市值的 66%。截至 2019 年底，以沪深 300 指数作为跟踪标的的基金产品有 154 只，其产品规模达 2 839 亿元。而过去市场上仅有的股指期权所对应的指数是上证 50 指数，其 50 只成分股的总市值规模为 20 万亿元，约占 A 股全部市值的 37%。在上证 50 的成分股中，共计涉及 9 种行业，其中金融业占比最高，有 21 家，约占 42%。相较于上证 50 而言，沪深 300 的成分行业分布更为多元化，成分股新增加 6 个行业，其中金融行业的占比显著降低，为 19%左右，共计 59 家。不难发现，上证 50 指数的成分股更侧重于银行、保险与证券金融板块，以大蓝筹为主且集中度较高，不如沪深 300 指数中的个股分布均衡，集中度相对分散，对股票市场的覆盖更为全面。沪深 300 的成分股为股市规模和流动性最好的 300 只股票，而且成分股的优胜劣汰机制能相对及时并准确地反映出 A 股上市公司的情况，更能代表 A 股市场。此次扩容，行业分布更为均衡，个股覆盖面更广，投资者能够更加灵活和有效地管理持仓风险结构。

期权扩容，不仅有利于稳定 A 股市场，也有利于吸引长线资金入市。过去在风险对冲工具不足的情况下，部分投资者因短期扰动因素及 A 股市场较大的波动率，会畏而不前，不敢将资金长期投入权益市场，而股市的稳定上涨非常需要长线资金的投入。期权扩容提供了新的风险管理工具去对冲股市的系统性风险，假如投资者想要对冲股市下行风险，可买入看跌期权，不需要减仓出售股票或股指，减轻了股市抛压，对稳定A股市场起到积极的作用。另外，股票股指期权试点工作的展开，一方面维护了A股市场的稳定，另一方面稳定的市场更能增加长线资金长期持股的意愿，二者相辅相成，对资本市场的健康稳定发展起到良好的促进作用。

此外，期权扩容能降低资产配置成本。众所周知，期货是常见的风险对冲工具，但是股指期货经常出现贴水现象，进而导致对冲成本增加。而期权的持有者只需要支付一定的权利金，就能享有未来买入或卖出期权的权利，通过标的资产的价格变动就能获得收益，因而能够控制资产配置成本。

股票股指期权的扩容对整个资本市场的积极作用显而易见，私募基金作为资产管理行业中非常重要的一个参与者，亦能受益良多。首先，市场上许多基金产品是基于沪深300设计的，并且有不少基金的业绩比较基准是沪深300指数，沪深300ETF期权和沪深300股指期权的推出能为投资者带来新的风险管理工具，投资者能更精细地控制风险。其次，股指期权的扩容也为私募基金带来一定的活力。根据中基协登记备案信息显示，截至2019年底，当年私募基金管理人备案含有“期权”二字的私募基金产品合计74只，而2018年的期权产品发行量只有35只，产品数量增幅已达111%。还有不少私募机构发行了多只期权私募产品。此外，期权扩容可以增加基金产品类型，提高产品收益，丰富私募基金投资策略。

公募基金运用期权交易的比重相对私募基金而言较少，一方面，公募基金的管理条例限制较多，不如私募基金运作灵活；另一方面，过去市场上仅有上证50ETF期权，股指期权品种单一，能够对冲风险的范围和增加收益的范围有限。期权在海外公募基金市场被运用的比例要远高于国内公募基金市场，如海外共同基金和对冲基金。虽然我国在不断扩大资本市场对外开放的程度，但相较于高水平开放型经济体对金融衍生品的定价和风险管理需求，我们还有很多成长空间。此次沪深300ETF期权和沪深300期权的推出，便是一个很好的开端，不仅能稳定外资对证券市场的投资，也有利于提升国内交易所的国际地位。未来我国市场会上市更多的指数和个股期权品种，理财产品也会随之增加，风险管理体系更为完善，逐渐成为更国际化的金融市场。

（三）多数证券类私募无缘科创板打新

2018年11月5日，习近平在中国国际进口博览会开幕式上首次宣布设立科创板，它是独立于现有主板市场的新设板块，并且施行注册制。此后证监会出台了一系列关于科创板的管理办法与规定。2019年1月30日，证监会发布《关于在上海证券交易所设立科创板并试点注册制的实施意见》；3月1日，证监会发布《科创板首次公开发行股票注册管理办法（试行）》和《科创板上市公司持续监管办法（试行）》；8月23日，证监会发布《科创板上市公司重大资产重组特别规定》。2019年6月13日，科创板正式开板，7月22日，科创板首批公司上市。截至2019年12月6日，据上交所披露，沪市科创板上市公司数已达到61家，另有7家企业处于发行中，有2家企业已获证监会注册批复。

科创板一问世，就站在资本市场的聚光灯下。科创板开板首日，25只上市股票全天涨幅均超80%，合计成交近485亿元，16家公司涨幅翻倍。其中，安集科技以400%的涨幅居于首位。但是，由于参与门槛较高，多数证券类私募基金都无缘科创板打新。2019年5月31日，中国证券业协会发布《科创板首次公开发行股票网下投资者管理细则》，明确规定私募基金管理人注册为科创板首发股票网下投资者应符合以下条件：（一）已在中国证券投资基金业协会完成登记。（二）具备一定的证券投资经验。依法设立并持续经营时间达到两年（含）以上，从事证券交易时间达到两年（含）以上。（三）具有良好的信用记录。最近12个月未受到相关监管部门的行政处罚、行政监管措施或相关自律组织的纪律处分。（四）具备必要的定价能力。具有相应的研究力量、有效的估值定价模型、科学的定价决策制度和完善的合规风控制度。（五）具备一定的资产管理实力。私募基金管理人管理的在中国证券投资基金业协会备案的产品总规模最近两个季度均为10亿元（含）以上，且近三年管理的产品中至少有一只存续期两年（含）以上的产品；申请注册的私募基金产品规模应为6 000万元（含）以上、已在中国证券投资基金业协会完成备案，且委托第三方托管人独立托管基金资产。其中，私募基金产品规模是指基金产品资产净值。（六）符合监管部门、协会要求的其他条件。

根据中基协官方数据统计，截至2019年底，登记备案的证券类私募基金管理人共计8 472家，其中管理规模在10亿元以上的机构只有322家，这也就意味着仅有3.8%的私募证券基金管理人有参与打新科创板的机会。更重要的是，在管理规模达标后，还需要满足中证协规定的其他几项要求，如从业时间、信用记录、产品规模等，这也就意味着能参与科创板打新的私募机构数量会更少。

在有资格参与科创板打新的私募证券机构中，有部分机构申购超额，违反《管理细则》第十五条第十一项规定，网下投资者及相关工作人员在参与科创板首发股票网下询价时，不得存在下列行为：未合理确定拟申购数量，拟申购金额超过配售对象总资产或资金规模。中证协在7月23日发布《首次公开发行股票配售对象限制名单公告》，累计有29家私募证券机构和130只基金产品被列入其中。其中，深圳市林园投资受限最多，有32只产品受限；其次为九章资产有23只、迎水投资有18只私募产品受限。监管层的这一举动，也是对私募行业潜规则的一个警示，一些机构在申报新股时经常超额申购，即申购的基金规模要超出自身规模。

顶格申购通常是为了提高中签率，获得更多的新股配额。引起市场广泛关注的中国通号的网下配售结果显示，林园投资旗下的20只基金产品均顶格申购2亿股，按中国通号的发行价5.85元/股来算，这20只产品的总市值已经高达200多亿元，再加上另外12只产品的超额申购规模，其申购总量已远超林园投资本身的资产规模。据悉，除产品本身受限外，林园投资违规获得的打新收益也已上缴。科创板是深化资本市场改革的重要举措，这部分基金管理人损害了其他投资者利益，也有损市场公平，基金管理人还是要依法合规地参与科创板投资。

科创板打新以来，大多都能获得不错的打新收益，但在2019年11月6日，科创板首日破发，而后破发频现，市场逐渐回归理性，这体现了市场化发行定价的规律。破发也给二级市场交易带来一定机会。私募基金除了参与科创板打新以外，也可以投入科创板研究和投资交易。科创板在我国经济转型阶段有异常重要的作用，创新型企业在科创板纷纷涌现，优胜劣汰，大浪淘沙，市场终将筛选出优质的企业，私募机构可择机参与二级市场交易。

（四）监管制度不断完善

良好的制度环境，能够促使行业更加长久稳健的发展。金融行业法律制度的不断完善，能够有效地防控系统性风险，并能提高化解金融风险的能力，同时也能够提高行业的国际竞争能力。私募基金行业的可持续发展亦离不开各项监管制度的完善。

2019年12月23日，中基协发布《私募投资基金备案须知（2019版）》（以下简称新《备案须知》）。中基协在2018年曾发布《私募投资基金备案须知》，但是基金募集、投资、治理等环节中的部分问题仍未得到根治，如采用刚性回购或差额补足等形式的“伪私募”依然存在。新《备案须知》条款丰富细化为三十九项，进一步明晰私募基金的外延边界、重申合格投资者要求、明确募集完毕概念、细化投资运作要求，并针对不同类型基金提出差异化备案要求。新《备案须知》的施行为规范运行私募基金提供了实操性指引，有利于私募基金合规化运作、完善内控管理机制，进而提升整个私募基金行业的管理水平。

新《备案须知》对私募证券投资基金提出四条特殊备案需求。首先，明确证券类私募的投资范围主要包括股票、债券、期货合约、期权合约、证券类基金份额以及中国证监会认可的其他资产。其次，基金管理人应统筹考虑投资标的流动性、投资策略、潜在投资者类型与风险偏好等因素，设置匹配的开放期，强化对投资者短期申赎行为的管理。再次，明确证券类私募基金业绩报酬提取上限为业绩报酬计提基准以上投资收益的60%。规定基金经理两次计提业绩报酬的时间间隔不能短于3个月，并鼓励采取6个月以上的间隔期。最后，基金的投资经理应在基金合同中明确约定，且该投资经理需在中基协取得基金从业资格证并完成注册。

新《备案须知》也贯彻资管新规的精神，打破刚性兑付。明确规定证券类私募基金不得通过设置增强资金、费用返还等方式调节基金收益或亏损，不得以自有资金认购的基金份额先行承担亏损的形式提供风险补偿，变相保本保收益。在基金杠杆方面，证券类私募基金不得在分级基金内设置极端化收益分配比例，不得利用分级安排进行利益输送、变相开展“配资”等违法违规业务。

2019 年 12 月 28 日，历时五年，由全国人大常委会四次审议，《中华人民共和国证券法》（以下简称《证券法》）修订版在第十三届全国人大常委会第十五次会议上表决通过，于 2020 年 3 月 1 日起施行。修订版《证券法》直击市场焦点问题，在五大方面作出重要突破：一是扩大证券定义范围；二是全面推行证券注册制；三是加大证券违法处罚力度；四是提高信息披露程度；五是加大投资者保护。修订版《证券法》完善了我国财富管理的法律框架，构建了资本市场的顶层设计，推动了我国资本市场的市场化改革与金融供给侧改革。

《证券法》扩大证券定义范围，回归股票本源。旧版《证券法》对证券的定义为“股票、公司债券和国务院依法认定的其他证券”，新版《证券法》对证券的定义更改为“股票、公司债券、存托凭证和国务院依法认定的其他证券”，也就是说存托凭证（Chinese Depository Receipt，CDR）也正式成为受法律约束的证券之一。值得注意的是，《证券法》还将资产支持证券（Asset-Backed Security，ABS）和资管产品纳入证券范畴，明确资产管理产品发行、交易的规则由国务院制定。自 2017 年资管新规征求意见发行与 2018 年正式施行以来，整个资管市场运作愈加规范，但由于缺乏顶层设计，横向监管整个资管行业还存在一些待解决的问题。而将资管产品纳入《证券法》的监管范围，明确了资管产品的证券属性，为未来建立大资管行业健全的法律框架夯实了基础。

四、私募基金行业发展现状

万得资讯数据显示，截至 2019 年底，私募基金的累计发行数量为 40 557 只，停止运营的基金数量为 9 143 只，由于停止运营的基金数量占比较多（23%），为避免研究结果受幸存者偏差（Survivorship Bias，即在数据筛选时只考虑目前还在运营的个体而忽略停止运营的个体）的影响，这里所分析的数据包含继续运营和停止运营在内的全部私募基金数量，以求全面反映行业的发展情况。需要提醒读者的是，在本书的后几篇章节中，基金样本数量与本部分不完全一致，例如，考虑到基金运行时间不一致对研究结果的影响，我们会选取在样本区间内（三年、五年等）具有完整复权单位净值的数据来进行分析。本部分将依据万得资讯数据库数据，从基金发行数量、基金实际发行规模、基金发行地点、基金投资策略及基金费率五个维度进行具体分析，旨在为读者理清私募基金行业当前所处的态势。

（一）基金发行数量

表 1-5 展示的是我国历年新发行、继续运营及停止运营的私募基金数量。图 1-2 展示的是我国历年新发行及继续运营的私募基金数量。在 2002~2019 年期间，我国累计发行私募基金 40 557 只，其中停止运营的基金数量为 9 143 只，占比为 23%。截至 2019 年底，继续运营的私募基金数量为 31 414 只。

表 1-5　每年新发行、继续运营及停止运营的私募基金数量：2002~2019 年　单位：只

年份	新发行	停止运营	继续运营	年份	新发行	停止运营	继续运营
2002	2	0	2	2012	1 325	595	2 893
2003	43	1	44	2013	2 261	751	4 403
2004	47	10	81	2014	7 178	938	10 643
2005	27	43	65	2015	14 124	2 616	22 151
2006	135	30	170	2016	2 529	1854	22 826
2007	417	73	514	2017	4 432	433	26 825
2008	305	233	586	2018	4 219	509	30 535
2009	527	207	906	2019	742	248	31 029
2010	765	212	1 459	无成立日期	385	—	—
2011	1 094	391	2 162	总计	40 557	9 143	31 414

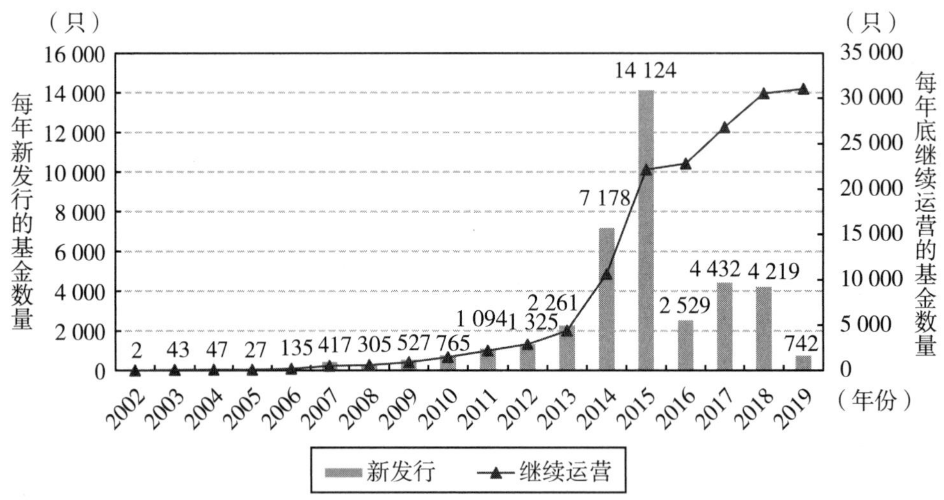

图 1-2　每年新发行及继续运营的私募基金数量：2002~2019 年

私募基金数量变化大体能够反映出私募基金的发展历程。2002 年，以代客理

财形式存在的私募基金开始在我国资本市场上萌芽，全年有 2 只基金产品发行。2005 年，私募基金受到股市下行的负面影响，新发行基金数量较前两年明显减少，为 27 只；停止运营的基金数量急剧增加，为 43 只，是累计停止运营基金数量的 4 倍。2007 年，牛市的刺激伴随着第一波“公奔私”潮流，私募基金得以蓬勃发展，新发行的基金数量达到 400 余只。2008 年，私募基金遭遇百年一遇的金融海啸，股市大跌，私募基金发行数量回落，为 305 只；停止运营基金数量首次破百，达到 233 只。2009~2012 年，私募基金在“阳光化”道路上健康发展，每年新发行的基金数量稳步增加，同时停止运营的基金数量也随之呈现递增趋势。截至 2012 年底，新发行的私募基金数量攀升至 1 325 只，停止运营的基金数量约为 600 只。

2013 年，《中华人民共和国证券投资基金法》首次将非公开募集资金纳入监管范围，这是私募基金迎来合法化发展的重要转折点，新发行基金数量达到 2 261 只。2014~2015 年，私募基金“井喷式”增长，这受益于国家政策的利好与监管体系的搭建。2014 年，《关于进一步促进资本市场健康发展的若干意见》提出要培育私募基金市场，之后《私募投资基金监督管理暂行办法》发布，中基协对私募基金施行登记备案制度，良好的法律环境为私募基金的健康发展注入强大的动力，新发行的私募基金数量跃至 7 178 只，是 2013 年新发基金数量的 3 倍左右。2015 年，A 股牛熊转换，由暴涨到暴跌，这样复杂的投资环境尤其考验私募基金管理人的能力，从新发行基金数量（14 124 只）与停止运营的基金数量（2 616 只）都急剧增加的结果来看，市场是残酷的，优胜劣汰，只有内控完善、投研体系与风控能力较强的基金才能更加长久地运营下去。

2016~2019 年，监管不断趋严，私募基金运作合规，每年新发行数量大幅缩水，恢复到千余只的水平。2016 年被称为私募基金的严监管元年，证监会出台了多项监管政策，中基协的“7+2”自律管理体系开始搭建，新发行基金骤减至 2 529 只，仅为 2015 年发行数量的 1/5 左右。2017~2018 年，监管持续加码，国务院《暂行条例》征求意见稿发布，资管新规及其配套制度相继落地，私募基金运作愈加合规，发行量相对平稳，分别为 4 432 只和 4 219 只。2019 年，万得资讯显示私募基金发行量缩减至 742 只。

从表 1-5 可以看出，随着私募基金的规范化发展，停止运营的私募基金总数量在不断增加，但每年停止运营的基金数量在 2016 年达到峰值之后，伴随着私募基金的合规化发展，停止运营的基金数量开始逐渐下降，2019 年停止运营的基金仅为 248 只。截至 2019 年底，累计停止运营的私募基金共有 9 143 只，约占累计发行基金总量（4 0557 只）的 23%。

我国市场环境复杂多变，能长期存续的基金实属不易，通常来说，基金停止运营的原因分为以下三种：（1）存续期满。这是私募基金停止运营最为普遍的一种原因，私募基金会在合同中设定存续期间，也就是合同生效到终止的时间范围，在合同约定的存续期限到期之后，基金管理人会根据受托人或者自身意愿来决定是否清盘。根据私募基金停止运营的历史数据来看，存续期满是最常见的清盘原因。（2）业绩欠佳。私募基金通常会设定基金的净值底线，一般设置在0.7~0.8之间。当基金业绩过差、触及清盘底线之时，私募基金会被强制清盘。（3）基金管理人看空后市。一部分基金管理人对后市持有悲观态度时，为了投资者权益，会主动清盘旗下基金。例如，赵丹阳在2008年看空股市，于是清盘旗下所有的“赤子之心”产品，而后A股回调。此外，还有一些特殊的清盘原因，如产品的结构设计不符合新的监管政策、投资者入市热情受挫进而大规模赎回、基金管理人难以取得业绩报酬、公司内部调整等因素。

市场上有不同的机构在统计私募基金的产品信息，除了本书采取的万得资讯数据库外，还有诸如朝阳永续、私募排排网、格上理财等平台。各个机构因为统计口径的不同，会导致统计出的私募基金数量不同，如私募排排网的口径就比较广泛，包含了信托、自主发行、公募专户、券商资管、期货专户、有限合伙、海外基金等类型（或渠道）的私募基金产品。不过，由于私募基金施行登记备案制度，也就是发行产品前必须在中基协备案，因而中基协披露的备案数据更权威和精确。截至2019年底，中基协数据显示，我国证券类私募基金备案数量达41 399只，规模为2.45万亿元。

（二）基金实际发行规模

图1-3显示的是2002~2019年我国私募基金实际发行规模的数量占比。从图1-3可以看出，我国单只私募基金产品的发行规模仍以中小规模为主，发行规模位于1亿元以下的私募基金占比共计约为73%，与2018年（70%）相比增加三个百分点；规模位于5 000万元以下的私募基金占比过半，约为53%，较2018年（49%）增长约4%。具体来看，截至2019年底，单只产品实际发行规模在2 000万元以下和2 000万~5 000万元的私募基金数量占比都约为26%；发行规模位于5 000万~1亿元和1亿~3亿元区间的私募基金数量占比都约为20%；单只产品发行规模大于3亿元的私募基金数量占比约为7%，较2018年下降约两个百分点。

值得一提的是，私募基金的发行规模能够反映出市场对该产品的接受程度，同时也能够展现出投资者对私募基金管理人的认可程度。通常来说，投资者更愿意购买资历久、业绩好的私募基金管理人或明星基金经理发行的基金产品，私募基金的销售机构也更愿意去推广此类基金。例如，2012年，原“公募一哥”王亚伟投身私募领域后发行的首支产品“昀沣”，虽然认购门槛高达2 000万元，但在短短几天内就募集到20亿元，可见投资者的青睐。2015年，赵丹阳旗下“赤子之心”产品在两分钟内便募集结束。在多变的市场环境以及严格的监管政策下，私募基金管理人要想受到投资者和市场的认可，需要强大的应变能力和长期盈利能力。

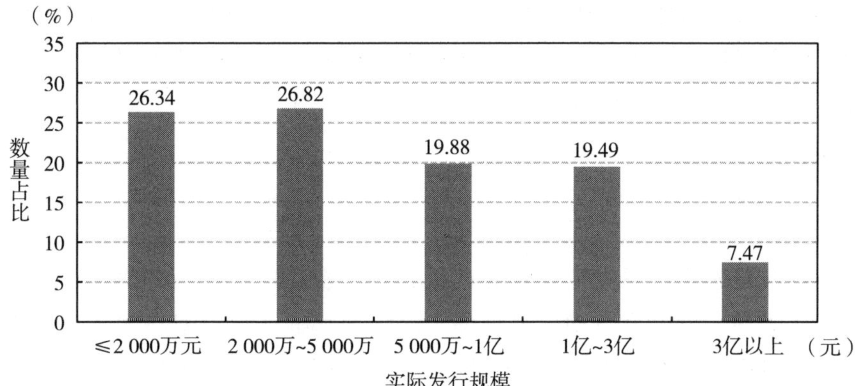

图 1-3　私募基金实际发行规模：2002~2019 年

（三）基金发行地点

表 1-6 描述的是我国私募基金发行地点的分布情况，与往年数据相差无几，截至 2019 年底，私募基金发行地区依然主要聚集在北京、上海、深圳、哈尔滨和昆明，这 5 个城市的私募基金发行量占总量的 73. 3%。

表 1-6　　私募基金发行地点的分布：2002~2019 年

发行地点	发行数量（只）	数量占比（%）
北京	9 011	22. 2
上海	8 912	22. 0
深圳	5 085	12. 5
哈尔滨	4 762	11. 7
昆明	1 959	4. 8
其他	10 828	26. 7
合计	40 557	100. 0

北京为发行基金产品数量最多的城市，共计 9 011 只，占比为 22. 2%。这主要受益于北京重要的行政地位，具有集中的监管机构以及丰富的客户资源。上海位列第二，与北京的私募基金发行数量相差不多，为 8 912 只，占比为 22. 0%。上海是我国的金融中心，也是上交所的所在地，因而发行数量也较多。深圳相比去年排名上升一位至第三名，私募基金发行数量为 5 085 只，占比为 12. 5%。深圳是深交所的所在地，前海自贸区有金融优惠政策，大量金融与科技领域的高精尖人才聚集在此地，私募基金也受到相关利好。哈尔滨的私募基金发行数量紧随其后，为 4 762

只，占比为 11.7%。在 2004 年之前，私募基金借助信托的渠道发行产品，因而哈尔滨作为中融国际信托的注册地占据良好的优势。除此之外，受政府层面的政策引导，以及随着经济发展，杭州、广州和成都也逐渐受到私募机构的青睐，发行产品数量紧随在这 5 座城市之后。

（四）基金投资策略

根据投资策略的不同，私募基金可以划分为普通股票型、债券型、宏观对冲型、相对价值型、股票多空型、混合型、商品型、事件驱动型和国际（QDII）股票型等不同策略的投资基金。表 1-7 统计的是 2002~2019 年我国不同策略的私募基金发行总量及占比情况。从表 1-7 可以看出，普通股票型基金仍是最受青睐的私募基金，基金数量为 32 095 只，占比为 79.1%。该类型基金是将资产主要投资于股票，获取低买高卖的差额收益，业绩易受大盘影响。债券型基金的发行总量为 2 795 只，占比为 6.9%。该类型基金的资产主要投资于债券，收益相对稳定，因而又被称作固定收益型基金。宏观对冲型基金的发行总量为 1 468 只，占比为 3.6%。该类型基金借助经济学理论，对利率走势、政府的货币与财政政策等宏观经济因素进行研究，以此来预判相关投资品种未来趋势，并进行相应的操作。混合型基金的发行总量为 1 176 只，占比为 2.9%。该类型基金的投资标的包括股票、债券和货币市场工具等，但通常没有在基金合同中明确主要的投资方向，资产配置较为灵活，可以根据市场情况随时调整仓位。相对价值型基金的发行总量为 1 017 只，占比为 2.5%。该类型基金利用关联证券间的价差获利，即买入价值被低估的股票、卖空价值被高估的股票，获取价格收敛所带来的收益。

表 1-7　　不同策略的私募基金发行总量及占比情况：2002~2019 年

投资策略	基金数量（只）	数量占比（%）
股票型基金	32 095	79.1
债券型基金	2 795	6.9
宏观对冲型基金	1 468	3.6
混合型基金	1 176	2.9
相对价值型基金	1 017	2.5
股票多空型基金	872	2.2
事件驱动型基金	536	1.3
商品型基金	343	0.8
其他	255	0.7
总计	40 557	100.0

其他投资策略的基金发行量均不足千只，具体包括股票多空型、事件驱动型和商品型基金，发行基金总量分别为 872 只、536 只和 343 只。股票多空型基金在持有股票的同时会卖空股票对冲风险，这意味着通过做空业绩未达预期和表现较差的股票或股指期货，基金可以同时在熊市和牛市都获得不错的收益。事件驱动型基金主要通过分析上市公司的重大事项（如并购重组、增资扩股、回购股票）等影响公司估值的因素来进行投资。商品型基金是通过商品交易顾问（CTA）进行期货或者期权投资交易的一种基金。此外，还有几种类型的私募基金，如国际（QDII）股票型基金、货币市场型基金、国际（QDII）另类投资型基金等，由于发行量极少，在此不作赘述。

（五）基金费率

与公募基金不同，私募基金在收取固定管理费的基础上，还要收取额外的浮动管理费率，一般来说是“2-20”的收费模式，即 2%的固定管理费率和 20%的浮动管理费率。表 1-8、图 1-4、表 1-9 和图 1-5 展示的是我国私募基金行业的管理费率信息，包括固定管理费率和浮动管理费率的情况。在本书中，我们重点关注以股票为投资标的的股票型私募基金。从表 1-8 和图 1-4 可以看出，股票型私募基金的平均固定管理费率约为 1.3%，与 2018 年几乎持平；私募基金的固定管理费率主要集中在 1.0%、1.5%和 2.0%三个费率上，分别占比 16%、25%和 22%。

表 1-8　股票型私募基金的固定管理费率：截至 2019 年 12 月底　单位：%

平均值	1.28
75%分位数	1.80
50%分位数	1.50
25%分位数	1.00

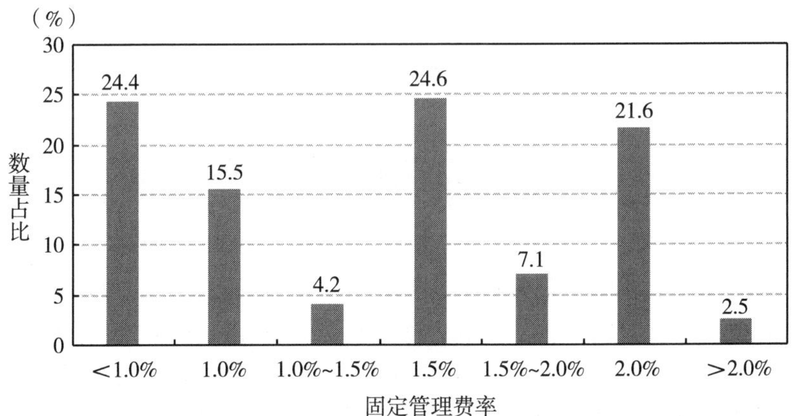

图 1-4　股票型私募基金固定管理费率的分布：截至 2019 年 12 月底

表 1-9　股票型私募基金的浮动管理费率：截至 2017 年 12 月底　单位：%

平均值	20
75%分位数	20
50%分位数	20
25%分位数	20

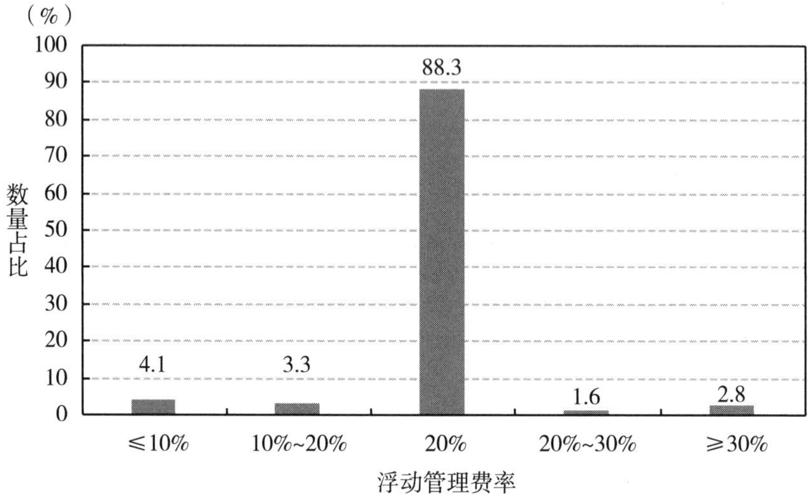

图 1-5　股票型私募基金浮动管理费率的分布：截至 2017 年 12 月底

表 1-9 和图 1-5 展示的是我国股票型私募基金的浮动管理费率信息。浮动管理费是指基金业绩达到合同要求后，对盈利部分按照一定比率收取的管理费。遗憾的是，由于万得资讯数据库从 2018 年开始不再披露浮动管理费率的相关数据，因而我们统计的数据截至 2017 年 12 月底。从表 1-9 可以看出，浮动管理费率均值为 20%，而 25%、50%和 75%的分位数均为 20%。由此可见，20%的浮动管理费率仍是我国私募基金市场上的主流，占比高达 88%，这在客观上也说明大多数私募基金具有较为统一的浮动管理费收取标准。

五、小结

虽然私募基金起步晚于公募基金，但凭借着追求绝对收益的理念与高额的投资回报和较好的风险控制能力，已然成为资本市场上不容忽视的一股力量。私募基金初期缺少法律监管，一直处于地下发展的状态。2013 年，修订版《中华人民共和国证券投资基金法》的出台首次将非公开募集资金纳入监管。2014 年，新国九条提出要培育私募市场，随后证监会出台首个专门针对私募基金的部门规章，私募基金才正式拉开合法化发展的篇章。到 2016 年，私募基金进入严监管时代，在国务院、证监会、中基协等多方机构的共同努力下，私募基金行业发展愈加规范，行业监管体系也逐步成熟。2017 年起，外资机构开始在中国私募市场布局，23 家备案外资机构已累计发行 65 只产品。2018 年，资管新规落地，行业迎来统一监管的新格局，私募基金作为资管行业的一员，其监管也随之发生相应改变。2019 年，股票股指期权扩容，私募基金对冲工具增加，投资策略得以丰富，科创板横空出世，可惜多数证券类私募基金无缘打新。

本章还依据万得资讯数据库的数据，从私募基金的发行数量、发行规模、发行地点、投资策略和基金费率五个维度对证券类私募基金行业的现状进行梳理。可以发现，截至 2019 年底，全年新发行 742 只私募基金，继续运营的私募基金为 31 414 只，较 2018 年的新发行基金数量有所下降，整体发行速度趋缓。最近几年，私募基金一直处于严监管的制度环境中，发展愈加规范化，停止运营的私募基金数量趋缓，2019 年为 248 只。在发行规模上，私募基金仍以中小规模为主，发行规模位于 1 亿元以下的基金占比约为 73%。在发行地的选择上，仍主要集中在北京、上海、深圳、哈尔滨和昆明等城市。私募基金的投资策略依然以普通股票型基金为主。从费率水平来看，截至 2019 年底，股票型私募基金的固定管理费率多数集中于 1.0%、1.5%和 2.0%上，平均数约为 1.3%。截至 2017 年底（万得资讯数据库 2019 年未披露相关数据），股票型私募基金的浮动管理费率的均值为 20%，占比高达 88%。整体来看，我国私募基金行业发展告别了过去“井喷式”的增长阶段，处于稳定有序的发展过程中。

第二章

私募基金能否战胜公募基金和大盘指数

在各类投资基金中，私募证券投资基金与国外的对冲基金相似，以其追求绝对正收益的天然特性吸引着高净值投资群体，也以其20%的浮动管理费及灵活的投资策略吸引着最优秀的基金经理。同时，相对于其他投资品种，一方面，法规对私募基金管理人无论是在运营方面还是在信息披露方面的要求都宽松很多，以适应私募基金操作和投资策略的灵活性；另一方面，法规对私募基金投资者的要求相对较高，并且证监会对于合格投资者的范围也有明确规定。可见，私募基金是一种面向特定投资者，以取得高回报率为核心的投资方式。

自20世纪90年代初产生以来，我国私募基金行业在探索中不断前行，在磨砺中不断成长，发展至今已形成相当大的规模，各类投资策略也渐趋成熟。那么，私募基金行业到底能否为投资者带来可观的回报？它们的收益状况究竟如何？这些问题困扰着大多数投资者和投资机构。为了回答这些问题，我们选取投资于股票市场的股票型私募基金这一在私募基金行业中具有代表性的一类基金作为研究对象，再以大盘指数作为参照标的，对股票型私募基金的收益情况做出全面的比较和分析。万得全A综合指数（以下简称“万得全A指数”）覆盖了所有A股上市公司的股票，在业界常常被用来表征市场的表现，故我们选择万得全A指数作为与股票型私募基金对比的大盘指数。此外，我们也将股票型公募基金作为比较对象，了解股票型私募基金与股票型公募基金业绩的高下。在报告中，我们对私募基金与万得全A指数、公募基金的业绩，分别从收益率指标和风险调整后的收益率指标两个角度做出对比。在风险调整后收益指标中，我们选择了考虑不同风险因素的夏普比率、索丁诺比率和收益—最大回撤比率三个指标，将私募基金与大盘指数、公募基金的业绩进行多层次、多角度的对比，以得出综合可靠的分析结论。

研究发现，在2008~2019年的12年里，有7年股票型私募基金的收益超过大盘指数，有6年战胜了公募基金。2008~2019年，股票型私募基金的累计收益为107%，股票型公募基金的累计收益为62%，而万得全A指数的累计收益仅为

12%，远低于私募基金和公募基金的业绩。从近三年和近五年私募基金与万得全A指数的夏普比率、索丁诺比率和收益—最大回撤比率的对比结果来看，私募基金的业绩也都优于大盘指数。另外，我们还发现，股票型私募基金近三年和近五年的年化夏普比率均未超过股票型公募基金，而从近三年和近五年的年化索丁诺比率的比较结果来看，股票型私募基金好于股票型公募基金。

本章接下来的主要内容分为三部分：第一部分，将私募基金和万得全A指数、公募基金的收益率分别进行年度和长期的对比；第二部分，对私募基金与万得全A指数、公募基金风险调整后收益再作比较和分析，通过多角度、多层次的对比，综合判断私募基金能否真正战胜大盘指数和公募基金；第三部分，比较私募基金的收益率、夏普比率、索丁诺比率和收益—最大回撤比率四个指标的相关性，选择评估私募基金业绩的恰当指标。

一、收益率的比较

本章研究的对象是股票型私募基金，根据对私募基金各类投资策略的判断，我们将万得资讯的私募基金二级分类中投资于股票二级市场的普通股票型、股票多空型、相对价值型和事件驱动型私募基金定义为股票型私募基金。由于分级基金的净值统计存在不统一的现象，我们的样本中排除了分级基金。对于普通投资者而言，最易于获取的信息就是私募基金的收益率指标，因此我们对私募基金和大盘指数、公募基金业绩的比较从收益率开始。对于基金的收益率，我们采用的是红利再投资的净值增长率，即以复权净值计算的收益率，并且剔除管理费率和托管费率。

在处理数据的过程中我们发现，万得资讯在收集私募基金净值时，如果某个月没有获取到某只基金的净值数据，系统会自动填充其上一个月的净值数据作为当月净值，如此一来会存在基金净值重复出现的情况。鉴于此，我们统计了2003~2019年股票型私募基金净值重复的情况，并根据净值的重复比例区间绘制了基金分布图。如果基金的复权净值与上个月相比没有变化，我们就认为这个月该基金的净值是重复的。据此我们确定了净值重复率的计算公式：基金的净值重复率=该基金有重复净值的样本数÷该基金的总样本数。从图2-1中可以看出，2003~2019年，基金净值重复率小于10%的基金占比约为92%，其他区间内股票型私募基金占比都很小。基金净值重复率过高通常是由数据收集问题所致，若将此类基金纳入样本会使分析结果不准确。因此，我们在样本中删除了在分析期间净值重复率大于10%的基金。

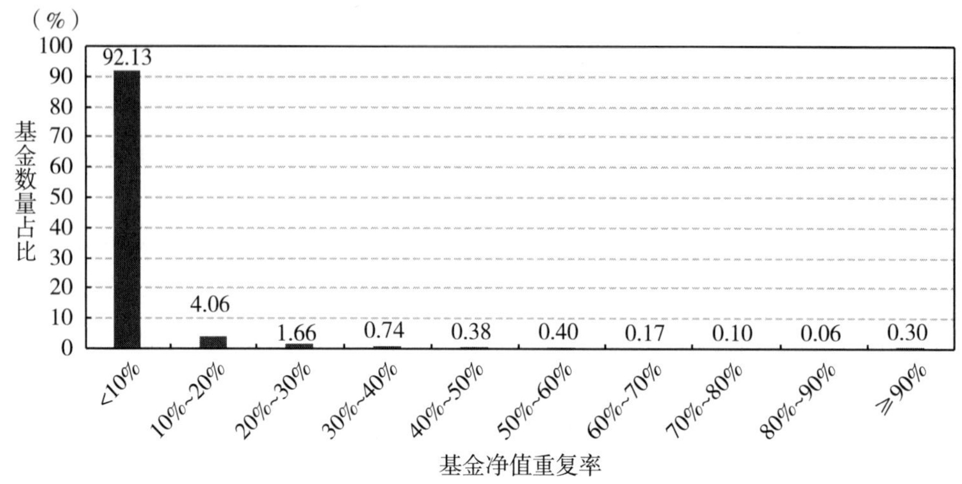

图 2-1　股票型私募基金净值重复率的分布情况：2003~2019 年

在收集样本时，我们发现部分基金的收益（和风险）指标在数值上十分近似，如表 2-1 所示。从表 2-1 不难看出，安进的 5 只基金无论是 2016 年还是 2017 年的年度收益率在数值上都一样。因此，本书在进行统计分析时，仅选择相似产品中的一只基金作为代表进行分析研究。例如，我们仅将表 2-1 中“安进 19 期富善对冲 1 号尊享 AA 期”基金纳入样本。

表 2-1　　同类股票型私募基金样本举例

编号	基金名称	2016 年收益率（%）	2017 年收益率（%）
1	安进 19 期富善对冲 1 号尊享 AA 期	-2.10	-5.00
2	安进 19 期富善对冲 1 号尊享 AB 期	-2.10	-5.00
3	安进 19 期富善对冲 1 号尊享 AC 期	-2.10	-5.00
4	安进 19 期富善对冲 1 号尊享 AD 期	-2.10	-5.00
5	安进 19 期富善对冲 1 号尊享 AE 期	-2.10	-5.00

本书涉及三个基金净值的基本概念，我们对各概念的定义作如下说明。基金净值，是指在某一基金估值点上，按照公允价格计算的基金资产总市值扣除负债后的余额；累计净值，是指基金净值加上基金成立后累计分红所得的余额，反映该基金自成立以来所有收益的数据；复权净值，是指考虑分红再投资后调整计算的净值。其中，复权净值最能反映基金的真实表现，因此在以下的分析中，我们均使用复权净值指标。在对私募基金与大盘指数、公募基金的收益进行比较之前，我们先将四类股票型策略的私募基金样本与大盘指数的收益和风险进行单独比较，使读者可以清晰地观察这四类私募基金的特征。

（一）四类股票型私募基金与大盘指数的比较

首先，我们在表 2-2 中展示了每年每类基金的样本数量，表中显示“<10”的区域代表当年该类型的基金数量不足 10 只，不具有研究意义；“—”则代表在当年没有该类型基金。从表 2-2 可以看出，普通股票型基金每年含有样本数量的时间段是 2008~2019 年，股票多空型基金每年含有样本数量的时间段是 2009~2019 年，相对价值型基金每年含有样本数量的时间段是 2011~2019 年，事件驱动型基金每年含有样本数量的时间段是 2012~2019 年。

表 2-2　　四类股票型私募基金在每一年的样本数量：截至 2019 年 12 月底

年份	普通股票型	股票多空型	相对价值型	事件驱动型
2008	93	<10	<10	—
2009	158	13	<10	<10
2010	299	22	<10	<10
2011	554	46	15	<10
2012	750	64	31	34
2013	819	48	50	43
2014	1 042	84	82	22
2015	1 343	191	107	20
2016	2 797	166	156	26
2017	3 674	138	144	25
2018	5 200	102	155	19
2019	3 498	63	83	3

其次，截至 2019 年底，我们分别统计近一年到近十年有完整历史数据的四类策略股票型私募基金的样本数量，如表 2-3 所示。据表 2-3 可知，有近一年（2019 年）完整历史数据的股票型私募基金有 3 574 只，有近三年（2017~2019 年）完整历史数据的基金有 1 367 只，有近五年（2015~2019 年）完整历史数据的基金有 485 只，有近七年（2013~2019 年）完整历史数据的基金有 216 只，有近十年完整历史数据（2010~2019 年）的基金只有 90 只。

表 2-3　有完整历史数据的四类股票型私募基金的样本数量：截至 2019 年 12 月底　单位：只

策略类型	近一年	近二年	近三年	近四年	近五年	近六年	近七年	近八年	近九年	近十年
普通股票型	3 426	2 132	1 280	783	444	260	205	183	146	86
股票多空型	63	52	40	33	22	12	6	6	5	3
相对价值型	82	68	45	34	18	10	4	1	0	0
事件驱动型	3	2	2	2	1	1	1	1	1	1
合计	3 574	2 254	1 367	852	485	283	216	191	152	90

1. 普通股票型私募基金

普通股票型私募基金是指将资产主要投资于股票的私募基金，通常这类基金能够分散投资者直接投资于单一股票的非系统性风险，但其业绩表现也易受大盘（系统性风险）的影响。我们计算了 2008~2019 年普通股票型基金每年的等权平均年化收益率，并在图 2-2 中与万得全 A 指数的年化收益率进行了比较。据图 2-2 可知，在 2008~2019 年的 12 年里，普通股票型基金超过大盘指数收益率的年份有 7 年，这几年均是股指下跌较严重或股指上涨不多的年份，如 2008 年、2010 年、2011 年、2013 年、2016 年、2017 年和 2018 年等。而在股指高涨的 2009 年、2014 年和 2015 年里，普通股票型基金的收益率没有超过大盘指数，如在 2015 年，万得全 A 指数上涨了 38%，而普通股票型私募基金的上涨幅度比大盘指数要低一些，为 36%。此外，普通股票型私募基金年化收益率的变化方向基本与万得全 A 指数保持一致，即若大盘指数的年化收益率较上一年增长，那么普通股票型私募基金的年化收益率也会提高，反之亦然。

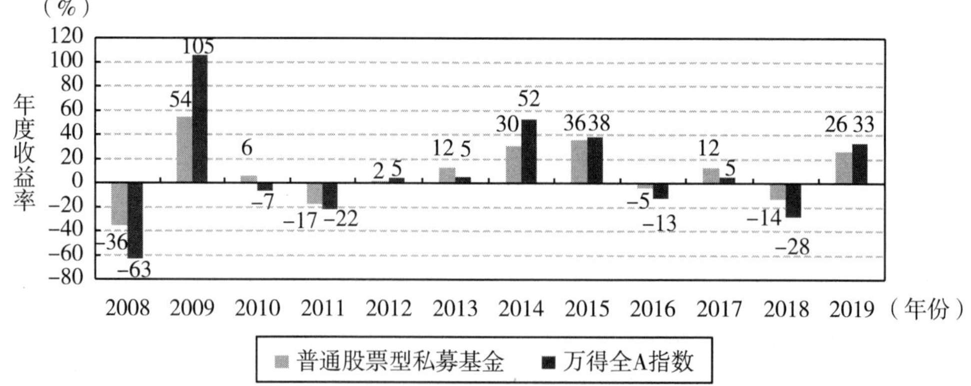

图 2-2　普通股票型私募基金与万得全 A 指数的年度收益率：2008~2019 年

图 2-3 展示了 2008~2019 年普通股票型私募基金与万得全 A 指数波动率的比较结果，我们可以观察这些年普通股票型基金的风险是否较大盘指数的风险更低。从图 2-3 可以看出，在过去 12 年中，除了在 2011 年、2014 年、2017 年和 2018 年普通股票型私募基金的年化波动率比万得全 A 指数的波动率稍大一些外，总体来看这些年普通股票型私募基金的风险较大盘指数的风险更低。在这 12 年中，有 8 个年份普通股票型私募基金的波动率都明显低于万得全 A 指数的波动率，而在 2011 年也只比大盘指数的波动率水平高出了 1%。在刚刚过去的 2019 年，普通股票型私募基金（年化波动率：19%）相对于大盘指数（年化波动率：22%）少规避了 3%的风险；反观 2018 年，普通股票型私募基金（年化波动率：18%）相对大盘指数（年化波动率：14%）多规避了 4%的风险。此外，普通股票型私募基金的波动率与指数的波动率呈同方向变动。总体来看，普通股票型私募基金的经理可以有效地将这类私募基金的风险控制在比万得全 A 指数的波动幅度更低的范围内。

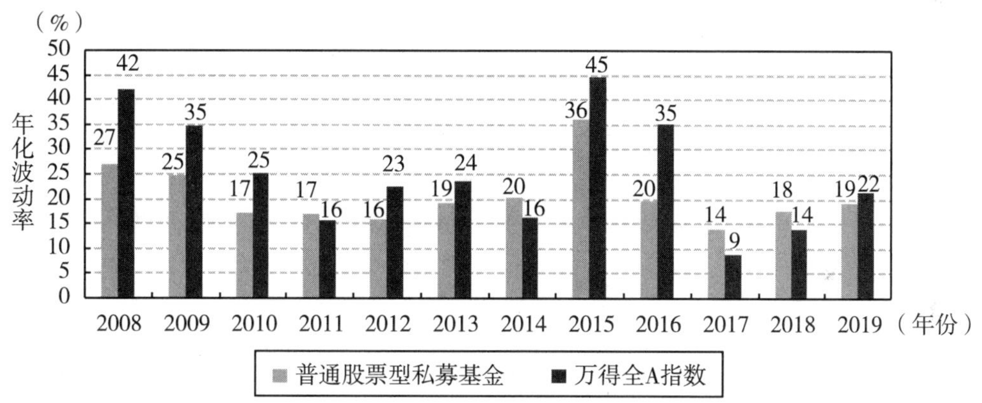

图 2-3 普通股票型私募基金与万得全 A 指数收益率的年化波动率：2008~2019 年

2. 股票多空型私募基金

股票多空型私募基金是指在投资过程中，在做多一批股票的同时卖空一批股票来达到盈利的目的，基金经理也可以使用股指期货等工具进行对冲。当投资标的为股票时，该策略可以通过市场内买卖、融资融券和场外期权来实现。单就融资融券而言，2010 年中国证券市场正式开通融资融券业务，虽然这意味着股票做空策略开始生效，但实际上融券业务一直未能真正发展，个股做空存在诸多障碍。多空策略空头的作用主要有三个：一是部分对冲多头的系统性风险；二是看空标的证券，主动做空以获利；三是出于统计套利、配对需求，沽空价格异常变动的股票。但由于同时持有多头头寸和空头头寸，交易佣金所带来的成本也会较高。我们将 2009~2019 年股票多空型私募基金（2009 年之前此类基金没有样本）与万得全 A 指数的年度收益率进行比较，结果如图 2-4 所示。可以看出，与普通股票型私募基金类似，在过去 11 年中股票多空型私募基金有 7 个年份的收益率超过了万得全 A 指数且超越的年份相同，分别为 2010 年、2011 年、2013 年、2015 年、2016 年、2017 年和 2018 年。其中，2018 年万得全 A 指数下跌了 28%，股票多空型私募基金的收益率为-14%，领先大盘指数 14 个百分点。此外，与普通股票型类似，股票多空型私募基金年度收益率的变化方向基本与万得全 A 指数保持一致。

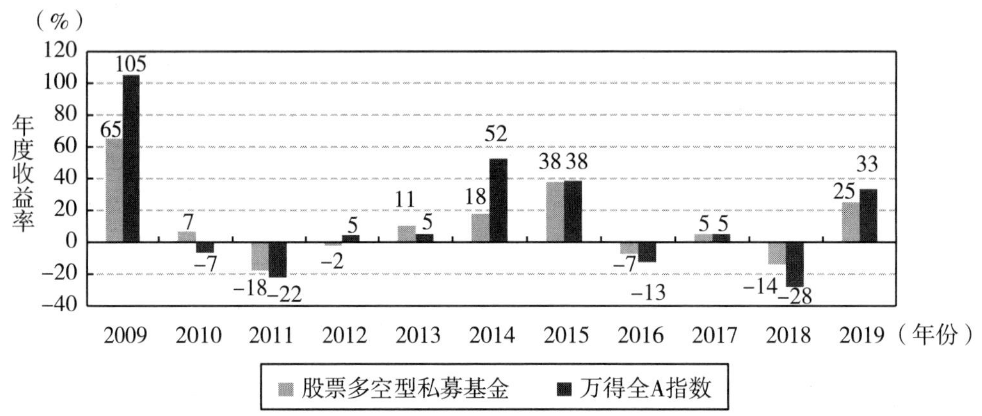

图 2-4　股票多空型私募基金与万得全 A 指数的年度收益率：2009~2019 年

图 2-5 是 2009~2019 年股票多空型私募基金与万得全 A 指数年化波动率的比较结果。我们发现，在这 11 年中，有 7 个年份股票多空型私募基金的年化波动率都低于万得全 A 指数，而在 2011 年、2014 年和 2018 年，其波动率分别只超过指数 0.34%、1%和 0.1%，可以说在这三年波动率和指数也基本持平。与图 2-3 相

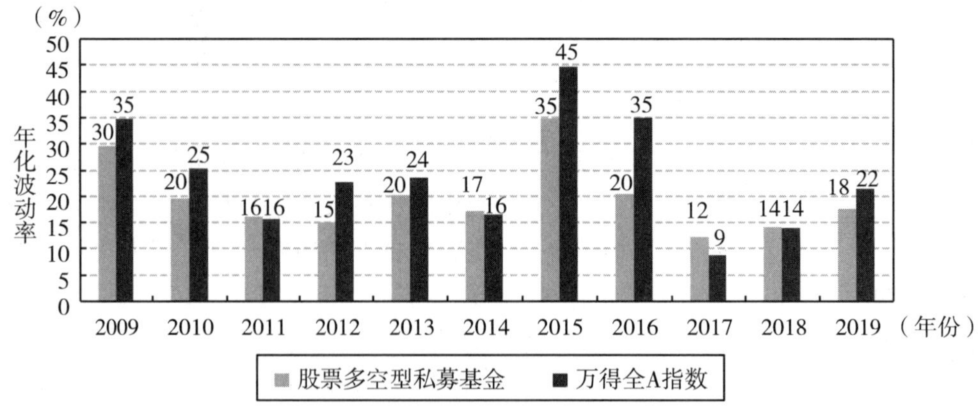

图 2-5　股票多空型私募基金与万得全 A 指数收益率的年化波动率：2009~2019 年

对照，在 2015 年和 2018 年这两年中，股票多空型基金的风险规避能力（年化波动率：34.86%和 14.09%）明显要强于普通股票型基金（年化波动率：36.16%和 19.24%）。股票多空型私募基金有做多和做空两种投资手段，可以对冲风险，因此波动幅度应该较普通股票型私募基金更低，而除了在 2010 年、2013 年和 2016 年股票多空型基金的年化波动率略高于普通股票型私募基金外，我们的结果也与这一特点相符。

3. 相对价值型私募基金

相对价值型私募基金主要利用关联证券之间的价差来获利，即通过买入价值被低估的股票和卖空价值被高估的股票获取价格收敛所带来的收益，这类基金的收益情况往往与市场走向无关。我国由于衍生工具较少，虽然在策略的丰富度方面还有待进一步发展，但经过近几年的不断探索，已经有了非常活跃的发展氛围，产品数量、规模都在逐步增长。该策略的一些先行者和佼佼者由于其稳定持续的优秀业绩，也吸引了越来越多的投资者的关注。目前相对价值策略主要集中于两类：一类主要以套利为主，如跨品种套利、跨期限套利和跨区域套利等各种套利模式的混搭，由于目前专注于某一个领域套利机会相对有限，所以产品的策略倾向于不同套利机会的混搭；另一类主要专注于股票现货与股指期货完全对冲的阿尔法策略，即构建一揽子股票现货和股指期货的组合，通过完全对冲掉组合中的系统性风险而获取超额收益。比较典型的对冲基金公司是上海的金锝资产，金锝资产成立于 2012 年，核心人物任思泓具有丰富的国内外基金管理经验。任思泓先生 1996 年进入华尔街，2009 年回国，期间在大型资产管理公司担任要职；2002 年起担任世界成功的量化基金摩根士丹利的 PDT 的基金经理，具备了大规模资金管理经验和先进的量化投资思路与理念；回国后在中金公司管理规模在 30 亿元以上的资金，并实现了良好收益。我们以“金锝量化”基金为例，该基金自 2013 年 11 月成立以来，截至 2019 年 12 月底，实现累计收益率 103%，远远优于同期沪深 300 指数（50%），下行风险控制极佳，类似的还有“金锝 5 号”和“金锝6 号”基金。“金锝量化”基金主要是通过做多流动性较好的大盘股票，同时通过股指期货 100%对冲掉市场的系统性风险获利。至于具体的细节，金锝资产实行全自动化管理，从选股、交易、对冲和风险控制，每一步都完全由计算机系统实现。一切投资决策和执行由模型产生，不对市场趋势进行任何人为判断。所有人员也只负责投资模型和系统的研发，不参与日常运行。

图 2-6 是 2011~2019 年相对价值型私募基金（2011 年之前此类基金没有样本）与万得全 A 指数的年度收益率的比较结果。据图 2-6 可知，在这 9 年中，此类基金有 4 个年份（2011 年、2013 年、2016 年和 2018 年）的收益率超过了万得全 A 指数的收益率，而且相较之前两类基金与指数收益率间的同升同降趋势，相

对价值型基金收益与大盘指数收益的相关性显然低得多，并且此类基金的收益也明显偏低。也就是说，尽管在股市利好时这类基金带来的收益不高，但在股市下跌的时候往往能为投资者守住更多的财富。例如，在 2016 年和 2018 年，万得全 A 指数分别下挫 13%和 28%，而相对价值型私募基金的年度收益率分别为 0. 14%和 1%，价值没有损失。这些结果与其策略的特征是比较相符的。值得一提的是，2015 年此类基金的收益率达到了罕见的 26%，这是非常难得的业绩水平。总体而言，虽然在市场大涨时相对价值型基金的收益较低，但在股市出现大幅下跌时该类基金往往能为投资者守住更多的财富。

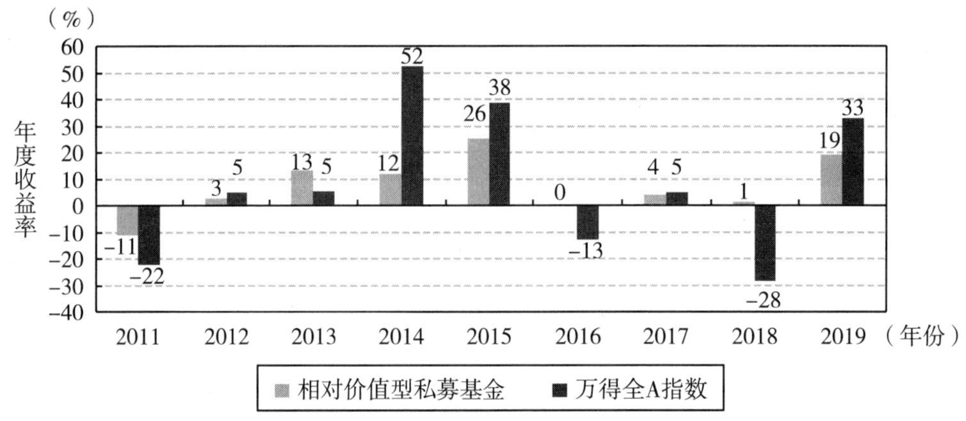

图 2-6　相对价值型私募基金与万得全 A 指数的年度收益率：2011~2019 年

图 2-7 是 2011~2019 年相对价值型私募基金与万得全 A 指数年化波动率的比较结果。可以明显看出，在这 9 年中，除了 2017 年相对价值型基金的波动率（8. 76%）与大盘指数的波动率（8. 83%）持平外，其余每年相对价值型基金的波动率都低于万得全 A 指数，且此类基金与万得全 A 指数波动率并不保持一致性。具体来看，在 2015 年、2016 年和 2019 年，相对价值型基金的波动率分别较万得全 A 指数低 28、23 和 10 个百分点，说明这三年里股市的跌宕起伏并未影响到这类基金的风险控制水平，这一点与此类基金的策略特征也是相符的。特别是在 2015 年和 2016 年，指数的波动率分别高达 45%和 35%，而相对价值型基金的波动率仅为 17%和 12%。综合来看，我国的相对价值型基金基本保持了低风险和低收益的风格。

4. 事件驱动型私募基金

事件驱动型私募基金通过在提前挖掘和深入分析可能造成股价异常波动事件的基础上，充分把握交易时机来获取超额投资回报。“事件驱动”中的“事件”一般包括公司的收购、并购、重组、增资扩股、回购股票、ST 类个股“摘帽”

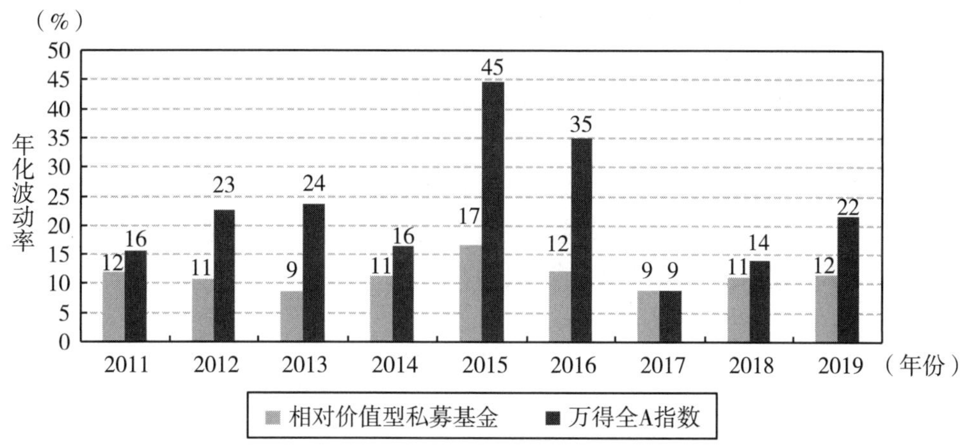

图 2-7 相对价值型私募基金与万得全 A 指数收益率的年化波动率：2011~2019 年

事件、年报潜在“高送转”事件，也包括影响公司估值的其他因素，如公司科技专利申请的批准等，这类基金的表现通常与大盘走势的相关性不大。据相关数据显示，2019 年，中国企业并购市场共计完成 2 782 笔并购交易，同比上升 5.26%。其中，披露金额案例数量有 2 412 笔，交易总金额为 2 467 亿美元，环比下降 18.57%。总体来看，2019 年中企并购市场完成并购案例数量小幅上升，交易规模却在持续回落。不过，2019 年监管层发布了“小额快速”并购重组审核机制等多项政策，大幅放松了对并购重组的部分限制，优化了对重组上市的监管安排，对资本市场有效服务实体经济起到了重要的推动作用。此外，定增基金很多都是单票定增，并且资管新规对私募资产管理计划参与定增的能力构成影响，所以导致事件驱动型基金间的业绩差异大。但再融资新规的修订,[①] 预示着再融资宽松周期将至，相当多的机构都看好即将到来的新定增市场。近期多家公司宣布终止可转债发行，部分公司转而推出定增预案，显示出新规开始对上市公司再融资方式产生影响。在此背景下，据私募排排网“2019 年事件驱动策略对冲基金收益前十排行榜”显示，“盛泉恒元定增套利多策略 6 号”基金位列第三，其在 2019 年以来的收益率为 59%，高于同期沪深 300 指数收益率（34%）。盛泉恒元投研均拥有良好的教育背景和从业经历，核心投研团队均为投资管理、策略研究、量化交易和平台构建等领域的专业人士。公司高管团队大多具备金融行业二十年以上从业经历和成功的投资业绩。

图 2-8 展示了 2012~2019 年（2012 年之前此类基金没有样本）事件驱动型私募基金与万得全 A 指数年度收益率的比较结果。我们发现，在这 8 年中，事件驱

① 2019 年 11 月 8 日，证监会发布再融资新规征求意见稿。

动型基金有 6 个年份的年度收益率高于指数，分别为 2012 年、2013 年、2015 年、2016 年、2018 年和 2019 年，与普通股票型基金、股票多空型基金、相对价值型基金相比，此类基金的收益率在上述年份中也是最高的。尤其在 2015 年，事件驱动型基金的年度收益率达到了惊人的 84%，大大超过了万得全 A 指数及其他三类基金。2016 年股指下挫 13%，事件驱动型基金则取得了 1%的正收益，虽然之前三类基金在 2016 年相较指数不同程度地减少了损失，但事件驱动型基金凭借着亮眼的正收益，无疑在收益方面做得更加优秀。

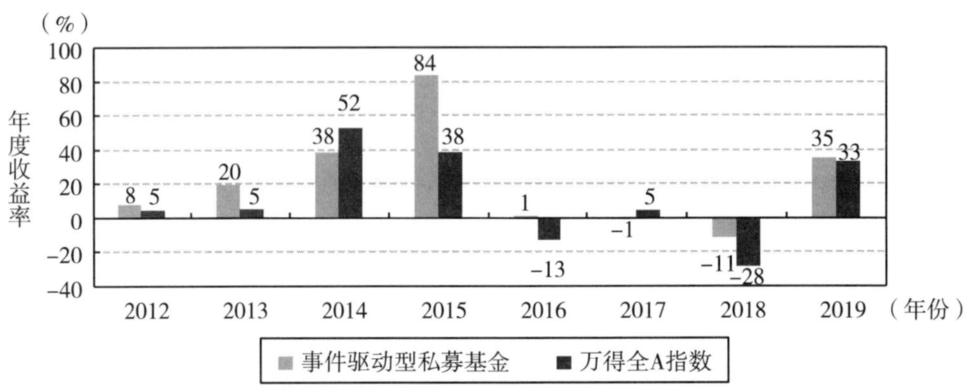

图 2-8　事件驱动型私募基金与万得全 A 指数的年度收益率：2012~2019 年

高收益往往伴随着高风险，那么事件驱动型基金的风险水平如何？图 2-9 展示的是 2012~2019 年事件驱动型私募基金与万得全 A 指数收益率的年化波动率的比较结果。我们发现与前三类基金有所不同的是，事件驱动是一类伴随着较高风险的投资策略，在这 8 年中有 6 年事件驱动型基金的波动率都高于指数，分别是 2012 年、2013 年、2014 年、2017 年、2018 年和 2019 年这 6 年。同时，在指数波动率较大的 2015 年和 2016 年，事件驱动型基金的年化波动率也都达到了 21%以上的水平，且与指数的波动幅度相差不多。综合来看，虽然收益较高，事件驱动型基金在四类基金中的风险也是最高的，其投资风险甚至在多数年份里要高于指数的波动。

通过对上述四类基金与指数收益和风险的比较分析，我们发现，普通股票型基金、股票多空型基金和事件驱动型基金与指数更具相关性和可比性，相对价值型基金与指数的收益指标则没有太大的相关性。因此，在本章接下来的内容中，我们只选取相对价值型基金之外的三类基金作为比较的样本，将股票型私募基金样本与大盘指数的收益指标进行比较分析。我们将从股票型私募基金与万得全 A 指数和股票型公募基金的年度收益率、各年度超越大盘指数收益的比例和累计收益率三个方面展开分析。

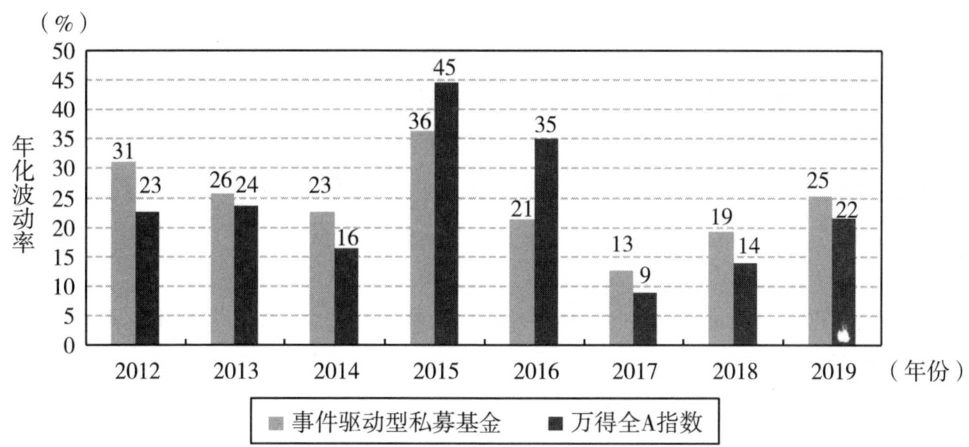

图 2-9 事件驱动型私募基金与万得全 A 指数收益率的年化波动率：2012~2019 年

（二）年度收益率的比较

在结合万得全 A 指数的表现，分别讨论了上述四类股票型私募基金年度收益率和年化波动率之后，接下来我们对 2008~2019 年股票型私募基金的年度收益率与股票型公募基金、万得全 A 指数的年度收益率进行整体的比较，图 2-10 给出了这一结果。我们观察私募基金与指数的年度收益率的差异后发现以下几点现象。

首先，相比业绩低于大盘指数收益的年份，私募基金业绩超过大盘指数收益的年份更多。在 2008~2019 年的 12 年里，有 7 年股票型私募基金的收益超过大盘指数，其余 5 年则低于万得全 A 指数。年度收益率超过指数的年份分别为 2008 年、2010 年、2011 年、2013 年、2016 年、2017 年和 2018 年，分别超越指数 27%、13%、5%、8%、8%、7%和 14%。同时我们发现，通常私募基金的收益不如大盘指数的年份（2009 年、2012 年、2014 年和 2015 年），往往是指数大幅上涨的时候。例如，在 2009 年、2014 年和 2015 年，万得全 A 指数分别上涨了 105%、52%和 38%，而私募基金的年度收益率分别为 55%、30%和 37%，均低于大盘指数。这可能是因为大多数私募基金经理缺乏选股能力和择时能力，在指数快速上升时不能完全踩对进出市场的节点，在承担很高的上行系统性风险的同时，没能获得相应的回报。此外，这也可能由基金股票仓位不同所致，当股市大涨时，基金的股票仓位过轻，基金必然赶不上大盘的涨幅。

其次，在指数回撤的年份里，股票型私募基金的收益普遍优于万得全 A 指数。在 2008~2019 年的 12 年中，有 5 个年份的大盘指数呈下跌状态，而私募基金表现出了相对较小的回撤，甚至带来了正收益。这 5 个年份分别是 2008 年、

2010 年、2011 年、2016 年和 2018 年，其中私募基金年度收益率超越指数收益最多的年份是 2008 年，当年指数收益率为-63%，而私募基金的收益率为-36%，高于指数 27 个百分点。2018 年指数的年度收益率出现了 28%的损失，而私募基金仅出现 14%的倒退，抗跌能力强于指数。甚至在 2010 年这个指数下跌 7%的年份里，私募基金获取了 6%的正回报，不但没出现亏损，还有不错的收益，这是非常不容易的。总体来看，私募基金给投资者带来的亏损更少，更能帮助投资者守住财富。

最后，2008~2019 年这一时期内投资于私募基金承担的风险更小。从图 2-10 可以看出，无论是在股市上涨年份还是在下跌年份，指数在年度间的波动幅度更大，而私募基金的涨跌幅度则更趋平稳。在 2009 年和 2014 年这样的牛市年份中，指数的收益率分别为 105%和 52%，而私募基金的收益率分别为 55%和 30%，涨幅不如指数。在 2008 年、2016 年和 2018 年这样的熊市年份中，指数的收益率分别为-63%、-13%和-28%，而私募基金的收益率分别为-36%、-5%和-14%，跌幅也不如指数。在我国这样一个易于发生暴涨暴跌的新兴资本市场中，保持优秀的风险把控能力是极其重要的。

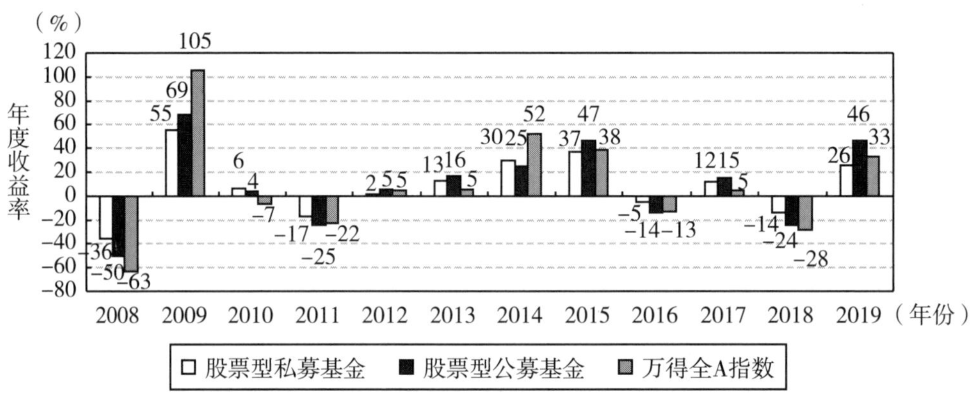

图 2-10　股票型私募基金、公募基金与万得全 A 指数的年度收益率比较：2008~2019 年

在讨论了私募基金和万得全 A 指数的年度收益差别之后，再来看一看私募基金和公募基金的对比。在我们出版的《2020 年中国公募基金研究报告》中可以发现，在 2003~2019 年的多数年份里，股票型公募基金的收益率高于万得全 A 指数。具体而言，除在 2007 年、2009 年、2011 年、2014 年和 2016 年跑输万得全 A 指数外，公募基金的年度收益率在 2003~2019 年的大多数年份都跑赢了指数。而本报告的分析期间为 2008~2019 年，这是因为私募基金在 2008 年之后逐渐走向成熟，基金数据也比较规范。那么在这 12 年里，私募基金和公募基金的收益率孰高孰低呢？我们看到，有 6 年私募基金的收益率超过了股票型公募基金，这6年分别是2008年的-36%（私募）对-50%（公募）、2010年的6%对-7%、2011年的-17%对-25%、2014年的30%对25%、2016年的-5%对-14%、2018年的-14%对-24%。可以看出，在指数上涨的年份（2009年、2012年、2013年、2014年、2015年、2017年和2019年）中，除在2014年私募基金的收益高于公募基金外，其余年份里私募基金的年度收益率都不及公募基金。在指数下跌的年份（2008年、2010年、2011年、2016年和2018年）中，私募基金的收益率都高于公募基金。可见，从较长的时间来看，私募基金经理对于损失的控制能力强于公募基金经理。

我们用股票型私募基金和万得全A指数、股票型公募基金的月度收益率计算它们的年化波动率，进一步分析股票型私募基金、公募基金和大盘指数的收益率波动幅度的差异，图2-11展示了三者的比较结果。首先，观察私募基金和大盘指数年化波动率的差异。在2008~2019年的12个年份中，只有在2011年、2014年、2017年和2018年，万得全A指数收益率的波动率低于私募基金，其他年份都高于私募基金。我们知道，在2015年7月和2016年1月均发生了严重的股灾，指数收益率的波动率分别高达45%和35%，而私募基金收益率的波动率则被控制在了36%和20%，大幅低于指数收益率的波动幅度。特别是在2016年，私募基金的风险几乎控制在指数波动率的一半左右。

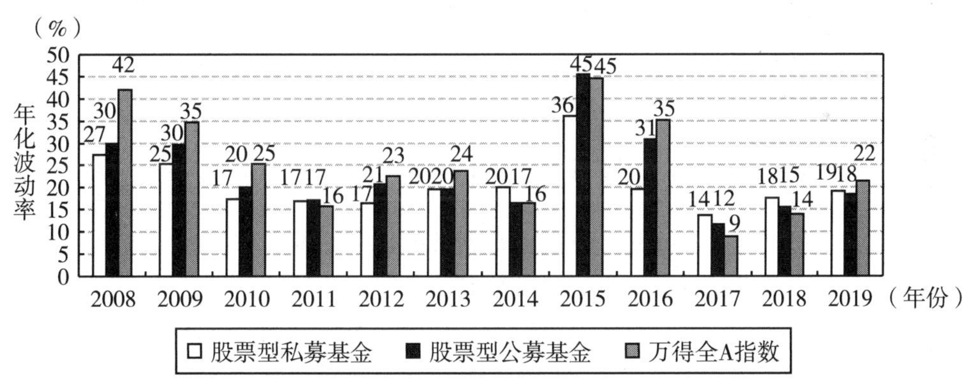

图2-11 股票型私募基金、公募基金与万得全A指数收益率的年化波动率比较：2008~2019年

我们再看私募基金和公募基金收益波动率的差异。可以看到，在这12年中，有8个年份（2008年、2009年、2010年、2011年、2012年、2013年、2015年和2016年）私募基金收益的年化波动率小于公募基金，其中，2011年、2013年私募基金收益的波动率略低于公募基金，近乎持平。由此不难发现，通常私募基金不但比大盘指数收益率的波动幅度小，而且比公募基金收益率的波动率也小。在这三者中，私募基金的风险控制在最低水平，公募基金次之，风险最高的是大盘指数，说明投资于股票型私募基金可以明显地规避系统性风险。

（三）基金超过大盘指数收益率的比例

前面我们对年度收益率的比较是以私募基金行业收益率的平均值作为比较的指标，那么究竟有多少私募基金能够战胜大盘指数呢？为了观察 2008~2019 年私募基金行业整体的收益率与大盘指数收益率的对比情况，我们计算了每年私募基金行业中收益率超越大盘指数收益率的基金数量占比，结果在图 2-12 中给出。同时，为了比较私募基金和公募基金两个行业在超越大盘指数比例方面的差异，我们在图 2-12 中也给出了每年公募基金的这一指标。

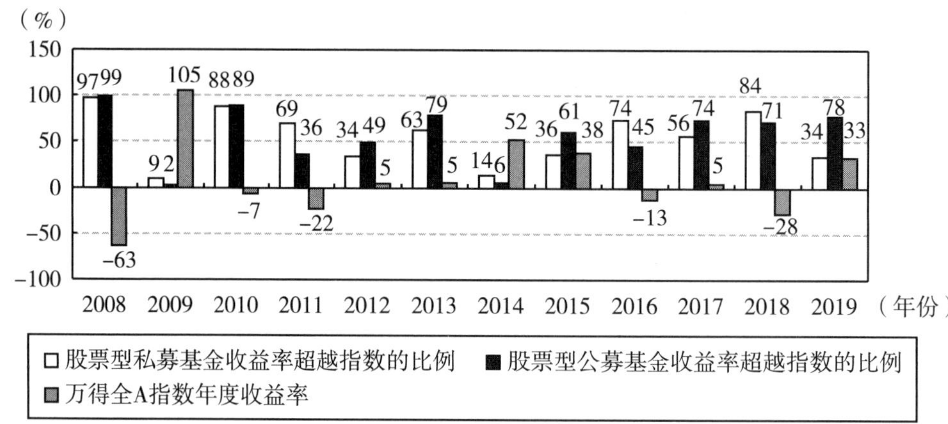

图 2-12 股票型私募基金、公募基金分别超越大盘指数收益率的比例：2008~2019 年

首先，我们来观察私募基金超越大盘指数的比例情况。在 2008~2019 年这 12 年中，有 7 年收益率超越大盘指数的私募基金数量占比达 56%以上，分别是 2008 年、2010 年、2011 年、2013 年、2016 年、2017 年和 2018 年，超越的比例分别为 97%、88%、69%、63%、74%、56%和 84%。而且在股市剧烈波动的 2015 年，仍有 36%的私募基金收益率超越了大盘指数。

其次，私募基金的整体业绩大比例超越万得全 A 指数收益率的年份，往往出现在指数上涨较少或下跌较多的时候。例如，2008 年、2010 年、2011 年、2016 年和 2018 年股市表现十分惨淡，而这些年份中，每年都有 74%以上的私募基金收益超越了大盘。然而，在牛市年份中，私募基金行业内能够超越大盘指数收益的基金数量占比普遍较低。例如，2009 年和 2014 年万得全 A 指数分别上涨 105%和 52%，而超越指数收益的私募基金数量占比仅为 9%和 14%。也就是说，在多数年份中，只有少部分私募基金的收益可以超过大盘，而私募基金行业整体上收益并没有超过指数。虽然在牛市中绝大部分的基金可能都在盈利，但此时私募基金行业内部的业绩差距却在拉大，只有极少数基金经理能够准确把握进出市场的时机，通过仓位控制和组合变换获取超越大盘指数的收益，从而站在市场涨势的最高处，而大部分私募基金经理此时都无法追赶上大盘指数上涨的步伐。

最后，我们对私募基金和公募基金两个行业收益超越大盘指数的比例进行比较。我们发现，两者的共同点在于：熊市年份中基金超越指数收益的比例都较高，而在牛市年份中基金超越指数收益的比例都偏低。由此看来，这是基金行业运作的共性。不同的是，在这 12 年中有 5 年私募基金收益超越指数收益的比例高于公募基金收益超越指数收益的比例，分别是 2009 年、2011 年、2014 年、2016 年和 2018 年，其余 7 年则是公募基金的收益表现更好。

（四）累计收益率的比较

投资者常常关心的另一个问题是，自己投资的基金能否长期取得比较不错的收益？本节我们将从投资者的角度出发，来探究一下长期投资于私募金的收益究竟如何？如果能够超越指数，其超越指数的幅度是多少？假设私募基金可以超过指数的业绩，那么它是否也能超越公募基金？超越公募基金的幅度又是多少？为了回答上述问题，我们首先选取近三年（2017~2019 年）和近五年（2015~2019 年）这两个区间作为样本观察期，计算并比较私募基金、公募基金和万得全 A 指数年均收益率的高低，随后对 2008~2019 年整个期间内私募基金、公募基金和万得全 A 指数的累计收益率进行比较。在选取基金样本时，我们要求私募基金样本在 2017~2019 年间或 2015~2019 年间具有完整三年或五年的基金复权净值数据。如表 2-3 所示，过去三年（2017~2019 年）和过去五年（2015~2019 年）的样本数量分别为 1 367 只和 485 只。

图 2-13 给出过去三年（2017~2019 年）和过去五年（2015~2019 年）股票型私募基金、公募基金与万得全 A 指数年化收益率的比较结果。从图 2-13 我们可以看出，2017~2019 年股票型私募基金年化收益率为 5.95%，低于股票型公募基金的年化收益率（8.30%），但高于万得全 A 指数的年化收益率（0.05%）；2015~2019 年股票型私募基金年化收益率为 7.32%，低于股票型公募基金的年化收益率（9.42%），但高于万得全 A 指数的收益率（3.85%）。从前面关于收益率的分析中不难发现，相比公募基金，私募基金将风险控制在更低的水平。例如，2015 年、2016 年连续出现股灾情况，市场表现跌宕起伏，并伴随着严重的系统性风险，而 2018 年中国股市再次处于熊市，整体来看，虽然私募基金在 2016 年和 2018 年的回撤小于公募基金，但是仍然无法弥补在 2015 年、2017 年和 2019 年与公募基金产生的收益差距，故而在图 2-13 中，无论是从近三年还是近五年结果来看，公募基金的年化收益率都高于私募基金。总体来看，

私募基金保持了相对于大盘指数的业绩优势，但与公募基金相比，在近三年和近五年都未表现出业绩优势。

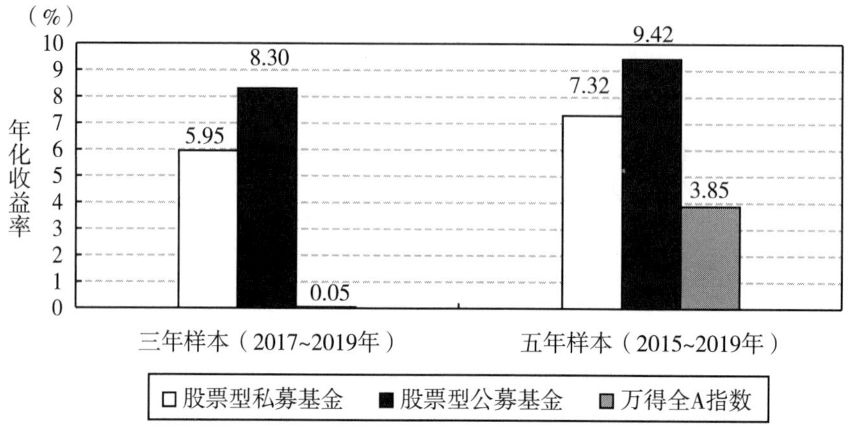

图 2-13　股票型私募基金、公募基金与万得全 A 指数的年化收益率比较

我们将考察期间延长至整个样本期间，对 2008~2019 年股票型私募基金、公募基金与万得全 A 指数的累计收益率进行比较，结果展示在图 2-14 中。我们将三者在 2007 年最后一天的初始价值都设定为 100 元，即如果投资者在 2007 年底以同样的 100 元分别投资于股票型私募基金、股票型公募基金和万得全 A 指数，到 2019 年末，投资于股票型私募基金的价值将变为 207 元，即累计收益率为 107%；投资于股票型公募基金的价值变为 162 元，即累计收益率为 62%；投资于万得全 A 指数的价值变为 112 元，即累计收益率仅为 12%。可见，在不考虑风险因素的情况下，长期投资于私募基金将会比投资于万得全 A 指数和公募基金取得更高的回报率。

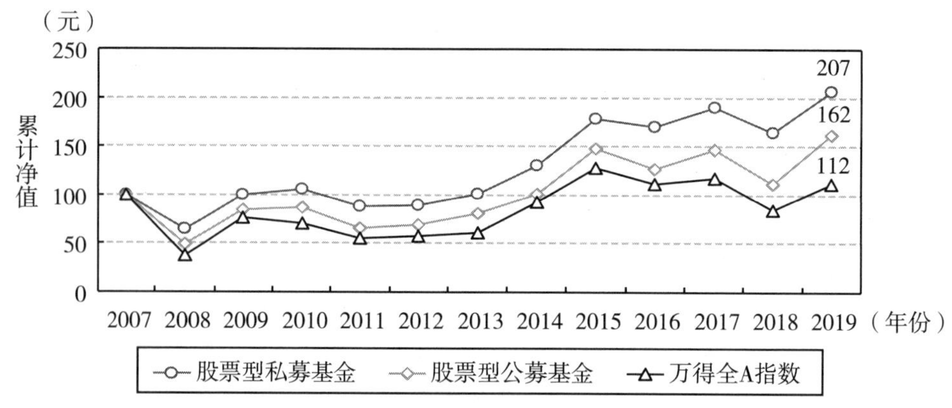

图 2-14　股票型私募基金、公募基金与万得全 A 指数的累计净值比较：2008~2019 年

基于上述三个方面的分析，我们可以得到，在不考虑风险因素的情况下，无论是分年度看，还是从中长期看，2008~2019 年期间投资于股票型私募基金的收益会高于投资于万得全 A 指数的收益。但是，从私募基金和公募基金的诸方面比较来看，私募基金的优势也表现得较为明显。由此可见，私募基金是一种较好的投资方式。

二、风险调整后收益指标的比较

对私募基金和公募基金、大盘指数的比较，从投资者最易于获取的绝对收益信息分析入手是第一步。而要深入了解私募基金的业绩状况，则应进一步分析风险调整后的收益指标。与绝对收益指标相比，风险调整后收益指标增加了对风险因素的考虑，更加科学、合理。在选择风险调整后收益指标时，我们选取衡量总风险的夏普比率、衡量下行风险的索丁诺比率，以及衡量一段时期内最大回撤风险的收益—最大回撤比率三个指标，从而使私募基金与公募基金、大盘指数业绩的比较结论更为准确和可靠。不同的投资组合面临的风险是不同的，而风险调整后的收益指标使我们可以回答以下问题：在承担相同风险的情况下，私募基金和公募基金、大盘指数的收益是否存在差异？在接下来的内容中，我们开始对四类策略基金组成的股票型私募基金整体样本做出分析。在本节中，我们以近三年和近五年作为研究期间，从多个层次、多个角度对私募基金和公募基金、大盘指数的相关风险调整后收益指标展开比较和分析。在选取基金样本时，我们同样要求基金在 2017~2019 年间或 2015~2019 年间具有完整三年或五年的基金复权净值数据，且每个分析区间内的基金历史净值重复率都小于 10%。从表 2-3 看到，近三年私募基金的样本量为 1 367 只，近五年私募基金的样本量为 485 只。

（一）夏普比率

夏普比率的含义为基金每承担一个单位的风险所获得的超额收益。在计算这一指标时，用某一时期内基金的平均超额收益率除以这个时期超额收益率的标准差来衡量基金风险调整后的回报，该比例越高，表明基金在风险相同的情况下获得的超额收益越高。其公式如下：

$$Sharpe_M = \frac{MAEX}{\sigma_{ex}} \tag{2.1}$$

$$Sharpe_A = Sharpe_M \times \sqrt{12} \tag{2.2}$$

其中，$Sharpe_M$ 为月度夏普比率；$Sharpe_A$ 为年化夏普比率；$MAEX$ 为月度超额收益率的平均值（Monthly Average Excess Return）；σ_{ex} 为月度超额收益率的标准差（Standard Deviation）。基金的月度超额收益率为基金的月度收益率减去市场月度无风险收益率，市场无风险收益率采用整存整取的一年期基准定期存款利率。

图 2-15 是过去三年（2017~2019 年）和过去五年（2015~2019 年）股票型私募基金、公募基金与万得全 A 指数的年化夏普比率的比较结果。如图 2-15 所示，2017~2019 年股票型私募基金的年化夏普比率为 0.35，低于股票型公募基金的年化夏普比率 0.45，高于万得全 A 指数的年化夏普比率-0.01；2015~2019 年股票型私募基金的年化夏普比率为 0.40，略低于股票型公募基金的年化夏普比率 0.41，但高于万得全 A 指数的年化夏普比率 0.22。因此，从夏普比率的比较来看，无论是过去三年（2017~2019 年）还是过去五年（2015~2019 年），私募基金都超越了万得全 A 指数，这说明在承担相同风险的情况下，股票型私募基金能获取更高的收益，但私募基金并未超越同期公募基金。总体而言，无论是短期还是中长期，私募基金风险调整后的收益表现都强于同期大盘指数，但在过去三年和过去五年都弱于公募基金。

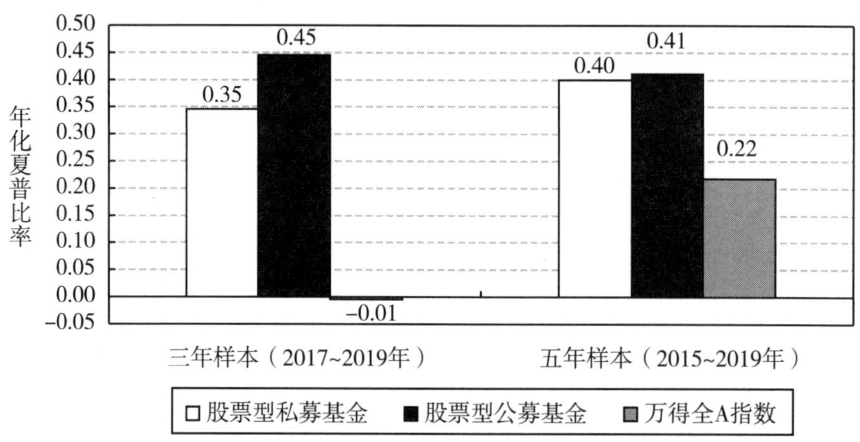

图 2-15 股票型私募基金、公募基金与万得全 A 指数的年化夏普比率比较

我们将 2015~2019 年股票型私募基金夏普比率的分布分为 10 个区间，并做出直方图，在直方图中将私募基金的夏普比率与万得全 A 指数的夏普比率进行更直观的比较，每个区间的直方图代表属于该区间的基金数量占比，结果如图 2-16 所示。从左往右来看，私募基金的年化夏普比率在-0.7 以下的区间内的数量占比很小，而从区间［-0.7，-0.5）开始，私募基金的数量占比开始逐渐增多，在这一区间的占比为 2.45%。而接下来的区间［-0.4，0.1），私募基金数量占比为

8.79%。私募基金年化夏普比率的峰值出现在区间［0.5，0.8），占比为29.45%。私募基金分布第二密集的区间为［0.2，0.5），占比为28.63%，万得全A指数近五年的年化夏普比率（0.22）也位于该区间内。此后可以看到，随着年化夏普比率数值的增大，基金在每个区间的分布数量呈现下降的趋势，年化夏普比率大于1.4的基金仅有5只。在485只基金中，近五年年化夏普比率的最大值为1.73，最小值为-1.57，说明私募基金的年化夏普比率两极差异较大，结合图2-16中两侧区间分布数量较少的情况，可以看出大多数基金夏普比率的分布还是比较集中的。此外，这485只私募基金年化夏普比率的中位数值为0.45，高于万得全A指数的夏普比率（0.22），也就是说，有超过半数股票型私募基金的夏普比率超过了万得全A指数的夏普比率。

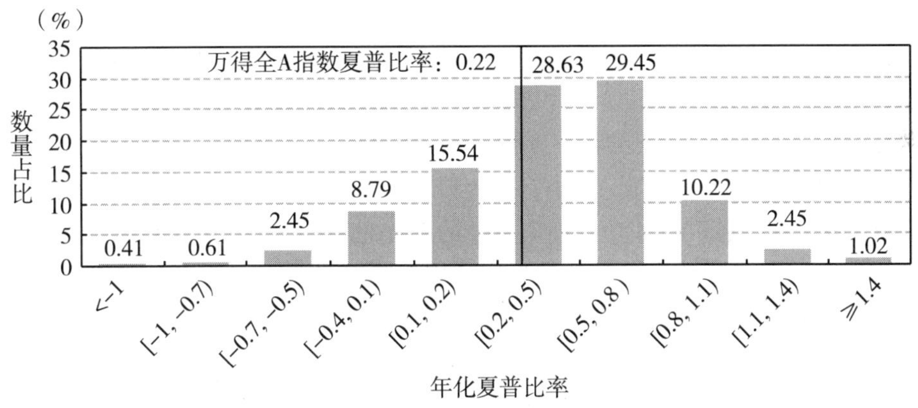

图2-16　股票型私募基金年化夏普比率分布直方图：2015~2019年

我们将私募基金与公募基金进行比较。通过《2020年中国公募基金研究报告》可知，近五年公募基金年化夏普比率的最大值为1.04，最小值为-0.18。由此来看，似乎私募基金的年化夏普比率分布的差异程度要大一些。也就是说，在控制总风险方面，私募基金相互间的差距比公募基金相互间的差距要大。公募基金年化夏普比率的中位数值为0.41，低于私募基金夏普比率的中位数值（0.45）。整体来看，私募基金行业对总风险的控制能力比公募基金行业更强。

我们将2015~2019年私募基金样本的夏普比率从高到低排列，如图2-17所示，横线代表万得全A指数的年化夏普比率（0.22），表示承担每一单位风险，大盘指数可获得0.22%的收益。从图2-17可以看出，有340只股票型私募基金的年化夏普比率超过大盘指数的夏普比率（0.22），占比70%，表明有七成私募基金的夏普比率超越了万得全A指数的夏普比率。此外，我们也注意到有80只私募基金近五年的年化夏普比率小于零，占比16%，这些基金的收益都不如银行存款利率。

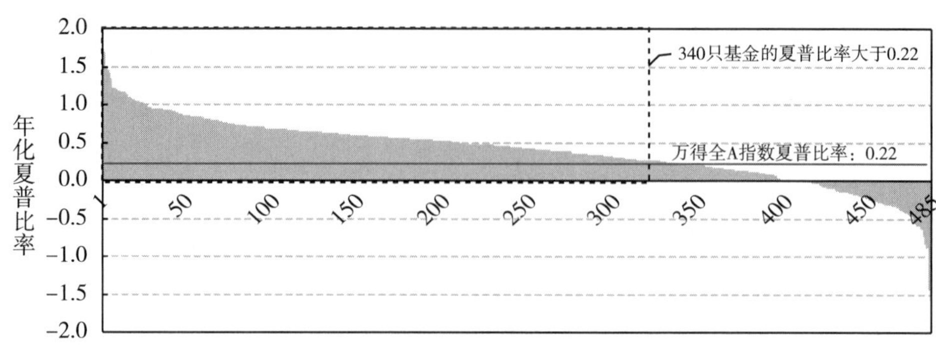

图 2-17　股票型私募基金年化夏普比率排列：2015~2019 年

图 2-18 为过去五年（2015~2019 年）股票型私募基金年化夏普比率的散点分布图，显示了这 485 只股票型私募基金的夏普比率分布情况。其中，纵轴代表股票型私募基金的超额收益率，横轴代表股票型私募基金超额收益标准差（风险），每只基金的夏普比率是从原点到每一坐标点的斜率，斜率越大，基金的夏普比率越大，风险调整后的收益越高。其中，最大斜率为 1.73，最小斜率为-1.57，二者分别为夏普比率最大值和最小值，所有基金的夏普比率都落入由原点射出、斜率分别为 1.73 和-1.57 的射线所围成的扇形区间内。不难发现，股票型私募基金夏普比率的分布较为集中，这也验证了之前的分析。

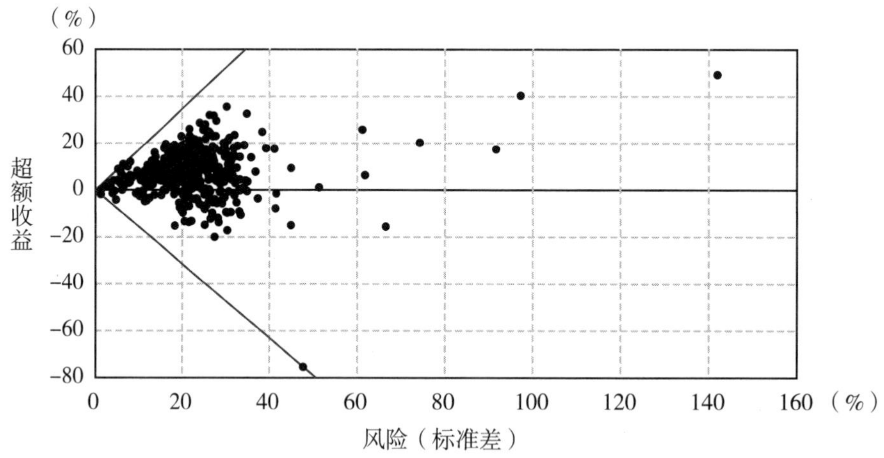

图 2-18　股票型私募基金年化夏普比率散点图：2015~2019 年

图 2-19（a）展示了 2015~2019 年年化夏普比率排名在前 10 名的基金名称和对应的年化夏普比率。因为夏普比率是结合基金的超额收益与风险因素的考量指标，所以夏普比率高的基金并不一定是因为其年化超额收益率也高，同理，也不能说明它的风险水平很低。从图 2-19（a）中观察前 10 名基金，不难发现，不同的

基金产生高夏普比率的原因各有不同：有些是因为能将风险控制在相对较低的水平，如“金锝 6 号”和“金锝量化”基金，均能将风险控制在 5.25%以内，其中“金锝 6 号”基金的超额收益率为 8.91%，风险水平为 5.25%，它的年化夏普比率冠绝群雄为 1.73；而有的私募基金则是通过高人一筹的超额收益来获得较高的年化夏普比率的，如“新思哲 1 期”和“林园”基金，均获得了 26%以上的超额收益，且它们的风险水平也都在 21.77%以上，其中，“新思哲 1 期”基金更是获得了超过 32%的超额收益，其风险水平为 26.38%，年化夏普比率为 1.21，在所有基金中排名第 9 名。因此，单独评估基金的超额收益或风险都不足以判断基金的优劣，只有综合考量这两种因素，才能对基金业绩有更深入、全面的了解。

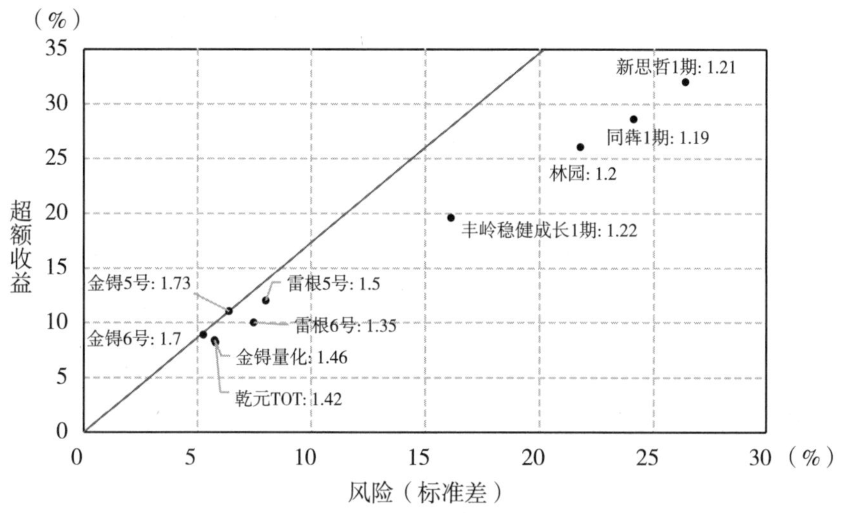

图 2-19（a）　股票型私募基金年化夏普比率散点图（前 10 名）：2015~2019 年

图 2-19（b）展示了 2015~2019 年年化夏普比率排名在后 10 名的基金名称和对应的年化夏普比率。举例来讲，“光华上智 1 期”和“冰泠 1 期”基金的年化夏普比率均为-0.59，其中，“光华上智 1 期”基金的年化超额收益和风险分别为-14.86%和 25.27%，而“冰泠 1 期”基金的年化超额收益及风险分别为-13.19%和 22.23%。当在这两只基金中进行选择时，肯定是“冰泠 1 期”基金胜出，因为在夏普比率相差不大时，该基金在将风险控制得相对较低的同时，取得了相对较高的超额收益。从图 2-19（b）中可以看出，通常收益率越差的基金，其夏普比率也越低，而对于这些年化夏普比率为负的基金，夏普比率大小的决定性因素更侧重于超额收益率指标。总体而言，如果基金的夏普比率为 0 或者为负值，说明基金经理所贡献的收益连银行存款利息都赶不上，投资者应该避免投资夏普比率数值在 0 以下的基金。

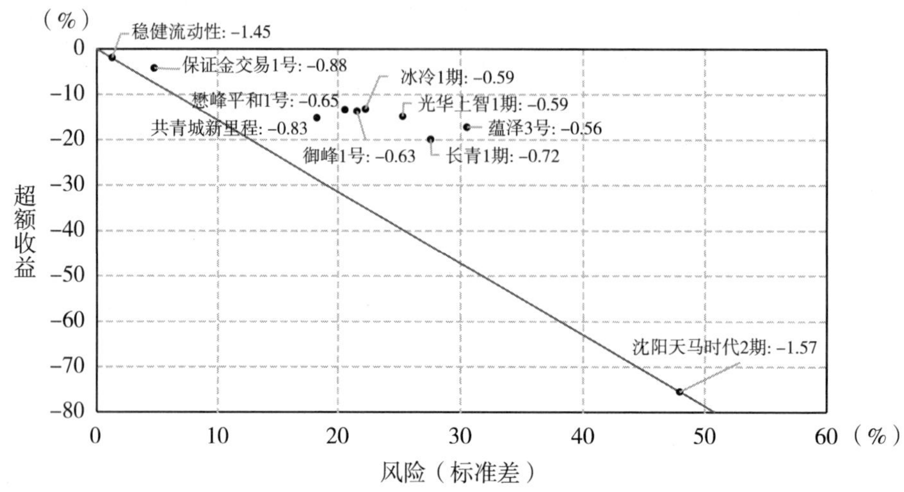

图 2-19（b） 股票型私募基金年化夏普比率散点图（后 10 名）：2015~2019 年

我们将 2015~2019 年期间按照年化夏普比率排名在前 5%和排名在后 5%的私募基金单独挑出，分别与万得全 A 指数进行比较。综合超额收益和风险，进一步观察较优秀和较差的股票型私募基金与大盘指数表现上的显著差异。表 2-4 列出了 2015~2019 年按照年化夏普比率排名在前 5%（共 25 只）的股票型私募基金。如果用万得全 A 指数作为比较基准的话，其近五年的年化夏普比率为 0. 22，假设指数的风险（年化超额收益率的标准差）为 16. 84%，那么可以计算得出它的年化超额收益率为 3. 7%（16. 84%×0. 22）。从表 2-4 中也可以清楚地看到，前 5%的基金的年化超额收益率标准差的平均值为 16. 84%，前 5%的基金的年化超额收益率的平均值为 19. 53%，远高于以万得全 A 指数的夏普比率（0. 22）和这前 5%基金的平均年化超额收益率的标准差（16. 84%）计算而得到的年化超额收益率（3. 7%）。此外，我们可以通过表 2-4 的数据验证之前的观点，即不同基金产生较高夏普比率的原因各不相同，决定夏普比率大小的主要是年化超额收益率和年化超额收益率的标准差这两个指标。由于优异的风险掌控能力获得高夏普比率的有“金锝 6 号”（风险：5. 25%）、“金锝量化”（风险：5. 74%）和“乾元 TOT”（风险：5. 78%）等基金，但它们的年化超额收益率普遍不高，分别为 8. 91%、8. 41%和 8. 22%，都没能超过 9%。而由于强劲的盈利能力产生高夏普比率的有“优波”（超额收益率：35. 57%）、“新思哲 1 期”（超额收益率：32. 04%）和“细水醍醐”（超额收益率：31. 84%）等基金，都取得了超过 31%的超额收益，而与此同时它们的风险普遍偏高，都超过了 26%。所以我们看到，通过降低风险和提高超额收益这些手段，这些基金都取得了闪耀的年化夏普比率业绩。

表 2-4　　年化夏普比率排名在前 5%的股票型私募基金：2015~2019 年

编号	基金名称	年化超额收益率（%）	年化超额收益率标准差（%）	年化夏普比率
1	金锝 5 号	11.05	6.37	1.73
2	金锝 6 号	8.91	5.25	1.70
3	雷根 5 号	12.01	7.99	1.50
4	金锝量化	8.41	5.74	1.46
5	乾元 TOT	8.22	5.78	1.42
6	雷根 6 号	10.04	7.46	1.35
7	丰岭稳健成长 1 期	19.62	16.14	1.22
8	新思哲 1 期	32.04	26.38	1.21
9	林园	26.08	21.77	1.20
10	同犇 1 期	28.65	24.12	1.19
11	诚盛 1 期	16.07	13.54	1.19
12	优波	35.57	30.34	1.17
13	细水醍醐	31.84	27.36	1.16
14	思晔市场中性旗舰产品	6.90	5.94	1.16
15	利得汉景 1 期	22.90	19.85	1.15
16	大朴进取 1 期	17.88	15.70	1.14
17	宁聚满天星	28.07	25.40	1.11
18	美港基金	27.38	25.36	1.08
19	康曼德 003 号	23.18	21.80	1.06
20	仙童 1 期	29.62	27.96	1.06
21	海洋之星 1 号	19.12	18.22	1.05
22	东方鼎泰 1 期	18.46	17.69	1.04
23	银帆 7 期	14.21	13.74	1.03
24	弘尚资产灵活配置	25.72	24.97	1.03
25	弘酬开元	6.36	6.19	1.03
指标平均值		**19.53**	**16.84**	**1.22**

在分析了年化夏普比率表现最好的前 5%的股票型私募基金数据后，我们再来分析夏普比率排名在后 5%的基金表现。表 2-5 列出了 2015~2019 年按照年化夏普比率排名在后 5%的股票型私募基金。从中我们可以发现，夏普比率排名在后 5%

的 25 只基金的风险（即年化超额收益率标准差）均值为 22.28%。其中，在这 25 只基金中，年化超额收益率最大的基金为“利得宝”基金，其年化超额收益率为-1.44%，仍然低于以万得全 A 指数的夏普比率（0.22）和这后 5%基金的年化超额收益率的标准差均值（22.28%）计算而得的年化超额收益率 4.90%（22.28%×0.22）。还可以知道，这 25 只基金的年化超额收益率的平均值为-12.85%，年化超额收益率的标准差的平均值为 22.28%，年化夏普比率的平均值为-0.58，并且这 25 只基金的超额收益率和夏普比率均为负数。正如前面提到的，影响这些基金业绩的主要因素是它们的超额收益率，表 2-5 中的数据也支持这一观点，这些基金的年化夏普比率大幅落后于大盘指数的夏普比率（0.22）。年化超额收益率越小的基金，它们的年化夏普比率也偏小。例如，夏普比率最小的“长青 1 期”基金的风险在表 2-5 中并不是最大的，为 27.57%，但是其较低的年化超额收益率（-19.93%）使其成为了“吊车尾”的角色，排名在倒数第 5 位。在表 2-5 中，所有基金的年化夏普比率皆为负数，这些基金的特点是在承担较大风险的同时取得的收益率水平普遍较低，因而夏普比率也很低。

表 2-5　　年化夏普比率排名在后 5%的股票型私募基金：2015~2019 年

编号	基金名称	年化超额收益率（%）	年化超额收益率标准差（%）	年化夏普比率
1	沈阳天马时代 2 期	-75.41	47.91	-1.57
2	稳健流动性	-1.89	1.31	-1.45
3	保证金交易 1 号	-4.18	4.76	-0.88
4	共青城新里程	-15.18	18.26	-0.83
5	长青 1 期	-19.93	27.57	-0.72
6	懋峰平和 1 号	-13.33	20.57	-0.65
7	御峰 1 号	-13.66	21.56	-0.63
8	冰冷 1 期	-13.19	22.23	-0.59
9	光华上智 1 期	-14.86	25.27	-0.59
10	蕴泽 3 号	-17.21	30.51	-0.56
11	资财 1 号	-13.78	28.52	-0.48
12	金海 1 号	-9.65	20.19	-0.48
13	慧安财富 3 期	-12.23	26.63	-0.46
14	锐进 13 期通用汇锦 3 号	-8.80	19.88	-0.44
15	恒天紫鑫 3 号	-4.83	11.31	-0.43

续表

编号	基金名称	年化超额收益率（%）	年化超额收益率标准差（%）	年化夏普比率
16	龙票 1 期（华润）	-11.84	28.28	-0.42
17	蕴泽 1 号	-10.96	26.96	-0.41
18	恒天紫鑫 2 号	-4.57	11.72	-0.39
19	宝晟 1 期	-7.45	19.41	-0.38
20	利得宝	-1.44	3.97	-0.36
21	慧安财富 2 期	-9.76	27.04	-0.36
22	慧安财富 5 期	-7.13	21.01	-0.34
23	泰石 1 期	-14.92	45.06	-0.33
24	聚鑫 33 号	-8.05	25.27	-0.32
25	武当 6 期	-6.91	21.70	-0.32
指标平均值		**-12.85**	**22.28**	**-0.58**

对比夏普比率排名在前 5%的优秀基金（25 只）和排名在后 5%的较差基金（25 只），我们发现，两组基金的风险相差 5%，而两组基金的年化超额收益率均值相差 32%。这一结果表明，优秀的私募基金可以在与大盘指数相同的风险水平下获得更高的超额收益，而较差的私募基金在与大盘指数相同的风险水平下只能取得很低的超额收益。此外，与较差的私募基金相比，最优秀的私募基金不仅能够获得更高的超额收益，而且能将风险控制在更低的水平。有些读者比较关心基金在更短时间段内夏普比率的表现，在进一步的研究中，我们将样本时间缩短至近三年（2017~2019 年），用相同的方法比较股票型私募基金、公募基金与万得全 A 指数的夏普比率，我们发现结论与近五年的比较结果基本一致，因此不再赘述。

（二）索丁诺比率

索丁诺比率是另一个经典的风险调整后收益指标，它与夏普比率的区别在于，夏普比率衡量的是投资组合的总风险，计算风险指标时采用的是超额收益率标准差。而索丁诺在考虑投资组合的风险时将其分为上行风险和下行风险，认为投资组合的正回报符合投资人的需求，因此只需衡量下行风险，计算风险指标时采用的是超额收益率的下行标准差。索丁诺比率和夏普比率一致，比率越高，表明基金净值回调的幅度越小，盈利更加稳健。对于私募基金的投资者而言，索丁诺比率比夏普比率更为重要。因为一般情况下，投资者在购买私募基金时，合同中都会对“清盘线”做出规定，市场上大多数私募基金的清盘线设置在净值下降到0.7元或0.8元处，这意味着投资者和基金经理们会更关注下行风险。其计算公式如下：

$$Sortino_M = \frac{MAEX}{D\sigma_{ex}} \tag{2.3}$$

$$Sortino_A = Sortino_M \times \sqrt{12} \tag{2.4}$$

其中，$Sortino_M$ 为月度索丁诺比率；$Sortino_A$ 为年化索丁诺比率；$MAEX$ 为超额收益率的月平均值；$D\sigma_{ex}$为月度超额收益率的下行风险标准差（Downside Standard Deviation）。基金的月度超额收益率为基金的月度收益率减去市场月度无风险收益率，市场无风险收益率采用整存整取的一年期基准定期存款利率。

我们对过去三年（2017~2019年）和过去五年（2015~2019年）股票型私募基金、公募基金与万得全A指数的年化索丁诺比率做了比较，结果如图2-20所示。可以看到，2017~2019年股票型私募基金的年化索丁诺比率为1.03，股票型公募基金的年化索丁诺比率为0.92，而万得全A指数的年化索丁诺比率仅为-0.01，股票型私募基金的年化索丁诺比率最高。从近五年索丁诺比率的比较来看，股票型私募基金的年化索丁诺比率为1.21，股票型公募基金的年化索丁诺比率为0.72，万得全A指数的年化索丁诺比率为0.36，股票型私募基金的风险调整后收益再次大幅超越了万得全A指数和股票型公募基金，说明在承担相同的下行风险的情况下，私募基金取得了更高的收益。总而言之，从年化索丁诺比率的比较来看，在相同的风险水平下，私募基金可以取得比大盘指数和公募基金都高的收益。可见，股票型私募基金是一类拥有强大的下行风险控制能力的基金。

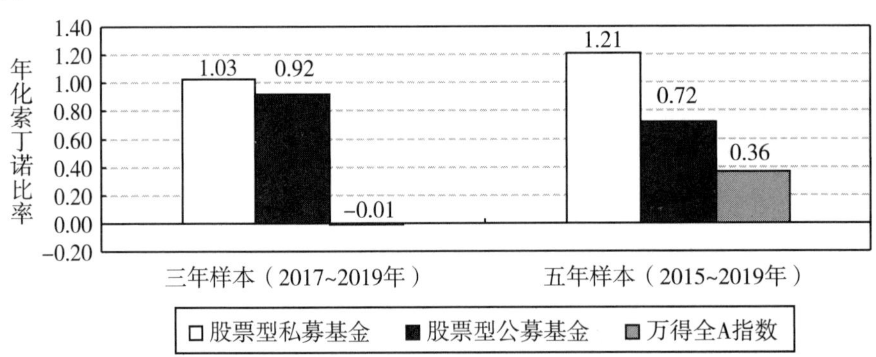

图2-20 股票型私募基金、公募基金与万得全A指数的年化索丁诺比率比较

图2-21是2015~2019年股票型私募基金年化索丁诺比率分组分布的直方图。我们将2015~2019年股票型私募基金按年化索丁诺比率的大小划分为10个区间。在这485只私募基金中，年化索丁诺比率的最大值为21.75，最小值为-2.11。我

们认为，导致股票型私募基金年化索丁诺比率分化严重的原因不是其净值的波动幅度（总风险），而是其净值向下波动的幅度（下行风险）。图 2-21 中，股票型私募基金年化索丁诺比率的分布峰值出现在区间［0.3，1），占比为 37.17%；其次是区间［1，1.7），占比为 24.64%；再次是区间［-0.4，0.3），占比为 19.92%。由此可以看出，年化索丁诺比率大致服从正态分布。另外，我们得到股票型私募基金年化索丁诺比率的中位数值为 0.80，高于万得全 A 指数的年化索丁诺比率（0.36），表明在近五年中，有超过半数的股票型私募基金的年化索丁诺比率超过了万得全 A 指数的年化索丁诺比率。

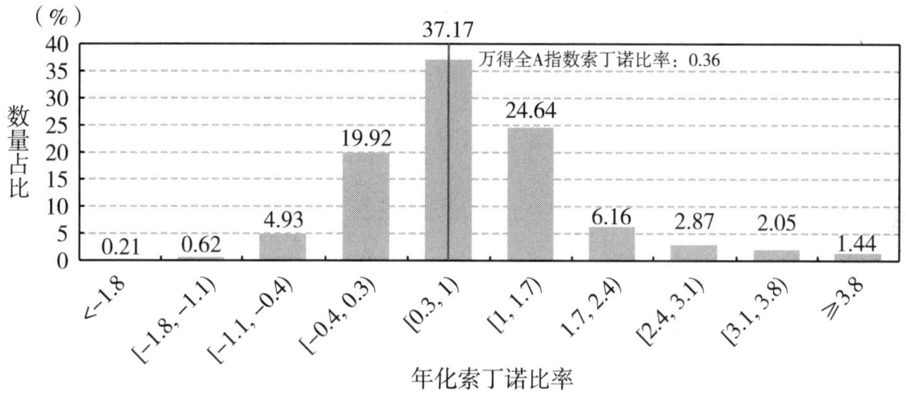

图 2-21　股票型私募基金年化索丁诺比率分布：2015~2019 年

图 2-22 展示了 2015~2019 年股票型私募基金年化索丁诺比率由高到低的排列，横线代表万得全 A 指数的索丁诺比率（0.36），具体含义为，在承担单位下行风险（由负收益的标准差计算）时，股指可以获得 0.36% 的超额收益。为使读者能够清晰地观察-2.11~10.00 之间的股票型私募基金年化索丁诺比率的分布情况，我们将年化索丁诺比率大于 10.00 的基金的相应比率设定为 10.00（共涉及 2 只基金）。据图 2-22 可知，股票型私募基金年化索丁诺比率高于万得全 A 指数的私募基金为 344 只，占比为 71%，这一比例略高于之前夏普比率的比较结果（70%），

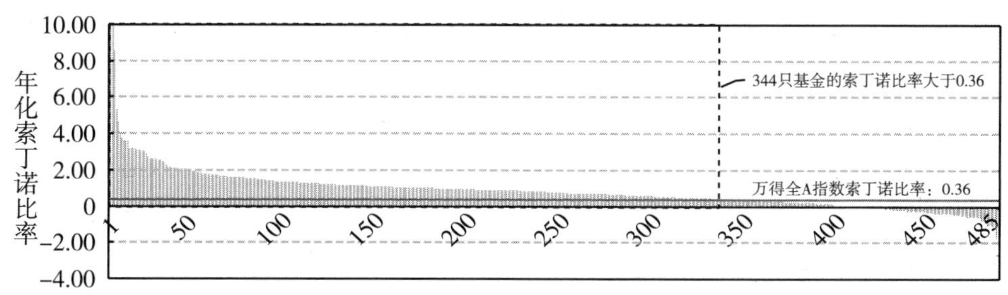

图 2-22　股票型私募基金年化索丁诺比率排列图：2015~2019 年

表明这 344 只基金在承担相同年化下行风险的同时，可以获得高于万得全 A 指数的年化超额收益。另有 78 只基金近五年的索丁诺比率小于零，占比为 16%。我们还可以观察到，大部分私募基金的索丁诺比率分布于区间［-2，6）内，有少数私募基金的索丁诺比率异常的高，使私募基金的索丁诺比率之间差异加大。可见，股票型私募基金索丁诺比率的分布呈明显的两极分化现象。

图 2-23 展示了 2015~2019 年股票型私募基金年化索丁诺比率的散点分布情况，横轴代表私募基金年化超额收益下行标准差（风险），纵轴代表私募基金的年化超额收益率（超额收益），索丁诺比率即为从原点到每一只基金对应的由年化超额收益和下行风险所确定的点的斜率。从图 2-23 可以看出，近五年股票型私募基金年化索丁诺比率分布在斜率为-2.11 和 21.75 这两条射线所夹的扇形区间内。观察图形不难发现，除了极少数点十分特殊之外（如下行风险在 40%~60%范围内的两个点），大多数基金的年化索丁诺比率散点分布较为集中。

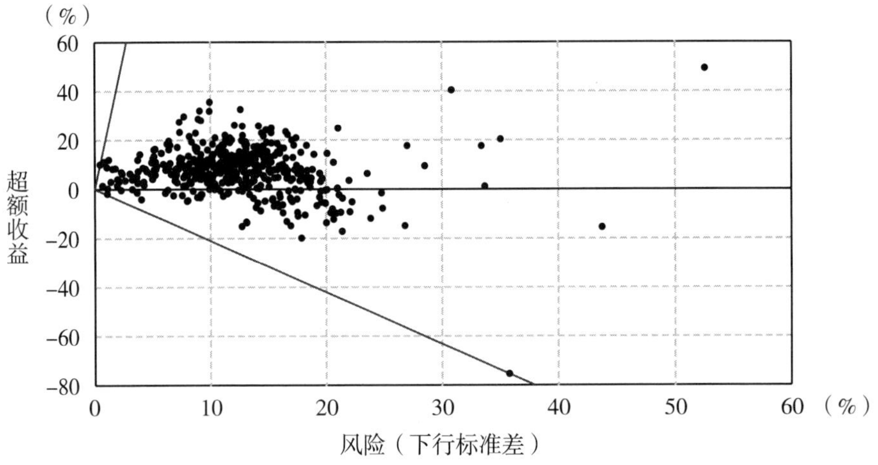

图 2-23　股票型私募基金年化索丁诺比率散点图：2015~2019 年

图 2-24（a）展示了年化索丁诺比率排名在前 10 名的基金名称和对应的年化索丁诺比率。索丁诺比率综合了基金的年化超额收益率和年化下行标准差来对基金的业绩进行考量，也就是说，这两个因素共同影响着年化索丁诺比率，即年化索丁诺比率高的基金，其年化下行标准差也不一定小，而每只基金产生高年化索丁诺比率的原因也不尽相同。如图 2-24（a）所示，如“雷根 6 号”和“金锝 5 号”基金凭借着 1%以下的下行标准差获得了优异的索丁诺比率。而其他一些基金则靠着较高的年化超额收益率获得了出色的年化索丁诺比率，如“优波”、“仙童 1 期”和“美港基金”基金皆取得了超过 27%的年化超额收益率，而它们的下行标准差皆在 7%~10%之间，它们凭借着高超的盈利能力而榜上有名。

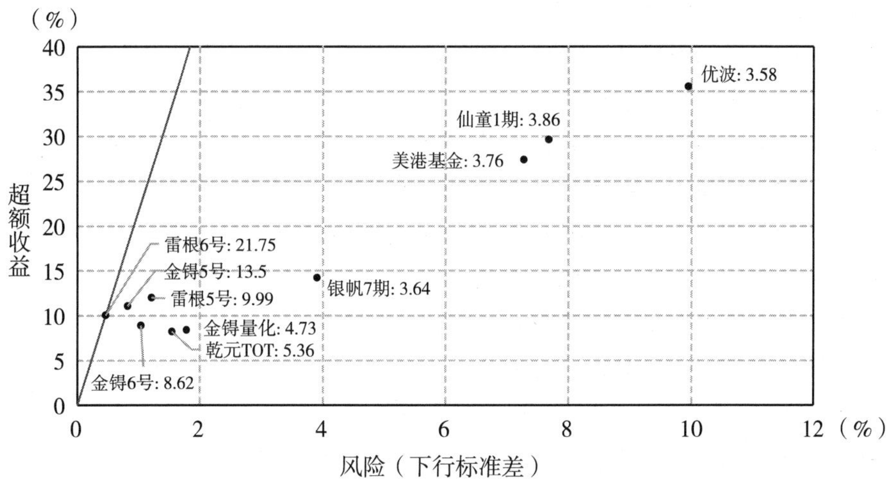

图 2-24（a） 股票型私募基金年化索丁诺比率散点图（前 10 名）：2015~2019 年

图 2-24（b）展示了年化索丁诺比率排名在后 10 名的股票型私募基金名称和对应的年化索丁诺比率。我们发现，这 10 只基金的年化超额收益均为负值。对于年化收益率为负的基金而言，年化超额收益率和年化索丁诺比率基本呈现同向变化趋势。年化超额收益率越小的基金，其年化索丁诺比率也越小。其中，“沈阳天马时代 2 期”基金的索丁诺比率最小（-2.11），同时它的年化超额收益率（-75.41%）也是最小的。这意味着，这些年化索丁诺比率为负的基金提升业绩的关键就是提升年化超额收益率。我们再来看一只基金，“保证金交易 1 号”基金的年化超额收益率（-4.18%）并不是最低的，而它的年化超额收益率的下行标准差（4.04%）则控制在一个相对较低的水平，但是它的年化索丁诺比率仍排在倒数第

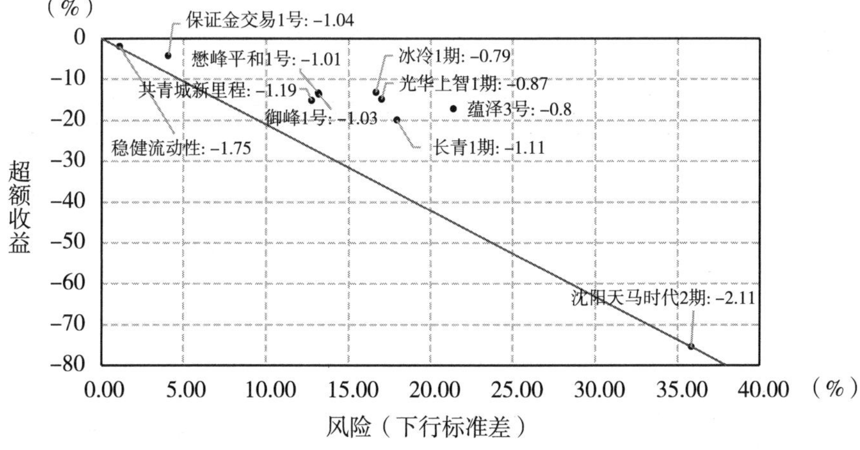

图 2-24（b） 股票型私募基金年化索丁诺比率散点图（后 10 名）：2015~2019 年

5 名。究其原因是，年化索丁诺比率衡量的是单位下行风险下的收益能力。虽然这只基金的下行风险相对较低，并且它的收益并不是最差的，但是承担单位风险时它能比其他基金损失掉更多的价值。所以，我们不能仅仅通过年化索丁诺比率去判断一只基金的年化超额收益率如何，以及它的下行风险水平如何，年化索丁诺比率差并不代表它的年化超额收益率低，同样也不能代表它的下行风险水平很高。

我们将近五年（2015~2019 年）按照年化索丁诺比率排名在前 5%和后 5%的股票型私募基金单独挑出，分别与万得全 A 指数进行比较分析，进一步观察较优秀及较差的股票型私募基金与指数在年化超额收益率和下行风险综合作用下，年化索丁诺业绩表现的显著差异，并在表 2-6 和表 2-7 中列示。表 2-6 展示了 2015~2019 年年化索丁诺比率排名在前 5%的股票型私募基金。如果用万得全 A 指数作为比较基准的话，取其近五年的年化索丁诺比率（0.36），假设指数的下行风险（年化下行标准差）为 5.39%，可以计算得到它的年化超额收益率为 1.94%(5.39%×0.36)。从表 2-6 可以看出，前 5%基金的年化下行标准差均值为 5.39%，年化超额收益率均值为 18.68%，远远高于以万得全 A 指数的索丁诺比率（0.36）和这前 5%基金的平均年化下行标准差（5.39%）计算而得的年化超额收益率（1.94%）。

此外，我们也可以通过表 2-6 的数据验证之前的观点，即不同基金获得较高年化索丁诺比率的原因各不相同。例如，“金锝 5 号”基金的年化超额收益率（11.05%）并不是最高的，但其年化超额收益率的下行标准差仅为 0.82%，所以它凭借着高超的下行风险管理能力获得了较高的年化索丁诺比率，巧的是在之前年化夏普比率的比较中，该基金的年化夏普比率（1.73）是最高的。看来这只基金的基金经理确实拥有非常出色的风险（全风险和下行风险）把控能力。而另外一些基金则是凭借着可观的超额收益表现得以榜上有名，其中包括“优波”、“新思哲 1 期”和“细水醍醐”基金，它们的年化超额收益率分别为 35.57%、32.04%和 31.84%，同时它们的年化下行标准差相对较低，在 9%左右。

表 2-6　　年化索丁诺比率排名在前 5%的股票型私募基金：2015~2019 年

编号	基金名称	年化超额收益率（%）	年化超额收益率下行标准差（%）	年化索丁诺比率
1	雷根 6 号	10.04	0.46	21.75
2	金锝 5 号	11.05	0.82	13.50
3	雷根 5 号	12.01	1.20	9.99
4	金锝 6 号	8.91	1.03	8.62
5	乾元 TOT	8.22	1.53	5.36
6	金锝量化	8.41	1.78	4.73

续表

编号	基金名称	年化超额收益率（%）	年化超额收益率下行标准差（%）	年化索丁诺比率
7	仙童 1 期	29.62	7.68	3.86
8	美港基金	27.38	7.28	3.76
9	银帆 7 期	14.21	3.90	3.64
10	优波	35.57	9.94	3.58
11	新思哲 1 期	32.04	9.06	3.54
12	银帆 5 期	11.94	3.72	3.21
13	细水醍醐	31.84	9.93	3.21
14	同犇 1 期	28.65	8.94	3.20
15	康曼德 003 号	23.18	7.31	3.17
16	诚盛 1 期	16.07	5.09	3.15
17	银帆 8 期	16.33	5.20	3.14
18	丰岭稳健成长 1 期	19.62	6.37	3.08
19	宁聚满天星	28.07	9.19	3.05
20	思晔市场中性旗舰产品	6.90	2.30	3.00
21	东方鼎泰 1 期	18.46	6.23	2.96
22	大朴进取 1 期	17.88	6.49	2.75
23	稳健增长（外贸）	21.56	8.16	2.64
24	垒土自营	6.27	2.37	2.64
25	利得汉景 1 期	22.90	8.72	2.63
指标平均值		**18.68**	**5.39**	**4.97**

在分析了年化索丁诺比率排名在前 5%（25 只）股票型私募基金的情况之后，我们再来看排名在后 5%的基金的具体数据。表 2-7 列出了 2015~2019 年年化索丁诺比率排名在后 5%的股票型私募基金。从中可以发现，后 5%的基金超额收益率的年化下行标准差的平均值为 16.62%。如果用万得全 A 指数作为比较基准的话，取其近五年的索丁诺比率（0.36），假设指数的下行风险（年化下行标准差）为后 5%基金的平均年化下行标准差（16.62%），那么它的年化超额收益率为 5.98%（16.62%×0.36）。在年化索丁诺比率排名在后 5%的基金中，年化超额收益率最大的基金为“稳健流动性”基金，其超额收益率为-1.89%，仍然低于以万得全 A 指数的索丁诺比率（0.36）和这后 5%基金的平均年化下行标准差（16.62%）计算

而得的年化超额收益率（5.98%）。不难发现，这部分基金的年化索丁诺比率均为负值，分析结果与之前的结论一致，即当年化超额收益率为负的时候，年化索丁诺比率的变动方向与超额收益率的变动方向一致。我们还发现，这些基金产生如此糟糕的年化索丁诺比率的原因各不相同。有些是因为年化超额收益率实在太差，如“沈阳天马时代 2 期”和“长青 1 期”基金的年化超额收益率分别只有-75.41%和-19.93%；有些则是因为在年化超额收益率为负的情况下，风险保持在较低的水平，风险保持在低位对于获得正的年化超额收益的基金业绩会产生积极的影响，但对负收益的基金而言不是一个良好的信号。例如，“稳健流动性”和“保证金交易 1 号”基金的下行标准差分别为 1.08%和 4.04%，但由于索丁诺比率衡量的是单位下行风险下的收益率，并不是简单地对超额收益率和下行风险分开进行判断再给出结果，而是综合考虑了两者的关系，所以这两只基金在承担相同程度的下行风险时，损失的价值将会比其他基金更多。

表 2-7　　年化索丁诺比率排名在后 5%的股票型私募基金：2015~2019 年

编号	基金名称	年化超额收益率（%）	年化超额收益率下行标准差（%）	年化索丁诺比率
1	沈阳天马时代 2 期	-75.41	35.81	-2.11
2	稳健流动性	-1.89	1.08	-1.75
3	共青城新里程	-15.18	12.75	-1.19
4	长青 1 期	-19.93	17.92	-1.11
5	保证金交易 1 号	-4.18	4.04	-1.04
6	御峰 1 号	-13.66	13.19	-1.03
7	懋峰平和 1 号	-13.33	13.15	-1.01
8	光华上智 1 期	-14.86	16.99	-0.87
9	蕴泽 3 号	-17.21	21.38	-0.80
10	冰冷 1 期	-13.19	16.65	-0.79
11	资财 1 号	-13.78	20.06	-0.69
12	蕴泽 1 号	-10.96	17.61	-0.62
13	锐进 13 期通用汇锦 3 号	-8.80	14.37	-0.61
14	恒天紫鑫 3 号	-4.83	7.96	-0.61
15	慧安财富 3 期	-12.23	20.65	-0.59
16	金海 1 号	-9.65	16.32	-0.59
17	德源安战略成长 1 号	-10.56	18.22	-0.58

续表

编号	基金名称	年化超额收益率（%）	年化超额收益率下行标准差（%）	年化索丁诺比率
18	恒天紫鑫 2 号	-4.57	8.05	-0.57
19	泰石 1 期	-14.92	26.80	-0.56
20	双赢 1 期（瀚信）	-9.42	17.59	-0.54
21	宝晟 1 期	-7.45	13.98	-0.53
22	龙票 1 期（华润）	-11.84	23.82	-0.50
23	中域增值 1 期	-9.63	20.41	-0.47
24	慧安财富 2 期	-9.76	20.88	-0.47
25	慧安财富 5 期	-7.13	15.94	-0.45
指标平均值		**-13.37**	**16.62**	**-0.80**

对比年化索丁诺排名在前 5%的优秀基金（25 只）和排名在后 5%的较差基金（25 只），我们发现，两组基金的风险相差 11%，而两组基金的年化超额收益率均值相差 32%。这一结果表明，在承担相同风险水平的情况下，年化索丁诺比率表现优秀的私募基金，不仅可以获得超越同行的超额收益，还可能战胜大盘指数，而年化索丁诺比率较差的私募基金则相反，索丁诺比率优秀的私募基金不仅能够获得更高的收益，而且能将下行风险控制在更低的水平。有些读者比较关心基金在更短时间段内年化索丁诺比率的表现，在进一步的研究中，我们将样本时间缩短至近三年（2017~2019 年），用相同的方法比较股票型私募基金、公募基金与万得全 A 指数的索丁诺比率，我们发现结论与近五年的比较结果基本一致，因此不再赘述。

（三）收益—最大回撤比率

回撤是指在某一段时期内基金净值从高点开始回落到低点的幅度。最大回撤率是指在选定周期内的任一历史时点往后推，基金净值走到最低点时的收益率回撤幅度的最大值，用来衡量一段时期内基金净值的最大损失，是下行风险的最大值。因此，对于私募基金而言，最大回撤率是一个重要的风险指标。由于我们对私募基金的研究是基于月度单位的，因此采用离散型公式。离散型最大回撤率的定义为，如果 $X(t)$ 是一个在 $[t_1, t_2, \cdots, t_n]$ 上资产价格的月度时间序列，那么在 t_n 时刻该资产的最大回撤率 $DR(t_n)$ 的公式为：

$$DR(t_n) = \max_{s>t;s,t\in t_1,t_2,\cdots,t_n}\left(\frac{X(s)-X(t)}{X(t)},0\right) \tag{2.5}$$

最大回撤率可以很好地揭示基金在历史上表现不好的时期净值回撤的最大幅度。通过计算最大回撤率，投资者可以了解基金过去一段时期内净值的最大跌幅，因此这一指标在近些年越来越受到私募基金投资者和基金经理们的重视。但仅仅考虑最大回撤率是不够的，当基金的收益率很低时，即使最大回撤率非常小，也难以被评价为优秀的基金。这一问题可以通过计算私募基金的收益率与最大回撤率的比率来解决，公式如下：

$$AR/DR_Y = \frac{AnnualizedReturn}{DR_Y} \tag{2.6}$$

其中，DR_Y 表示每年资产价格的最大回撤率；AR 表示资产的年化收益率。收益—最大回撤比率包含对下行风险的衡量。在投资时，投资者往往担心资产出现大幅缩水，无法控制最大损失。收益—最大回撤比率指标越高，说明基金在承受较大下行风险的同时可以获得较高的回报。以下我们所汇报的均为年化收益—最大回撤比率的分析结果。

图 2-25 展示了过去三年（2017~2019 年）和过去五年（2015~2019 年）股票型私募基金与万得全 A 指数的收益—最大回撤比率的比较结果。如图 2-25 所示，2017~2019 年股票型私募基金的收益—最大回撤比率为 2. 50，即如果股票型私募基金平均最大回撤为 10%的话，那么私募基金的平均年化收益为 25. 0%。而万得全 A 指数的收益—最大回撤比率仅为 0. 005。因此，从近三年收益—最大回撤比率的比较来看，股票型私募基金在很大程度上超越了万得全 A 指数。可见，相较于大盘指数，短期内股票型私募基金在承受较大下行风险的同时，可以获得更高的回报。从近五年（2015~2019 年）的比较结果来看，股票型私募基金的收益—最大回撤比率（2. 85）高出万得全 A 指数的收益—最大回撤比率（0. 43）五倍有余。可见从中长期来看，私募基金的表现也强于指数。综上所述，在控制单位最大下行风险获利的能力上，无论是过去三年（2017~2019 年）还是过去五年（2015~2019 年），股票型私募基金的整体表现要远远强于指数。

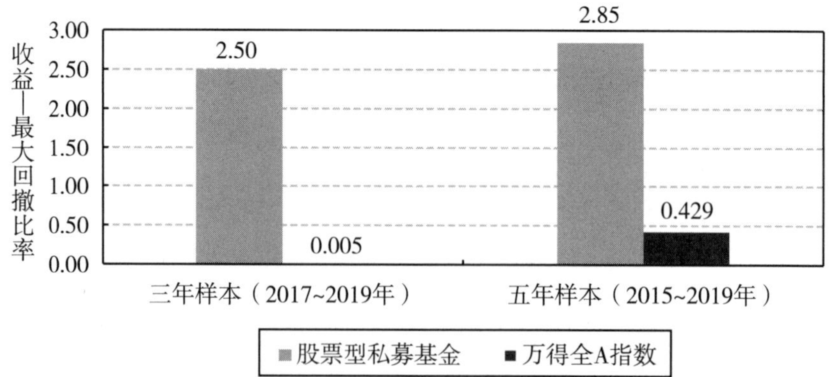

图 2-25　股票型私募基金与万得全 A 指数的收益—最大回撤比率比较

我们继续对股票型私募基金和大盘指数的收益—最大回撤比率进行更加深入的分析。图 2-26 是 2015~2019 年股票型私募基金收益—最大回撤比率分组分布的直方图。我们将这些基金的收益—最大回撤比率均分为 10 组展示。可以看出，与同样关注下行风险的年化索丁诺比率的分布相比，私募基金的收益—最大回撤比率在区间［-0.9，2.7）内分布较为集中。股票型基金收益—最大回撤比率的峰值出现在［-0.9，0.3）这一区间，基金占比为 24%；其次收益—最大回撤比率较为集中的区间是［1.5，2.7），基金占比为 22%；分布较为集中的第三个区间为［0.3，1.5），基金占比为 21%。基金的收益—最大回撤比率分布在这三个区间的基金合计占比为 67%。另外，我们得到股票型私募基金收益—最大回撤比率的最大值为 89.28、最小值为-1.00，可见收益—最大回撤比率的两极差异比较显著。而私募基金的收益—最大回撤比率的中位数值为 1.74，比万得全 A 指数的收益—最大回撤比率高 0.43，说明近五年中有超过半数的股票型私募基金的收益—最大回撤比率高于万得全 A 指数，从单位最大回撤风险的收益能力的角度出发，股票型私募基金在整体上超过了指数。

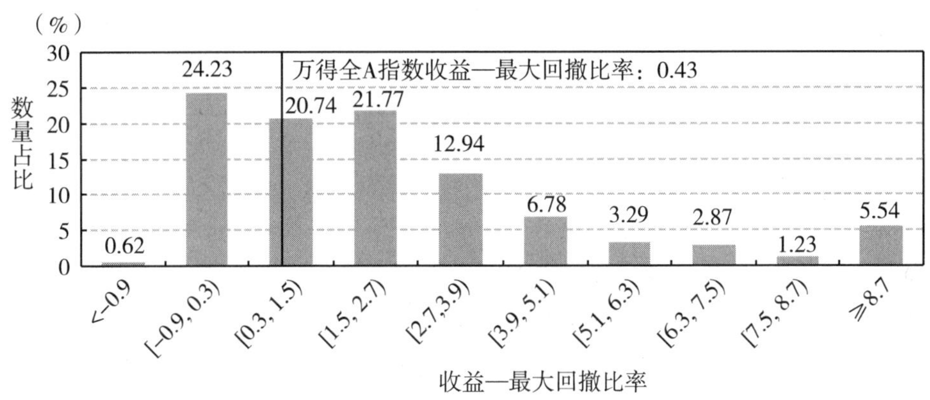

图 2-26 股票型私募基金收益—最大回撤比率分布：2015~2019 年

图 2-27 是 2015~2019 年股票型私募基金的收益—最大回撤比率从高到低的排列图。由于私募基金的收益—最大回撤比率的两极分化十分严重，为了能使读者看清私募基金中大多数收益—最大回撤比率的排列，我们将大于 15.00 的收益—最大回撤比率全部设定为 15.00（共涉及 7 只基金）。统计结果显示，收益—最大回撤比率高于万得全 A 指数的私募基金有 351 只，占比为 72%，略高于之前夏普比率（70%）、索丁诺比率（71%）的比较结果。我们还观察到，有极少数私募基金的收益—最大回撤比率异常的高，导致私募基金的收益—最大回撤比率两极出现巨大差异。

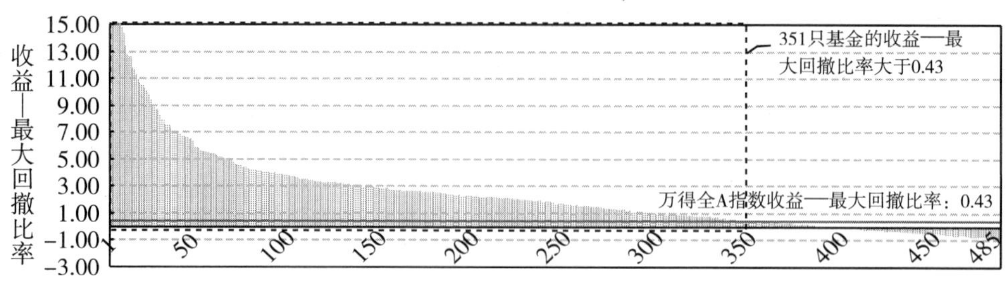

图 2-27　股票型私募基金收益—最大回撤比率分布：2015~2019 年

图 2-28 展示了 2015~2019 年股票型私募基金收益—最大回撤比率的散点分布情况，横坐标代表基金的最大回撤率，纵坐标代表私募基金的收益率，收益—最大回撤比率即为从原点到每一只私募基金所对应的由收益率和最大回撤率所确定的点的斜率，斜率越大，代表该基金的收益—最大回撤比率越大。如图 2-28 所示，所有股票型私募基金的收益—最大回撤比率都分布在从最小斜率（-1.00）到最大斜率（89.28）之间的两条线所夹的扇形区域内。对比之前的年化索丁诺比率的散点分布图，可以看出，私募基金的收益—最大回撤比率分布得更加离散一些。

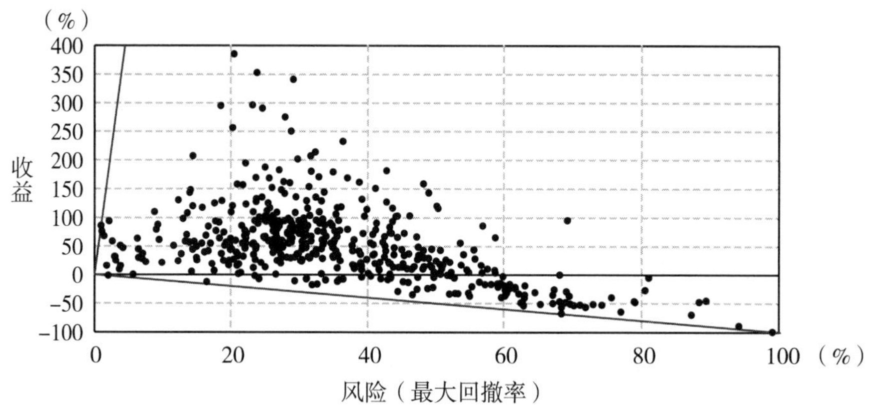

图 2-28　股票型私募基金收益—最大回撤比率散点图：2015~2019 年

图 2-29（a）显示了 2015~2019 年收益—最大回撤比率排名在前 10 名的股票型私募基金的分布情况，纵轴代表基金的收益率，横轴代表基金的最大回撤率，图中标注了基金名称和对应的收益—最大回撤比率的数值。与之前对年化索丁诺比率分析的情况类似，我们发现前 10 名基金获得优异的收益—最大回撤比率的原因各不相同。例如，“金锝 5 号”基金凭借着小于 1%的最大回撤率获得了最高的收益—最大回撤比率（89.28），然而它的收益率（85.98%）相对其他 9 只基金而言并不是最高的。相比之下，“优波”和“新思哲 1 期”基金则凭借着超过 350%的

收益率（385.19%和353.11%）获得了较高的收益—最大回撤比率（18.77和14.80），说明使其榜上有名的主要原因是其出色的盈利能力。

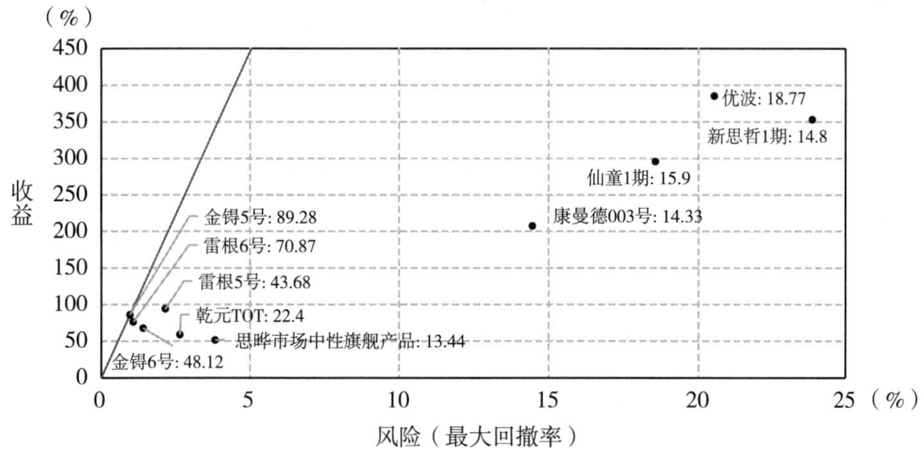

图2-29（a）　股票型私募基金收益—最大回撤比率散点图（前10名）：2015~2019年

图2-29（b）显示了2015~2019年收益—最大回撤比率排名在后10名的股票型私募基金的分布情况，纵轴代表基金的收益率，横轴代表基金的最大回撤率，图中标注了基金名称和对应的收益—最大回撤比率的数值。观察这后10名基金的散点分布，可以发现这些散点分布并不集中，说明这些基金获得较为糟糕的收益—最大回撤比率的原因并不一样。比如收益—最大回撤比率最差的“沈阳天马时代2期”基金，它的收益—最大回撤比率为-1.00，它的最大回撤（风险）达到99%

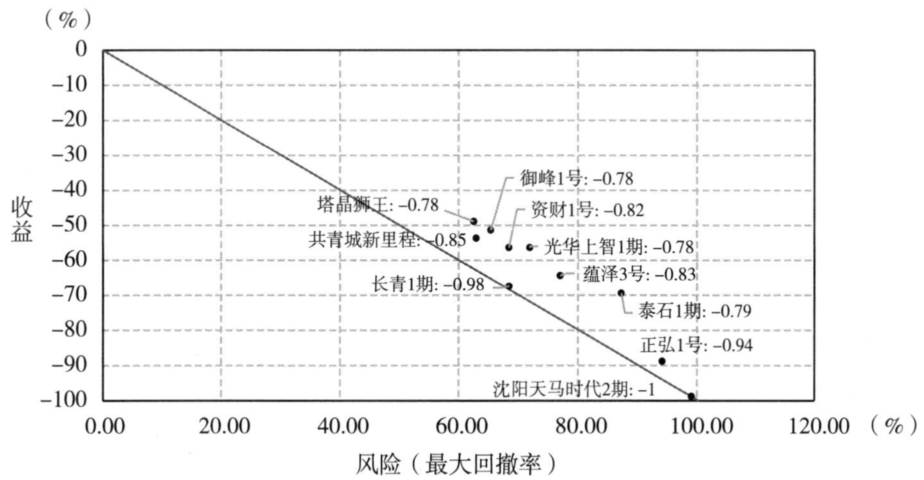

图2-29（b）　股票型私募基金收益—最大回撤比率散点图（后10名）：2015~2019年

以上，为所有基金之最，而它的收益率（-98.18%）也是最差的，那么决定它收益—最大回撤比率的最重要的原因是什么呢？回顾之前我们在作索丁诺比率分析时的讨论，当收益为负的时候，风险越大的基金，其收益—最大回撤比率反而越大。所以，决定“沈阳天马时代2期”基金的收益—最大回撤比率如此不好的重要因素是它的收益率，而这与最大回撤率常常又是相关的，因为当基金净值跌去99%以上之后，要把收益率再做回来是非常困难的。因此，我们发现，往往那些收益率越差且最大回撤率越高的基金，所对应的收益—最大回撤比率也越差。

为了让读者更清晰地了解收益—最大回撤比率表现优秀的基金和表现不好的基金与大盘指数的差异，我们将近五年（2015~2019年）按照收益—最大回撤比率排名在前5%和后5%的基金单独挑出，并列出相应数据，如表2-8和表2-9所示。当考虑的风险因素变为最大回撤率时，在相同的最大回撤率水平下，表现优秀的私募基金与万得全A指数相比，孰好孰坏呢？为了回答这一问题，表2-8展示了2015~2019年收益—最大回撤比率排名在前5%（25只）的股票型私募基金。由表2-8可知，前5%（25只）的基金累计收益率的平均值为157.92%，最大回撤率均值为11.67%，收益—最大回撤比率的均值为20.62。如果用万得全A指数作为比较基准的话，我们知道其近五年的收益—最大回撤比率为0.43，在11.67%的下行风险水平下（即在最大回撤率为11.67%的情况下），它的年化收益率应为5.01%（11.67%×0.43）。而在表2-8中，这些基金的累计收益率均值为157.92%，远高于以万得全A指数的收益—最大回撤比率（0.43）和排名前5%基金的平均最大回撤率（11.67%）计算而得的收益率（5.01%）。另外，在这25只基金中，累计收益率最小的是“申毅对冲1号”基金，它的累计收益率为15.97%，仍远远高于我们假设计算得出的指数的收益水平（5.01%）。综合来看，收益—最大回撤比率排名在前5%的基金的表现比指数好。

收益—最大回撤比率是一个综合了绝对收益率和最大回撤率考量的指标，不同基金的这两个参数对收益—最大回撤比率的形成所贡献的程度也不一样。例如，由于最大回撤率很小而获得较高收益—最大回撤比率的基金有“金锝5号”、“雷根6号”和“金锝6号”等，它们的最大回撤率分别为0.96%、1.08%和1.41%，均保持在1.5%以下，它们的收益率分别为85.98%、76.26%和67.71%，在这些基金中，这3只基金的收益率并不是很高，所以在收益率并不是十分突出的情况下，这3只基金凭借很好的最大回撤控制力获得了不错的收益—最大回撤比率。而由于超高的绝对收益率获得较高的收益—最大回撤比率的基金有“优波”、“新思哲1期”和“细水醍醐”基金，它们的收益率分别为385.19%、353.11%和341.01%，它们的最大回撤率分别为20.52%、23.86%和29.25%。可以明显看出，这3只基金的收益率尤其高，因此它们获得较高的收益—最大回撤比率是得益于它们超强的盈利能力。

表 2-8　　收益—最大回撤比率排名在前 5%的股票型私募基金：2015~2019 年

编号	基金名称	累计收益率（%）	最大回撤率（%）	收益—最大回撤比率
1	金锝 5 号	85.98	0.96	89.28
2	雷根 6 号	76.26	1.08	70.87
3	金锝 6 号	67.71	1.41	48.12
4	雷根 5 号	94.01	2.15	43.68
5	乾元 TOT	58.97	2.63	22.40
6	优波	385.19	20.52	18.77
7	仙童 1 期	295.58	18.59	15.90
8	新思哲 1 期	353.11	23.86	14.80
9	康曼德 003 号	207.40	14.47	14.33
10	思晔市场中性旗舰产品	51.53	3.83	13.44
11	健顺云	296.41	23.21	12.77
12	美港基金	256.79	20.32	12.64
13	银帆 7 期	110.10	8.75	12.58
14	同犇 1 期	291.14	24.67	11.80
15	细水醍醐	341.01	29.25	11.66
16	弘酬开元	47.41	4.20	11.28
17	淘利多策略量化套利	32.15	2.94	10.92
18	诚盛 1 期	130.45	12.29	10.62
19	大朴进取 1 期	148.33	14.12	10.51
20	国信红岭	31.98	3.05	10.50
21	东方鼎泰 1 期	143.62	14.00	10.26
22	金锝量化	63.38	6.31	10.04
23	宁聚满天星	275.64	28.05	9.83
24	银帆 5 期	87.93	9.24	9.52
25	申毅对冲 1 号	15.97	1.79	8.93
指标平均值		**157.92**	**11.67**	**20.62**

在相同的风险水平下（最大回撤率相同的情况下），收益—最大回撤比率表现较差的私募基金与万得全 A 指数相比是否也存在一些差距呢？如果有差距，这一差距会是多大？为了回答这些问题，我们选择 2015~2019 年按照收益—最大回撤比率排名在后 5%（25 只）的基金与万得全 A 指数的收益进行比较分析。表 2-9 展

示了 2015~2019 年按照收益—最大回撤比率排名在后 5%的股票型私募基金。由表 2-9 可知，后 5%(25 只）的基金累计收益率的平均值为-50.42%，最大回撤率均值为 64.30%，收益—最大回撤比率的均值为-0.77。如果用万得全 A 指数作为比较基准的话，我们知道其近五年的收益—最大回撤比率为 0.43，在 64.30%的下行风险水平下（即在最大回撤率为 64.30%的情况下），它的年化收益率应为 27.65%(64.30%×0.43)。在收益—最大回撤比率排名在后 5%的基金中，没有一只基金的收益率超过我们假设计算得到的万得全 A 指数的收益率（27.65%），并且全部为负。其中，收益率最高的是“稳健流动性”基金，其收益率仅为-1.40%，与此同时这只基金的最大回撤率为 2.02%。这说明当以最大回撤率作为风险因素时，收益—最大回撤比率排名靠后的私募基金的整体表现比万得全 A 指数要差很多。

表 2-9　　收益—最大回撤比率排名在后 5%的股票型基金：2015~2019 年

编号	基金名称	累计收益率（%）	最大回撤率（%）	收益—最大回撤比率
1	沈阳天马时代 2 期	-98.78	99.07	-1.00
2	长青 1 期	-67.33	68.48	-0.98
3	正弘 1 号	-88.76	94.23	-0.94
4	共青城新里程	-53.61	62.96	-0.85
5	蕴泽 3 号	-64.28	77.05	-0.83
6	资财 1 号	-56.30	68.47	-0.82
7	泰石 1 期	-69.35	87.28	-0.79
8	御峰 1 号	-51.30	65.40	-0.78
9	光华上智 1 期	-56.28	71.94	-0.78
10	塔晶狮王	-48.84	62.54	-0.78
11	塔晶狮王 2 号	-47.75	62.76	-0.76
12	保证金交易 1 号	-12.56	16.53	-0.76
13	龙票 1 期（华润）	-53.00	70.29	-0.75
14	铀链大盘波段 1 号	-34.57	46.68	-0.74
15	懋峰平和 1 号	-49.50	67.21	-0.74
16	慧安财富 3 期	-52.21	71.13	-0.73
17	冰冷 1 期	-50.91	69.75	-0.73
18	鑫增长 1 号	-52.46	74.28	-0.71
19	德源安战略成长 1 号	-51.33	73.04	-0.70

续表

编号	基金名称	累计收益率（%）	最大回撤率（%）	收益—最大回撤比率
20	蕴泽 1 号	-47.97	69.04	-0.69
21	稳健流动性	-1.40	2.02	-0.69
22	慧安财富 2 期	-46.30	68.22	-0.68
23	锐进 13 期通用汇锦 3 号	-37.04	55.03	-0.67
24	聚鑫 33 号	-39.37	59.67	-0.66
25	浦江之星 168 号佳友 1 号	-29.28	44.52	-0.66
指标平均值		**-50.42**	**64.30**	**-0.77**

那么，是什么使这些基金的收益—最大回撤比率如此糟糕呢？我们发现，当收益率为负时，往往收益率越差的基金伴随的最大回撤率也越高，对应的收益—最大回撤比率也越差。例如，“泰石 1 期”、“正弘 1 号”和“沈阳天马时代 2 期”这 3 只基金的收益率依次减小，分别为-69.35%、-88.76%和-98.78%；而它们的最大回撤率依次增大，分别为 87.28%、94.23%和 99.07%；它们的收益—最大回撤比率依次减小，分别为-0.79、-0.94 和-1.00。这不难理解，当之前出现过大幅的回撤之后，想要恢复之前的基金净值并做回正收益是十分困难的，因此它们的收益率普遍偏低。而当收益率指标为负时，降低基金的风险反而降低了收益—最大回撤比率。由此看来，收益率指标是影响负的收益—最大回撤比率最重要的因素。因此，上述 3 只基金出现了收益率越小，其收益—最大回撤比率也越小的情况。还有一部分基金，它们之所以有如此糟糕的收益—最大回撤比率，一般是收益率相对较小且最大回撤率较大共同作用的结果，如“铀链大盘波段 1 号”和“浦江之星 168 号佳友 1 号”基金的收益率分别为-34.57%和-29.28%，在这 25 只基金中，这两只基金的收益相对稍好一些，而它们的最大回撤率分别为 46.68%和 44.52%，均超过了 44%的风险水平。

对比收益—最大回撤比率排名在前 5%的优秀基金（25 只）和排名在后 5%的较差基金（25 只），我们发现，两组基金的风险相差 53%，而两组基金的收益率均值却相差 208%之多。这一结果表明，与较差的私募基金相比，收益—最大回撤比率较高的私募基金不仅可以获得更高的收益，而且能将最大回撤控制在较低的水平。有些读者比较关心基金在更短时间段内的收益—最大回撤比率的表现，在进一步的研究中，我们将样本时间缩短至近三年（2017~2019 年），用相同的方法比较股票型私募基金、公募基金与万得全 A 指数的收益—最大回撤比率，我们发现结论与近五年的比较结果基本一致，因此不再赘述。

三、四个收益指标的相关性分析

在对股票型私募基金和大盘指数的业绩按照各种收益指标进行了充分的对比分析之后，我们需要思考这样的问题，即在评价私募基金的业绩时，哪一个收益指标更为恰当？而回答此问题的前提是了解收益率、夏普比率、索丁诺比率、收益—最大回撤比率这四个收益指标之间的相关性，只有在相关性较高的情况下，从中选择一个更为恰当的指标才是有意义的。为了使结论更加可靠，我们在分析收益指标间的相关性时仍然选择五年期这一较长的期间，对 2008~2019 年中每五年的四个收益指标间的相关性进行比较分析，从四个收益指标中选择最为合适的评价私募基金业绩的收益指标，结果在表 2-10 中给出。通过观察表 2-10 中 2008~2019 年间的每五年中私募基金四个收益指标的相关性系数，我们发现，如果按照是否进行风险调整将收益指标分为两类，对这两类间不同的相关系数进行比较分析的话，收益率与后三者间的相关性由高到低依次为夏普比率、索丁诺比率、收益—最大回撤比率，并且未进行风险调整的收益率指标与三个风险调整后收益指标的相关性之间的差异很大，而且相关系数在各年度之间并不稳定。具体而言，收益率与夏普比率、索丁诺比率的相关系数高于收益率与收益—最大回撤比率间的相关系数，而且在所有时段内，收益率与夏普比率的相关系数要高于或等于其与索丁诺比率间的相关系数。再者，就三个风险调整后的收益指标之间的相关性来看，夏普比率与索丁诺比率的相关性高于夏普比率与收益—最大回撤比率的相关性。当将收益—最大回撤比率与上述二者间的相关性进行比较时，我们可以看出，收益—最大回撤比率与夏普比率的相关性高于其与索丁诺比率的相关性。

表 2-10　每五年中股票型基金的四个收益指标的相关性：2008~2019 年　单位：%

年份	收益率与夏普比率	收益率与索丁诺比率	收益率与收益—最大回撤比率	夏普比率与索丁诺比率	夏普比率与收益—最大回撤比率	索丁诺比率与收益—最大回撤比率
2008~2012	91	90	75	98	82	89
2009~2013	95	91	74	95	83	91
2010~2014	94	87	70	95	82	91
2011~2015	90	89	83	95	87	94
2012~2016	84	80	70	89	79	94
2013~2017	83	69	50	83	68	91
2014~2018	86	71	47	87	71	88
2015~2019	87	48	32	69	56	93

基于以上分析，我们认为，虽然绝对收益指标与风险调整后的收益指标之间的相关性较高，但风险调整后的收益指标对风险作了调整，能更好地反映基金的真实业绩。因此，在这两类指标中，我们认为选择风险调整后的收益作为评估基金业绩的指标较为合适。在风险调整后收益指标间进行选择时，采用索丁诺比率和收益—最大回撤比率所得到的结论相差不大，而作为考虑下行风险的指标，收益—最大回撤比率相对于其他二者更加直观、有区分度，同时比考虑总风险的夏普比率更为谨慎，在实际应用中也更加符合私募基金投资者关注“清盘线”的现实情况。因此，我们建议首选收益—最大回撤比率作为评价私募基金业绩的风险调整后收益指标。

四、小结

对于追求绝对收益的私募基金投资者来讲，如何判断私募基金业绩的高低呢？易于获取的大盘指数收益信息往往被用作与私募基金业绩比较的基准。那么，我国的私募基金行业能否战胜大盘指数呢？如果能够战胜大盘指数，那么私募基金的业绩是否也能超过公募基金？为了回答上述一系列问题，我们从收益率和风险调整后的收益率两个角度，就各类指标对股票型私募基金、股票型公募基金、万得全A指数作了深入的对比和分析。

在进行收益率指标比较时，我们以2008~2019年为研究期间，分别对私募基金和公募基金、万得全A指数的年度收益率、各年度基金业绩超越指数的比例和长期累计收益率这三个方面进行比较。结果显示，在2008~2019年间的多数年份里，私募基金的整体收益都以较高比例战胜了万得全A指数，但和公募基金相比互有高低。这一期间内，私募基金的累计收益率为107%，公募基金的累计收益率为62%，万得全A指数的累计收益率仅为12%，私募基金的累计收益最高。

在对风险调整后收益进行比较时，我们选取从不同角度考虑风险因素的夏普比率、索丁诺比率和收益—最大回撤比率三个风险调整后收益指标，将股票型私募基金和万得全A指数近五年的夏普比率、索丁诺比率、收益—最大回撤比率，分别从整体、分组、单只基金以及前5%和后5%等多个层次作了详细对比分析。结果发现，在过去五年（2015~2019年），在同一风险水平下，当我们比较夏普比率时，股票型私募基金能够取得的回报高于大盘指数，但低于公募基金。当我们比较索丁诺比率时，私募基金能够取得的回报高于公募基金和大盘指数，并且近五年私募基金收益—最大回撤比率的表现也远远高于大盘指数。以上分析表明，总体来看，2015~2019年，在考虑了基金管理费和交易成本后，主动管理的股票型私募基金的业绩能够战胜公募基金和大盘指数。综合来看，私募基金是一种较好的投资方式。

最后，我们对比分析基金的收益率、夏普比率、索丁诺比率和收益—最大回撤比率间的关系。研究结果显示，收益—最大回撤比率与其他指标间的相关性都较高，能够普遍代表各指标的分析效果，符合股票型私募基金的管理风格，能够直观地反映私募基金的业绩。因此，我们认为采用收益—最大回撤比率来评估私募基金的业绩较为恰当。

私募基金经理是否具有选股能力与择时能力

基金经理可以通过两种方式来获得超额收益——选股能力和择时能力。王茹远曾经是一位明星级的公募基金经理，在掌管公募基金时投资业绩出众，有“公募一姐”之称，显示出她具有获得超额收益的能力，但当她转战私募基金后却业绩平平，类似的基金经理还有很多。如果他们具有不同常人的洞察力，能够有效地辨别那些价值被低估的股票，那么当他们转战私募基金后，为何他们所管理的私募基金的投资业绩却较为一般？为何他们的选股能力或择时能力到了私募行业后却消失了？

截至 2019 年 12 月底，我国有超过 3 万只私募基金。随着私募基金品种的丰富、数量的增加，其业绩表现成为广大投资者关心的首要问题，如何评价各私募基金产品的业绩表现、评估各私募基金经理的投资能力显得愈发重要。尽管目前我国私募基金的类型和策略有很多种，但是绝大多数私募基金仍是主动管理的股票型私募基金，因此选股能力和择时能力在评价私募基金的业绩表现时占据了绝对重要的地位。在 3 万余只私募基金中，部分基金很有可能只是因为运气而跑赢大盘，而不是由于基金经理真正具有能力。那么，中国有多少私募基金经理具有选股能力和择时能力呢？这些表现优秀的基金经理的投资能力是来自他们自身的能力，还是来自运气？本章从选股能力和择时能力两个方面，对我国主动管理的股票型私募基金进行研究，力图了解基金的业绩与基金经理的选股择时能力间的关系。本章的研究，一方面可以为那些有意向投资于私募基金行业的机构投资者和高净值群体提供有价值的投资参考；另一方面也对进一步完善目前学术界对私募基金这一资本市场重要领域的研究作出贡献。

本章采用 Treynor-Mazuy 四因子模型，对我国非结构化的股票型私募基金从 2012 年 1 月至 2019 年 12 月的月度收益数据进行了选股能力和择时能力两个方面的实证研究。我们的研究结果显示，在 2015~2019 年的五年样本期内，在 485 只具有五年完整数据的股票型私募基金样本中，有 120 只基金（占比 25%）的基金经理具有显著的选股能力，经自助法检验，我们发现这120只基金中有93只基金（占485只基金的19%）的基金经理是靠自身能力取得了优秀的业绩，其他基金经理所表现出来的选股能力是运气因素造成的。我们还发现有42只基金（占485只基金的9%）的基金经理具有显著的择时能力，经自助法检验，我们发现有23只基金（占485只基金的5%）的基金经理具有真正的择时能力。总体来看，2015~2019年，在我国股票型私募基金经理中，只有少部分私募基金经理具有真正的选股能力（占比19%，使用最近五年的样本），大多数私募基金经理并没有选股能力。我们还发现，只有5%的私募基金经理具有择时能力，绝大多数基金经理没有能力选择加仓或减仓的时机。

本章接下来的主要内容分为四部分。第一部分，利用Treynor-Mazuy模型考察哪些基金经理具有选股能力；第二部分，利用Treynor-Mazuy模型探讨哪些基金经理具有择时能力；第三、第四部分在上述两部分回归结果的基础上，对不同样本区间内的股票型基金经理的选股择时能力进行稳健性检验，运用自助法验证那些显示出显著选股或择时能力的基金经理的业绩是来自他们的能力还是来自他们的运气。

一、回归模型及样本

在Fama-French三因子模型（1992）基础上，Carhart（1997）在模型中加入一年期收益的动量因子，构建出四因子模型。Carhart四因子模型综合考虑了系统风险、账面市值比、市值规模和动量因素对投资组合业绩的影响，因其强大的解释力而得到国内外基金业界的广泛认可。例如，Cao、Simin和Wang（2013）等在分析相关问题时就使用了该模型。Carhart四因子模型如下：

$$R_{i,t}-R_{f,t}=\alpha_i+\beta_{i,mkt}\times(R_{mkt,t}-R_{f,t})+\beta_{i,smb}\times SMB_t+\beta_{i,hml}\times HML_t+\beta_{i,mom}\times MOM_t+\varepsilon_{i,t} \tag{3.1}$$

其中，i指的是第i只基金，$R_{i,t}-R_{f,t}$为t月基金i的超额收益率；$R_{mkt,t}-R_{f,t}$为t月大盘指数（万得全A指数）的超额收益率；$R_{f,t}$为t月无风险收益率；SMB_t为规模因子，代表小盘股与大盘股之间的溢价，为t月小公司的收益率与大公司的收益率之差；HML_t为价值因子，代表价值股与成长股之间的溢价，为t月价值股（高账面市值比公司）与成长股（低账面市值比公司）收益率之差；MOM_t为动量因子，代表过去一年内收益率最高的股票与最低的股票之间的溢价，为过去一年（t-1个月到t-11个月）收益率最高的30%的股票与过去一年（t-1个月到t-11个月）收益率最低的30%的股票在t月的收益率之差。我们用A股所有上市公司的数据自行计算规模因子、价值因子和动量因子。α_i代表基金经理因具有选股能力而给投资者带来的超额收益，它可以表示为：

$$\alpha_i \approx (\bar{R}_{i,t}-\bar{R}_{f,t})-\hat{\beta}_{i,mkt}\times(\bar{R}_{mkt,t}-\bar{R}_{f,t})-\hat{\beta}_{i,smb}\times\overline{SMB}_t-\hat{\beta}_{i,hml}\times\overline{HML}_t-\hat{\beta}_{i,mom}\times\overline{MOM}_t \tag{3.2}$$

具体来讲，当 α_i 显著大于零时，说明基金经理为投资者带来了统计上显著的超额收益，表明基金经理具有正向的选股能力；当 α_i 显著小于零时，说明基金经理为投资者带来的是负的超额收益，表明基金经理具有错误的选股能力；当 α_i 接近于零时，表明基金经理没有明显的选股能力。

择时能力也可以给投资者带来超额收益。择时能力是指基金经理根据对市场的预测，主动改变基金的风险暴露以谋求更高收益的能力。如果基金经理预测未来市场会上涨，那么他会加大对高风险资产的投资比例；相反，如果他预测未来市场会下降，则会降低对高风险资产的投资比例。一些文献也对此问题进行了研究，如 Chen 和 Liang（2007）、Chen（2007）等。Treynor 和 Mazuy（1966）提出在传统的单因子 CAPM 模型中引入一个平方项，用来检验基金经理的择时能力。我们将 Treynor-Mazuy 模型里的平方项加入到 Carhart 四因子模型中，构建出一个基于四因子模型的 Treynor-Mazuy 模型：

$$\begin{aligned} R_{i,t}-R_{f,t} = {} & \alpha_i+\beta_{i,mkt}\times(R_{mkt,t}-R_{f,t})+\gamma_i\times(R_{mkt,t}-R_{f,t})^2+\beta_{i,smb}\times SMB_t \\ & +\beta_{i,hml}\times HML_t+\beta_{i,mom}\times MOM_t+\varepsilon_{i,t} \end{aligned} \tag{3.3}$$

其中，γ_i 代表基金经理的择时能力，其他变量和式（3.1）中的定义一样。如果 γ_i 显著大于 0，说明基金经理 i 具有择时能力，具备择时能力的基金经理应当能随着市场的上涨（下跌）而提升（降低）其投资组合的系统风险。

我们使用基于 Carhart 四因子模型的 Treynor−Mazuy 四因子模型来评估基金经理的选股能力和择时能力。我们将全区间（2013~2019 年）划分为三个样本区间，分别为过去三年（2017~2019 年）、过去五年（2015~2019 年）和过去七年（2013~2019 年），并以万得全 A 指数作为基金业绩的比较对象。为避免因基金运行时间不一致对研究结果造成的影响，基金的历史业绩就要足够长，故而我们要求每只基金在各样本区间（三年、五年、七年）内都要有完整的复权净值数据。①

我们定义万得数据私募基金二级分类中的普通股票型、股票多空型、相对价值型和事件驱动型私募基金为股票型私募基金，研究对象没有包括债券型、宏观对冲型、混合型、QDII 型、货币市场型等非主要投资于国内股票市场的私募基金。由于分级基金在基金净值的统计上存在不统一的现象，我们在样本中排除了分级基金。如第二章所述，万得资讯在收集私募基金净值的时候，如果某个月它没有获取某只基金的净值数据，则它会自动填充其上一个月的净值数据，因此会存在基金净

① 在后续的研究中，我们可能会根据具体情况对样本进行修改。

值重复出现的情况。图 3-1 展现了 2003~2019 年期间股票型私募基金净值重复的比例。不难看出，在 2003~2019 年间，基金净值重复率小于 10%的基金占比为 92.1%，其他区间内股票型私募基金占比都很小。基金净值重复率过高通常是由数据收集问题所致，若将此类基金纳入样本会使分析结果不准确。因此，我们在样本中删除了在分析期间内净值重复率大于 10%的基金。

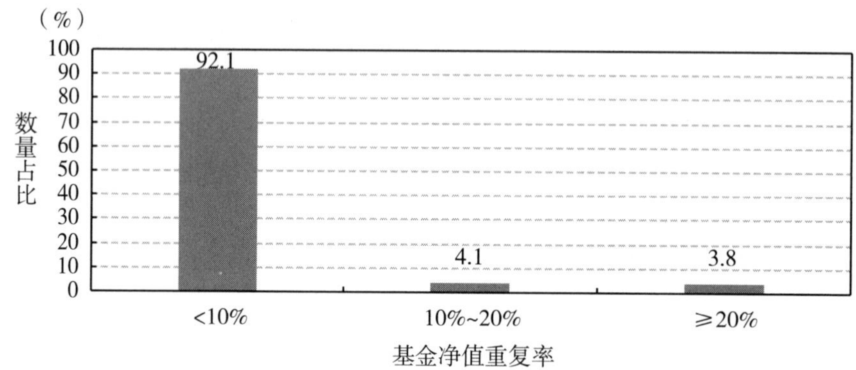

图 3-1　股票型私募基金净值重复率的分布：2003~2019 年

由于估计模型需要较长的时间序列数据，我们要求每只基金在分析的样本期间内都有完整的复权净值数据。我们主要利用基金近五年（2015~2019 年）的月度数据进行分析，在后面的分析中也会对比三年数据和七年数据的结果。表 3-1 展现了近三年、五年和七年股票型私募基金的样本分布，可见，近三年（2017~2019 年）、近五年（2015~2019 年）和近七年（2013~2019 年）股票型私募基金的样本数分别为 1 367 只、485 只和 216 只。由于目前私募行业基金经理的轮换不是很频繁，因此我们不考虑基金经理的更迭问题，将某只基金与该只基金的基金经理同等对待。我们用最小二乘法（OLS）估计基金经理的选股能力，模型中的选股能力 α 以月为单位。为方便解释其经济含义，后面汇报的 α 都为年化 α。

表 3-1　不同分析区间内涵盖的样本数量　　单位：只

基金策略	过去三年（2017~2019 年）	过去五年（2015~2019 年）	过去七年（2013~2019 年）
普通股票型基金	1 280	444	205
股票多空型基金	40	22	6
相对价值型基金	45	18	4
事件驱动型基金	2	1	1
总计	**1 367**	**485**	**216**

注：股票型私募基金是指万得数据私募基金二级分类中普通股票型、股票多空型、相对价值型和事件驱动型私募基金的总称。

二、选股能力分析

表3-2展示了过去五年（2015~2019年）股票型私募基金选股能力 α 的显著性的估计结果。图3-2给出了485只股票型基金 α 的 t 值（显著性）由大到小的排列。由于我们主要关心基金经理是否具有正确的选股能力，因此我们使用单边的假设检验，检验 α 是否为正，并且显著大于0。由表3-2可知，在5%的显著性水平下，有120只基金的 α 呈正显著性，其 t 值大于1.64，说明这120只基金（占比25%）的基金经理表现出了显著的选股能力；有353只基金（占比为73%）α 的 t 值是不显著的。同时我们还看到，有12只基金（占比2%）的 α 为负显著，其 t 值小于-1.64，说明这12只基金的基金经理具有明显错误的选股能力。总体来看，在过去五年内，有25%的基金经理具备选股能力，但绝大部分基金经理不具备选股能力。

表3-2　股票型私募基金的选股能力 α 显著性的估计结果：2015~2019年

显著性	样本数量	数量占比（%）
正显著	120	25
不显著	353	73
负显著	12	2
总计	485	100

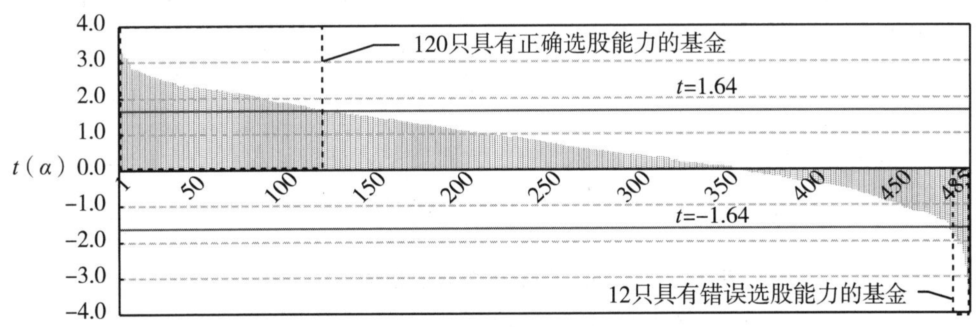

图3-2　股票型私募基金的选股能力 α 的 t 值（显著性）排列：2015~2019年

注：正确选股能力代表 $t(\alpha)>1.64$；错误选股能力代表 $t(\alpha)<-1.64$；未表现出选股能力代表 $-1.64\leq t(\alpha)\leq 1.64$。基金具有选股能力是指基金表现出正确的选股能力，基金不具有选股能力代表基金表现出错误的或未表现出选股能力。

在分析选股能力时，我们除了需要考虑选股能力 α 的显著性来判断 α 值是否显著为零外，还需要观察 α 的估计值。我们采用 Treynor-Mazuy 模型对拥有五年历史业绩的 485 只股票型私募基金的选股能力进行讨论。图 3-3 和表 3-3 展现的是 Treynor-Mazuy 四因子模型的回归结果。我们按照选股能力 α 把基金等分为 10 组。第 1 组为 α 最高的组，第 10 组为 α 最低的组。表 3-3 汇报的是每组基金的选股能力（年化 α）、择时能力（γ）、市场因子（β_{mkt}）、规模因子（β_{smb}）、价值因子（β_{hml}）、动量因子（β_{mom}）以及反映模型拟合好坏的调整后 R^2 的平均值，按照每组基金选股能力（年化 α）由大到小排列。

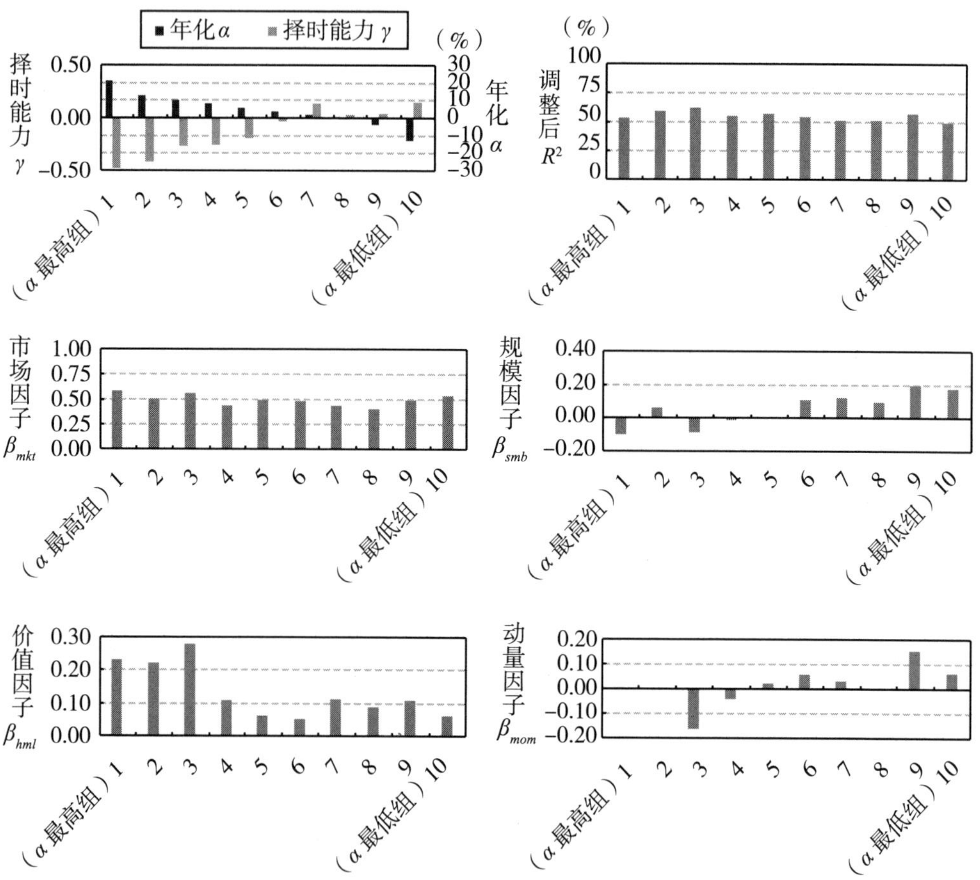

图 3-3　Treynor-Mazuy 四因子模型的回归结果
（按选股能力年化 α 分组）：2015~2019 年

表 3-3　Treynor-Mazuy 四因子模型的回归结果（按选股能力年化 α 分组）：2015~2019 年

组别	年化 α（%）	γ	β_{mkt}	β_{smb}	β_{hml}	β_{mom}	调整后 R^2（%）
1（α 最高组）	21.02	-0.47	0.58	-0.10	0.23	0.01	53
2	12.79	-0.41	0.51	0.06	0.22	0.00	60
3	10.22	-0.27	0.56	-0.09	0.28	-0.16	62
4	8.13	-0.25	0.44	-0.01	0.11	-0.04	55
5	6.01	-0.19	0.50	0.00	0.06	0.02	58
6	4.04	-0.03	0.48	0.11	0.05	0.06	55
7	2.07	0.13	0.44	0.12	0.11	0.03	52
8	-0.78	0.03	0.40	0.09	0.09	0.00	51
9	-3.93	0.05	0.49	0.20	0.11	0.16	57
10（α 最低组）	-12.98	0.15	0.54	0.18	0.06	0.07	50

注：此表汇报每组基金所对应的 α、γ、β_{mkt}、β_{smb}、β_{hml}、β_{mom} 和调整后 R^2 的平均值。

从图 3-3 和表 3-3 可以看出，Treynor-Mazuy 四因子模型的年化 α 在-13%~21%，其中最后三组基金的平均选股能力皆为负数。还可以看出，无论年化 α 是高还是低，β_{mkt} 都在 0.50 上下浮动。各组基金的规模因子对应的敏感系数 β_{smb} 在-0.10~0.20，并且随着每组基金经理选股能力的降低，规模因子的风险暴露（β_{smb}）逐渐走高，这说明基金经理所持小盘股或大盘股股票的仓位与其选股能力大致成反比例关系，那些具有较高年化 α 的基金往往重仓大盘股，而那些不具有选股能力的年化 α 较低的基金往往重仓小盘股。各组基金的价值因子对应的敏感系数 β_{hml} 的变化范围在 0.05~0.28，对于年化 α 较高的基金而言，基金对价值因子的风险暴露也较大，且都是正向暴露，说明基金经理的投资风格基本上是重仓价值股、轻仓成长股。不同组别的基金对动量因子 β_{mom} 的风险暴露与选股能力间并没有明显规律。最后，可以看到不同组别的基金用四因子模型的拟合优度在 55%上下浮动，说明 Treynor-Mazuy 四因子模型可以解释私募基金超额收益率方差的 55%。

下面我们具体分析在过去五年中呈正显著选股能力的 120 只基金。表 3-4 为过去五年（2015~2019 年）在 Treynor-Mazuy 四因子模型中 α 为正显著的股票型私募基金的检验结果。这些基金的近五年年化 α 在 4%~46%。在本书的附录二中，我们给出过去五年（2015~2019 年）每只基金的选股能力（年化 α）的估计值及对四个风险因子的风险暴露程度，供读者参考。

表 3-4　　在过去五年具有选股能力的股票型私募基金：2015~2019 年

编号	基金名称	年化 α（%）	t(α)	编号	基金名称	年化 α（%）	t(α)
1	优波	46.04	3.28	31	彤源 6 号	17.31	2.79
2	美港基金	33.07	2.83	32	景林丰收	17.09	2.48
3	宁聚满天星	30.57	2.70	33	彤源 7 号（A）	17.08	2.36
4	证大稳健增长	27.81	2.50	34	海洋之星 1 号	17.06	2.66
5	奕金安 1 期	23.33	3.36	35	同庆 2 期	16.73	2.52
6	私享-蓝筹 1 期	22.82	1.82	36	景林丰收 2 号	16.36	2.43
7	天弓 2 号	22.68	2.36	37	思晔量化择股旗舰	16.31	2.84
8	长金 9 号	22.31	2.03	38	紫晶 1 号	16.25	3.45
9	林园	22.25	2.46	39	朱雀 4 期	15.91	2.67
10	康曼德 003 号	22.00	2.16	40	彤源 5 号	15.88	2.18
11	新思哲 1 期	22.00	1.96	41	广金成长 3 期	15.56	3.01
12	恒复趋势 1 号	21.04	1.64	42	重阳 1 期	14.75	1.69
13	平石 2n 对冲基金	20.65	3.17	43	朱雀 9 期	14.68	2.60
14	同犇 1 期	20.15	2.24	44	投资精英（朱雀 A）	14.59	2.58
15	健顺云	19.69	1.81	45	西藏隆源 1 号	14.44	2.35
16	景林价值 B 类	19.66	2.61	46	凤翔多利	14.36	2.57
17	林园 2 期	19.55	1.82	47	双赢 12 期	14.35	2.27
18	奕金安 3 期	19.25	2.64	48	朱雀精选	14.27	2.27
19	鼎萨价值成长	19.18	1.84	49	投资精英之景林(A 类)	14.16	1.84
20	万利富达	19.00	2.26	50	朱雀 19 期	14.05	2.16
21	高信百诺 1 期	18.98	2.06	51	国润 1 期	13.74	2.13
22	溪牛长期回报	18.86	2.73	52	彤源 3 号	13.64	2.02
23	朱雀 13 期	18.73	2.83	53	朱雀 10 期	13.59	2.70
24	利得汉景 1 期	18.56	2.17	54	璟恒 1 期	13.59	1.82
25	林园 3 期	18.52	1.71	55	私募工场 8 期第 3 期	13.59	1.73
26	少数派新三板尊享 2 号	18.47	2.33	56	朱雀 22 期	13.49	2.27
27	奕金安 2 期	18.45	2.55	57	源乐晟策略创新 1 期	13.36	1.79
28	景林稳健	17.97	2.82	58	朱雀 20 期	13.33	2.25
29	景林创新成长	17.52	1.69	59	朱雀 5 期	13.30	2.16
30	富恩德 1 期	17.36	2.31	60	朱雀新机遇	13.24	2.11

续表

编号	基金名称	年化α（%）	$t(\alpha)$	编号	基金名称	年化α（%）	$t(\alpha)$
61	大朴进取 1 期	13.22	2.30	91	淡水泉成长 5 期	9.70	2.21
62	利檀 3 期	13.16	2.28	92	淡水泉精选 1 期	9.59	1.89
63	朱雀 2 期 A（平安）	13.03	2.55	93	淡水泉成长 7 期	9.57	2.23
64	招商汇智之凤翔 1 号	12.69	2.43	94	投资精英（淡水泉 A）	9.51	2.13
65	明达	12.68	2.04	95	淡水泉成长 6 期	9.47	2.12
66	执耳医药	12.56	2.03	96	淡水泉成长 9 期	9.39	2.09
67	朱雀 12 期	12.40	1.91	97	优选 M1 号 A	9.39	1.74
68	淡水泉 2008	12.11	2.30	98	重阳 8 期	9.28	2.14
69	朱雀中欧教育	12.08	1.89	99	淡水泉成长 4 期	9.26	2.10
70	朱雀新动力	11.89	2.50	100	铭深 1 号	9.21	1.80
71	开宝 1 期	11.85	1.66	101	金锝 5 号	9.10	3.14
72	长江稳健	11.69	2.32	102	双赢 10 期	8.94	2.09
73	沣杨旺德福	11.41	1.93	103	弘酬永泰	8.71	2.31
74	沣杨锦绣	11.32	1.89	104	星石 9 期	8.62	1.95
75	星石 12 期	11.11	2.27	105	双赢 6 期	8.59	1.67
76	星石 1 期	10.98	1.65	106	润晖稳健增值	8.56	2.51
77	金蕴 25 期（淡水泉）	10.56	2.14	107	投资精英（星石 A）	8.22	1.88
78	智德精选 3 期	10.56	1.70	108	中国龙平衡	7.77	2.36
79	理成转子 2 号	10.55	1.87	109	金锝量化	7.62	2.77
80	淡水泉专项 2 期(外贸)	10.43	2.32	110	永兴量化对冲 2 号	7.48	2.32
81	诚盛 1 期	10.34	1.65	111	金锝 6 号	7.44	3.15
82	德丰华 1 期	10.27	1.93	112	雷根 5 号	7.37	2.34
83	淡水泉成长 10 期（A）	10.04	2.19	113	格上创富 2 期	6.47	1.71
84	阳光宝 1 号	10.00	1.74	114	兴聚 1 期	6.20	1.88
85	双赢 7 期	9.90	2.26	115	光大基金宝-均衡价值	5.84	1.89
86	金海 9 号	9.90	2.02	116	弘酬开元	5.14	2.26
87	宽远价值成长	9.84	2.15	117	永兴量化对冲 5 号	5.05	1.81
88	淡水泉成长 3 期	9.81	2.27	118	淘利多策略量化套利	4.84	1.90
89	淡水泉成长 1 期	9.74	2.23	119	乾元 TOT	4.57	2.36
90	世诚扬子 3F 号	9.72	1.81	120	国信红岭	4.00	1.95

我们选取“新思哲 1 期”基金作为研究对象，分析其基金经理在近五年中的选股能力（见表 3-5 和图 3-4）。“新思哲 1 期”基金成立于 2010 年 4 月 21 日，从历史业绩来看，该基金自成立以来表现十分优秀。从表 3-5 和图 3-4 中可以看出，该基金近五年累计收益为 353%，远超万得全 A 指数的累计收益（21%）。从长期表现来看，该基金的业绩表现也非常不错。在 2015 年股市跌宕起伏的一年，“新思哲 1 期”基金涨幅为 95%，而万得全 A 指数涨幅仅为 38%；在 2016 年的熊市中，万得全 A 指数下挫 13%，而该基金逆市上涨 8%；2018 年下半年市场经济状况不佳，指数单边下跌，而市场的下行使得股价持续下跌，不少公司大股东面临股权质押且有跌破平仓线的风险，市场上几乎是“无股不压”的状态，但该基金在 2018 年仍跑赢大盘指数 9 个百分点；在 2019 年，该基金净值依然保持较高的增速，涨幅再次远超大盘指数，取得了丰厚的回报，基金经理的选股能力得以体现。作为一个追求长期回报的基金，“新思哲 1 期”基金的基金经理通过对企业价值的深入研究和对宏观形势的把握，获得了较高的超额收益。通过该基金的投资收益表现足可看出，该基金在不同市场风格下均表现稳健优秀，该基金经理把握市场总体走势的能力和对基金的投资管理水平十分优异，选股能力很强。

表 3-5　“新思哲 1 期”基金净值年度涨幅与阶段涨幅　单位：%

名称	2015 年度	2016 年度	2017 年度	2018 年度	2019 年度	近五年（2015~2019 年）
新思哲 1 期	95	8	55	-19	71	353
万得全 A 指数	38	-13	5	-28	33	21

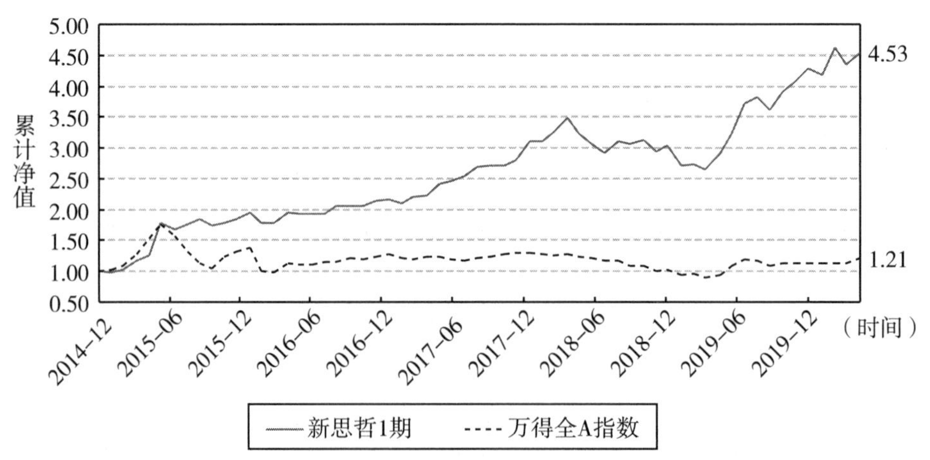

图 3-4　“新思哲 1 期”基金的累计净值：2015~2019 年

下面我们再选取“宁聚满天星”基金作为研究对象，分析其基金经理在近五年中的选股能力（见表 3-6 和图 3-5）。从表 3-6 可以看出，该基金近五年涨幅为 276%，万得全 A 指数同期上涨 21%，这只基金的业绩远远超过了大盘指数。在这五年中，该基金涨势最好的是 2015 年、2016 年和 2019 年。在 2015 年股灾期间，市场出现了剧烈波动，并且 2016 年市场迎来熊市。2016 年，万得全 A 指数下挫 13%，而该基金的净值不但没有下降，反而获得 45%的上升，这就体现出基金经理的选股能力。此外，该基金在 2019 年出现了一次明显的涨幅（58%），其上涨幅度远高于指数（33%）。综上，2015~2019 年，“宁聚满天星”基金通过对市场行情的整体把控获得了优秀的业绩，基金经理的选股能力得以充分体现。

表 3-6　“宁聚满天星”基金净值年度涨幅与阶段涨幅　单位：%

名称	2015 年度	2016 年度	2017 年度	2018 年度	2019 年度	近五年（2015~2019 年）
宁聚满天星	98	45	6	-22	58	276
万得全 A 指数	38	-13	5	-28	33	21

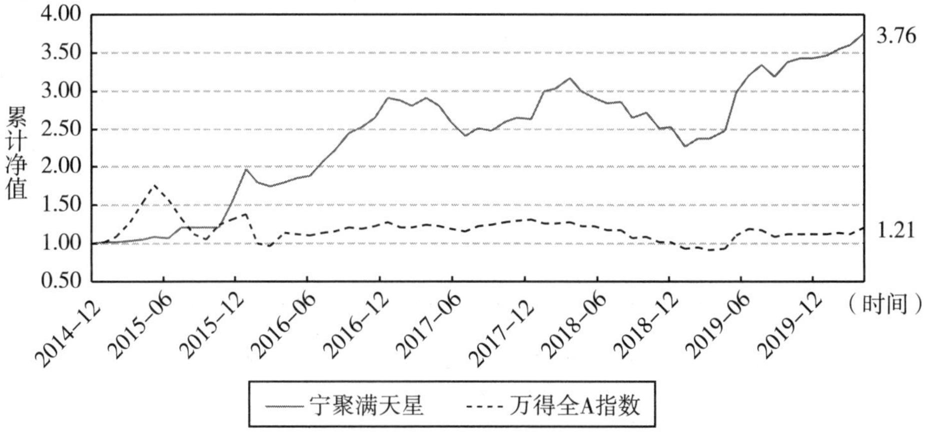

图 3-5　“宁聚满天星”基金的累计净值：2015~2019 年

三、择时能力分析

对于具有五年历史业绩的基金，表 3-7 展示了基金经理们择时能力的估计结果。图 3-6 是采用 Treynor-Mazuy 模型估计出来的 485 只股票型私募基金择时能力 γ 的 t 值。由于我们主要关心基金经理是否具有正的择时能力，因此我们使用单边假设检验。在5%的显著性水平下，有42只基金（占比9%）的γ为正显著，其t值大于1.64，说明这42只基金的基金经理表现出了显著的择时能力；有362只基金（占比74%）的基金经理没有表现出显著的择时能力。我们还看到，有81只基金（占比17%）的γ为负显著，其t值小于-1.64，说明这81只基金的基金经理具有明显错误的择时能力。总体来看，过去五年（2015~2019年），在我国股票型私募基金的基金经理中，只有9%的基金经理展现出择时能力。

表3-7　股票型私募基金的择时能力γ显著性的估计结果：2015~2019年

显著性	样本数量（只）	数量占比（%）
正显著	42	9
不显著	362	74
负显著	81	17
总计	485	100

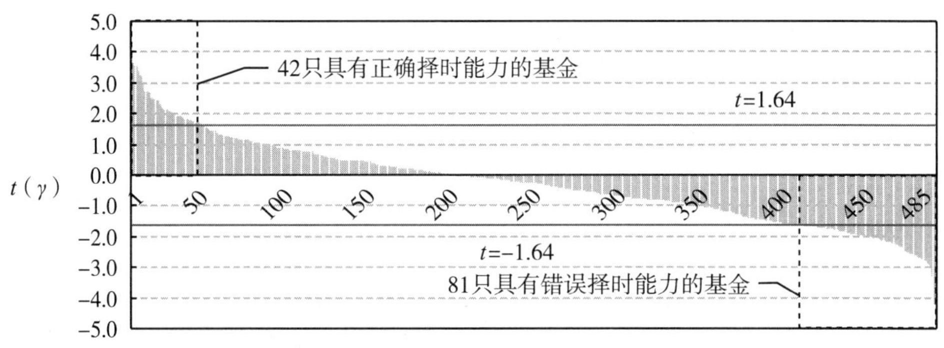

图3-6　股票型私募基金的择时能力γ的t值（显著性）排列：2015~2019年

注：正确择时能力代表$t(\gamma)>1.64$；错误择时能力代表$t(\gamma)<-1.64$；未表现出择时能力代表$-1.64\leq t(\gamma)\leq 1.64$。基金具有择时能力是指基金表现出正确的择时能力，基金不具有择时能力代表基金表现出错误的或未表现出择时能力。

我们采用Treynor-Mazuy模型对五年样本（2015~2019年）中的每只基金的择时能力进行回归分析。图3-7和表3-8展现的是Treynor-Mazuy四因子模型的回归结果。我们按照基金的择时能力γ把基金等分为10组。第1组为γ最高的组，第10组为γ最低的组。其中，表3-8汇报的是每一组基金所对应的择时能力（γ）、选股能力（α）、市场因子（β_{mkt}）、规模因子（β_{smb}）、价值因子（β_{hml}）、动量因子（β_{mom}）和调整后R^2的平均值。

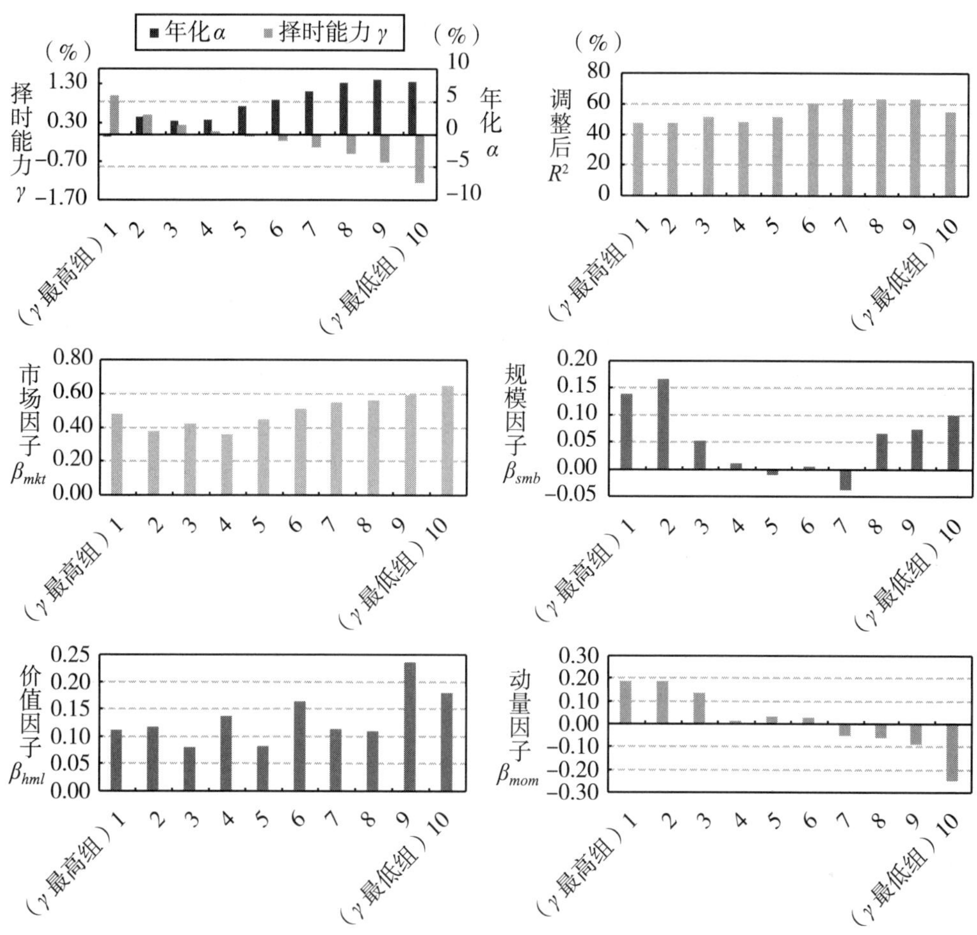

图 3-7 Treynor-Mazuy 四因子模型的回归结果（按择时能力 γ 分组）：2015~2019 年

表 3-8 Treynor-Mazuy 四因子模型的回归结果（按择时能力 γ 分组）：2015~2019 年

组别	γ	年化 α（%）	β_{mkt}	β_{smb}	β_{hml}	β_{mom}	调整后 R^2（%）
1（γ 最高组）	1.02	-0.39	0.48	0.14	0.11	0.19	47
2	0.51	2.74	0.38	0.17	0.12	0.19	47
3	0.23	1.96	0.42	0.05	0.08	0.13	51
4	0.06	2.15	0.36	0.01	0.14	0.01	48
5	-0.06	4.32	0.45	-0.01	0.08	0.03	52
6	-0.19	5.32	0.51	0.01	0.17	0.03	61
7	-0.35	6.60	0.55	-0.04	0.11	-0.05	64
8	-0.52	7.89	0.56	0.07	0.11	-0.06	63
9	-0.74	8.30	0.59	0.07	0.24	-0.09	64
10（γ 最低组）	-1.27	8.13	0.65	0.10	0.18	-0.25	55

注：此表汇报每一组基金对应的 γ、α、β_{mkt}、β_{smb}、β_{hml}、β_{mom} 和调整后 R^2 的平均值。

从图 3-7 和表 3-8 中可以看出，择时能力 γ 在-1. 27~1. 02，择时能力与选股能力之间呈现一定的负相关性。也就是说，那些具有择时能力的基金经理往往不具有选股能力，而具有选股能力的基金经理却不具有择时能力。此外，无论 γ 是高还是低，各组基金的 β_{mkt} 都在 0. 50 上下变动，这意味着股票型基金对大盘指数的风险暴露基本差不多。各组的规模因子对应的敏感系数 β_{smb} 在-0. 04~0. 17，随着每组基金经理择时能力的减小，组别间 β_{smb} 的数值并无明显的变化规律，这说明基金经理所持小盘股或大盘股股票的仓位与其择时能力并无明显关系。不同组别的基金对价值因子 β_{hml} 的风险暴露不存在明显的规律性，但都是正向暴露，说明基金经理普遍重仓价值股、轻仓成长股。我们还发现，每组基金的动量因子对应的敏感系数 β_{mom} 与择时能力大致呈正比例关系，β_{mom} 的变化范围为-0. 25~0. 19，说明从第 1 组到第 10 组基金经理的投资偏好是由趋势投资向反转投资转变，基金经理具有追涨杀跌的能力。最后，我们来观察反映 Treynor-Mazuy 模型拟合好坏的调整后 R^2 的变化情况。整体来看，从第 1 组基金到第 10 组基金的调整后 R^2 并没有一个明显的趋势。平均而言，Treynor-Mazuy 模型可以解释私募基金超额收益方差的 55%。

我们主要关心具有正确择时能力的基金，换言之就是择时能力（γ）呈现正显著性的基金。在单边 T 检验中，如果基金 i 的择时能力指标 γ 所对应的 t 值大于 1. 64，则代表该基金具有显著正确的择时能力。表 3-9 给出在过去五年（2015~2019 年）Treynor-Mazuy 模型中 γ 为正显著（具有择时能力）的 42 只股票型私募基金的检验结果。在附录二中，我们列示出过去五年（2015~2019 年）中股票型私募基金经理择时能力的相关统计结果，供读者朋友们查阅。

表 3-9　　在过去五年具有择时能力的股票型私募基金：2015~2019 年

编号	基金名称	γ	$t(\gamma)$	编号	基金名称	γ	$t(\gamma)$
1	雷根 6 号	0. 71	3. 79	12	名禹灵越	1. 02	2. 68
2	鑫安 1 期	1. 12	3. 62	13	稳健增长（外贸）	1. 30	2. 52
3	鑫安 6 期	1. 25	3. 53	14	细水醍醐	1. 45	2. 46
4	华骏海石 1 号	1. 11	3. 53	15	尊嘉 ALPHA	0. 45	2. 46
5	中金金致 5 号	1. 35	3. 37	16	金中和西鼎	1. 71	2. 45
6	思晔市场中性旗舰产品	0. 50	3. 26	17	一线对冲君一对冲	0. 74	2. 42
7	航长常春藤	1. 42	3. 20	18	华宝艾方多策略对冲套利 1 期	0. 48	2. 31
8	兆信 1 期	1. 09	3. 01	19	雷根 5 号	0. 43	2. 24
9	鑫兰瑞	1. 41	2. 76	20	金狮 154 号	0. 67	2. 17
10	冰剑 1 号	0. 95	2. 72	21	名禹稳健增长	0. 64	2. 15
11	乾元 TOT	0. 32	2. 70	22	丰岭稳健成长 1 期	0. 91	2. 15

续表

编号	基金名称	γ	$t(\gamma)$	编号	基金名称	γ	$t(\gamma)$
23	金狮 161 号	1.25	2.11	33	慧安 1 号	0.96	1.84
24	弘尚资产灵活配置	1.16	2.08	34	慧安 3 号	1.01	1.83
25	浦江之星 50 号	3.08	2.07	35	智诚 6 期	0.78	1.78
26	衍航 1 号	0.92	2.06	36	榕树文明复兴	1.21	1.78
27	金蕴 12 期（泽升）	1.17	1.98	37	慧安 6 号	0.99	1.78
28	得大 1 期	0.98	1.93	38	聚发(25)-保证金交易 1 号 A2	0.51	1.74
29	论德 1 期	0.85	1.92	39	道谊稳健	0.62	1.72
30	保证金交易 1 号	0.28	1.92	40	清水源 1 号	1.10	1.71
31	银帆 6 期	0.56	1.92	41	普邦恒升华金 1 期	0.60	1.69
32	新同方	0.64	1.88	42	通和进取 1 号	0.84	1.67

我们选取“鑫安 1 期”基金，对其基金经理的择时能力作出分析，如图 3-8 所示。在 2015~2019 年，万得全 A 指数的累计收益率为 21%，而“鑫安 1 期”基金的累计收益率达 70%。2015 年市场出现了大起大落的剧烈波动，2016 年遭遇熊市。然而，该基金 2015 年的涨幅为 73%，远高于市场涨幅（38%），并且 2016 年该基金的下跌幅度（-2%）小于万得全 A 指数的跌幅（-13%）。从这一例子可以看出，基金经理的择时能力使基金不但可以抓住股市上涨的机会提升基金的业绩，而且在市场急剧下跌的阶段，基金经理可以通过对市场的预期及时调整基金仓位，从而减少亏损。可见，当市场出现大起大落的剧烈波动时，更容易体现出基金经理的择时能力。

表 3-10　“鑫安 1 期”基金净值年度涨幅与阶段涨幅　单位：%

名称	2015 年度	2016 年度	2017 年度	2018 年度	2019 年度	近五年（2015~2019 年）
鑫安 1 期	73	-2	-3	-7	10	70
万得全 A 指数	38	-13	5	-28	33	21

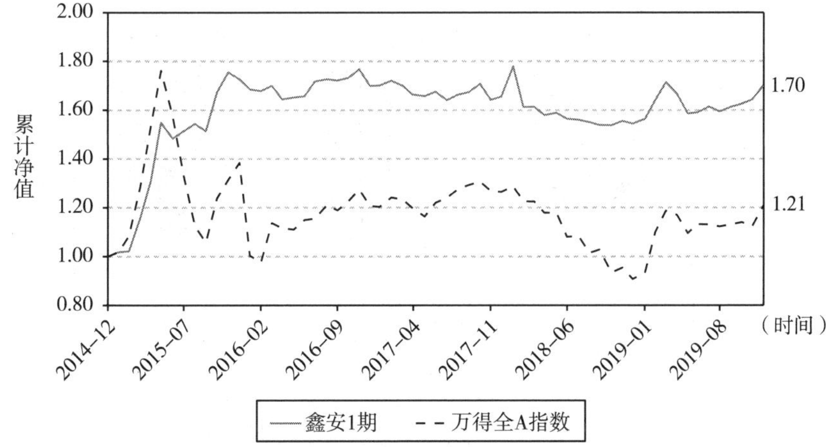

图 3-8　“鑫安 1 期”基金的累计净值：2015~2019 年

四、稳健性检验

在之前关于基金经理选股能力和择时能力的研究中，我们所用的样本为 2015~2019 年的五年样本。那么当分析的样本时间加长或缩短时，我们所得出的相关结论是否会发生变化？即当样本所选取的时间不同时，对于基金经理的选股能力和择时能力的结论是否有影响？如果有影响，这种影响是由于不同样本时间内基金之间的差异所带来的，还是由于相同基金所处的市场环境的不同所带来的？为了回答上述问题，我们使用三年样本（2017~2019 年）和七年样本（2013~2019 年）来对基金经理的选股能力和择时能力进行稳健性检验，并将分析结果与之前的五年样本（2015~2019 年）的结果进行对比，从而判断样本时间选取的不同是否会影响基金经理的选股能力和择时能力。在三年和七年的样本中，我们同样要求每只基金有完整的净值数据。各样本区间内包含的样本数量具体见表 3-1。时间跨度较长的样本区间内的基金与时间跨度较短的样本区间内的基金是部分重合的。例如，三年样本中的基金个数为 1 367 只，五年样本中的基金个数为 485 只，七年样本中基金个数为 216 只，七年样本的 216 只基金都在三年和五年样本中，五年样本的 485 只基金也都在三年样本中。

图 3-9 展示了 2013~2019 年间，不同时间长度的样本区间内具有选股能力的股票型基金的数量占比，仍以 5%的显著性水平进行分析。在三年样本（2017~2019 年）中，有 40%基金的基金经理具有显著的选股能力；在五年样本（2015~2019 年）中，该比例与上一区间相比有所下降，为 25%；而在 2013~2019 年的七年样本中，该比例上升至 30%。可见，在不同的样本时期内，具有显著选股能力的基金经理的比例还是有所差异的。

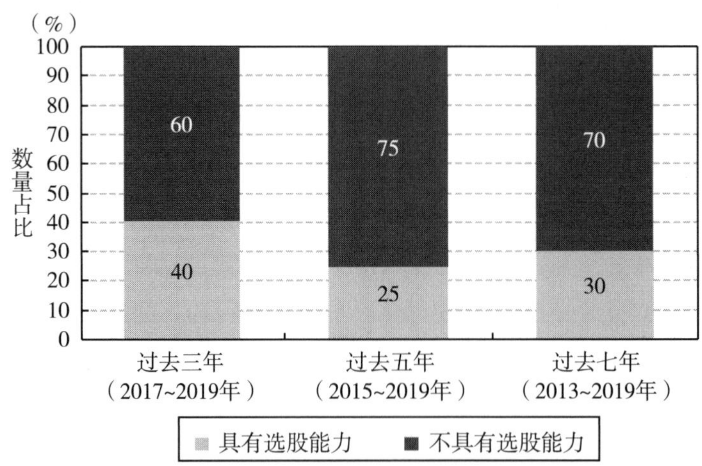

图 3-9　样本区间内具有选股能力的基金数量占比

表 3-11 展示了在不同样本期间中选股能力 α 显著性估计的更详细的结果，表中除了给出不同样本区间的具有正确选股能力的基金经理的比例，还给出了具有错误选股能力和未表现出选股能力的基金经理的比例，以及同时期万得全 A 指数的累积涨幅。尽管三个样本区间的终点皆为 2019 年底，但每个样本区间的起始点不同，因此它们所对应的市场环境不同。在过去三年（2017~2019 年），万得全 A 指数上涨幅度趋近于 0%(0.15%)；在过去五年（2015~2019 年），万得全 A 指数上涨了 21%；在过去七年（2013~2019 年），万得全 A 指数上涨了 94%；具有选股能力的基金经理数量占比依次为 40%、25%和 30%。可见，具有选股能力基金经理的数量占比和股票市场的涨幅无明显关系。我们还发现，无论是在三年、五年还是七年样本中，选股能力不显著的基金经理所占比例基本都在 57%以上，并且每类样本中都有 2%~3%的基金经理具有明显错误的选股能力。可见，大部分股票型私募基金经理是不具备选股能力的，基金经理想要通过选股能力给投资者带来超额收益是相对比较困难的一件事情。

表 3-11　　三年、五年、七年样本的选股能力显著性的估计结果

样本区间	正显著	不显著	负显著	基金数(只)	万得全 A 涨幅（%）
过去三年（2017~2019 年）	553（40%）	775（57%）	39（3%）	1 367	0.15
过去五年（2015~2019 年）	120（25%）	353（73%）	12（2%）	485	21
过去七年（2013~2019 年）	65（30%）	147（68%）	4（2%）	216	94

注：括号中的数字为相应的基金数量占比，显著性水平为 5%。

在三年、五年和七年样本中，具有显著选股能力的基金经理的比例除了受到不同样本所处市场环境的影响外，还与所分析的样本之间的差异有关。因为每年都有新成立和停止运营的基金，不同的分析样本中所包含的基金数量是不同的。我们在以下的分析中控制这种样本之间的差异，重新对比不同样本期间内具有显著选股能力的基金的比例。

表 3-12 展现的是在七年样本（2013~2019 年）中的 216 只股票型私募基金，在三年样本（2017~2019 年）和五年样本（2015~2019 年）中通过 Treynor-Mazuy 四因子模型估计出来的选股能力的表现。我们考察这 216 只基金的三年期业绩，有 75 只（占比 35%）基金的基金经理具有显著的选股能力；当考察期变为五年和七年后，分别有 60 只（占比 28%）和 65 只（占比 30%）基金的基金经理具有显著的选股能力。在这 216 只基金中，无论考察三年、五年还是七年的样本，每类样本中都有 65%以上的基金没有选股能力。可见，有小部分基金经理具有选股能力，而绝大部分基金经理是不具备选股能力的。

表 3-12　具有七年完整数据的股票型私募基金在过去三年、五年、七年的选股能力显著性的估计结果

样本区间	正显著	不显著	负显著	基金数(只)	万得全 A 涨幅 (%)
过去三年 (2017~2019 年)	75 (35%)	130 (60%)	11 (5%)	216	0. 15
过去五年 (2015~2019 年)	60 (28%)	150 (69%)	6 (3%)	216	21
过去七年 (2013~2019 年)	65 (30%)	147 (68%)	4 (2%)	216	94

注：括号中的数字为相应的基金数量占比，显著性水平为 5%。

我们同样分析了在三年样本和五年样本中都有数据的 485 只股票型私募基金选股能力的差异，具体见表 3-13。在三年样本中，有 163 只基金（占比 34%）的基金经理具有显著的选股能力。在五年样本中，具有选股能力的基金下降至 120 只（占比 25%）。不显著的基金数量占比从近三年（305 只，63%）到近五年（353 只，73%）有所上升，都在 60%以上。

表 3-13　具有五年完整数据的股票型私募基金在过去三年、五年的选股能力显著性的估计结果

时间区间	正显著	不显著	负显著	基金数(只)	万得全 A 涨幅 (%)
过去三年 (2017~2019 年)	163 (34%)	305 (63%)	17 (3%)	485	0. 15
过去五年 (2015~2019 年)	120 (25%)	353 (73%)	12 (2%)	485	21

注：括号中的数字为相应的基金数量占比，显著性水平为 5%。

上述分析的结论同样和之前分别使用三年或五年全部样本的结论近似（见表 3-11）。可见，并不是由于基金个体之间的不同导致在三年、五年、七年样本期间内具有选股能力的基金经理比例的差异，因为我们在选取相同的基金时，这个差异在三年、五年、七年样本期间内也是同样存在的。故而我们认为是由于不同分析时间内我国股票市场环境的不同，导致使用最近三年、五年和七年样本的分析结果产生差异。虽然这三个样本时期都经历了股票市场剧烈波动的影响（如 2016 年或 2018 年），但每个样本期间大盘指数的收益是不同的。在三年样本（2017~2019 年）中，万得全 A 指数涨幅接近于 0%(0. 15%)；在五年样本（2015~2019 年）和七年样本（2013~2019 年）中，万得全 A 指数分别上涨了 21%和 94%。但反观具有选股能力的基金数量占比，我们可以发现，具有选股能力的基金经理数量占比和股票市场涨幅间并没有明显的相关关系。

接下来，我们利用同样的方法来分析基金经理的择时能力。图 3-10 展示了在不同样本区间具有显著择时能力的基金的比例，还是以 5%的显著性水平进行讨论。在三年样本（2017~2019 年）中，有 3%的基金的基金经理具有显著的择时能力；在五年样本（2015~2019 年）中，该比例上升至 9%；在七年样本（2013~2019 年）中，该比例下降至 4%。可见，在不同的样本区间内，具有显著择时能力的基金经理的比例都非常低，并且有所差异。

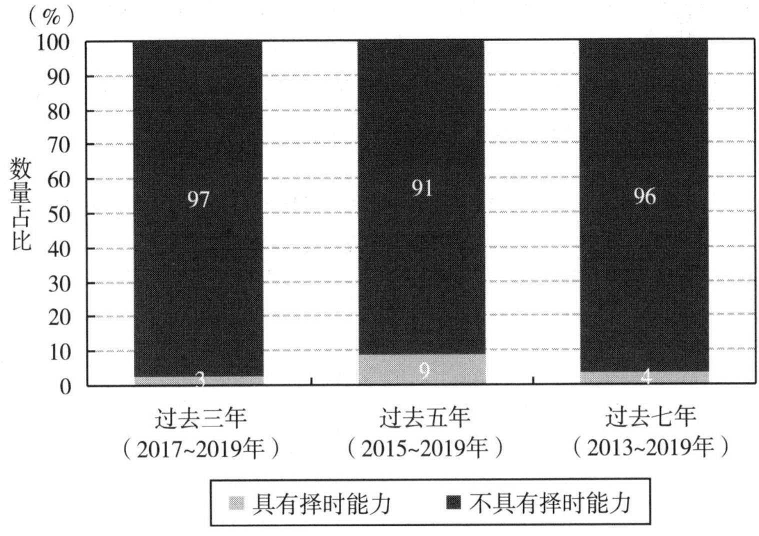

图 3-10　样本区间内具有择时能力的股票型私募基金的数量占比

表 3-14 展示了在不同样本区间中择时能力 γ 显著性检验更详细的结果。通过对比三个样本同时期万得全 A 指数的累积涨幅，我们发现，基金经理的择时能力和股票市场表现之间的关系并不明显。另外，无论是在三年、五年还是七年样本中，都至少有 91%以上的基金经理不具有择时能力。可见，对股票市场未来涨跌的判断是一件非常困难的事情，绝大部分股票型基金经理不具备择时能力。

表 3-14　　三年、五年、七年样本的择时能力显著性的估计结果

样本区间	正显著	不显著	负显著	基金数（只）	万得全 A 涨幅（%）
过去三年（2017~2019 年）	37（3%）	793（58%）	537（39%）	1 367	0.15
过去五年（2015~2019 年）	42（9%）	362（74%）	81（17%）	485	21
过去七年（2013~2019 年）	8（4%）	162（75%）	46（21%）	216	94

注：括号中的数字为相应的基金数量占比，显著性水平为 5%。

同样，我们选取在三年、五年、七年样本中相同的基金来分析其在不同样本区间内择时能力显著性的差异，从而判断是否是由于基金样本的不同导致具有显著择时能力的基金经理比例的不同。我们首先选取了在三年、五年和七年样本中都有数据的216只基金，分析这些基金在这三个不同样本中择时能力的差异，其结果在表3-15中给出。在这216只基金中，有3只基金（占比1%）在三年样本中具有显著择时能力；在五年样本中，具有显著择时能力的基金为14只（占比13%）；而到七年样本中，该数量为8只（占比4%）。并且，无论选取的分析样本时间是长还是短，都有90%以上的基金不具有择时能力，其中有21%~37%的基金具有错误的择时能力，投资者应避免投资类似基金。整体来看，无论选取的分析样本时间是长还是短，绝大部分基金经理是不具有判断市场走向的择时能力的。

表3-15　具有七年完整数据的股票型私募基金在过去三年、五年、七年的择时能力显著性的估计结果

样本区间	正显著	不显著	负显著	基金数(只)	万得全A涨幅（%）
过去三年（2017~2019年）	3（1%）	134（62%）	79（37%）	216	0.15
过去五年（2015~2019年）	14（6%）	151（70%）	51（24%）	216	21
过去七年（2013~2019年）	8（4%）	162（75%）	46（21%）	216	94

注：括号中的数字为相应的基金数量占比，显著性水平为5%。

表3-16展示了在三年样本和五年样本中都有数据的485只基金择时能力的差异。在这485只基金中，有6只基金（占比1%）在三年样本中具有显著的择时能力；在五年样本中，有42只基金（9%）具有显著的择时能力。在每类样本中，都有91%以上的基金经理不具有择时能力。另外，在三年和五年样本中，分别有187只（占比39%）和81只（占比17%）基金具有错误的择时能力。

表3-16　具有五年完整数据的股票型私募基金在过去三年、五年的择时能力显著性的估计结果

时间区间	正显著	不显著	负显著	基金数(只)	万得全A涨幅（%）
过去三年（2017~2019年）	6（1%）	292（60%）	187（39%）	485	0.15
过去五年（2015~2019年）	42（9%）	362（74%）	81（17%）	485	21

注：括号中的数字为相应的基金数量占比，显著性水平为5%。

结合表 3-14 可以发现，上述分析的结论同样和之前分别使用三年或五年全部样本的结论近似。我们认为，虽然不同样本所处股票市场的环境将会影响基金经理择时能力的体现，但在这三个样本区间内，基金经理的择时能力和市场涨幅的关系并不明显。

综上所述，采用五年样本数据与采用七年样本数据所得结论近似。基金所处市场环境的不同对基金经理的选股能力和择时能力表现的影响并不大。总体而言，我国仅有少部分基金经理具有选股能力，绝大部分基金经理不具有判断市场走向的择时能力。

五、自助法检验

之前的回归分析结果表明，部分基金经理具有显著的选股能力或择时能力，那么这些基金经理的能力会不会是由于运气带来的呢？由于基金的收益率不是严格服从正态分布，因此回归分析的结果虽然表明某些基金经理具有显著的选股能力或择时能力，但这些结果可能是由于样本的原因，即运气的因素所带来的，而不是来自基金经理自身的投资能力。那么，在具有显著的选股能力或择时能力的基金经理中，哪些基金经理是因为运气而取得了良好的业绩，哪些基金经理又是真正拥有投资能力呢？

著名的统计学家 Efron 在 1979 年提出了一种对原始样本进行重复抽样，从而产生一系列新样本的统计方法，即自助法（Bootstrap）。自助法是对原始样本进行重复抽样以产生一系列“新”的样本的统计方法，图 3-11 展示了自助法的抽样原理。如图 3-11 所示，我们观察到的样本只有一个，如某只基金的历史收益数据，因此只能产生一个统计量（如基金经理的选股能力）。自助法的基本思想是对已有样本进行多次抽样，即把现有样本的观测值看成一个新的总体再进行有放回的随机抽样，这样在不需要增加额外新样本的情况下，会获得多个统计量，

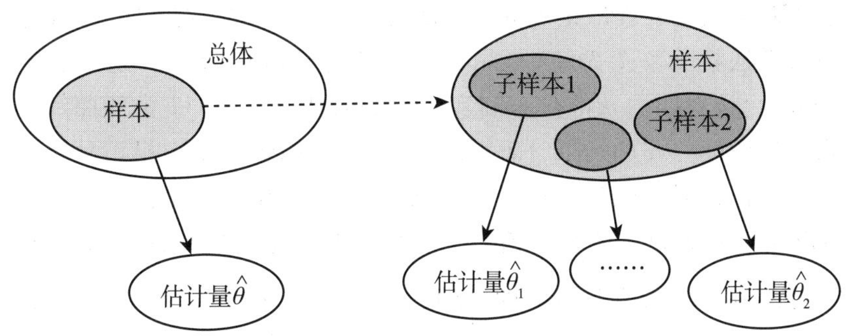

图 3-11　自助法抽样示意

即获得基金经理选股能力的多个估计值，通过对比这多个统计量所生成的统计分布和实际样本产生的统计量，就可以判断基金经理的能力是否来源于运气。在以下的检验中，我们对每只基金的样本进行1 000次抽样。我们也使用5 000次抽样来区分基金经理的能力和运气，因这些结果与使用1 000次抽样的结果十分类似，结论不再赘述。

我们以基金 i 的选股能力 α 进行自助法检验为例。通过Treynor-Mazuy四因子模型对基金 i 的月度净收益的时间序列进行普通最小二乘法（OLS）回归，估计模型的 $\hat{\alpha}$、风险系数（$\hat{\beta}_{mkt}$、$\hat{\beta}_{smb}$、$\hat{\beta}_{hml}$、$\hat{\beta}_{mom}$）、残差序列，具体模型见式（3.3）。我们通过自助法过程对获得的残差序列进行1 000次抽样，根据每次抽样后的残差和之前估计出来的风险系数（$\hat{\beta}_{mkt}$、$\hat{\beta}_{smb}$、$\hat{\beta}_{hml}$、$\hat{\beta}_{mom}$）构造出1 000组不具备选股能力（$\hat{\alpha}=0$）的基金的超额收益率，获得1 000个没有选股能力的基金样本，每一个新生成的基金样本与基金 i 有同样的风险暴露（$\hat{\beta}_{mkt}=\hat{\beta}_{smb}=\hat{\beta}_{hml}=\hat{\beta}_{mom}$）。然后，我们对这1 000个样本再次进行Treynor-Mazuy四因子模型回归，就获得了1 000个选股能力 α 的估计值。由于这1 000个 α 是出自我们构造的没有选股能力的基金的收益率，在5%的显著性水平下，如果这1 000个 α 中有多于5%比例的（该比例为自助法的P值）α 大于通过Treynor-Mazuy四因子模型回归所得到的基金 i 的 $\hat{\alpha}$（真实的 α），则表明基金 i 的选股能力 α 并不是来自基金经理自身的能力，而是来自运气因素和统计误差；反之，如果这1 000个 α 中只有少于5%的 α 大于基金 i 的 α，则表明基金 i 的选股能力 α 并不是来自运气因素，而是来自基金经理的真实能力。Kosowski、Timmermann、White和Wermers（2006），Fama和French（2010），Cao、Simin和Wang（2013），Cao、Chen、Liang和Lo（2013）等利用该方法研究美国基金经理所取得的业绩是来自他（她）们的能力还是运气。

在之前的分析中我们得到，在五年样本（2015~2019年）的485只样本基金中，有120只基金表现出正确的选股能力，我们进一步对这120只基金的选股能力进行自助法检验。图3-12展示了部分基金经理（10位）通过自助法估计出来的1 000个选股能力 α 的分布和实际 α 的对比。图3-12中的曲线为通过自助法获得的选股能力 α 的结果，垂直线为运用Treynor-Mazuy模型估计出来的实际选股能力 α 的结果。例如，对于“奕金安1期”基金而言，通过自助法估计出的1 000个选股能力 α 的统计值中，有2个大于通过Treynor-Mazuy模型估计出来的实际的 α（$\hat{\alpha}=23.33\%$），即自助法的P值为0.002（$P=0.2\%$），从统计检验的角度讲，我们有95%的信心确信该基金经理的选股能力来自其自身的投资能力。

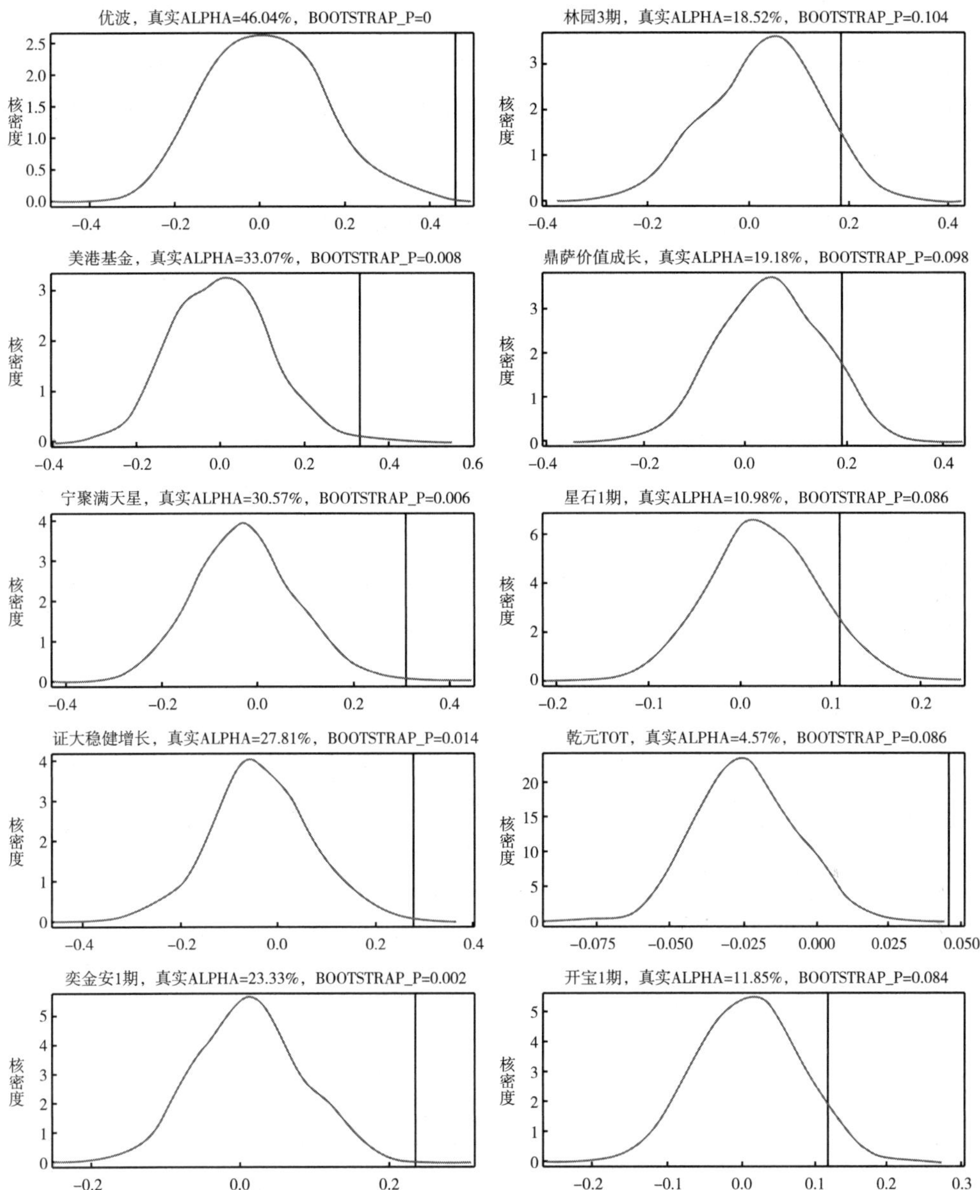

图 3-12 自助法估计的股票型私募基金的 α 的分布（部分）：2015~2019 年

注：曲线表示通过自助法获得的选股能力 α 的分布；垂直线表示运用 Carhart 四因子模型估计出来的实际选股能力 α。

表 3-17 为通过 Treynor-Mazuy 四因子模型估计出来的具有显著选股能力的 120 只股票型私募基金的自助法结果。在这 120 只基金中，有 93 只基金自助法的 P 值小于 0.05，如“优波”、“美港基金”和“宁聚满天星”基金等，这些基金在表 3-17 中已用 * 标出；有 27 只基金自助法的 P 值大于 0.05，如“私享-蓝筹

1 期”、“长金 9 号”和“林园 2 期”基金等。从统计学假设检验的角度讲，我们有 95%的把握得出以下结论：这 93 只基金（占 485 只基金的 19%）的基金经理的选股能力并不是来自运气，而是来自他们自身的能力；而另外 27 只基金的基金经理的选股能力则源于运气和统计误差。

表 3-17　具有选股能力的股票型私募基金的自助法检验结果：2015~2019 年

编号	基金名称	年化 α（%）	t(α)	自助法 P 值	编号	基金名称	年化 α（%）	t(α)	自助法 P 值
1	优波	46.04	3.28	0.000*	27	奕金安 2 期	18.45	2.55	0.008*
2	美港基金	33.07	2.83	0.008*	28	景林稳健	17.97	2.82	0.004*
3	宁聚满天星	30.57	2.70	0.006*	29	景林创新成长	17.52	1.69	0.054
4	证大稳健增长	27.81	2.50	0.014*	30	富恩德 1 期	17.36	2.31	0.002*
5	奕金安 1 期	23.33	3.36	0.002*	31	彤源 6 号	17.31	2.79	0.010*
6	私享-蓝筹 1 期	22.82	1.82	0.058	32	景林丰收	17.09	2.48	0.030*
7	天弓 2 号	22.68	2.36	0.002*	33	彤源 7 号（A）	17.08	2.36	0.028*
8	长金 9 号	22.31	2.03	0.054	34	海洋之星 1 号	17.06	2.66	0.000*
9	林园	22.25	2.46	0.006*	35	同庆 2 期	16.73	2.52	0.002*
10	新思哲 1 期	22.00	1.96	0.008*	36	景林丰收 2 号	16.36	2.43	0.024*
11	康曼德 003 号	22.00	2.16	0.016*	37	思晔量化择股旗舰	16.31	2.84	0.000*
12	恒复趋势 1 号	21.04	1.64	0.048*	38	紫晶 1 号	16.25	3.45	0.000*
13	平石 2n 对冲基金	20.65	3.17	0.004*	39	朱雀 4 期	15.91	2.67	0.004*
14	同犇 1 期	20.15	2.24	0.012*	40	彤源 5 号	15.88	2.18	0.022*
15	健顺云	19.69	1.81	0.036*	41	广金成长 3 期	15.56	3.01	0.000*
16	景林价值 B 类	19.66	2.61	0.004*	42	重阳 1 期	14.75	1.69	0.038*
17	林园 2 期	19.55	1.82	0.056	43	朱雀 9 期	14.68	2.60	0.004*
18	奕金安 3 期	19.25	2.64	0.008*	44	投资精英（朱雀 A）	14.59	2.58	0.014*
19	鼎萨价值成长	19.18	1.84	0.098	45	西藏隆源 1 号	14.44	2.35	0.022*
20	万利富达	19.00	2.26	0.018*	46	凤翔多利	14.36	2.57	0.004*
21	高信百诺 1 期	18.98	2.06	0.002*	47	双赢 12 期	14.35	2.27	0.022*
22	溪牛长期回报	18.86	2.73	0.000*	48	朱雀精选	14.27	2.27	0.016*
23	朱雀 13 期	18.73	2.83	0.000*	49	投资精英之景林（A 类）	14.16	1.84	0.072
24	利得汉景 1 期	18.56	2.17	0.016*	50	朱雀 19 期	14.05	2.16	0.028*
25	林园 3 期	18.52	1.71	0.104	51	国润 1 期	13.74	2.13	0.032*
26	少数派新三板尊享 2 号	18.47	2.33	0.012*	52	彤源 3 号	13.64	2.02	0.052

续表

编号	基金名称	年化α（%）	$t(\alpha)$	自助法P值	编号	基金名称	年化α（%）	$t(\alpha)$	自助法P值
53	璟恒1期	13.59	1.82	0.028*	87	宽远价值成长	9.84	2.15	0.016*
54	朱雀10期	13.59	2.70	0.000*	88	淡水泉成长3期	9.81	2.27	0.024*
55	私募工场8期第3期	13.59	1.73	0.082	89	淡水泉成长1期	9.74	2.23	0.028*
56	朱雀22期	13.49	2.27	0.022*	90	世诚扬子3F号	9.72	1.81	0.012*
57	源乐晟策略创新1期	13.36	1.79	0.062	91	淡水泉成长5期	9.70	2.21	0.032*
58	朱雀20期	13.33	2.25	0.024*	92	淡水泉精选1期	9.59	1.89	0.060
59	朱雀5期	13.30	2.16	0.022*	93	淡水泉成长7期	9.57	2.23	0.026*
60	朱雀新机遇	13.24	2.11	0.008*	94	投资精英（淡水泉A）	9.51	2.13	0.038*
61	大朴进取1期	13.22	2.30	0.002*	95	淡水泉成长6期	9.47	2.12	0.042*
62	利檀3期	13.16	2.28	0.016*	96	优选M1号A	9.39	1.74	0.064
63	朱雀2期A（平安）	13.03	2.55	0.012*	97	淡水泉成长9期	9.39	2.09	0.044*
64	招商汇智之凤翔1号	12.69	2.43	0.012*	98	重阳8期	9.28	2.14	0.014*
65	明达	12.68	2.04	0.024*	99	淡水泉成长4期	9.26	2.10	0.038*
66	执耳医药	12.56	2.03	0.054	100	铭深1号	9.21	1.80	0.040*
67	朱雀12期	12.40	1.91	0.048*	101	金锝5号	9.10	3.14	0.000*
68	淡水泉2008	12.11	2.30	0.046*	102	双赢10期	8.94	2.09	0.046*
69	朱雀中欧教育	12.08	1.89	0.050	103	弘酬永泰	8.71	2.31	0.042*
70	朱雀新动力	11.89	2.50	0.006*	104	星石9期	8.62	1.95	0.056
71	开宝1期	11.85	1.66	0.084	105	双赢6期	8.59	1.67	0.066
72	长江稳健	11.69	2.32	0.018*	106	润晖稳健增值	8.56	2.51	0.004*
73	沣杨旺德福	11.41	1.93	0.016*	107	投资精英（星石A）	8.22	1.88	0.056
74	沣杨锦绣	11.32	1.89	0.016*	108	中国龙平衡	7.77	2.36	0.006*
75	星石12期	11.11	2.27	0.026*	109	金锝量化	7.62	2.77	0.000*
76	星石1期	10.98	1.65	0.086	110	永兴量化对冲2号	7.48	2.32	0.012*
77	智德精选3期	10.56	1.70	0.048*	111	金锝6号	7.44	3.15	0.000*
78	金蕴25期（淡水泉）	10.56	2.14	0.032*	112	雷根5号	7.37	2.34	0.014*
79	理成转子2号	10.55	1.87	0.030*	113	格上创富2期	6.47	1.71	0.058
80	淡水泉专项2期（外贸）	10.43	2.32	0.020*	114	兴聚1期	6.20	1.88	0.042*
81	诚盛1期	10.34	1.65	0.078	115	光大基金宝-均衡价值	5.84	1.89	0.052
82	德丰华1期	10.27	1.93	0.068	116	弘酬开元	5.14	2.26	0.018*
83	淡水泉成长10期（A）	10.04	2.19	0.036*	117	永兴量化对冲5号	5.05	1.81	0.050
84	阳光宝1号	10.00	1.74	0.054	118	淘利多策略量化套利	4.84	1.90	0.042*
85	双赢7期	9.90	2.26	0.026*	119	乾元TOT	4.57	2.36	0.086
86	金海9号	9.90	2.02	0.034*	120	国信红岭	4.00	1.95	0.062

注：*表示自助法的P值小于5%，即基金经理的选股能力不是源于运气和统计误差。

同样，我们也对基金经理的择时能力进行了自助法检验，仍采用 5%的显著性水平。我们要回答的问题是：在择时能力系数 γ 具有正显著性的基金中，哪些基金经理是因为运气好而显示出择时能力？哪些基金经理是真正具有择时能力，而不是依靠运气？根据之前 Treynor-Mazuy 模型的估计结果，在 485 只基金中，有 42 只（占比 9%）基金的基金经理具有显著的择时能力，我们对这些基金的择时能力进行自助法检验。图 3-13 展示了部分基金经理（10 位）通过自助法估计出来的择时

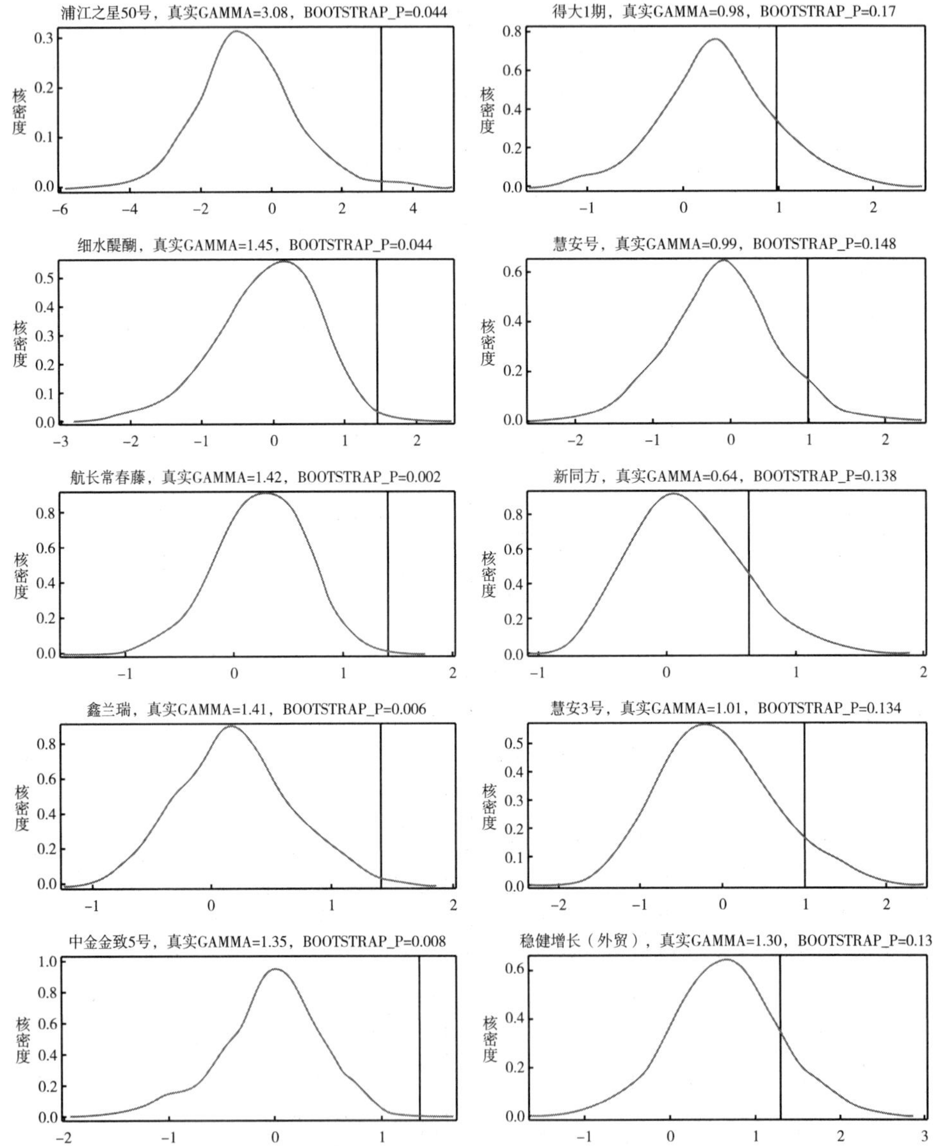

图 3-13　自助法估计的股票型私募基金择时能力 γ 的分布（部分）：2015~2019 年

注：曲线代表通过自助法获得的择时能力 γ 的分布；垂直线表示运用改进后 Treynor-Mazuy 模型估计出来的实际择时能力 γ。

能力 γ 的分布和实际 γ 的对比。图 3-13 中的曲线为通过自助法获得的择时能力 γ 的结果，垂直线为运用 Treynor-Mazuy 模型估计出来的实际择时能力 γ 的结果。例如，"浦江之星 50 号" 基金通过 Treynor-Mazuy 四因子模型估计出的择时能力为 3.08，通过自助法估计的 1 000 个择时能力 γ 的统计值中有 44 个大于 3.08，即自助法的 P 值为 0.044（P=4.4%），从统计检验的角度讲，我们有 95%的信心确信该基金经理的择时能力并不是由运气所带来的，而是来自基金经理自身的投资才能。而对于"得大 1 期"基金而言，其通过 Treynor-Mazuy 模型估计出来的真实 γ 为 0.98，但通过自助法产生的 1 000 个 γ 的统计值中有 170 个大于 0.98，即自助法的 P 值为 0.170（P=17.0%），从统计检验的角度，表明我们有 95%的信心确信该基金经理的择时能力是来自运气。

表 3-18 为通过 Treynor-Mazuy 四因子模型估计出来的 42 只具有正确择时能力的股票型私募基金的自助法检验结果。根据表 3-18 中的数据，从统计学假设检验的角度，我们有 95%的把握得出：在这 42 只基金中，有 23 只基金的自助法 P 值小于 0.05，这些基金在表中已用 * 标出，说明这 23 位（占 485 只基金的 5%）基金经理的投资能力并不是来自运气，而是来自他们能够预测大盘涨跌从而及时调整仓位的择时能力，如"雷根 6 号"、"鑫安 1 期"和"鑫安 6 期"基金等；有 19 只基金的自助法 P 值大于 5%，说明这些基金经理的择时能力源于运气和统计误差，如"乾元 TOT"、"稳健增长（外贸）"和"金中和西鼎"基金等。可见，真正具有择时能力的基金经理实属凤毛麟角，绝大部分股票型私募基金经理不具有择时能力。

表 3-18　具有择时能力的股票型私募基金的自助法检验结果：2015~2019 年

编号	基金名称	γ	$t(\gamma)$	自助法 P 值	编号	基金名称	γ	$t(\gamma)$	自助法 P 值
1	雷根 6 号	0.71	3.79	0.008*	13	稳健增长（外贸）	1.30	2.52	0.130
2	鑫安 1 期	1.12	3.62	0.000*	14	细水醍醐	1.45	2.46	0.044*
3	鑫安 6 期	1.25	3.53	0.002*	15	尊嘉 ALPHA	0.45	2.46	0.048*
4	华骏海石 1 号	1.11	3.53	0.006*	16	金中和西鼎	1.71	2.45	0.058
5	中金金致 5 号	1.35	3.37	0.008*	17	一线对冲君一对冲	0.74	2.42	0.030*
6	思晔市场中性旗舰产品	0.50	3.26	0.000*	18	华宝艾方多策略对冲套利 1 期	0.48	2.31	0.022*
7	航长常春藤	1.42	3.20	0.002*	19	雷根 5 号	0.43	2.24	0.100
8	兆信 1 期	1.09	3.01	0.000*	20	金狮 154 号	0.67	2.17	0.094
9	鑫兰瑞	1.41	2.76	0.006*	21	丰岭稳健成长 1 期	0.91	2.15	0.054
10	冰剑 1 号	0.95	2.72	0.002*	22	名禹稳健增长	0.64	2.15	0.028*
11	乾元 TOT	0.32	2.70	0.072	23	金狮 161 号	1.25	2.11	0.008*
12	名禹灵越	1.02	2.68	0.016*	24	弘尚资产灵活配置	1.16	2.08	0.044*

续表

编号	基金名称	γ	t(γ)	自助法 P 值	编号	基金名称	γ	t(γ)	自助法 P 值
25	浦江之星 50 号	3.08	2.07	0.044*	34	慧安 3 号	1.01	1.83	0.134
26	衍航 1 号	0.92	2.06	0.082	35	榕树文明复兴	1.21	1.78	0.092
27	金蕴 12 期（泽升）	1.17	1.98	0.036*	36	慧安 6 号	0.99	1.78	0.148
28	得大 1 期	0.98	1.93	0.170	37	智诚 6 期	0.78	1.78	0.126
29	论德 1 期	0.85	1.92	0.004*	38	聚发(25)-保证金交易 1 号 A2	0.51	1.74	0.008*
30	银帆 6 期	0.56	1.92	0.112	39	道谊稳健	0.62	1.72	0.096
31	保证金交易 1 号	0.28	1.92	0.006*	40	清水源 1 号	1.1	1.71	0.108
32	新同方	0.64	1.88	0.138	41	普邦恒升华金 1 期	0.6	1.69	0.058
33	慧安 1 号	0.96	1.84	0.106	42	通和进取 1 号	0.84	1.67	0.120

注：* 表示自助法的 P 值小于 5%，即基金经理的择时能力不是源于运气和统计误差。

六、小结

私募基金的投资者往往面临如何在众多的基金中选择较好的基金或基金经理的难题。优秀的基金经理是如何持续创造超额收益的？本章从三个方面研究私募基金经理如何获得超额收益。首先，是他们的选股能力和择时能力；其次，我们分析了所用样本的时间范围是否会影响选股和择时能力的分析结论；最后，我们进一步研究那些有能力的基金经理的业绩是源于他们自身的能力还是偶然的运气。

我们着重对五年样本（2015~2019 年）中股票型私募基金经理的投资能力进行讨论。研究结果显示，在 485 只样本基金中，只有 120 只基金（占比 25%）的基金经理具有显著的选股能力，有 42 只基金（占比 9%）的基金经理具有显著的择时能力。经自助法检验后发现，在使用回归方法发现的 120 位具有选股能力的基金经理中，有 93 位基金经理（占 485 只基金的 19%）的选股能力源于基金经理自身的投资能力，而使用回归方法发现的 42 位具有择时能力的基金经理中，只有 23 位基金经理（占 485 只基金的 5%）的择时能力源于基金经理的能力。总体来看，2015~2019 年，在主动管理的股票型私募基金中，只有 19% 的股票型基金经理具有真正的选股能力，极少数（5%）基金经理具有真正的择时能力。我们采用同样的方法对三年样本（2017~2019 年）和七年样本（2013~2019 年）区间内的基金进行检验后得到类似的结论，不再赘述。

第四章

私募基金业绩的持续性

对投资者来说，长期获得高额的收益是其始终追求的目标，在投资时他们也会希望投资的基金持续创造较高的收益。随着我国高净值人群的日益壮大，越来越多的投资者开始选择私募证券投资基金作为管理资金的方式之一，每年年底，由财经媒体、第三方财富管理公司等机构评选出的各类私募基金奖项也因此备受关注。我们看到，“中国私募金牛奖”“中国私募基金风云榜”“私募基金英华奖”等评选榜单都已持续了数年，这些评选多以定量评估为主、定性评估为辅，常见的考察指标包括基金的收益率、风险调整后收益等，上榜的基金和基金公司往往能够吸引更多投资者的目光。那么，私募基金的历史业绩是否能够作为判断其未来业绩的标准呢？只有当基金的业绩能够持续时，私募基金的历史排名才具有参考价值。

私募基金以追求绝对收益为目标，相比公募基金，私募基金在策略、仓位控制上更为灵活，但在产品结构上通常会设置预警线和平仓线，因此私募基金经理在投资时有着更多操作空间的同时，也面临着更高的风险控制压力。除管理费外，私募基金通常会计提业绩分成，这也促使私募基金经理追求更高额的业绩报酬。此外，私募基金的业绩披露要求较低，投资者在选择私募基金时没有太多可供参考的信息，而基金的历史业绩，特别是基金的历史收益率，是一个非常直观并且相对容易获得的信息。但是，私募基金的历史业绩除了对基金过往的表现给出一个评价之外，是否能够作为投资者选择基金的依据？对这一问题的解答，有利于投资者正确评价市场上的私募基金。

Malkiel（1995）、Brown 和 Getzmann（1995）、Carhart（1997）以及 Agarwal 和 Naik（2000）等对基金业绩的持续性进行了研究。研究发现，过往业绩较好的基金一般不具有持续性，而过往业绩较差的基金未来的业绩仍旧较差的现象则更为普遍。这些研究虽然不能帮助投资者发掘出未来可以带来良好收益的基金，但从一定程度上可以避开那些未来收益可能较差的基金。在我国，也有很多学者围绕私募基金业绩的持续性展开研究。赵骄和闫光华（2011）发现，在市场单边下跌的行情下，私募基金的收益表现出较强的持续性，强者恒强，弱者则很难翻身；在单边上涨行情中，私募基金收益的持续特征不明显；而在震荡行情下，私募基金收益呈现一定的持续性。赵羲和刘文宇（2018）以股票多头策略的私募基金为研究对象，发现基金收益指标的持续性均较弱，风险指标（如波动率）的整体持续性较强，而风险调整后收益指标（如信息比率、夏普比率）的持续性要强于收益指标、弱于风险指标。

本章通过分析股票型私募基金业绩排名的稳定性，判断基金的历史业绩是否可以作为投资者投资决策的依据。我们将研究期间划分为两个阶段，即排序期（Formation Period）和检验期（Holding Period）。分别选择一年和三年这两个时间段作为排序期，检验期设为一年，跟踪基金排序期的排名在检验期是否发生了变化，分析基金的业绩是否具有持续性。具体而言，当排序期为一年时，我们检验过去一年基金业绩的排名在下一年排名的变化；当排序期为三年时，检验过去三年基金业绩的排名在下一年排名的变化。我们将私募基金二级分类中的普通股票型、股票多空型、相对价值型和事件驱动型基金定义为股票型私募基金。同时，选取在排序期和检验期都有完整的复权净值数据的基金作为分析的样本。

我们分别通过四种方法来验证股票型私募基金业绩是否具有持续性。第一部分，采用绩效二分法对股票型私募基金收益率的持续性进行检验；第二部分，利用 Spearman 相关性检验对股票型私募基金收益率排名的相关性作出分析；第三部分，将股票型私募基金的收益率按高低分为四组，通过描述统计方法对股票型私募基金收益率的持续性进行检验；第四部分，我们以考虑风险调整后收益的指标，即夏普比率作为业绩衡量指标，再次以描述统计检验的方式进行基金业绩持续性的检验。

一、收益率持续性的绩效二分法检验

美国著名学者，分别来自纽约大学和耶鲁大学的 Brown 和 Goetzmann 教授在 1995 年发表的论文中使用绩效二分法检验了基金业绩的持续性，本部分，我们将绩效二分法应用到我国基金市场，分析股票型私募基金收益率的排名能否持续。根据绩效二分法，我们在排序期和检验期将样本基金按照收益率从高到低排序，排名前 50%的基金定义为赢组（Winner），排名后 50%的基金定义为输组（Loser）。若基金在排序期和检验期均位于赢组，记为赢赢组（WW）。以此类推，根据基金在排序期和检验期的排名表现，可以把基金分成赢赢组（WW）、赢输组（WL）、输赢组（LW）和输输组（LL）四个组，具体的分组方式如表 4-1 所示。

表 4-1　　绩效二分法检验中的基金分组

检验期 排序期	赢组（Winner）	输组（Loser）
赢组（Winner）	WW	WL
输组（Loser）	LW	LL

在完成基金的分组后，我们使用交叉积比率指标（Cross-Product Ratio，CPR）检验基金收益率的持续性。具体来说，若基金业绩存在持续性，那么基金的排序应当是相对稳定的。排序期属于赢组的基金，在检验期继续留在赢组的概率将大于转入输组的概率；同理，原本为输组的基金，在未来继续留在输组的概率应大于该基金变为赢组的概率。所以，如果基金业绩存在持续性，样本中四组结果的占比就是不均匀的；反之，若基金收益率不存在持续性，则检验期输组和赢组的业绩排序在未来是随机的。那么，排序期位于输组与赢组的基金在次年位于输组和赢组的概率是均等的，也就是在检验期内，上述四种情况在全部样本基金中的比例均应为25%。由此，我们可以通过 *CPR* 这一综合了四个分组基金占比的指标，来检验基金业绩的持续性。*CPR* 指标的计算方法如下：

$$\widetilde{CPR} = \frac{N_{WW} \times N_{LL}}{N_{WL} \times N_{LW}} \tag{4.1}$$

其中，N_{WW}、N_{LL}、N_{WL}、N_{LW}分别代表属于每组基金的样本数量。当基金的业绩不存在持续性时，*CPR* 的值应该为 1，即 $\ln(\widetilde{CPR}) = 0$。我们利用假设检验的方法来判断基金业绩是否具有持续性。假设检验的原假设为：基金业绩不具有持续性，即 $\ln(\widetilde{CPR}) = 0$。我们通过构造 *Z* 统计量来检验 $\ln(\widetilde{CPR})$是否等于 0。当观测值相互独立时，Z 统计量服从标准正态分布，即：

$$\tilde{Z} = \frac{\ln(\widetilde{CPR})}{\sigma_{\ln(\widetilde{CPR})}} \to Norm(0,1) \tag{4.2}$$

其中，$\sigma_{\ln(CPR)}$为 $\ln(\widetilde{CPR})$ 的标准差，当 $\ln(\widetilde{CPR})$ 服从正态分布时，标准差为：

$$\sigma_{\ln(\widetilde{CPR})} = \sqrt{1/N_{WW} + 1/N_{WL} + 1/N_{LW} + 1/N_{LL}} \tag{4.3}$$

如果 Z 统计量显著大于 0，则对应的 *CPR* 指标显著大于 1，表明基金的收益率具有持续性；反之，如果 Z 统计量显著小于 0，则对应的 *CPR* 指标显著小于 1，表明基金的收益排名在检验期出现了反转；若 Z 统计量和 0 相差不大，那么对应的 *CPR* 指标接近于 1，此时可以推断，检验期中四组基金数量大致相等，也就是说，这段时期基金收益率排名是随机的，和排序期的排名没有显著的联系，业绩不具有持续性。通过上述方法，我们能够对私募基金的业绩持续性作出判断。

排序期和检验期均为一年的绩效二分法检验结果在图4-1和表4-2中进行了展示。在这个检验中，我们最关心的问题是：在过去一年收益率较高的私募基金，在未来的收益率是否仍旧较高？同时，在过去收益率较低的基金，在未来是否还会表现较差？如果这两个问题的答案是肯定的，那么参考历史收益排名挑选股票型私募基金具有一定的意义。由于我们重点关注基金在排序期和检验期能否维持同样水平的业绩，因此下面赢赢组（WW）和输输组（LL）的结果是主要的讨论对象。如果一只基金在检验期的业绩没有规律，那么它属于四个组别的任意一组的概率为25%。

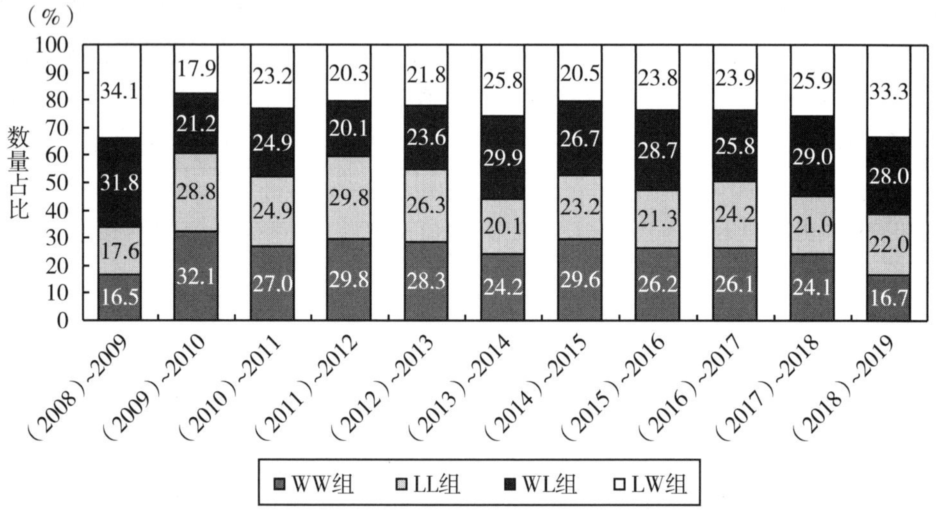

图4-1 股票型私募基金业绩持续性的绩效二分法检验各组比例
（排序期为一年）：2008~2019年

注：横坐标括号内的年份表示排序期，括号外的年份表示检验期。

图4-1分别用四种图案表示不同时期内赢赢组（WW）、赢输组（WL）、输赢组（LW）和输输组（LL）四个组的比例。整体而言，在11组结果中，绝大多数情况下每一个组别变化的概率接近25%，与基金业绩随机变化的结果相似，即以一年为排序期和检验期时，私募基金的业绩不具有持续性。此外，我们还观察到，排序期为2011年、检验期为2012年时基金在WW组和LL组的数量占比均为29.8%，说明排序期属于赢组的基金在检验期有29.8%的基金仍位于赢组；排序期为2018年、检验期为2019年时基金在WW组和LL组的基金数量占比分别为16.7%和22.0%，说明排序期属于赢组的基金在检验期只有16.7%的基金仍属于赢组。其他年份中基金在排序期和检验期的分布较为随机。为了检验这些比例是否显著高于或低于随机分布下的25%，我们对不同时间区间内私募基金所属组别分布的显著性进行了检验。

表 4-2 展示了股票型私募基金在排序期和检验期的组别分布，以及 *CPR* 等统计指标的具体信息。11 次检验中，在 5%的显著性水平下，只有 3 组结果的 *CPR* 值是显著大于 1 的，表明在大多数样本期中，私募基金的业绩并没有表现出明显的持续性。此外，我们还注意到，（2008）~2009 年间 Z 检验 P 值为 0.004，小于 0.05，*CPR* 指标为 0.27，显著小于 1。这一结果表明私募基金的收益率在 2008~2009 年间出现了反转，即 2008 年收益率较高的私募基金在 2009 年的收益率反而较低，而 2008 年收益率偏低的基金在 2009 年的收益率排名有所提升。类似的，（2013）~2014 年、（2017）~2018 年和最新一个样本期（2018）~2019 年，基金业绩同样呈现反转的现象。2018 年，在中美贸易摩擦、金融去杠杆的大背景下，我国股票市场自开年起震荡下跌，上证综指全年累计跌幅达 24.6%，创近十年来年度最大跌幅。进入 2019 年，股票市场开始回暖，电子、食品饮料、家用电器等行业板块的涨幅超过 50%，以此类股票为重仓股的基金业绩能够在 2019 年实现扭转。综合图 4-1 和表 4-2 结果我们可以判断，当排序期为一年、检验期为一年时，私募基金的收益率没有持续性，对投资者来说不具有参考意义。

表 4-2　股票型私募基金业绩持续性的绩效二分法检验（排序期为一年）：2008~2019 年

（排序期）~检验期	*CPR*	Z 统计量	P 值	WW 组比例（%）	LL 组比例（%）	WL 组比例（%）	LW 组比例（%）
（2008）~2009	0.27	−2.87	0.004	16.5	17.6	31.8	34.1
（2009）~2010	2.44*	2.71	0.007	32.1	28.8	21.2	17.9
（2010）~2011	1.16	0.65	0.519	27.0	24.9	24.9	23.2
（2011）~2012	2.19*	4.39	<0.001	29.8	29.8	20.1	20.3
（2012）~2013	1.45*	2.49	0.013	28.3	26.3	23.6	21.8
（2013）~2014	0.63	−3.12	0.002	24.2	20.1	29.9	25.8
（2014）~2015	1.26	1.64	0.102	29.6	23.2	26.7	20.5
（2015）~2016	0.82	−1.63	0.104	26.2	21.3	28.7	23.8
（2016）~2017	1.03	0.33	0.741	26.1	24.2	25.8	23.9
（2017）~2018	0.68	−5.16	<0.001	24.1	21.0	29.0	25.9
（2018）~2019	0.39	−10.70	<0.001	16.7	22.0	28.0	33.3

注：* 表示在排序期和检验期，基金的业绩在 5%的显著性水平下具有持续性。

由于以一年作为排序期时间较短，且一年期的基金业绩并不稳定，接下来我们以三年作为排序期、一年作为检验期，重新对股票型私募基金进行绩效二分法检验，结果展示在图 4-2 和表 4-3 中。从图 4-2 可见，在大多数样本期内，属于 WW 组和 LL 组基金数量占比接近随机分布下的 25%。结合表 4-3，我们发现在 9 个样本期中，有 6 个样本期的 *CPR* 指标不显著或显著小于 1，有 3 个样本期的 *CPR* 指标显著大于 1。

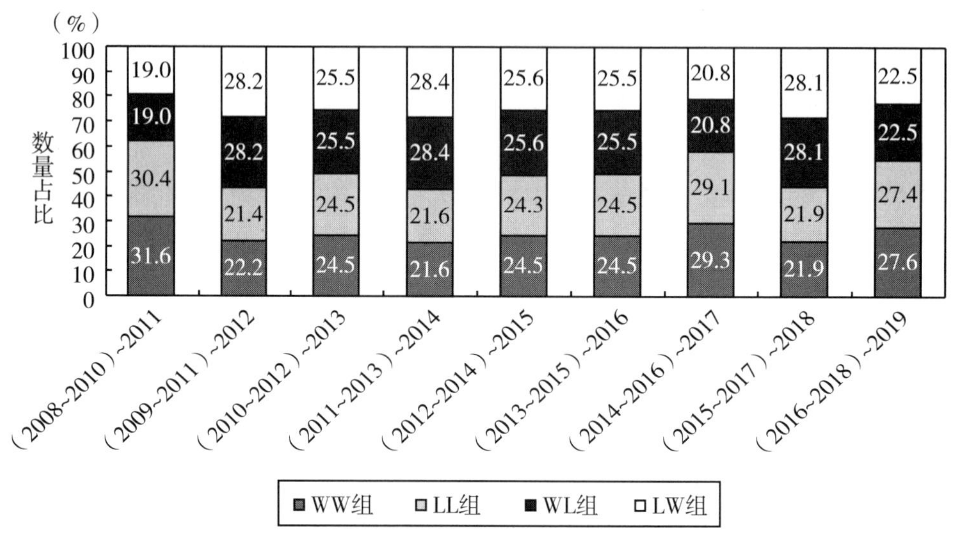

图 4-2 股票型私募基金业绩持续性的绩效二分法检验各组比例（排序期为三年）：2008~2019 年

注：横坐标所示为时间周期；括号内的年份表示排序期，括号外的年份表示检验期。

表 4-3 股票型私募基金业绩持续性的绩效二分法检验（排序期为三年）：2008~2019 年

(排序期)~检验期	*CPR*	Z 统计量	P 值	WW 组比例(%)	LL 组比例(%)	WL 组比例(%)	LW 组比例(%)
(2008~2010)~2011	2.67*	2.12	0.034	31.6	30.4	19.0	19.0
(2009~2011)~2012	0.60	-1.38	0.166	22.2	21.4	28.2	28.2
(2010~2012)~2013	0.93	-0.27	0.787	24.5	24.5	25.5	25.5
(2011~2013)~2014	0.58	-2.74	0.006	21.6	21.6	28.4	28.4
(2012~2014)~2015	0.91	-0.50	0.620	24.5	24.3	25.6	25.6
(2013~2015)~2016	0.93	-0.38	0.703	24.5	24.5	25.5	25.5
(2014~2016)~2017	1.96*	3.66	<0.001	29.3	29.1	20.8	20.8
(2015~2017)~2018	0.61	-2.97	0.003	21.9	21.9	28.1	28.1
(2016~2018)~2019	1.49*	2.91	0.004	27.6	27.4	22.5	22.5

注：* 表示在排序期和检验期，基金的业绩在 5%的显著性水平下具有持续性。

具体来看，在（2008~2010）~2011年期间，排序期为2008~2010年、检验期为2011年，WW组和LL组基金占比分别为31.6%和30.4%，*CPR*值为2.67，绩效二分法检验P值为0.034，小于5%的显著性风险水平，呈正显著，这说明在2008~2010年期间业绩较好的基金在2011年的收益排名同样较高，而2008~2010年期间表现较差的基金在2011年收益率的排名也相对靠后。在（2014~2016）~2017年期间，P值为0.022，小于0.05，*CPR*指标为1.73，大于1，说明在此期间私募基金的收益率具有持续性。（2015~2017）~2018年期间，P值为0.003，小于0.05，但*CPR*指标为0.61，小于1，意味着这段时间内私募基金的收益率出现了反转，即2015~2017年收益率属于赢组的基金，在2018年被列入了输组。最新一个样本期（2016~2018）~2019年期间，在5%的显著性水平下，*CPR*指标显著大于1，属于WW组和LL组的基金占比分别为27.6%和27.4%，说明2016~2018年收益排名前50%的基金中有27.6%的基金能够在2019年继续排名前50%，略高于25%。综合来看，当我们将排序期定为三年、检验期定为一年时，股票型私募基金的业绩总体上仍没有明显的持续性。

根据对绩效二分法检验结果的分析，我们发现，无论是选择一年还是三年作为排序期，股票型私募基金在下一年的业绩并不具有显著的持续性。也就是说，投资者根据过往的业绩排名选择基金，无法保证在未来获得同样的收益。

二、收益率持续性的Spearman相关性检验

在绩效二分法检验中，我们根据基金收益的高低进行排序并划分为两组，检验不同组别基金的业绩是否具有持续性。然而，这种方法在一定程度上忽略了排序时处于中部的基金组别的变化情况。接下来，我们采用更为细致的Spearman相关系数检验方法，继续对股票型私募基金收益率排名是否具有持续性这一命题进行讨论。

Spearman相关系数检验是最早用于检验基金业绩表现持续性的方法之一。在检验中，Spearman相关系数对原始变量的分布不作要求，是衡量两个变量的相互关联性的非参数指标，它利用单调方程评价两个统计变量的相关性。当样本的分布不服从正态分布、总体分布类型未知或为有序数据时，使用Spearman相关系数较为有效。Spearman相关系数的绝对值越大，说明两个变量间的相关性越强。当两个变量完全相关时，Spearman相关系数的数值则为1或-1。Spearman相关系数的取值在-1到1之间。

Spearman相关性检验的步骤为：

第一步：定义排序期为一年或三年，计算排序期内样本基金的收益率排名。

第二步：定义检验期为排序期的下一年，追踪检验期内样本基金的收益率排名。

第三步：计算基金在排序期的排名与在检验期的排名之间的Spearman相关系数。以排序期和检验期都为一年为例，Spearman相关性检验统计量为：

$$\rho_t = 1 - \frac{6\sum_{i=1}^{n_t} d_{i,t}^2}{n_t(n_t^2 - 1)} \tag{4.4}$$

其中，$d_{i,t}=r_{i,t-1}-r_{i,t}$，$r_{i,t-1}$和$r_{i,t}$分别为基金$i$在第$t-1$年和第$t$年的收益率排序，$n_t$为第$t$年的基金数量。由于我们观察的是私募基金收益率的变化情况，因此只有当基金在排序期和检验期都有完整的复权净值时才纳入样本。如果Spearman相关系数显著大于0，表明基金的排名具有持续性，反之则表明基金的排名具有反转性；如果相关系数接近于0，则表明基金收益率的排名在排序期和检验期并没有显著的相关性。

第四步：逐年滚动检验基金排序期与检验期收益率排名的Spearman相关系数。

表4-4展示了2008~2019年，排序期和检验期均为一年的股票型私募基金业绩持续性的Spearman相关系数检验的结果。在这里，我们要求在每个排序期和其对应的检验期中都有相同的基金。投资者最关心的问题是，如果投资于过去收益率较高的基金，是否会在未来获得较高的收益？因此，我们检验股票型私募基金在排序期的排名和在检验期的收益率排名是否相关。如果相关，则表明排序期排名较高的基金在检验期同样会获得较高的排名。这样投资者只要投资过去收益率较高的基金，在未来就会同样获得较高的收益。在5%的显著性水平下，11次检验中，只有3个样本期中的Spearman相关系数为正且显著，所以就整体而言，私募基金的收益率没有持续性。这3个私募基金业绩具有持续性的样本期分别为（2009）~2010年、（2011）~2012年和（2016）~2017年。2011年，沪深300指数下挫19%，不少机构投资者和个人投资者在惨淡的行情下损失惨重。2012年，我国股票市场一路震荡，一年来上涨和下跌的行情此起彼伏。相比较而言，2012年地产、金融板块表现抢眼，而家用电器、医药生物等消费板块则相对低迷。检验结果显示，2011年收益率较高的私募基金在2012年收益率也仍然较高，这是因为2010年股指期货和融资融券推出后，采用对冲策略的私募基金能够通过对冲工具减小股票市场的波动，以持续性地获得正收益；2011年收益率偏低的私募基金在2012年业绩仍然不佳，原因则在于A股市场在2011年表现疲软，且在2012年间也存在阴跌行情，如果没能把握好股票买卖的时机则会造成净值接连下跌。

表 4-4　　股票型私募基金业绩持续性的 Spearman 相关性检验（排序期为一年）：2008~2019 年

（排序期）~检验期	Spearman 相关系数	T 检验 P 值
（2008）~2009	-0.436	<0.001
（2009）~2010	0.216*	0.007
（2010）~2011	-0.039	0.513
（2011）~2012	0.261*	<0.001
（2012）~2013	0.035	0.351
（2013）~2014	-0.109	0.003
（2014）~2015	-0.008	0.815
（2015）~2016	-0.027	0.383
（2016）~2017	0.066*	0.001
（2017）~2018	-0.037	0.050
（2018）~2019	-0.181	<0.001

注：* 表示在排序期和检验期，基金的业绩在 5%的显著性水平下具有持续性。

同时，我们也发现一些样本期内基金的业绩出现了反转现象，即 Spearman 相关系数为负显著，如（2008）~2009 年、（2013）~2014 年和（2018）~2019 年。这表明，在这三个时间段内排序期排名较高（或较低）的基金在下一年的检验期排名反而较低（或较高）。2008 年，受全球金融危机影响，我国股票市场全线下跌，沪深 300 指数由年初的 5 338 点一度跌落至 1 607 点。直至 2008 年的 11 月，“四万亿”经济刺激计划的推出才使得股票市场有所回暖。2009 年，沪深 300 指数在小幅震荡中持续上涨，回归至 3576 点。受市场行情影响，私募基金在 2008 年很难取得良好的收益，但 2009 年的上涨行情则给了很多机构赚取收益的机会，所以 2008 年收益不佳的基金可以在 2009 年获得较好的表现。而一些在熊市业绩较佳的私募基金面对 2009 年市场的突然转换，没有及时调整策略以应对牛市的到来，也就是说，私募基金的业绩在 2008 年和 2009 年发生了反转。在最新一个样本期（2018）~2019 年，T 检验 P 值小于 0.05，Spearman 相关系数为-18.1%，表明私募基金的业绩出现了反转。2018~2019 年，股票市场从熊市转为牛市，持有电子、食品饮料等涨幅较大行业板块股票的私募基金业绩能够实现大幅扭转，在 2019 年获得高额收益。综合不同样本期的检验结果，我们认为以一年为排序期和检验期，股票型私募基金的收益率排名并没有明显的持续性。

由于以一年为排序期时间相对较短，且基金一年的业绩波动性相对较高，下面，我们以三年为排序期、一年为检验期，考察私募基金在前三年的收益率排名是否与下一年的收益率排名显著相关，表 4-5 展示了 Spearman 相关性检验结果。我们发现，9 次检验中，在 5%的显著性水平下，有 6 次检验显示私募基金前三年的收益与下一年的收益没有显著的正相关关系，只有 3 次检验的 Spearman 相关系数是正显著的，样本期为（2008～2010）～2011 年、（2014～2016）～2017 年和（2016～2018）～2019 年。在最新一个样本期（2016～2018）～2019 年，T 检验 P 值小于 0.05，Spearman 相关系数为 17.1%，表明 2016～2018 年收益排名靠前的私募基金在 2019 年延续了其较好的业绩。整体来看，在大多数样本期，基金排序期和检验期的收益率并不是显著正相关的，由此，我们认为，以三年为排序期，股票型私募基金的业绩不具有持续性。这一结论与绩效二分法检验的结果保持一致。

综合不同排序期和检验期的相关性检验结果，我们发现无论排序期是一年还是三年，股票型私募基金的收益率在下一年都不具有确定的持续性。尽管在个别时间段内基金的业绩表现出持续的特征，但持续性的相关系数都较低。换言之，在过去一年或过去三年里投资收益率排名靠前的基金，在下一年里的收益率排名并不一定靠前，投资者如果根据基金的过往收益去判断其在未来一年的业绩水平，往往会导致投资失败。

表 4-5　股票型私募基金业绩持续性的 Spearman 相关性检验（排序期为三年）：2008～2019 年

（排序期）～检验期	Spearman 相关系数	T 检验 P 值
（2008～2010）～2011	0.279*	0.013
（2009～2011）～2012	-0.161	0.083
（2010～2012）～2013	0.015	0.827
（2011～2013）～2014	-0.083	0.092
（2012～2014）～2015	0.029	0.526
（2013～2015）～2016	-0.080	0.094
（2014～2016）～2017	0.148*	0.001
（2015～2017）～2018	-0.079	0.058
（2016～2018）～2019	0.171*	<0.001

注：* 表示在排序期和检验期，基金的业绩在 5%的显著性水平下具有持续性。

三、收益率持续性的描述统计检验

前面，我们分别采用绩效二分法和 Spearman 相关系数的方法检验了私募基金的收益率是否具有持续性。本部分，我们将采用描述统计的方法来分析股票型私募基金的收益率是否具有持续性，这种方法相对而言更加直观。

与前面一样，我们选取一年和三年作为排序期，检验期设置为一年。首先，在排序期，根据收益率进行排序，从高至低将基金分为 4 组，将第 1 组定义为收益率最高的组（收益率排名在前 25%），以此类推，第 4 组定义为收益率最低的组（收益率排名在后 25%）。然后，我们观察每组基金在检验期的分组情况。如果基金的收益率具有持续性，那么在排序期属于第 1 组的基金，在检验期应该也有很高的比例属于第 1 组。反之，如果基金的收益率不具有持续性，则无论基金在排序期中处于什么组别，在检验期中的排名都应该是随机分布的，也就是说，排序期处于第 1 组的基金，检验期处于各组的比例应为 25%。由于本章讨论的重点是私募基金的收益率是否具有持续性，在这里我们主要关注基金在排序期和检验期所属组别的延续情况。

2008~2019 年期间，通过计算，我们得出 11 个在排序期收益率属于第 1 组的基金在检验期也属于第 1 组的比例，再计算这 11 个比例的平均值，可以获得 2008~2019 年收益率在排序期和检验期均属于第 1 组比例的均值。图 4-3 为一年排序期内属于第 1 组、第 2 组、第 3 组和第 4 组的基金在下一年检验期所属各组的比例。从图 4-3 可见，排序期属于收益率最高的第 1 组的基金在检验期有 29.9%的基金仍属于第 1 组，略高于随机分布下对应的 25%；排序期属于收益率最低的第 4 组的基金在检验期有 23.7%的基金仍属于第 4 组，略低于 25%。

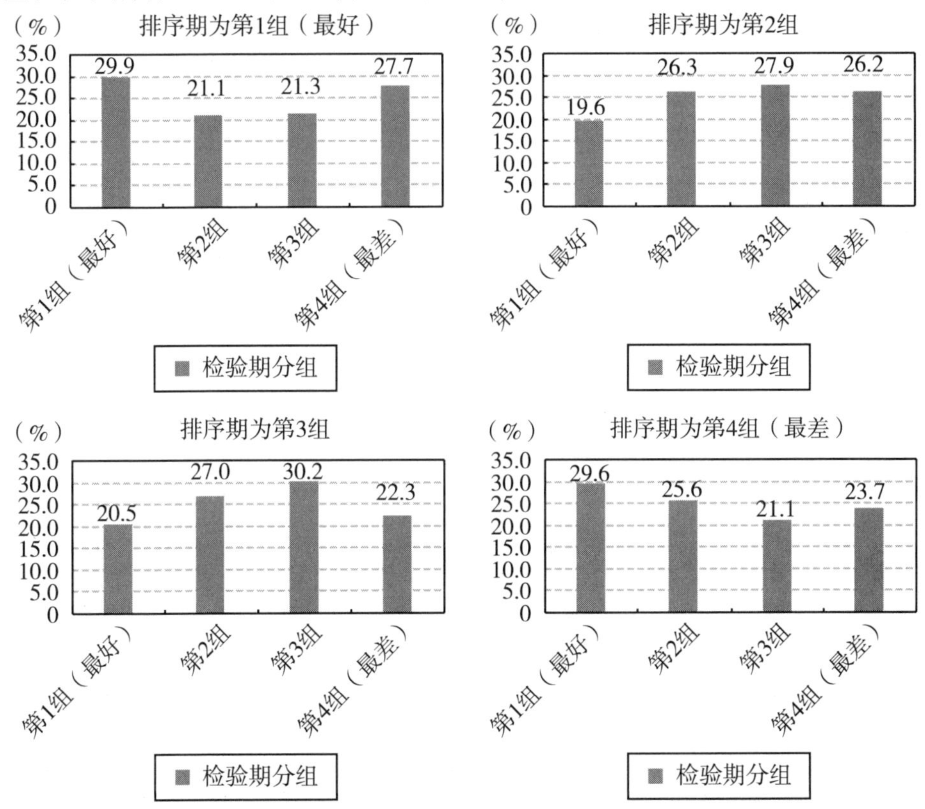

图 4-3　股票型私募基金业绩在检验期组别变化的分布（排序期为一年）：2008~2019 年

根据图 4-3 我们可知基金排序期组别在检验期的变化情况，为了考察排序期内的各组基金在检验期内留在同一组别的概率是否显著区别于 25%，我们又对 2008~2019 年间排序期和检验期组别变化情况进行了 T 检验，具体如表 4-6 所示。结果显示，在 5%的显著性水平下，只有排序期处于第 3 组的基金，在检验期仍处于第 3 组的占比结果通过了 T 检验，P 值为 0.008。而我们特别关注的排序期和检验期都处于收益率最高的第 1 组或是收益率最低的第 4 组的基金占比，其 T 检验的 P 值分别为 0.189 和 0.638，均大于 0.05，未能通过显著性检验。这说明，尽管在排序期属于最好的第 1 组的基金，它们在下一年仍然属于最好的第 1 组的基金的概率与随机分布下对应的概率（25%）没有显著区别。因此，通过分析我们认为，无论私募基金在一年期的排序期内收益率如何，在检验期中基本随机地分布于 4 个组别，即股票型私募基金的收益率不具有持续性。

表 4-6　股票型私募基金业绩在检验期组别变化的 T 检验（排序期为一年）：2008~2019 年

排序期组别	检验期组别	平均百分比（%）	t 值	T 检验 P 值
1（最好基金组）	1	29.9	1.41	0.189
	2	21.1	-1.85	0.095
	3	21.3	-1.45	0.178
	4	27.7	1.01	0.336
2	1	19.6	-4.82	0.001
	2	26.3	0.80	0.440
	3	27.9	2.06	0.066
	4	26.2	0.59	0.567
3	1	20.5	-1.99	0.075
	2	27.0	1.65	0.129
	3	30.2	3.29	0.008
	4	22.3	-1.93	0.083
4（最差基金组）	1	29.6	1.99	0.074
	2	25.6	0.27	0.794
	3	21.1	-3.04	0.013
	4	23.7	-0.49	0.638

注：* 表示在排序期和检验期，基金的业绩在 5%的显著性水平下具有持续性。

接下来，我们分别选出 2008~2019 年间排序期收益率位于前 5%和后 5%的基金与它们在检验期的排名进行对比，进一步分析收益突出和垫底的基金的业绩能否持续。表 4-7 展示了在排序期属于前 5%的基金在检验期仍排名前 5%的基金数量及占比统计，平均有 10.1%的基金的收益率能够在排序期和检验期都排名前 5%。具体来看，只有（2013）~2014 年检验期和排序期都排名前 5%的基金占比超过了 20%，其他时间段内只有很少比例的私募基金能够在检验期持续性获取较好的收益。在最新一个样本期（2018）~2019 年中，排序期中 111 只排名前 5%的基金，在检验期只有 7 只仍然排名前 5%，占比 6.3%。我们认为，排序期排名为前 5%的基金在检验期的收益排名变动较大，过去一年业绩最优秀的私募基金的业绩没有显著的持续性。

在附录三中，我们具体汇报了 2014~2019 年间，排序期为一年时，收益率在排序期位于前 5%的基金在检验期的排名，并用★标记出检验期中仍处在前 5%的基金。此外，在附录五中展示了当排序期为一年时，在排序期和检验期分别排名前 5%的基金名单及收益率，同样用★标注出排序期和检验期都位于前 5%的基金，以便读者参考。

表 4-7　收益率前 5%的股票型私募基金在检验期仍属于前 5%的数量占比（排序期为一年）：2008~2019 年

排序期	检验期	排序期中前 5%的基金数量（只）	检验期中仍处于前 5%的基金数量（只）	检验期中仍处于前 5%的基金占比（%）
2008	2009	3	0	0.0
2009	2010	6	0	0.0
2010	2011	10	1	10.0
2011	2012	19	3	15.8
2012	2013	26	2	7.7
2013	2014	26	6	23.1
2014	2015	27	5	18.5
2015	2016	39	6	15.4
2016	2017	117	10	8.5
2017	2018	142	8	5.6
2018	2019	111	7	6.3
平均值				**10.1**

表4-8展现的是排序期为一年时收益率排名在后5%的股票型私募基金在检验期仍排名后5%的数量和占比。从表4-8可见，与收益率排名前5%的基金相比，每年收益率保持排名后5%的基金的比例有所提高，平均在15.0%左右，但整体占比仍不高。其中，6个样本期内检验期仍属于后5%的基金占比小于10%，同时，有5个样本期基金仍排在后5%的基金占比超过了20%，相对较高。在最新一个样本期（2018）~2019年，111只在排序期排名后5%的基金中有33只基金在检验期依旧排名后5%，占比近30%。综合多个样本期的检验结果来看，排序期和检验期均位于后5%的基金比例仍然不高，投资者无法根据过去一年收益率排名后5%的基金判断其在下一年的排名。

表4-8　收益率后5%的股票型私募基金在检验期仍属于后5%的数量占比（排序期为一年）：2008~2019年

排序期	检验期	排序期中后5%的基金数量（只）	检验期中仍处于后5%的基金数量（只）	检验期中仍处于后5%的基金占比（%）
2008	2009	3	1	33.3
2009	2010	6	0	0.0
2010	2011	10	0	0.0
2011	2012	19	6	31.6
2012	2013	26	2	7.7
2013	2014	26	2	7.7
2014	2015	27	2	7.4
2015	2016	39	2	5.1
2016	2017	117	25	21.4
2017	2018	142	30	21.1
2018	2019	111	33	29.7
平均值		—	—	**15.0**

我们将排序期延长至三年，继续检验股票型私募基金业绩的持续性。通过滚动计算，能够得出9个在排序期属于第1组的基金在检验期也属于第1组的比例，再计算这9个比例的平均值，可以获得2008~2019年排序期和检验期内基金收益率都属于第1组比例的均值。图4-4展示了2008~2019年，在三年的排序期中属于第1组、第2组、第3组和第4组的基金在下一年所属各组的比例。可以发现，排序期属于第1组的基金中，有30.1%的基金在检验期仍然属于第1组，高于随机分布下对应的25%；而排序期属于第4组的基金只有23.0%的基金在检验期中仍然

属于第 4 组，略低于随机分布下对应的 25%。接下来，我们采用 T 检验，进一步检查了这两个比例是否在统计上显著区别于 25%。

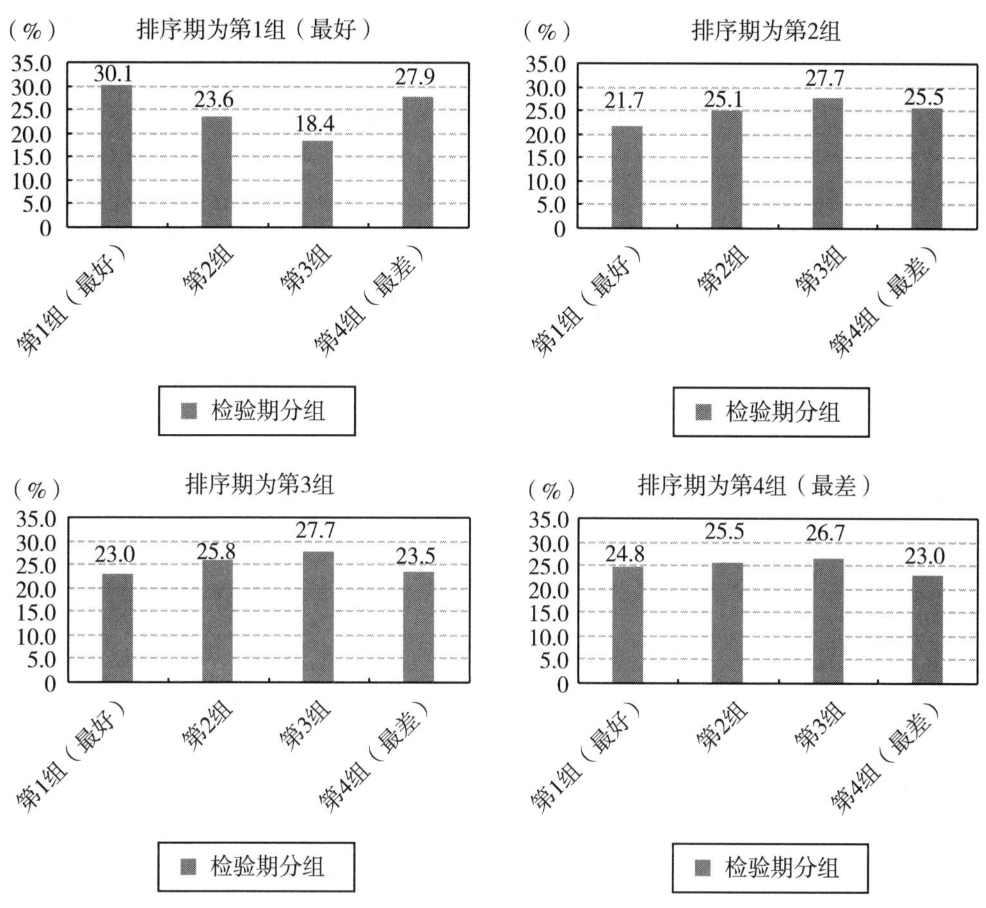

图 4-4　股票型私募基金业绩在检验期组别变化的分布
（排序期为三年）：2008~2019 年

表 4-9 中的检验结果显示，排序期和检验期都属于第 1 组基金的 T 检验 P 值为 0. 161，排序期和检验期都属于第 4 组基金的 T 检验 P 值为 0. 343，在 5%的显著性水平下，上述检验中没有一组结果是显著的，P 值均大于 0. 05。也就是说，无论基金在排序期属于哪个组别，其在检验期组别的分布都是随机的。因此，我们可以得出结论，排序期为三年时，私募基金的收益仍然没有显著的持续性，投资者无法根据股票型私募基金过去三年的收益率排名来判断其未来一年收益率的高低。

表 4-9　　股票型私募基金业绩在检验期组别变化的 T 检验（排序期为三年）：2008~2019 年

排序期组别	检验期组别	平均百分比（%）	t 值	T 检验 P 值
1（最优基金组）	1	30.1	1.54	0.161
	2	23.6	-0.63	0.546
	3	18.4	-7.72	<0.001
	4	27.9	0.94	0.377
2	1	21.7	-1.29	0.233
	2	25.1	0.02	0.984
	3	27.7	1.08	0.312
	4	25.5	0.25	0.810
3	1	23.0	-1.17	0.276
	2	25.8	0.28	0.785
	3	27.7	1.39	0.202
	4	23.5	-0.56	0.594
4（最差基金组）	1	24.8	-0.09	0.927
	2	25.5	0.20	0.849
	3	26.7	0.59	0.570
	4	23.0	-1.01	0.343

注：* 表示在排序期和检验期，基金的业绩在 5%的显著性水平下具有持续性。

通过上述检验，我们发现收益率排名在前 25%与后 25%的股票型私募基金不具有持续性，那么，当这两个比例缩小至 5%时，这个结论是否仍旧成立？表 4-10 展示了在排序期属于前 5%的基金在检验期仍排名前 5%的基金数量及占比统计。我们发现，过去三年收益率排名前 5%的基金在下一年仍属于前 5%的基金占比为 13.2%，整体占比不高。而在（2009~2011）~2012 年、（2010~2012）~2013 年、（2014~2016）~2017 年和（2015~2017）~2018 年，没有一只过去三年排名靠前的基金在下一年延续了其优秀的业绩。其他样本期中，检验期仍排名前 5%的基金占比的随机性也较强。在最新一个样本期（2016~2018）~2019 年，仅有 7.1%的基金能够在检验期仍然排名前 5%。因此，收益排名靠前的基金在检验期很难继续维持其之前的收益水平，收益率排名最高的基金的业绩不具有持续性。

附录四和附录六具体展示了以三年为排序期时，2014~2019 年间排序期排名前 5%的基金在检验期的排名，以及排序期和检验期分别位于前 5%的基金对比，并用★标记出在两个期间内都处于前 5%位置的基金，供读者参考。

表 4-10　　收益率前 5%的股票型私募基金在检验期仍属于前 5%的数量占比（排序期为三年）：2008~2019 年

排序期	检验期	排序期中前 5%的基金数量（只）	检验期中仍处于前 5%的基金数量（只）	检验期中仍处于前 5%的基金占比（%）
2008~2010	2011	3	1	33.3
2009~2011	2012	4	0	0.0
2010~2012	2013	7	0	0.0
2011~2013	2014	14	3	21.4
2012~2014	2015	15	6	40.0
2013~2015	2016	12	2	16.7
2014~2016	2017	14	0	0.0
2015~2017	2018	21	0	0.0
2016~2018	2019	42	3	7.1
平均值		—	—	**13.2**

类似地，我们对排序期为三年时，收益率排名后 5%的基金进行业绩持续性的检验。从表 4-11 可以看出，平均有 11.8%的基金在排序期和检验期都排在后 5%。具体来看，有 3 个样本期内没有一只基金在检验期继续处于末位，仅有 2 个样本期中的基金占比超过了 20%。在最新一个样本期（2016~2018）~2019 年，42 只基金中，有 11 只在检验期继续排名垫底。总体而言，2008~2019 年，基金业绩持续排名最差（后 5%）的基金中，能够在检验期延续其业绩的基金占比仍旧较低，因此收益率排名处于末位的股票型私募基金的业绩同样不具有持续性。

表 4-11　　收益率后 5%的股票型私募基金在检验期仍属于后 5%的数量占比（排序期为三年）：2008~2019 年

排序期	检验期	排序期中后 5%的基金数量（只）	检验期中仍处于后 5%的基金数量（只）	检验期中仍处于后 5%的基金占比（%）
2008~2010	2011	3	1	33.3
2009~2011	2012	4	0	0.0
2010~2012	2013	7	0	0.0
2011~2013	2014	14	2	14.3
2012~2014	2015	15	0	0.0
2013~2015	2016	12	1	8.3
2014~2016	2017	14	2	14.3
2015~2017	2018	21	2	9.5
2016~2018	2019	42	11	26.2
平均值		—	—	**11.8**

至此，我们选择了投资者最易获得的收益率作为衡量指标，分别通过绩效二分法、Spearman 相关性检验以及描述统计检验的方法对私募基金的收益率是否具有持续性进行了检验，结果显示，不论排序期是一年还是三年，且不论是以 25%还是 5%为区间对基金的排名进行划分，私募基金在过去一段时间的收益均没有在未来表现出持续性。鉴于风险调整后的业绩指标——夏普比率与收益率相比综合考虑了基金的收益和风险，更能真实反映基金的业绩，下面，我们以夏普比率作为衡量指标，继续采用描述统计检验的方法，围绕基金业绩的持续性展开讨论。

四、夏普比率持续性的描述统计检验

对于夏普比率持续性的描述统计检验，我们同样选取一年和三年作为排序期，一年为检验期。当排序期为一年时，可以计算得出 11 个在排序期夏普比率属于第 1 组的基金在检验期也属于第 1 组的比例，再计算这 11 个比例的平均值，可以获得 2008~2019 年排序期和检验期夏普比率均属于第 1 组比例的均值。表 4-12 展示了排序期夏普比率属于第 1 组、第 2 组、第 3 组和第 4 组的基金在检验期所属各组的比例以及 T 检验 P 值。在这里，我们重点关注的是基金在检验期是否能够延续其在排序期的组别。

表 4-12　股票型私募基金夏普比率在检验期组别变化的 T 检验（排序期为一年）：2008~2019 年

排序期组别	检验期组别	平均百分比（%）	t 值	T 检验 P 值
1（最优基金组）	1	29.7*	2.84	0.018
	2	28.5	3.14	0.010
	3	22.1	-1.46	0.175
	4	19.7	-3.10	0.013
2	1	23.9	-0.83	0.425
	2	24.5	-0.26	0.799
	3	27.1	1.36	0.204
	4	24.5	-0.24	0.814
3	1	24.3	-0.38	0.714
	2	25.4	0.27	0.795
	3	25.5	0.48	0.639
	4	24.8	-0.15	0.880
4（最差基金组）	1	21.8	-1.30	0.224
	2	22.0	-1.89	0.089
	3	24.8	-0.12	0.906
	4	31.4*	4.18	0.002

注：*表示在排序期和检验期，基金的业绩在 5%的显著性水平下具有持续性。

从表 4-12 可见，排序期夏普比率属于第 1 组的基金在检验期有 29.7%的基金继续留在第 1 组，T 检验 P 值为 0.018，小于 0.05，显著大于随机分布下对应的 25%，说明过去一年夏普比率排在前 25%的基金中有近 30%的基金在未来一年仍然排名靠前。此外，排序期夏普比率属于第 4 组的基金在检验期有 31.4%的基金继续留在了第 4 组，其 T 检验 P 值为 0.002，显著大于 25%。因此我们判断，过去一年夏普比率排名靠前和排名靠后的私募基金在下一年有较大概率延续其排名水平，投资者在购买基金时，能够以此为依据去选择或规避特定的基金。

通过上述检验，我们发现过去一年夏普比率排名前 25%的基金在下一年具有一定的持续性，那么过去一年夏普比率排名前 5%的基金是否也能够持续呢？表 4-13 展示了排序期为一年时，夏普比率排名前 5%的基金在下一年仍然排名前 5%的基金数量和占比，平均有 12.2%的基金能够在检验期继续排到前 5%的位置。其中，在（2008）~2009 年、（2009）~2010 年和（2010）~2011 年期间，没有一只基金的夏普比率能够在检验期继续保留在前 5%的位置。其他 8 个样本期内，有 3 个样本期的基金占比超过了 20%。最新一个样本期（2018）~2019 年，有 23.2%的基金在检验期继续排名垫底。总体而言，当检验范围缩小至前 5%时，夏普比率排名领先的私募基金不一定能在下一年持续稳定地获得高夏普比率。附录七具体展示了以一年为排序期时，2014~2019 年夏普比率位于前 5%的私募基金在检验期的排名，并用★标记出在检验期夏普比率仍处在前 5%的基金，供读者参阅。

表 4-13　夏普比率前 5%的股票型私募基金在检验期仍属于前 5%的数量占比（排序期为一年）：2008~2019 年

排序期	检验期	排序期中前 5%的基金数量（只）	检验期中仍处于前 5%的基金数量（只）	检验期中仍处于前 5%的基金占比（%）
2008	2009	3	0	0.0
2009	2010	6	0	0.0
2010	2011	11	0	0.0
2011	2012	19	3	15.8
2012	2013	26	1	3.8
2013	2014	26	7	26.9
2014	2015	27	6	22.2
2015	2016	40	7	17.5
2016	2017	118	18	15.3
2017	2018	143	14	9.8
2018	2019	112	26	23.2
平均值		—	—	**12.2**

表 4-14 展示了排序期为一年时，夏普比率位于后 5%的基金在检验期中仍处于后 5%的基金比例。据表 4-14 可知，11 次检验中，平均有 15.9%的基金在排序期和检验期都排名后 5%，这一比例并不高，所以夏普比率垫底的基金业绩并没有显示出持续性。最新一个样本期（2018）~2019 年，有 13.4%的基金的夏普比率继续在检验期排名垫底。从前述检验中我们发现，当以 25%为区间对私募基金的夏普比率进行划分时，夏普比率属于最低的第 4 组的基金展现出了业绩的持续性，但是，当对基金划分区间的范围缩小至后 5%，这一持续性并不明显。

表 4-14　夏普比率后 5%的股票型私募基金在检验期仍属于后 5%的数量占比（排序期为一年）：2008~2019 年

排序期	检验期	排序期中后 5%的基金数量（只）	检验期中仍处于后 5%的基金数量（只）	检验期中仍处于后 5%的基金占比（%）
2008	2009	3	1	33.3
2009	2010	6	1	16.7
2010	2011	10	0	0.0
2011	2012	19	5	26.3
2012	2013	26	6	23.1
2013	2014	26	4	15.4
2014	2015	27	3	11.1
2015	2016	40	4	10.0
2016	2017	118	16	13.6
2017	2018	143	18	12.6
2018	2019	112	15	13.4
平均值		—	—	**15.9**

与收益类似，一年期的夏普比率同样具有一定的波动性，我们又以三年为排序期、一年为检验期继续考察夏普比率的持续性，表 4-15 展示了排序期为三年时基金在检验期属于第 1 组、第 2 组、第 3 组和第 4 组的情况及相关统计指标。在这里，我们同样重点关注基金排序期组别在检验期的延续情况。可以发现，排序期属于夏普比率最高的第 1 组的基金，在检验期有 34.2%的比例仍然属于第 1 组，T 检验 P 值为 0.006，在 5%的显著性水平下显著高于随机分布下的 25%，这表明过去三年夏普比率属于第 1 组的基金在未来一年有 34.2%的基金仍能够进入排名最高的第 1 组；观察排序期和检验期夏普比率都属于第 4 组的基金，平均有 28.4%的基金在检验期还属于第 4 组，但其 T 检验 P 值为 0.204，大于 5%，未能通过显著性检

验。这一结果表明，过去三年夏普比率排名靠前的私募基金，在未来一年继续获得高夏普比率业绩的可能性较高。但是，过去三年夏普比率较低的基金未来一年的夏普比率不一定仍然偏低，不能作为投资者的参考依据。

表 4-15　股票型私募基金夏普比率在检验期组别变化的 T 检验（排序期为三年）：2008~2019 年

排序期组别	检验期组别	平均百分比（%）	t 值	T 检验 P 值
1（最优基金组）	1	34.2*	3.70	0.006
	2	25.5	0.26	0.800
	3	20.8	-2.39	0.044
	4	19.5	-2.29	0.051
2	1	25.8	0.42	0.684
	2	26.3	0.88	0.402
	3	25.9	0.39	0.709
	4	22.0	-1.65	0.137
3	1	18.8	-4.44	0.002
	2	23.1	-0.95	0.369
	3	28.1	2.65	0.029
	4	30.0	2.48	0.038
4（最差基金组）	1	20.7	-1.77	0.115
	2	25.0	-0.01	0.990
	3	25.9	0.52	0.619
	4	28.4	1.38	0.204

注：* 表示在排序期和检验期，基金的业绩在 5%的显著性水平下具有持续性。

当排序期为三年时，夏普比率排名前 25%的基金业绩具有一定的持续性，那么，夏普比率排名前 5%的基金的业绩是否也能够持续呢？表 4-16 显示，9 次检验中，平均有 15.9%的基金能够在检验期继续留在前 5%的位置。其中，4 个样本期内检验期仍处于前 5%的基金占比为 0%，4 个检验期的基金占比超过 20%，随机性较强。最新一个样本期（2016~2018）~2019 年，有 23.8%的基金延续了其排序期优秀的业绩表现。综合来看，前三年夏普比率排名前 5%的基金仅有很少一部分能够在检验期仍然排名前 5%，据此，我们认为排名最前列的股票型私募基金的夏普比率不具有持续性。附录八具体展示了排序期为三年时，2014~2019 年排序期夏普比率排名前 5%的私募基金及其在检验期的排名，并用★标记出检验期中夏普比率仍处在前 5%的基金，供读者参阅。

表 4-16　　夏普比率前 5%的股票型私募基金在检验期仍属于前 5%的数量占比（排序期为三年）：2008~2019 年

排序期	检验期	排序期中前 5%的基金数量（只）	检验期中仍处于前 5%的基金数量（只）	检验期中仍处于前 5%的基金占比（%）
2008~2010	2011	3	0	0.0
2009~2011	2012	4	0	0.0
2010~2012	2013	7	0	0.0
2011~2013	2014	14	4	28.6
2012~2014	2015	15	7	46.7
2013~2015	2016	12	3	25.0
2014~2016	2017	14	0	0.0
2015~2017	2018	21	4	19.0
2016~2018	2019	42	10	23.8
平均值		—	—	**15.9**

最后，我们对排序期为三年时夏普比率排名最后 5%的基金进行了业绩持续性检验，表 4-17 展示了相应的结果。从表 4-17 可见，2008~2019 年间，当排序期为三年时，平均有 27.2%的基金的夏普比率在检验期和排序期均处于后 5%，与排名位于前 5%的基金相比有较大幅度的提高。但是，可以观察到，检验期中仍处于后 5%的基金占比的随机性较强，最高占比达到 66.7%，最低仅为 6.7%。因此，我们认为，相较夏普比率排名前 5%的基金，夏普比率排名后 5%的基金的业绩持续性有所提升，但也具有很大的随机性。

表 4-17　　夏普比率后 5%的股票型私募基金在检验期仍属于后 5%的数量占比（排序期为三年）：2008~2019 年

排序期	检验期	排序期中后 5%的基金数量（只）	检验期中仍处于后 5%的基金数量（只）	检验期中仍处于后 5%的基金占比（%）
2008~2010	2011	3	2	66.7
2009~2011	2012	4	1	25.0
2010~2012	2013	7	1	14.3
2011~2013	2014	14	1	7.1
2012~2014	2015	15	1	6.7

续表

排序期	检验期	排序期中后 5%的基金数量（只）	检验期中仍处于后 5%的基金数量（只）	检验期中仍处于后 5%的基金占比（%）
2013~2015	2016	12	5	41.7
2014~2016	2017	14	4	28.6
2015~2017	2018	21	3	14.3
2016~2018	2019	42	17	40.5
平均值		—	—	**27.2**

五、小结

投资者常常会关注各大媒体、金融机构定期发布的私募基金排名，来选择那些当年有“耀眼”业绩的产品进行投资。本章从这个现象出发，就投资者凭借业绩排名选择当年较好的股票型私募基金、排除当年较差的私募基金，以期在下一年获得较高回报的投资逻辑的有效性进行了分析，即检验私募基金业绩的持续性。

检验过程中，我们以一年和三年作为排序期、未来一年作为检验期，分别采用了绩效二分法检验、Spearman 相关性检验、基金收益率的描述统计检验法和基金夏普比率的描述统计检验法，研究私募基金过往业绩与未来业绩的关系。基金收益率持续性的检验结果显示，在 2008~2019 年间，无论排序期是一年还是三年，只有在少部分样本期中，股票型私募基金的收益率在下一年表现出持续性，同时，在部分期间内，基金的收益率排名存在反转的现象。因此，总体来看，私募基金的收益率并不具有显著的持续性，不能帮助投资者预测其未来的业绩。

同时，通过对考虑基金风险因素的夏普比率的持续性进行检验后我们发现，当排序期为一年时，过去一年夏普比率排名靠前（属于夏普比率排名在前 25%的第 1 组）或靠后（属于夏普比率排名在最后 25%的第 4 组）的基金在未来一年有较大概率仍然排名靠前或靠后；当排序期为三年时，过去三年夏普比率排名靠前的基金在未来一年有较大概率仍然排名靠前。由此看来，私募基金过去一段时间（一年或三年）的夏普比率，对投资者而言具有重要的参考价值。但如果投资者只关注业绩排名在前 5%的一组基金，或者业绩排名位于最后 5%的一组基金，这种业绩极其极端的私募基金的业绩不具有持续性。

道口私募基金指数

近年来，我国私募基金行业迅速发展，但国内目前还缺少一种相对比较完善的私募基金指数以反映私募基金整体的业绩。私募基金净值披露的要求和公募基金不一样，我们能获得的市场上私募基金的信息相对有限。2016 年 2 月出台的《私募投资基金信息披露管理办法》要求，私募基金管理公司在每季度结束之日起 10 个工作日以内，向投资者披露基金净值等信息；单只基金管理规模达到 5 000 万元以上的，则要求基金管理公司在每月结束之日起 5 个工作日以内向投资者披露基金净值信息。这意味着投资者可以获得私募基金公司披露的净值信息，但是私募基金经理的投资策略和持仓信息，投资者和政府监管机构则无从知晓。这个问题在美国等金融市场发达的国家也同样存在。因此，为了了解各类投资策略的私募基金的整体收益和风险情况，我们有必要建立、编制出不同策略的、具有代表性的私募基金指数，这对投资者、私募基金管理者以及政府监管机构等不同人群有着非常重大的意义。投资者可以根据不同策略的私募基金指数来安排自己的资产组合；私募基金管理者可以把相应的私募基金指数作为自己管理的私募基金的业绩比较基准；政府监管机构可以根据私募基金的收益和风险状况，来评估私募基金行业未来整体的发展情况，并对可能出现的问题提前采取相应的监管措施。

道口私募基金系列指数，旨在反映投资于中国私募证券投资基金的整体发展状况，以私募基金投资策略为区分，包括普通股票型私募基金指数、股票多空型私募基金指数、相对价值型私募基金指数、事件驱动型私募基金指数、债券型私募基金指数和 CTA 型私募基金指数，分别反映投资于股票、债券和期货等资产的私募基金的整体收益和风险情况。我们希望通过建立这一系列指数，为投资者、私募基金管理者和政府监管机构提供有效信息和决策借鉴。

一、道口私募基金指数编制方法

（一）样本空间

入选道口私募证券投资基金系列指数的基金需要同时满足以下三个条件。

第一，私募基金成立时间超过六个月。这是为了剔除那些因属于建仓期而不能反映真实的收益和风险情况的私募基金。

第二，非分级基金（也称非结构化基金）。这是因为分级私募基金在汇报基金净值的时候可能存在口径不统一的现象（如只汇报母基金或子基金的情况）。

第三，非 FOF、TOT、MOM 等组合基金。这是为了避免基金净值被重复纳入指数中，因为组合基金是投资于私募基金的基金，其净值反映的是其他私募基金的情况。

（二）指数类别

编制时我们以基金策略为分类依据，来建立相应的私募基金指数。分类依据为 Wind 资讯数据库中的私募证券投资基金策略分类。相应地，我们选取普通股票型基金构建普通股票型私募基金指数；选取股票多空型基金构建股票多空型私募基金指数；选取相对价值型基金构建相对价值型私募基金指数；选取事件驱动型基金构建事件驱动型私募基金指数；选取债券型基金构建债券型私募基金指数；选取商品型基金和宏观对冲型基金中的以商品期货为主要标的的私募基金构建 CTA 型私募基金指数。

（三）样本选入

我们定义基金的成立日为 Wind 资讯数据库中基金存在第一个净值的时间，该成立日六个月之后的第一个月末点开始将基金纳入指数中。也就是说，在私募基金成立后的第七个月，才能被纳入道口私募证券投资基金系列指数中。时隔六个月的原因是考虑到私募基金成立时需要一定时间的建仓期。

（四）样本退出

在基金产品或基金公司有特殊事件发生时，我们需要对样本基金作必要的调整，这些事件包括但不限于以下几种。

基金清盘：当样本基金发生清盘时，则在其清盘日之后将其从相应的指数中剔除。

基金暂停公布净值：若样本基金因故暂停公布净值，则在其暂停公布净值期间将该基金从相应指数中剔除，当其正常公布净值后再纳入指数。

合同的变更：当样本基金合同发生变更时，将该基金从相应的指数中剔除，并将变更后的基金视为一只新发行的基金，当满足相应条件时，再纳入相应的指数。

基金公司发生重大违规违法事件：对存在违规违法事件的基金公司所管理的私募基金，我们给予一定的考察期。在考察期内，相应基金从指数中剔除。当相关部门调查并处分之后，如果基金公司在一定时间内正常运营，则相应基金重新纳入指数。

（五）道口私募指数计算准则

1. 指数的基点与基日

道口私募证券投资基金系列指数以“点”为单位，精确到小数点后3位。

道口私募证券投资基金系列指数的基点统一设为1 000点，基日如表5-1所示。

表5-1　不同策略类型的私募基金指数的基日

指数分类	基日
普通股票型	2005-12-31
相对价值型	2010-12-31
股票多空型	2008-12-31
事件驱动型	2011-12-31
债券型	2010-12-31
CTA型	2012-12-31

2. 指数计算公式

道口私募证券投资基金系列指数的计算方法为等权平均法，具体计算方法如下：

$$AVGRET_t = \frac{1}{N_t}\sum_{i=1}^{N_t}\left(\frac{ADJNAV_{i,\ t}}{ADJNAV_{i,\ t-1}} - 1\right) \tag{5.1}$$

$$INDEX_t = (1 + AVGRET_t) \times INDEX_{t-1} \tag{5.2}$$

其中，$INDEX_t$ 代表第 t 个月的私募基金指数；$AVGRET_t$ 代表第 t 个月私募基金的平均收益率；$ADJNAV_{i,t}$ 代表私募基金 i 在第 t 个月的复权净值；N_t 代表第 t 个月私募基金的样本数量。我们使用等权平均法，是因为在万得资讯数据库中没有私募基金资产管理规模的信息。

3. 所选基金净值

道口私募证券投资基金系列指数所采用的基金净值的数据为复权净值。基金复权净值是在考虑了基金的分红或拆分等因素对基金的影响后，对基金的单位净值进行了复权计算。复权净值将基金的分红加回单位净值，并作为再投资进行复利计算。同时，基金的复权净值为剔除相关管理费用后的净值。

4. 指数修正

我们每三个月会通过公开信息重新计算私募证券投资基金系列指数，来修正由于万得资讯数据库修正历史数据而带来的累计净值信息的变化。若基金修改过历史净值信息，修正后的指数点位将重新发布。若指数大幅变动，我们会通过公告进行披露并予以特别的说明。①

二、道口私募基金指数覆盖的基金数量

表 5-2 展示了不同私募基金指数中所包括的基金数目占同策略私募基金总数的比例。据表 5-2 可知，除 CTA 型私募基金外，私募基金指数中所包含的基金占市场中同类基金数量的比例都在 80%以上。其中，股票多空型基金的比例最高（97%），其次为相对价值型基金（96%）和事件驱动型基金（91%）。一般来说，基金未被纳入指数主要是因为它们处于成立不足 6 个月的建仓期内。从表 5-2 还可以看出，CTA 型私募基金的个数为 237 只，仅占 CTA 基金总数的 19%，这是因为绝大部分 CTA 型私募基金缺乏清晰的策略描述，因此，我们只选择明确为 CTA 型策略并且是以商品期货为主要标的的基金纳入指数中。

① 具体信息详见道口私募指数网站，http：//index. pbcsf. tsinghua. edu. cn/indexweb/web/index. html。

表 5-2　　私募基金指数样本的分布情况：2005~2019 年

指数分类	私募基金指数中包含的基金数量（只）	有净值的基金总数（只）	数量占比（%）
普通股票型	18 970	22 184	86
债券型	854	1 038	82
相对价值型	733	763	96
股票多空型	637	660	97
CTA 型	237	1 276	19
事件驱动型	169	186	91

下面我们对不同策略私募基金指数的样本情况作具体分析。图 5-1 展示了 2005~2019 年普通股票型私募基金指数所覆盖的样本数量，图 5-2 是其早期（2005~2009 年）的样本情况。据图 5-1 和图 5-2 可知，普通股票型私募基金指数中的基金数量从 2007 年 1 月开始超过 20 只，并在 2008 年 2 月首次突破 100 只。整体来看，普通股票型私募基金指数的样本数量自 2005 年起便保持着逐年稳步增长的态势，2013 年 5 月样本数量超过 1 000 只，2015 年 3 月样本数量突破 2 000 只，自此开始呈现较大幅度的增长，直至 2019 年 1 月样本数量达到高峰（13 587 只）并自此开始下滑。截至 2019 年 12 月底，普通股票型私募基金指数中的样本基金数量为 9 359 只。

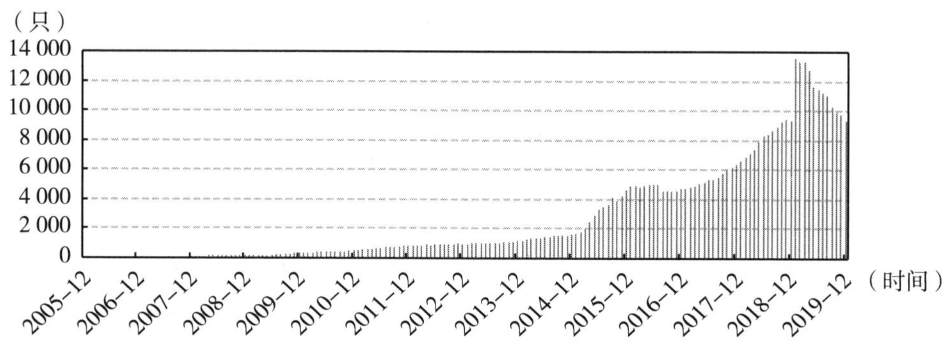

图 5-1　普通股票型私募基金指数中所包含的样本数量：2005~2019 年

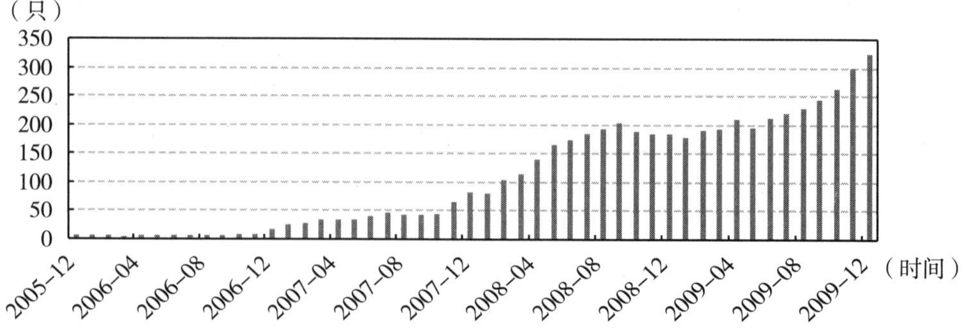

图 5-2　普通股票型私募基金指数中所包含的样本数量（局部）：2005~2009 年

表 5-3 展示的是 2005~2019 年普通股票型私募基金指数中每年底包含的样本数量情况。可以看出，每年都会有新的基金进入指数，同样也会有基金从指数中退出。2015~2019 年间，每年新进入或退出指数的基金数量起伏较大，每年均有超过 1 500 只以上的基金进入指数，也有 600 只以上的基金从指数中退出。此外，在 2015 年和 2016 年，从普通股票型私募基金指数退出的基金数量均超过 2 000 只，这可能与 2018 年市场较为低迷有关。截至 2019 年 12 月底，普通股票型私募基金指数中的样本基金数量为 9 359 只。

表 5-3　普通股票型私募基金指数中每年底包含的样本数量统计：2005~2019 年

单位：只

年份	新进入指数的基金数量	从指数中退出的基金数量	指数中的基金数量
2005	2	0	6
2006	12	1	17
2007	86	21	82
2008	192	78	196
2009	182	52	326
2010	264	60	530
2011	415	78	867
2012	275	173	969
2013	443	200	1 212
2014	911	450	1 673
2015	5 729	2 693	4 709
2016	2 389	2 235	4 863
2017	2 362	623	6 602
2018	4 156	880	9 878
2019	1 547	2 066	9 359

图 5-3 展现的是 2010~2019 年相对价值型私募基金指数覆盖的基金数量情况。可以发现，相对价值型私募基金指数中包含的基金数量一直保持稳步上升的趋势，自 2016 年 5 月起，样本数量开始下降。截至 2019 年 12 月底，该指数中的样本基金共计 197 只。

表 5-4 展示的是 2010~2019 年相对价值型私募基金指数中每年底包含的样本数量情况。可以看出，2014 年进入该指数的基金数量陡然增加至 138 只，这与当时股指期货交易活跃相关。另外，截至 2019 年 12 月底，新进入该指数的基金有 53 只，从指数中退出的基金数量却增至 174 只，同时相对价值型私募基金指数中包含的基金数量达 197 只，相较 2018 年底的样本数量同比下降 38%。

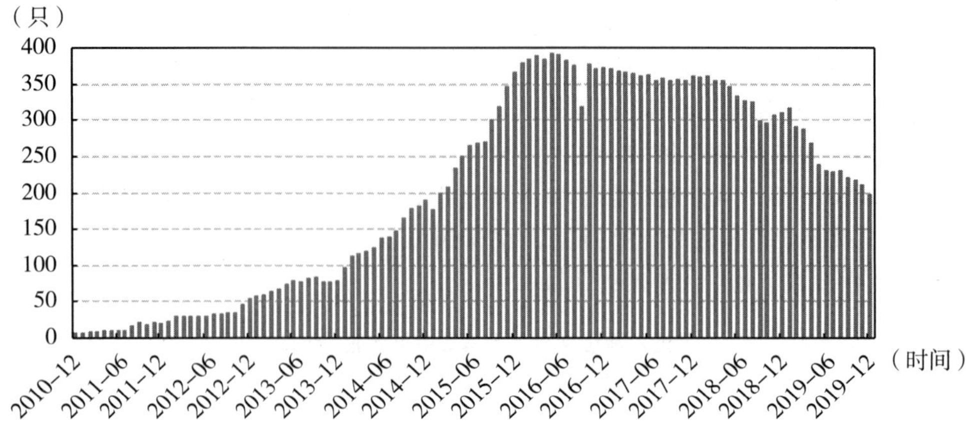

图 5-3　相对价值型私募基金指数中所包含的样本数量：2010~2019 年

表 5-4　相对价值型私募基金指数中每年底包含的样本数量统计：2010~2019 年

单位：只

年份	新进入指数的基金数量	从指数中退出的基金数量	指数中的基金数量
2010	3	1	7
2011	14	0	21
2012	38	5	54
2013	52	27	79
2014	138	27	190
2015	237	60	367
2016	97	87	377
2017	33	41	369
2018	57	108	318
2019	53	174	197

图 5-4 展示的是 2008~2019 年股票多空型私募基金指数所覆盖的基金数量情况。据图 5-4 可知，该指数中的样本数量从 2009 年开始稳步发展，2014 年 4 月指数中的样本基金数量突破 100 只，并自此开始迅速增长，直至 2016 年 1 月样本数量达到最高点，此时覆盖基金 403 只，此后指数所包含的样本数量开始回落，截至 2019 年 12 月底，指数中的样本数量为 149 只。

表 5-5 展示了 2008~2019 年股票多空型私募基金指数中每年底包含的样本数量情况。据表 5-5 可知，在 2008 年底该指数共覆盖 19 只基金，随着市场的快速发展，2015 年 12 月底指数中包含的基金数量激增至 394 只。自 2015 年起，股票多空型私募基金指数中包含的基金数量有所下降，截至 2019 年 12 月底，该指数共包含 149 只基金。

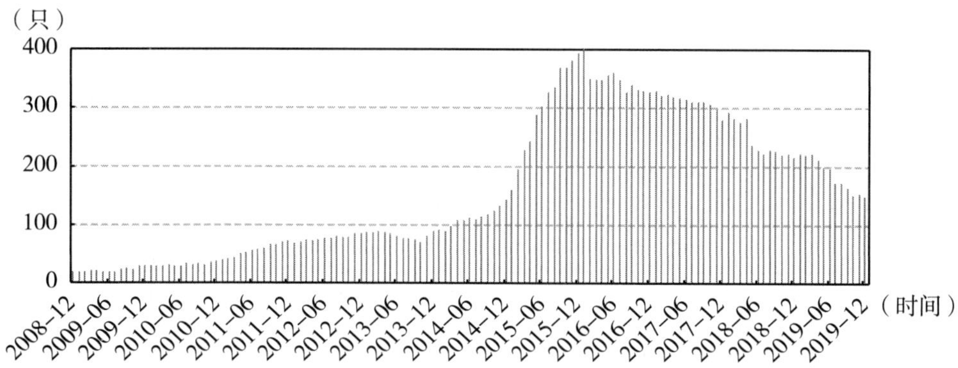

图 5-4　股票多空型私募基金指数中所包含的样本数量：2008~2019 年

表 5-5　　股票多空型私募基金指数中每年底包含的样本数量统计：2008~2019 年

单位：只

年份	新进入指数的基金数量	从指数中退出的基金数量	指数中的基金数量
2008	18	0	19
2009	13	2	30
2010	10	2	38
2011	36	1	73
2012	21	6	88
2013	43	40	91
2014	85	31	145
2015	320	71	394
2016	65	127	332
2017	9	39	302
2018	12	85	229
2019	4	84	149

图 5-5 展示的是 2011~2019 年事件驱动型私募基金指数包含的基金数量情况。可以看出，该指数所包含的样本基金数量从 2012 年开始迅速增长，2013 年 11 月指数包含的样本数量达到顶峰（65 只），此后开始逐渐下降，截至 2019 年 12 月底，事件驱动型私募基金指数共计覆盖 9 只基金。

表 5-6 展示的是 2011~2019 年事件驱动型私募基金指数中每年底包含的样本数量情况。可以看出，2012 年新进入指数的私募基金数量最多（44 只），同年有 8 只基金从指数中退出，当年指数中共计包含样本基金 58 只；在 2017~2019 年新进入指数和从指数中退出的基金数量都较少；截至 2019 年 12 月底，指数中包含的样本数量为 9 只。

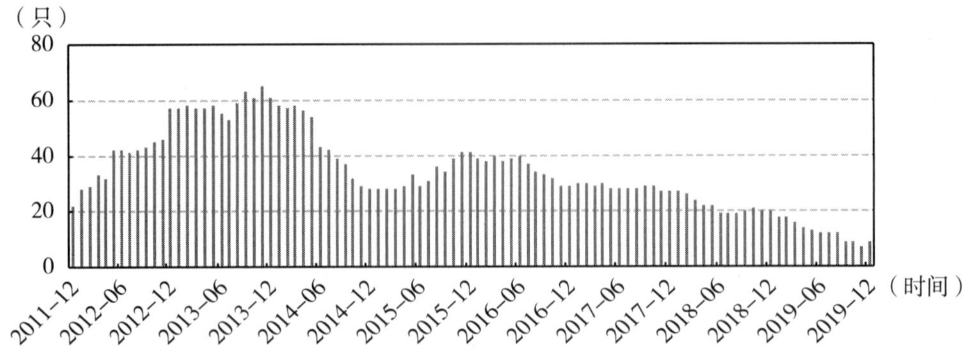

图 5-5　事件驱动型私募基金指数中所包含的样本数量：2011~2019 年

表 5-6　　事件驱动型私募基金指数中每年底包含的样本数量统计：2011~2019 年　　单位：只

年份	新进入指数的基金数量	从指数中退出的基金数量	指数中的基金数量
2011	19	2	22
2012	44	8	58
2013	27	24	61
2014	17	50	28
2015	40	27	41
2016	11	22	30
2017	2	4	28
2018	1	7	22
2019	0	13	9

图 5-6 展现的是 2010~2019 年债券型私募基金指数覆盖的基金数量情况。可以发现，该指数自 2010 年 12 月成立以来，样本数量一直稳中有升，直至 2019 年 1 月达到最多（434 只），自此样本数量开始回落，截至 2019 年 12 月底，该指数覆盖的样本数量为 294 只。

表 5-7 展示的是 2010~2019 年债券型私募基金指数中每年底包含的样本数量情况。可以看出，2010~2019 年，从指数中退出的基金数量在 2019 年达到最高值（223 只），新进入指数的基金数量以及指数中包含的基金数量皆在 2018 年达到最高值，分别为 218 只和 463 只；除 2013 年、2016 年和 2019 年外，每年新进入指数的基金数量都要高于从指数中退出的基金数量；截至 2019 年底，该指数所覆盖的基金数量为 294 只。

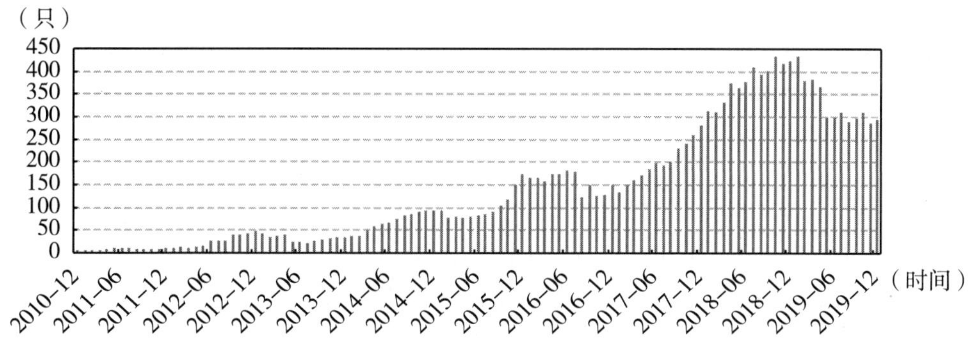

图 5-6　债券型私募基金指数中所包含的样本数量：2010~2019 年

表 5-7　债券型私募基金指数中每年底包含的样本数量统计：2010~2019 年

单位：只

年份	新进入指数的基金数量	从指数中退出的基金数量	指数中的基金数量
2010	6	3	6
2011	6	2	10
2012	51	13	48
2013	40	51	37
2014	90	30	97
2015	140	58	179
2016	95	117	157
2017	148	15	290
2018	218	45	463
2019	54	223	294

图 5-7 展现的是 2012~2019 年 CTA 型私募基金指数覆盖的基金数量情况。据图 5-7 可知，自 2012 年 12 月起指数包含的样本数量一直保持稳步增长，直至 2018 年 12 月样本数量达到最高值（121 只），自此指数中包含的基金数量开始下降，这主要是因为 2018 年金融去杠杆、流动性不足导致新产品发行下降，CTA 型私募基金的迅猛发展遇到瓶颈。截至 2019 年 12 月底，CTA 型私募基金指数覆盖的基金数量为 63 只。

表 5-8 展示的是 2012~2019 年 CTA 型私募基金指数中每年底包含的样本数量情况。可以看出，2012 年共有 3 只 CTA 型私募基金纳入指数，在 2017 年新进入指数的基金数量最多，有 54 只；除 2019 年外，新进入该指数的基金数量皆多于从指数中退出的基金数量；截至 2019 年 12 月底，新进入指数的基金数量仅为 13 只，从指数中退出的基金数量高达 72 只，指数所覆盖的基金数量为 63 只。

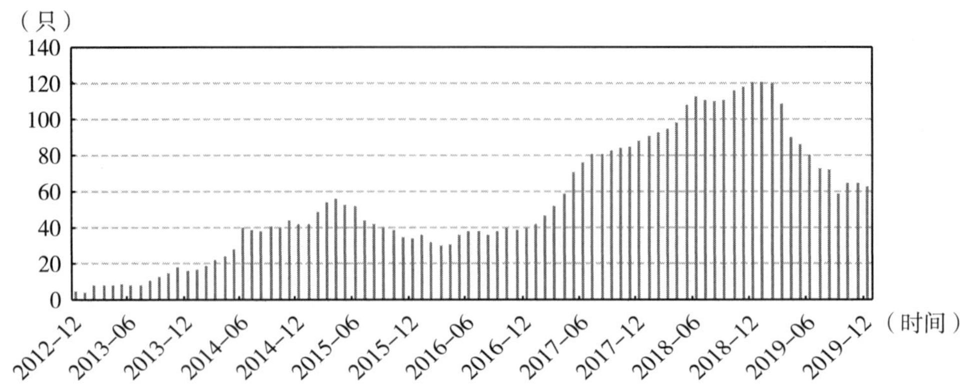

图 5-7　CTA 型私募基金指数中所包含的样本数量：2012~2019 年

表 5-8　CTA 型私募基金指数中每年底包含的样本数量统计：2012~2019 年

单位：只

年份	新进入指数的基金数量	从指数中退出的基金数量	指数中的基金数量
2012	3	0	5
2013	15	4	16
2014	41	14	43
2015	48	54	37
2016	19	13	43
2017	54	8	89
2018	42	9	122
2019	13	72	63

三、道口私募基金指数与市场指数的对比

本部分我们将对比不同私募基金指数与相应市场指数间的差异。首先，我们统一私募基金指数与相应市场指数的起始时间点，假定同时投资于私募基金指数和市场指数各 1 000 元。然后，我们对比之后每个月两个投资组合的收益和风险情况。我们将普通股票型、相对价值型、股票多空型和事件驱动型私募基金指数分别与沪深 300 指数进行对比，将债券型私募基金指数与中债综合全价（总值）指数进行对比，将 CTA 型私募基金指数与申万商品期货指数进行对比。

图 5-8 展示的是 2005~2019 年普通股票型私募基金指数与沪深 300 指数的比较，表 5-9 为相应的描述统计分析。在 2005 年 12 月至 2019 年 12 月期间，普通股票型私募基金指数从基点 1 000 点开始，实现累计收益率为 493%、年化收益率为 14%，同期沪深 300 指数的累计收益率为 344%、年化收益率为 11%，股票型私募基金指数的收益率高于市场指数。同时，股票型私募基金指数的风险要低于市场指数，其年化波动率为 14%，而市场指数的年化波动率为 31%。另外，普通股票型私募基金指数的年化夏普比率（0.78）高于市场指数（0.42）。普通股票型私募基金指数的最大回撤（26%）低于市场指数的最大回撤（71%）。总体而言，普通股票型私募基金指数的收益高于市场指数，其对风险的控制明显优于市场指数。从图 5-8 还可以看出，在 2015 年、2016 年和 2018 年的大盘下行期间，普通股票型私募基金指数的跌幅远小于同期市场指数，波动更小，可见该指数的抗跌性和稳健性之强。

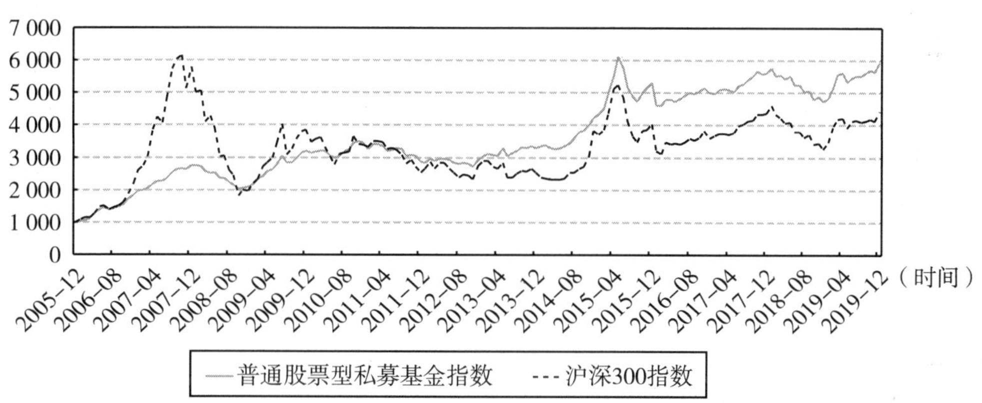

图 5-8　普通股票型私募基金指数的累计净值：2005~2019 年

表 5-9　　普通股票型私募基金指数描述统计：2005~2019 年

统计指标	普通股票型私募基金	沪深 300 指数
累计收益率	493%	344%
年化收益率	14%	11%
年化波动率	14%	31%
年化夏普比率	0.78	0.42
最大回撤（样本期间）	26%	71%
年化收益率/最大回撤	0.52	0.16

图 5-9 为 2008~2019 年股票多空型私募基金指数和沪深 300 指数的对比，表 5-10 为相应的描述统计分析。根据图 5-9 和表 5-10 可知，从 2008 年 12 月到

2019 年 12 月，股票多空型私募基金指数的累计收益率为 157%、年化收益率为 9%；同期，沪深 300 指数的累计收益率为 125%、年化收益率为 8%，股票多空型私募基金指数的收益高于市场指数。同时，股票多空型私募基金指数的风险要低于市场指数，其年化波动率为 12%、最大回撤为 29%，而市场指数的年化波动率为 26%、最大回撤为 43%。此外，该指数的夏普比率要高于市场指数，两者分别为 0.60 和 0.33。综上，股票多空型私募基金指数的风险要低于市场指数。尤其在 2015 年、2016 年和 2018 年大盘下行期间，股票多空型私募基金指数仍运行在市场指数之上，业绩较为平稳。

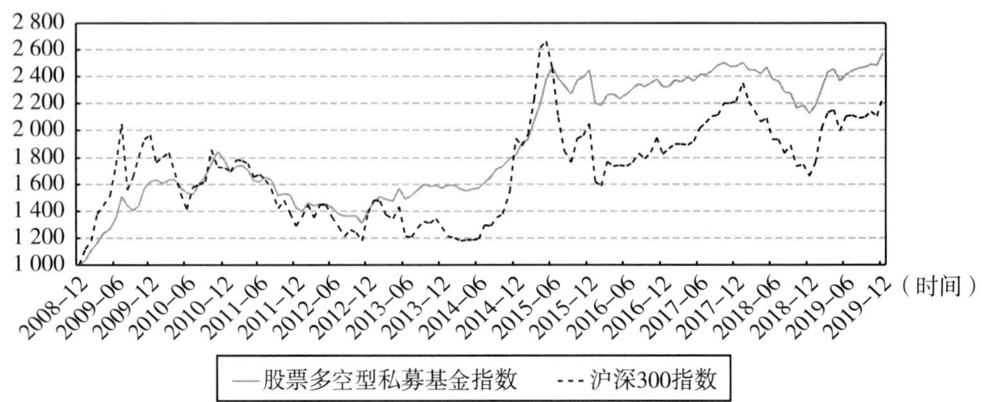

图 5-9　股票多空型私募基金指数的累计净值：2008~2019 年

表 5-10　股票多空型私募基金指数描述统计：2008~2019 年

统计指标	股票多空型私募基金	沪深 300 指数
累计收益率	157%	125%
年化收益率	9%	8%
年化波动率	12%	26%
年化夏普比率	0.60	0.33
最大回撤（样本期间）	29%	43%
年化收益率/最大回撤	0.31	0.18

图 5-10 为 2010~2019 年相对价值型私募基金指数和沪深 300 指数的对比，表 5-11 为相应的描述统计分析。结合图 5-10 和表 5-11 可知，在 2010 年 12 月到 2019 年 12 月期间，相对价值型私募基金指数的累计收益率为 60%、年化收益率为 5%，二者均高于同期沪深 300 指数的收益率（累计收益率为 31%、年化收益率为 3%）；同时，相对价值型私募基金指数的风险要低于市场指数，其年化波动率为

6%，而市场指数的年化波动率为 23%。此外，通过与普通股票型私募基金指数的收益（见图 5-8）相对比，我们看到相对价值型私募基金指数的收益更加稳定，整体波动较小。这是由于该策略私募基金多空仓位都有，风险比其他投资策略的风险大为降低，收益也相对稳定。相对价值型私募基金指数的夏普比率（0.52）也高于市场指数（0.14）。我们还发现，相对价值型私募基金指数的最大回撤相对较低，为 8%，而市场指数的最大回撤为 41%。可见，相对价值型基金所承受的市场风险也相对较低，特别是在 2015 年、2016 年和 2018 年的股灾期间，追求相对收益的相对价值型基金很好地躲过了股灾，拥有较好的抗跌能力。

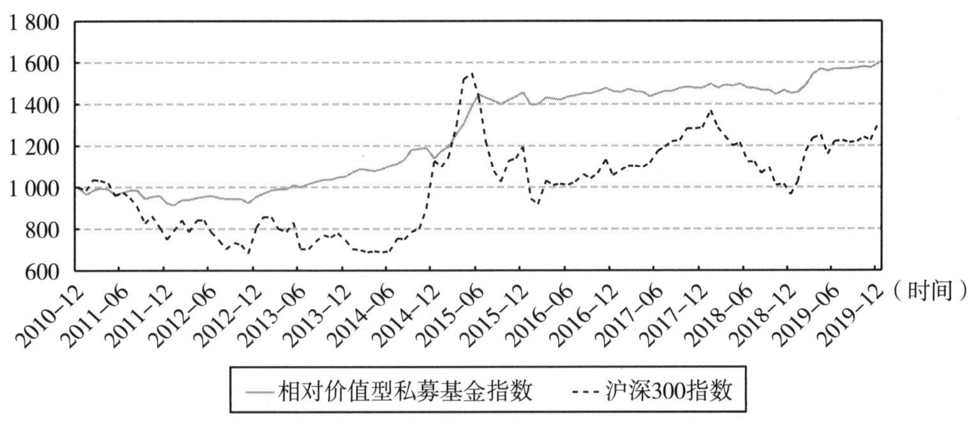

图 5-10　相对价值型私募基金指数的累计净值：2010~2019 年

表 5-11　相对价值型私募基金指数描述统计：2010~2019 年

统计指标	相对价值型私募基金	沪深 300 指数
累计收益率	60%	31%
年化收益率	5%	3%
年化波动率	6%	23%
年化夏普比率	0.52	0.14
最大回撤（样本期间）	8%	41%
年化收益率/最大回撤	0.63	0.08

图 5-11 为 2011~2019 年事件驱动型私募基金指数和沪深 300 指数的对比，表 5-12 为相应的描述统计分析。结合图 5-11 和表 5-12 可以看出，在 2011 年 12 月到 2019 年 12 月期间，事件驱动型私募基金指数的累计收益率为 238%、年化收益率为 16%，均高于同期沪深 300 指数的收益率（累计收益率为 75%、年化收益率为 7%）；同时，事件驱动型私募基金指数的风险要低于市场指数，其年化波动

率为 19%，而市场指数的年化波动率为 24%；事件驱动型私募基金指数的夏普比率也高于市场指数，两者分别为 0. 78 和 0. 32。我们还发现，事件驱动型私募基金指数的最大回撤为 22%，低于市场指数的最大回撤（41%），这个差异主要体现在 2015 年和 2018 年股灾期间。在熊市中，事件驱动型私募基金的回撤小于市场指数，故其在后期体现出收益高和风险低的特点。

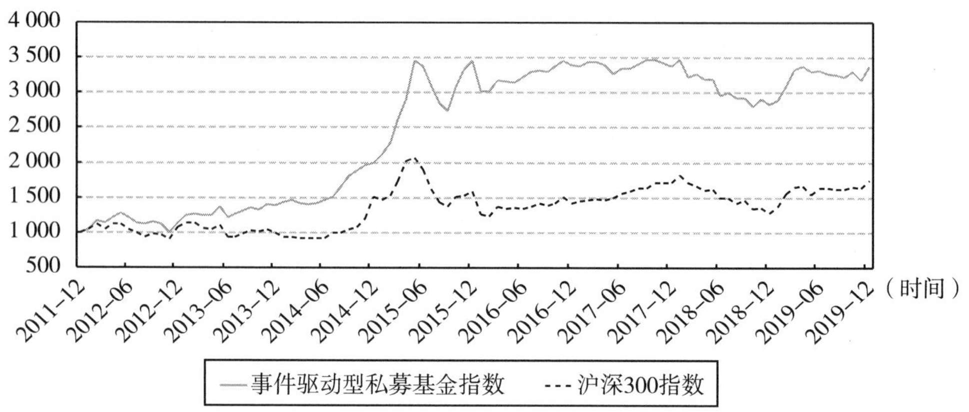

图 5-11　事件驱动型私募基金指数的累计净值：2011~2019 年

表 5-12　事件驱动型私募基金指数描述统计：2011~2019 年

统计指标	事件驱动型私募基金	沪深 300 指数
累计收益率	238%	75%
年化收益率	16%	7%
年化波动率	19%	24%
年化夏普比率	0. 78	0. 32
最大回撤（样本期间）	22%	41%
年化收益率/最大回撤	0. 76	0. 18

图 5-12 为 2010~2019 年债券型私募基金指数和中债综合全价（总值）指数的对比，表 5-13 为相应的描述统计分析。结合图 5-12 和表 5-13 可以看出，在 2010 年 12 月到 2018 年 12 月期间，债券型私募基金指数的累计收益率为 57%、年化收益率为 5%，二者均高于同期中债综合全价（总值）指数（累计收益率为 11%、年化收益率为 1%）；同时，债券型私募基金指数的风险略高于市场指数，其年化波动率为 3%，而市场指数的年化波动率为 2%；债券型私募基金指数的夏普比率高于市场指数，两者分别为 1. 07 和-0. 51。同时，相对价值型私募基金指数的最大回撤（4%）低于市场指数（6%）。我们还发现，在各指数中，债

券型私募基金指数的年化波动率最小，并且在历年的熊市中，债券型私募基金指数较其他指数都有更好的表现，回撤相对较低，充分体现出债券型基金低风险、收益稳健的特点。

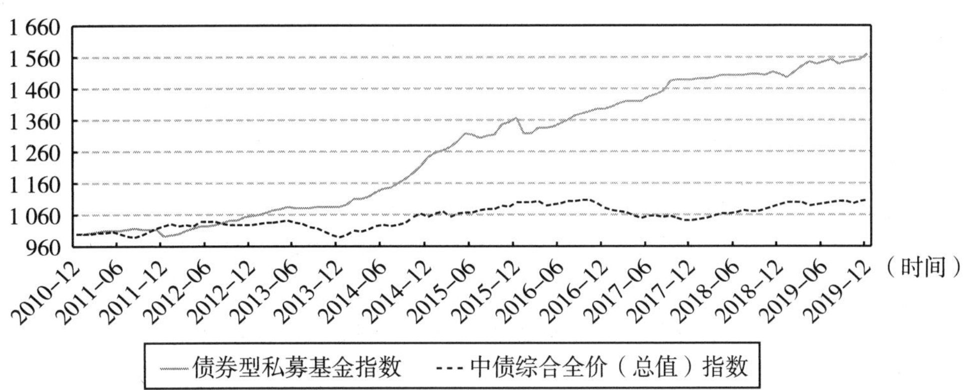

图 5-12　债券型私募基金指数的累计净值：2010~2019 年

表 5-13　　　　债券型私募基金指数描述统计：2010~2019 年

统计指标	债券型私募基金	中债综合全价（总值）指数
累计收益率	57%	11%
年化收益率	5%	1%
年化波动率	3%	2%
年化夏普比率	1.07	-0.51
最大回撤（样本期间）	4%	6%
年化收益率/最大回撤	1.41	0.20

图 5-13 为 2012~2019 年 CTA 型私募基金指数和申万商品期货指数的对比，表 5-14 为相应的描述统计分析。由于 CTA 策略投资于期货市场，独立于股市，和市场上大多数基础资产的相关性比较低，因此我们选取“申万商品期货指数”作为比较对象。可以看出，CTA 型私募基金指数在 2012 年 12 月到 2018 年 12 月期间，六年累计收益率为 180%、年化收益率为 16%，二者均远远高于同期申万商品期货指数的收益率（累计收益率为-17%、年化收益率为-3%）；同时，CTA 型私募基金指数的风险低于市场指数，其年化波动率为 9%，而市场指数的年化波动率为 14%；CTA 型私募基金指数的夏普比率高于市场指数，两者分别为 1.40 和-0.26。此外，我们还发现，该指数的最大回撤为 8%，远低于市场指数的最大回撤（40%）。

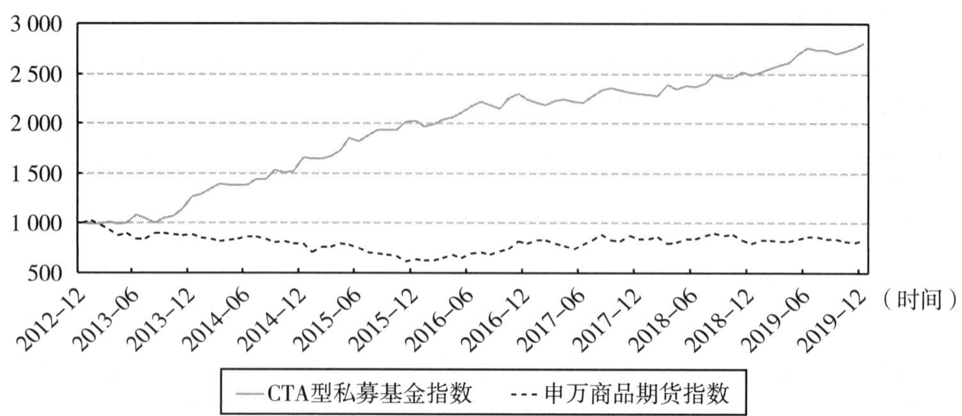

图 5-13　CTA 型私募基金指数的累计净值：2012~2019 年

表 5-14　　　　CTA 型私募基金指数描述统计：2012~2019 年

统计指标	CTA 型私募基金	申万商品期货指数
累计收益率	180%	-17%
年化收益率	16%	-3%
年化波动率	9%	14%
年化夏普比率	1. 40	-0. 26
最大回撤（样本期间）	8%	40%
年化收益率/最大回撤	2. 1	-0. 1

通过上述比较，我们得知 CTA 型私募基金指数的收益远高于同期商品期货指数，最大回撤也更小，这是因为我国 CTA 型私募基金市场发展并不成熟，使得 CTA 型基金的趋势跟踪策略运用也更为高效。另外，由于 CTA 型基金使用较多的是趋势交易策略，即使用大量的策略模型寻找当前的市场趋势，判断多空，尤其是在市场低迷、后市不确定时，优势非常大。从图 5-13 可以看出，在 2015 年股灾之时，申万商品期货指数的累计收益呈明显的下跌态势，而 CTA 型私募基金指数却逆势上涨，远超同期指数的收益。可见，CTA 型基金的收益和投资标的的涨跌无关，而是和投资标的的涨幅或者跌幅有关，即在波动率很大的行情中更容易获利。最后，2018 年股票市场出现较大幅度的下跌趋势行情，使 CTA 型基金获得大丰收，最终使该指数获得目前 180%的累计收益。

下面，我们对私募基金指数进行横向对比。出于统一起始日期的需要，我们选取四类主要投资于股票市场的私募基金指数，即普通股票型、相对价值型、股票多空型和事件驱动型私募基金指数。图 5-14 为四类股票型私募基金和大盘指数在

2011～2019 年的累计收益对比，表 5-15 为相应的描述统计。结果表明，我们选取 2011 年 12 月为四类指数的开始日期，到 2019 年 12 月为止，事件驱动型私募基金指数的累计收益率最高，为 238%；其次依次为普通股票型私募基金指数（107%）、股票多空型私募基金指数（81%）和相对价值型私募基金指数（73%）。这些私募基金指数的累计收益率都高于同时期沪深 300 指数的累计收益率（75%）。在比较四类私募基金指数和大盘指数的风险时，我们发现，相对价值型私募基金指数的风险最低，其年化波动率为 6%，最大回撤为 4%；其次为股票多空型私募基金指数，其年化波动率为 10%，最大回撤为 15%。而沪深 300 指数的风险最高，其年化波动率和最大回撤分别为 24% 和 41%。由此可见，这四类股票型私募基金指数的风险都低于市场大盘指数。当我们对比夏普比率这一反映调整风险后的收益指标时，我们发现，相对价值型私募基金指数的夏普比率（0.86）最高，其次为事件驱动型私募基金指数（0.78），而沪深 300 指数的夏普比率（0.32）最低。

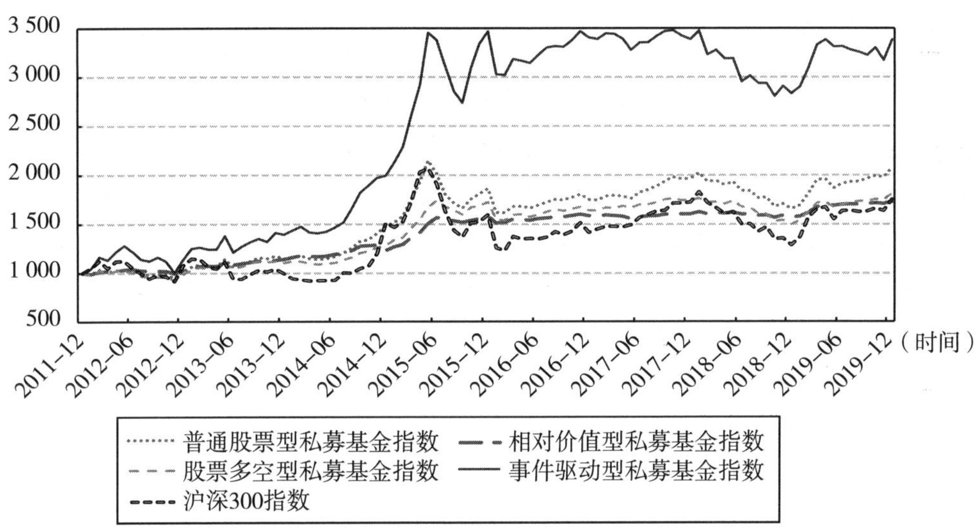

图 5-14　四类股票型私募基金指数的累计净值对比：2011～2019 年

表 5-15　四类股票型私募基金指数描述统计：2011～2019 年

统计指标	普通股票型	相对价值型	股票多空型	事件驱动型	沪深 300 指数
累计收益率	107%	73%	81%	238%	75%
年化收益率	10%	7%	8%	16%	7%
年化波动率	14%	6%	10%	19%	24%
年化夏普比率	0.58	0.86	0.57	0.78	0.32
最大回撤（样本期间）	25%	4%	15%	22%	41%
年化收益率/最大回撤	0.39	1.62	0.51	0.76	0.18

综上可见，四类股票型私募基金指数的风险和调整风险后的收益都要优于市场指数。在四类私募基金指数的对比中，我们发现，虽然相对价值型私募基金指数的绝对收益不是很高，但其风险较低、调整风险后的收益较高。

四、小结

为使大家了解我国私募基金行业的发展状况，以及不同策略私募基金的业绩和风险程度，我们根据私募基金的投资策略，将私募基金指数主要分为普通股票型私募基金指数、股票多空型私募基金指数、相对价值型私募基金指数、事件驱动型私募基金指数、债券型私募基金指数和 CTA 型私募基金指数六类。这些指数可以分别反映投资于股票、债券和期货等资产的私募基金的整体收益和风险情况。我们期待通过这一工作，能为投资者选择资产配置方案、私募基金管理者比较私募基金业绩、政府监管机构评估私募基金行业发展及监管潜在问题，提供些许帮助。

通过对比不同私募基金指数与相应市场指数间的差异，我们发现，上述六类私募基金指数的收益皆高于其对应的市场指数，除债券型私募基金指数的风险略高于其市场指数外，其余五类私募基金指数对风险的控制明显优于所对应的市场指数。我们将普通股票型、相对价值型、股票多空型和事件驱动型私募基金指数这四类主要投资于股票市场的指数进行横向对比，结果发现，在 2011~2019 年间，这四类指数的风险和调整风险后的收益都要优于市场指数。

中国私募基金的业绩归因分析

对基金进行全面评价，需要关注基金业绩变动背后的原因以及基金业绩来源的构成。基金的业绩归因是将基金的超额收益分解成不同的因素，并分析各个因素对超额收益的贡献。通过第五章对私募基金指数的分析，我们发现不同策略的私募基金在收益和风险等方面差异显著。那么，造成这些差异的因素有哪些？本章结合我国私募基金的发展特点，构建出八个私募基金风险因子，对私募基金的业绩进行归因分析。一般来说，基金业绩的归因主要分为基于收益的时间序列回归法和基于持仓数据的横截面回归法。相比公募基金，对私募基金进行业绩归因更加困难，主要有两方面原因：一方面，私募基金只对合格投资者开放募集，只对投资人有披露净值的要求，信息相对不透明，且不会披露基金的持仓信息；而公募基金是向不特定投资者公开发行，信息披露要求更高，除了在每个交易日公布净值外，还会定期披露基金持仓等资产配置信息。另一方面，尽管基于持仓数据进行的归因分析精准度较高，但对于难以获得持仓信息的外部投资者来说却很难实现。因此，本章中私募基金的归因分析是基于收益时间序列数据进行的。

2004 年，Fung 和 Hsieh 使用私募基金七因子模型来解释美国私募基金的收益。根据不同的风格，这七个因子可以分成三大类：第一类为反映股票市场风险的因子，这类因子主要覆盖股票市场的风险，他们选择市场指数的收益率、小盘股和大盘股收益率之差两个因子；第二类为反映债券市场风险的因子，这类因子主要覆盖债券市场的风险，他们使用十年期国债的收益变化以及国债与公司债利差的变化这两个因子；第三类为趋势交易的因子，这类因子主要反映在债券、外汇和期货市场中趋势交易的风险，他们选择债券、外汇和商品回望期权的收益率来解释。研究发现，该模型可以解释美国私募基金超额收益的 90%。这七个因子具体为：

股票市场因子（Equity Market Factor）：股票市场指数的超额收益率；

规模因子（The Size Spread Factor）：小盘股收益率与大盘股收益率之差；

债券市场因子（The Bond Market Factor）：10 年期固定利率国债到期收益率的变化；

信用风险因子（The Credit Spread Factor）：穆迪 Baa 级债券收益率与 10 年期固定利率国债到期收益率的差的变化；

债券趋势因子（Bond Trend-Following Factor）：PTFS 回望跨式债券期权的收益率；

货币趋势因子（Currency Trend-Following Factor）：PTFS 回望跨式货币期权的收益率；

商品趋势因子（Commodity Trend-Following Factor）：PTFS 回望跨式商品期权的收益率。

本章参考 Fung 和 Hsieh（2004）的七因子模型，结合中国私募基金自身的特点，构建中国私募基金的风险因子，分析基金的风险暴露，帮助投资者了解各类策略私募基金的投资风险和收益情况。

一、风险因子的构建

我们基于我国私募基金的收益和风险特征构建了八个风险因子，这八个因子分别为：股票市场风险因子（MKT）、规模因子（SMB）、价值因子（HML）、动量因子（MOM）、债券因子（BOND10）、信用风险因子（CBMB10）、债券市场综合因子（BOND_RET）和商品市场风险因子（FUTURES）。各个因子的定义和计算方式如下所示。

1. 股票市场风险因子（MKT）

我们选择股票市场大盘指数的超额收益率来代表股票市场风险因子，所用的指数为学术界和业界经常使用的沪深 300 指数，无风险利率选取一年期定期存款利率（整存整取）。

$$MKT_t = RET\_HS300_t - RF_t \tag{6.1}$$

其中，RET_HS300_t 为第 t 个月的沪深 300 指数的月度收益率；RF_t 为第 t 个月的一年期定期存款利率的月利率（整存整取）。

2. 规模因子（SMB）

规模因子（SMB）反映的是小盘股和大盘股之间收益率的差异。我们参考 Fama-French 三因子模型中 SMB 因子的计算方法来计算规模因子。具体计算方法如图 6-1 所示。在每年 6 月底，根据 6 月底的 A 股流动市值（ME）把股票等分为 2 组：小盘组（Small Group）和大盘组（Big Group）。再根据上一年年报中的账面价值（Book Value）和上一年 12 月底 A 股流通市值计算出账面市值比（Book Value of Equity to Market Value of Equity，BE/ME），把股票分为 3 组：成长组（Growth Group）、平衡组（Neutral Group）和价值组（Value Group），其比例分别为 30%、40%和 30%。两次分组的股票再进行交叉分组，这样一共可以构建出 6 组投资组合（见表 6-1），这 6 组投资组合分别为：小盘价值组（Small Value Group）、小盘平衡组（Small Neutral Group）、小盘成长组（Small Growth Group）、大盘价值组（Big Value Group）、大盘平衡组（Big Neutral Group）和大盘成长组（Big Growth Group）。

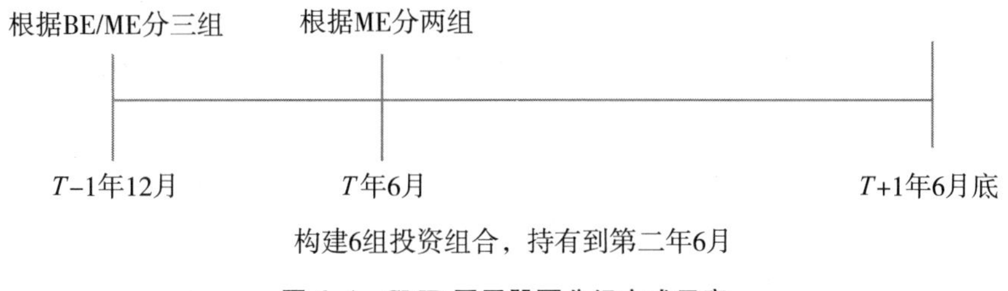

图 6-1　SMB 因子股票分组方式示意

表 6-1　SMB 因子构建中的 6 组股票的资产组合分组示意

项目		账面市值比（BE/ME）		
		成长组（30%）	平衡组（40%）	价值组（30%）
股票市值（ME）	小盘组（50%）	小盘成长组（Small Growth Group）	小盘平衡组（Small Neutral Group）	小盘价值组（Small Value Group）
	大盘组（50%）	大盘成长组（Big Growth Group）	大盘平衡组（Big Neutral Group）	大盘价值组（Big Value Group）

这种构建组合的方式在每年 6 月底都进行一次，所构建的 6 组投资组合持有到第二年的 6 月底。每个投资组合的收益率根据本组合包含股票的 A 股流通市值进行加权计算，可以得到每个投资组合在每个月的收益率。如果一只股票不在上一年 6 月的数据中（如停牌的股票），那么这只股票就不包括在上一年 6 月构建的投资组合中，无论这只股票是否在未来（如在上一年 7 月）复牌交易。

SMB 因子为 3 组低市值投资组合的平均收益率减去 3 组高市值投资组合的平均收益率。这个因子在学术界被广泛应用，其中一个原因是这个因子对应的投资组合可以通过买入一些股票和做空一些股票构建出来。其计算公式为：

$$SMB_t = \frac{(Small\ Value_t + Small\ Neutral_t + Small\ Growth_t)}{3} - \frac{(Big\ Value_t + Big\ Neutral_t + Big\ Growth_t)}{3} \tag{6.2}$$

其中，$Small\ Value_t$、$Small\ Neutral_t$、$Small\ Growth_t$、$Big\ Value_t$、$Big\ Neutral_t$ 和 $Big\ Growth_t$ 分别为不同的组合在第 t 个月的月收益率。Fama-French 三因子模型使用上述方式计算 SMB 因子，是为了在计算小盘股相对于大盘股的超额收益时，有效控制股票的账面市值比（BE/ME）。

3. 价值因子（HML）

价值因子（HML）反映的是高账面市值比的股票和低账面市值比的股票之间的收益率之差。我们参考 Fama-French 三因子模型中 HML 因子的计算方式来计算价值因子。其计算方法和 SMB 因子的构建的方式相同，同样构建出 6 个投资组合。

HML 因子为两组高账面市值比的投资组合的平均收益减去两组低账面市值比的投资组合的平均收益。其计算公式为：

$$HML_t = \frac{(Small\ Value_t + Big\ Value_t)}{2} - \frac{(Small\ Growth_t + Big\ Growth_t)}{2} \tag{6.3}$$

其中，$Small\ Value_t$、$Big\ Value_t$、$Small\ Growth_t$ 和 $Big\ Growth_t$ 分别为不同组合在第 t 个月的月收益率。Fama-French 三因子模型使用上述方式计算 HML 因子，是为了在计算高账面市值比的股票相对于低账面市值比的股票的超额收益时，有效控制股票的市值（SIZE）。

4. 动量因子（MOM）

动量因子（MOM）反映的是过去收益率较高股票和收益率较低股票在未来的收益率之差，计算方式如图 6-2 所示。具体而言，在每月末（如图 6-2 中 2015-01），根据当月底的 A 股流通市值（ME）把股票等分为 2 组：小盘组（Small Group）和大盘组（Big Group）；再根据过去 1~11 个月的累计收益率把股票分为 3 组：低价组（Down Group）、中价组（Median Group）和高价组（Up Group），其比例分别为 30%、40%、30%。两次分组的股票进行交叉分组，这样一共可以构建出 6 组投资组合，如表 6-2 所示，这 6 组投资组合分别为：小盘高价组（Small Up Group）、小盘中价组（Small Median Group）、小盘低价组（Small Down Group）、大盘高价组（Big Up Group）、大盘中价组（Big Median Group）和大盘低价组（Big Down Group）。

这种构建组合的方式在每月底都进行一次，所构建的 6 组投资组合持有到下月底。每个投资组合的收益率根据股票的 A 股流通市值进行加权计算，从而得到每个投资组合在每个月的收益率。

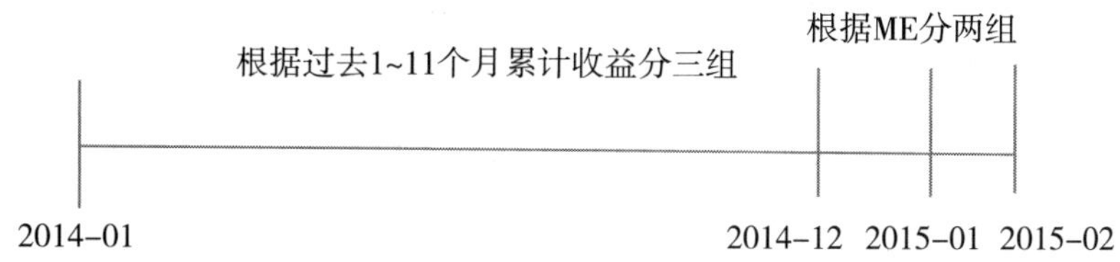

图 6-2　MOM 因子股票分组方式示意

表 6-2　动量因子组股票的资产组合分组示意

项目		过去 1~11 个月的累计收益率		
		低价组（30%）	中价组（40%）	高价组（30%）
股票市值（ME）	小盘组（50%）	小盘低价组（Small Down Group）	小盘中价组（Small Median Group）	小盘高价组（Small Up Group）
	大盘组（50%）	大盘低价组（Big Down Group）	大盘中价组（Big Median Group）	大盘高价组（Big Up Group）

动量因子（MOM）为两组过去累计收益率较高的投资组合的平均收益率减去两组过去累计收益率较低的投资组合的平均收益率。其计算公式为：

$$MOM_t = \frac{(Small\ Up_t + Big\ Up_t)}{2} - \frac{(Small\ Down_t + Big\ Down_t)}{2} \tag{6.4}$$

其中，$Small\ Up_t$、$Big\ Up_t$、$Small\ Down_t$ 和$Big\ Down_t$ 分别为不同组合在第 t 个月的月度收益率。

5. 债券因子（BOND10）

我们选择十年期固定利率国债到期收益率的月度变化作为债券因子（BOND10），其计算公式为：

$$BOND10_t = \left(\frac{十年期固定利率国债到期收益率_t}{十年期固定利率国债到期收益率_{t-1}}\right) - 1 \tag{6.5}$$

其中，十年期固定利率国债到期收益率$_t$ 为第 t 个月的十年期固定利率国债的到期收益率。

6. 信用风险因子（CBMB10）

我们选择十年期企业债（AA-级）到期收益率与十年期固定利率国债到期收

益率差值的月度变化作为信用风险因子（CBMB10），其计算公式为：

$$CBMB10_t = \frac{(\text{十年企业债到期收益率}_t - \text{十年期固定利率国债到期收益率}_t)}{(\text{十年企业债到期收益率}_{t-1} - \text{十年期固定利率国债到期收益率}_{t-1})} - 1 \quad (6.6)$$

其中，十年企业债到期收益率$_t$ 为第 t 个月十年期企业债（AA-级）的到期收益率；十年期固定利率国债到期收益率$_t$ 为第 t 个月十年期固定利率国债的到期收益率。

7. 债券市场综合因子（BOND_RET）

在 Fung 和 Hsieh（2004）的七因子中，并没有一个因子可以综合反映债券市场的情况。根据我国私募基金市场的发展情况，我们在私募基金风险因子中加入了债券市场综合因子。我们使用中债综合全价（总值）指数的月度收益率作为债券市场综合因子。中债综合全价（总值）指数的成份包含除资产支持证券、美元债券、可转债之外，在境内债券市场公开发行的债券，主要包括国债、政策性银行债券、商业银行债券、中期票据、短期融资券、企业债、公司债等。该指数是一个反映境内人民币债券市场价格走势情况的宽基指数，是债券指数应用最广泛的指数之一。债券市场综合因子的计算公式为：

$$BOND\_RET_t = \frac{BOND\_INDEX_t}{BOND\_INDEX_{t-1}} - 1 \quad (6.7)$$

其中，$BOND\_INDEX_t$ 为第 t 个月的中债综合全价（总值）指数的数值。

8. 商品市场风险因子（FUTURES）

我们选取申万商品期货指数的月收益率作为商品市场风险因子。申万商品期货指数覆盖在大连商品期货交易所、郑州商品期货交易所和上海商品期货交易所上市交易的 16 个品种的商品期货。商品市场风险因子的计算方式为：

$$FUTURES_t = \frac{Futures\_Index_t}{Futures\_Index_{t-1}} - 1 \quad (6.8)$$

其中，$Futures\_Index_t$ 为第 t 个月申万商品期货指数的数值。

二、风险因子的描述统计

我们的因子数据从 2000 年 1 月开始，但是由于不同因子在构建中所需的指数数据的起始日期不同，每个因子的样本数也不相同。具体而言，MKT 因子从 2002 年开始，这是因为计算该因子所需的沪深 300 指数数据始于 2002 年；SMB、HML 和 MOM 因子从 2000 年开始；BOND10 因子和 BOND_RET 因子从 2002 年开始；CMBM10 因子从 2008 年开始；FUTURES 因子从 2005 年开始。

表 6-3 展示的是 8 个私募基金风险因子的描述统计结果。从表 6-3 的结果可见，8 个因子中有 7 个因子的均值大于 0，分别是股票市场风险因子（MKT）、规模因子（SMB）、价值因子（HML）、债券因子（BOND10）、信用风险因子（CBMB10）、债券综合因子（BOND_RET）和商品市场风险因子（FUTURES），说明这些因子能够带来正收益。而动量因子（MOM）的均值小于 0，表明如果我们按照在美国市场有效的趋势投资方法进行趋势投资，无法获得盈利。此外，我们还发现，市场风险因子（MKT）的标准差相对较高，为 8.28%，体现出我国股票市场具有较高的波动性；而债券市场综合因子（BOND_RET）的标准差相对较低，为 0.67%，体现出债券市场风险较低的特征。

表 6-3　　私募基金风险因子描述统计：2000~2019 年

因子	样本数	均值（%）	最小值（%）	Q1（%）	中位数（%）	Q3（%）	最大值（%）	标准差（%）
MKT	215	0.71	-26.15	-4.70	0.58	5.03	27.70	8.28
SMB	240	0.63	-20.35	-1.96	0.76	2.88	17.98	4.53
HML	240	0.34	-17.36	-0.96	0.16	2.06	7.67	2.96
MOM	240	-0.17	-19.68	-2.02	0.14	2.05	11.70	3.76
BOND10	215	0.14	-17.24	-3.30	-0.43	2.75	18.34	5.56
CBMB10	143	0.64	-10.84	-2.23	0.27	2.44	20.23	5.15
BOND_RET	215	0.08	-1.67	-0.35	0.12	0.49	2.67	0.67
FUTURES	240	0.48	-34.82	-3.13	0.21	3.91	24.01	5.85

接下来，我们对各个风险因子逐一进行分析。图 6-3 展示的是股票市场风险因子 MKT 的月度收益率和累计净值，该因子收益率数据从 2002 年开始。从图 6-3 可见，MKT 因子的累计净值从 2002 年的 1 元开始，增长到 2019 年 12 月的 2.19 元，累计超额收益率为 119%，年化超额收益率为 4.4%。此外，MKT 因子的月度收益率整体起伏较大，在-26%~28%内波动。2019 年，A 股迎来上涨行情，股票市场在年初大幅上涨后波动上升，这使得衡量股票市场风险的 MKT 因子累计净值在 2019 年大幅上涨。

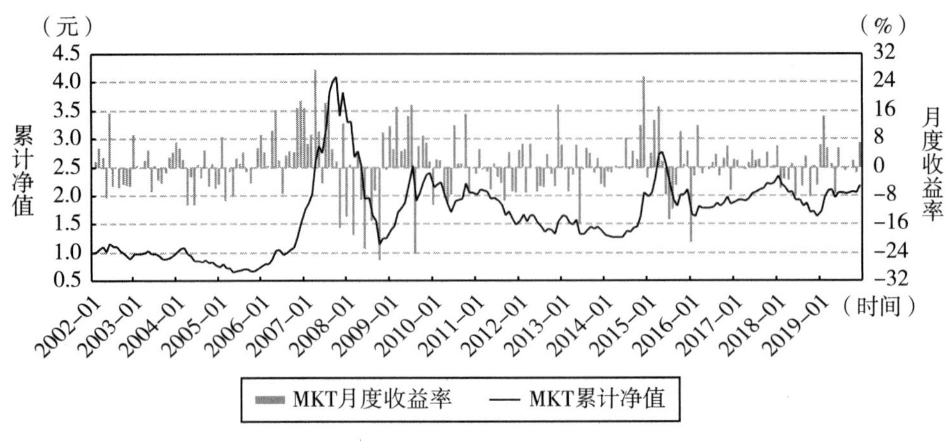

图 6-3　MKT 因子的月度收益率和累计净值

图 6-4 展示的是规模因子（SMB）的月度收益率和累计净值，该因子收益数据从 2000 年开始。从图 6-4 可见，截至 2019 年底，SMB 因子的累计净值为 3.77 元，年化收益率为 6.9%，表明长期来看投资小盘股能够带来更高的回报。此外我们发现，SMB 因子的累计净值在 2016 年 12 月达到最高点，自此开始波动下降，2017 年跌幅尤为显著。SMB 因子代表小盘股收益率与大盘股收益率之差，如果差值为正，说明小盘股的收益要高于大盘股的收益；反之，说明大盘股的收益高于小盘股的收益。2017 年，以蓝筹股为代表的“漂亮 50”股票表现瞩目，沪深 300 指数上涨 21.78%，而中小板指数和创业板指数则分别上涨 16.73%和下跌 10.67%，小盘股的业绩明显不及大盘股。2017~2019 年，36 个月中，仅有 11 个月的 SMB 因子收益为正，其他月份的 SMB 因子收益均为负，表明在这段时间，相较小盘股，大盘股有更好的业绩表现，市场行情造成 SMB 因子的累计净值在 2016 年 12 月后整体下跌。

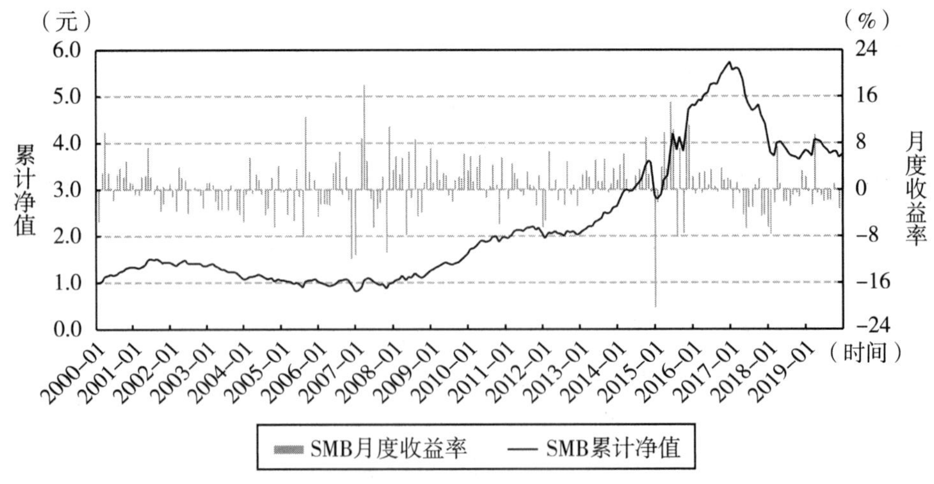

图 6-4　SMB 因子的月度收益率和累计净值

图 6-5 展示的是价值因子（HML）的月度收益率和累计净值，该因子收益率数据从 2000 年开始。到 2019 年底，HML 因子的累计净值为 1.92 元，累计收益率为 92%，年化收益率为 3.3%。HML 因子代表价值股和成长股收益率之差，如果 HML 因子的收益率为正，说明价值股有更好的表现；反之，则代表成长股有更好的业绩。可以发现，2000~2014 年，HML 因子的累计净值呈上升趋势，从 2015 年起出现较大幅度的波动；进入 2019 年，HML 因子的累计净值持续上涨，从 1.66 元涨至 1.92 元，说明高账面市值比的股票有较高的收益。

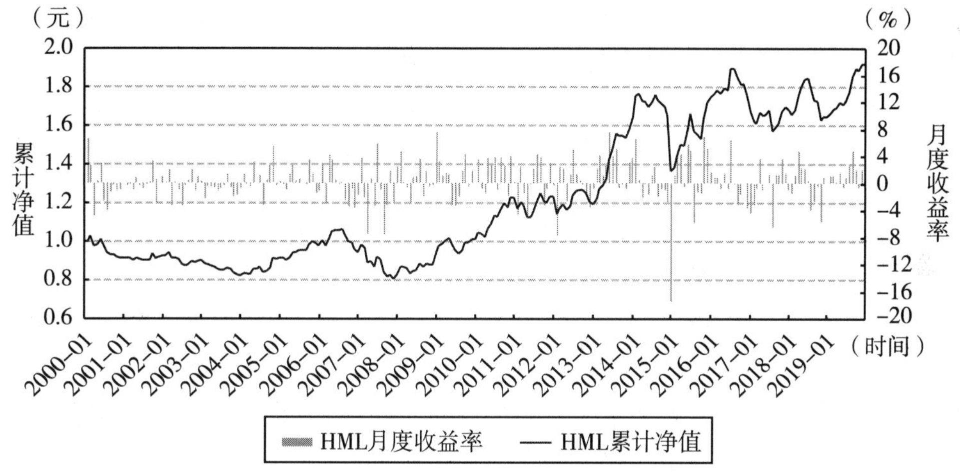

图 6-5　HML 因子的月收益度率和累计净值

图 6-6 展示的是动量因子（MOM）的月度收益率和累计净值，该因子收益率数据从 2000 年开始。自 1993 年 Jegadeesh 和 Titman 提出动量效应以来，在股票、债券等市场被广泛发现，为投资者挖掘超额收益提供了新的思路。从图 6-6 中 MOM 因子的走势可以看出，大多数情况下，如果我们按照在美国市场有效的动量

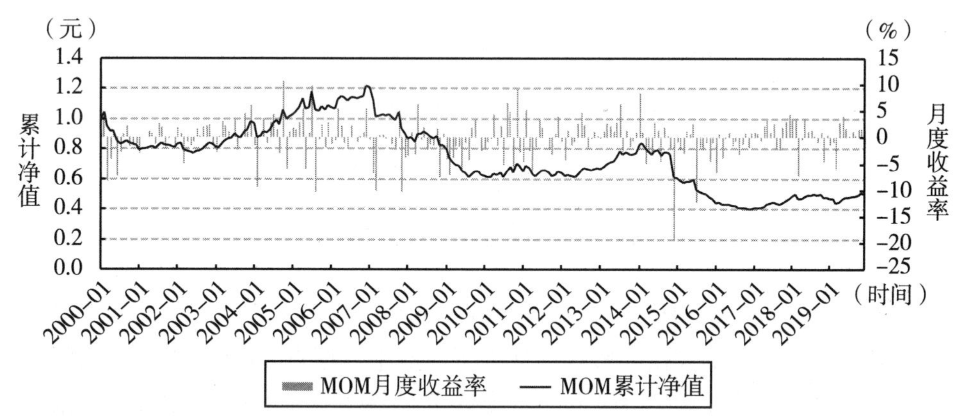

图 6-6　MOM 因子的月度收益率和累计净值

因子的构造方法去构建中国市场的动量因子，那么我国 A 股市场的动量效应并不显著，MOM 因子的累计净值波动下跌，到 2019 年底，该因子的净值为 0. 50 元，累计收益率为-50%。这说明持有过去一段时间内收益率高的股票，在下个月不能获得较高的收益率。我国股票市场行情转换较快、波动性高，受国家政策影响较大，且投资非理性程度较高，这些可能是造成动量因子出现负收益的原因。

图 6-7 展示的是债券因子（BOND10）的月度收益率和累计净值，该因子收益率数据从 2002 年开始。从图 6-7 可见，BOND10 因子的累计净值呈现波动的态势。2007 年，中国宏观经济增长过热，通货膨胀风险增大，货币政策收紧，央行 6 次加息，债市进入熊市，收益率曲线一路上涨。2008 年下半年，受美国次贷危机影响，货币政策由紧转松，收益率高位回落，直到 2009 年，在国家“4 万亿”经济刺激下，债市收益率开始反弹上行。2011 年第四季度至 2012 年期间，宏观经济放缓，货币政策走向宽松，企业融资成本降低，债市收益率陡峭下行。2014~2015 年，国内经济基本面疲软，内需回落，为降低社会融资成本、刺激经济增长，货币政策再次转为宽松，债市进入牛市，债券收益率曲线呈单边下行趋势。2017 年，在金融监管趋严和去杠杆等因素的多重影响下，债券市场面临资金紧平衡，债指价格下降，债券收益率上涨。2018~2019 年，在国内经济下行压力增大、中美贸易摩擦持续等多种复杂因素的作用下，国债收益率曲线振荡下跌。截至 2019 年底，BOND10 因子的累计净值为 0. 97 元。

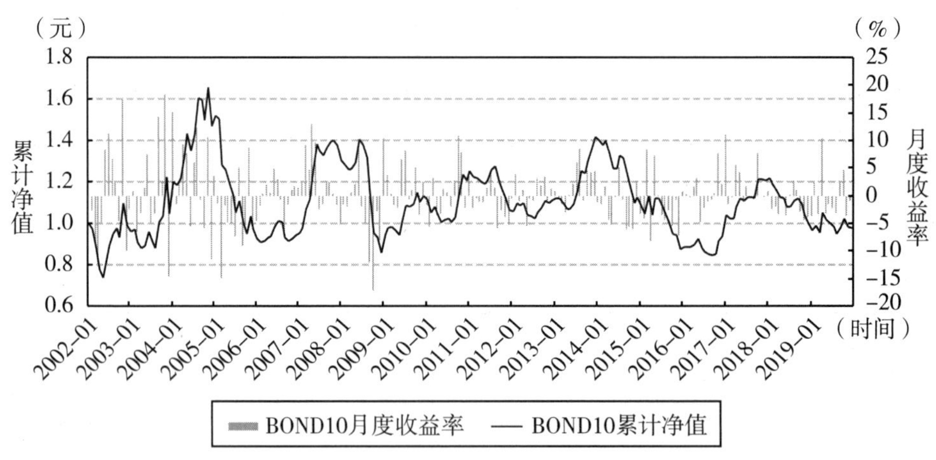

图 6-7　BOND10 因子的月度收益率和累计净值

图 6-8 展示的是信用风险因子（CBMB10）的月度收益率和累计净值，因受十年期企业债到期收益率数据的影响，该因子收益率数据自 2008 年开始。从图 6-8 可见，从 2008 年开始，CBMB10 因子的累计净值多数时间大于 1，累计收益基本为正。2015~2016 年期间，信用风险收益率呈振荡下行趋势，这与货币政策宽松和利

率下行密切相关。2018～2019 年期间，信用债违约事件持续高发，CBMB10 收益率振荡上升，企业信用风险开始暴露，逐步上升。截至 2019 年底，CBMB10 因子累计净值为 2.08 元，累计收益率达 108%，年化收益率为 6.3%。

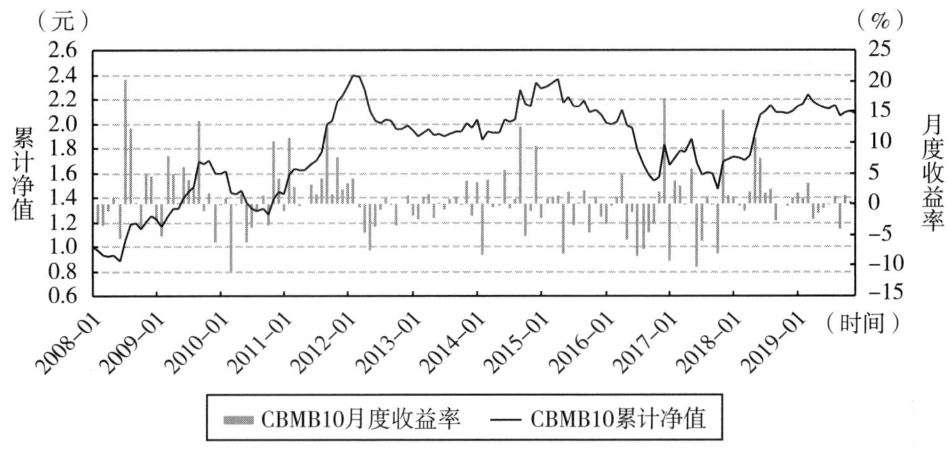

图 6-8　CBMB10 因子的月度收益率和累计净值

图 6-9 展示的是债券市场综合因子（BOND_RET）的月度收益率和累计净值，该因子收益率数据从 2002 年开始。从图 6-9 可知，自 2002 年起，BOND_RET 因子的累计收益率基本为正，且波动率较低，月度收益率在-1.7%～2.7%震荡；到 2019 年 12 月，该因子累计净值为 1.19 元，累计收益率为 19%。2017 年，债券市场面临资金紧平衡，债券收益率持续上行，债券价格指数大幅下跌，多数月份中 BOND_RET 因子的收益率均为负数。2018～2019 年，受经济下行压力和保持宽松的货币政策的影响，债券收益率整体呈现下行趋势，BOND_RET 因子的累计净值有所回升，24 个月中有 18 个月该因子的月度收益率为正。

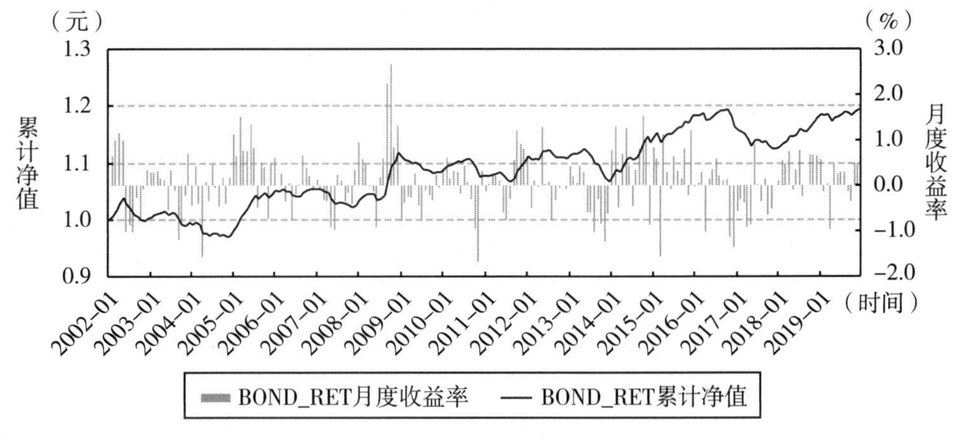

图 6-9　BOND_RET 因子的月度收益率和累计净值

图6-10展示的是商品市场风险因子（FUTURES）的月度收益率和累计净值，该因子收益率数据从2005年开始。我们发现，FUTURES因子的收益率整体波动较大，自2011年开始，FUTURES因子的累计净值开始持续波动下降，直至2015年底才有所好转。2016年，在供给侧改革的大背景下，黑色系期货大涨，其他板块也相继出现涨停，商品期货市场交易量创历史新高。2017年期货新品种恢复上市，商品市场呈波动上涨。2018年，我国期货市场对外开放步伐进一步加快，交易额继前两年来首次回暖，但在业绩表现上，各商品板块全线收跌。进入2019年，商品期货市场的品种不断增加，整体上市步伐加快，各类品种有涨有跌，整体变化较小，到2019年12月，FUTURES因子的累计净值为1.74元。

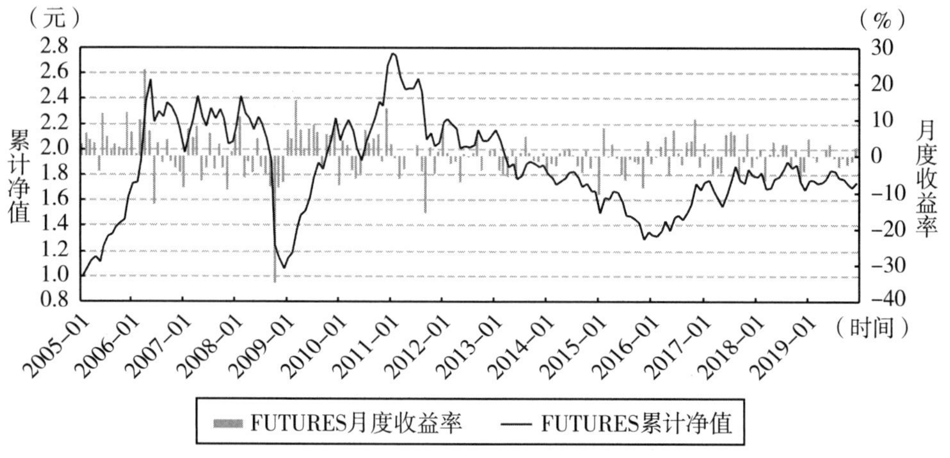

图6-10　FUTURES因子的月度收益率和累计净值

三、私募基金的风险因子归因分析

（一）样本选取

接下来，我们采用八个风险因子，分别对每只私募基金的业绩进行归因。私募基金样本的选取条件为：截至2019年12月有24个月及以上净值数据的基金。由于结构化基金的净值不能完全反映基金的收益情况，因此在样本中剔除了结构化基金。此外，我们还删除了基金净值重复率大于10%的基金，以提高样本数据的准确性。本章所用的私募基金数据来源于Wind资讯数据库。图6-11展示了私募基金样本的选取流程和每个筛选步骤后剩余的基金数量。截至2019年底，从Wind资讯数据库下载的有净值数据的私募基金数量为40 557只，在排除结构化基金和删除净值重复率大于10%的基金后，满足样本条件的基金有 11 113 只。

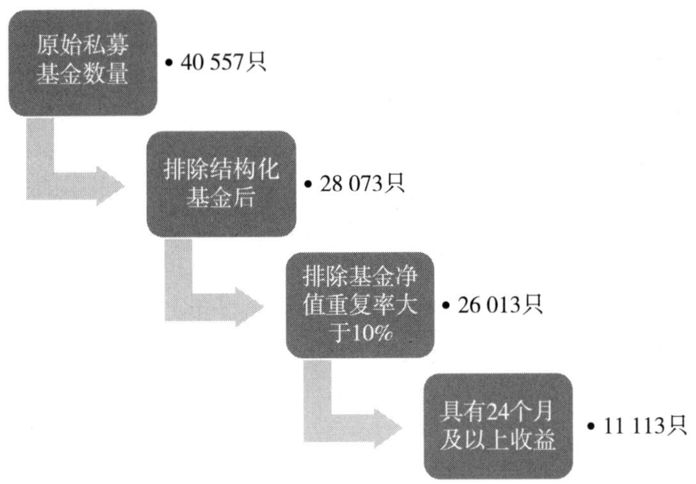

图 6-11　私募基金样本的选取步骤

表 6-4 展示了不同策略私募基金数量的占比情况，样本基金囊括了普通股票型、相对价值型、股票多空型、债券型、事件驱动型、CTA 型和其他策略的私募基金。在 11 113 只基金中，普通股票策略的基金数量占比最高，为 77.7%，该策略基金选股主要基于对公司的深入研究；其次为相对价值型基金（4.2%）和股票多空型基金（4.0%），其他策略的基金数量相对较少。

表 6-4　私募基金样本的基金策略分布情况

基金策略分类	基金数量（只）	数量占比（%）
普通股票型	8 636	77.7
相对价值型	467	4.2
股票多空型	446	4.0
债券型	375	3.4
事件驱动型	66	0.6
CTA 型	111	1.0
其他	1 012	9.1
总计	11 113	100.0

由于数据可得性的问题，不同因子的起始日期不同，此外，不同私募基金策略在我国开始出现、发展的时间也有所不一。表 6-5 展示了不同策略私募基金

和不同风险因子净值的起始日期。我们发现，私募基金样本的起始日期最早为 2003 年；而在风险因子中，信用风险因子 CBMB10 和商品市场风险因子 FUTURES 的起始日期分别为 2008 年和 2005 年，晚于 2003 年。对于这种情况，我们将这两个因子从 2003 年到其起始日期之间的数据填充为 0，以避免损失私募基金的数据。

表 6-5　　私募基金和风险因子净值的起始日期

基金策略	起始日期	因子	起始日期
普通股票型	2003-08-29	MKT	2002-01-31
股票多空型	2007-06-29	SMB	2000-01-31
相对价值型	2004-12-31	HML	2000-01-31
事件驱动型	2008-03-31	MOM	2000-01-31
债券型	2008-04-30	BOND10	2002-01-31
CTA 型	2012-05-31	CBMB10	2008-01-31
—		BOND_RET	2002-01-31
—		FUTURES	2005-01-31

（二）私募基金风险归因模型

基于上述八个风险因子，我们构建出八因子模型对每只私募基金进行回归分析，具体的模型为：

$$R_{i,t} = \alpha_i + \beta_{1,i} MKT_t + \beta_{2,i} SMB_t + \beta_{3,i} HML_t + \beta_{4,i} MOM_t + \beta_{5,i} BOND10_t + \beta_{6,i} CBMB10_t + \beta_{7,i} BOND\_RET_t + \beta_{8,i} FUTURES_t + \varepsilon_{i,t} \tag{6.9}$$

其中，$R_{i,t}$为第 t 月私募基金 i 的超额收益率，我们采用考虑私募基金分红再投资的复权净值来计算基金的收益率，以一年期定期存款利率作为无风险利率；α_i 为基金经理基于自身能力给投资者带来的超额收益；MKT_t、SMB_t、HML_t、MOM_t、$BOND10_t$、$CBMB10_t$、$BOND\_RET_t$ 和$FUTURES_t$ 分别为第 t 月的股票市场风险因子、规模因子、价值因子、动量因子、债券因子、信用风险因子、债券市场综合因子和商品市场因子的风险溢价，回归后的估计值 $\beta_1 \sim \beta_8$ 反映了私募基金在各风险因子上的暴露程度。

（三）归因分析结果

表 6-6 展示了不同策略私募基金因子的回归结果。从表 6-6 结果可见，普

通股票型私募基金的调整后 R^2 最高，平均为 41.0%；其次为事件驱动型私募基金，调整后 R^2 为 35.6%。即这些因子可以解释私募基金超额收益率方差的 35%~45%，股票多空型和相对价值型私募基金的调整后 R^2 也在 30%以上。而债券型和 CTA 型私募基金的平均调整后 R^2 相对较低，分别为 9.6%和 4.1%，表明我们构造的八因子模型未能较好解释这两个策略基金的超额收益。对比不同策略基金的平均年化 α 可以发现，CTA 型私募基金年化 α 的平均值为 11.1%，在所有类型的私募基金中最高，说明该策略基金的收益更多是来自基金经理的投资能力，而不是承担风险所带来的风险溢价，其他策略私募基金的平均年化 α 则都在 3%以内。

同时，我们还发现，不同策略的基金在不同风险因子上的暴露也不相同，β 为正且数值越接近于 1 时，说明私募基金在该因子上的暴露程度越大。举例来看，普通股票策略的基金对大盘指数对应的 MKT 因子的风险暴露较大，均值为 0.58，说明该策略基金对股票市场大盘指数的风险暴露较高，符合股票型基金的特征，而 β_{BOND_RET} 的均值为-0.42，这意味着普通股票型基金的收益与债券市场的收益呈负相关。事件驱动型基金在 MKT 因子、SMB 因子、HML 因子和 BOND_RET 因子上的暴露程度较高，当这四个因子上涨时，该策略的基金净值也会随之上涨。相对价值策略的私募基金又可细分为市场中性策略基金和套利策略基金，其中，市场中性策略基金在构建仓位时主要关注相关联证券之间的价差变化，同时持有空头头寸和多头头寸，因此，该策略基金和股票市场收益的相关性较低。

表 6-6　　私募基金因子回归结果（FUND BY FUND）

投资策略	基金数量（只）	因子	均值	最小值	Q1	中位数	Q3	最大值	标准差
普通股票型	8 636	α	2.4%	-158.0%	-4.4%	2.2%	8.5%	296.6%	16.5%
		β_{MKT}	0.58	-1.79	0.33	0.57	0.79	5.28	0.40
		β_{SMB}	0.22	-5.85	-0.02	0.16	0.41	6.68	0.52
		β_{HML}	0.07	-6.98	-0.13	0.06	0.28	12.30	0.47
		β_{MOM}	0.04	-4.93	-0.20	0.05	0.30	6.97	0.63
		β_{BOND10}	-0.06	-12.90	-0.34	-0.07	0.20	6.06	0.66
		β_{CBMB10}	-0.01	-6.27	-0.12	-0.02	0.10	2.35	0.28
		β_{BOND_RET}	-0.42	-109.27	-1.92	-0.32	1.36	39.87	4.39
		$\beta_{FUTURES}$	-0.05	-3.11	-0.16	-0.04	0.05	8.62	0.30
		调整后 R^2	41.0%	-39.1%	23.0%	43.4%	60.6%	99.0%	25.4%

续表

投资策略	基金数量（只）	因子	均值	最小值	Q1	中位数	Q3	最大值	标准差
相对价值型	467	α	2.4%	-56.0%	-1.1%	1.0%	5.1%	280.7%	17.0%
		β_{MKT}	0.16	-0.62	-0.01	0.03	0.23	5.14	0.36
		β_{SMB}	0.23	-2.31	0.02	0.14	0.29	35.61	1.67
		β_{HML}	0.06	-2.09	-0.05	0.03	0.12	3.76	0.35
		β_{MOM}	0.11	-2.75	-0.06	0.07	0.17	43.18	2.03
		β_{BOND10}	0.17	-1.57	-0.05	0.10	0.16	38.29	1.81
		β_{CBMB10}	0.04	-2.34	-0.03	0.00	0.05	9.54	0.51
		β_{BOND_RET}	1.05	-15.30	0.02	0.60	1.08	189.51	9.14
		$\beta_{FUTURES}$	-0.05	-11.78	-0.06	-0.03	0.00	2.11	0.57
		调整后 R^2	30.5%	-42.0%	5.8%	33.3%	52.2%	81.7%	26.8%
股票多空型	446	α	2.1%	-88.2%	-4.1%	1.7%	7.7%	127.9%	15.0%
		β_{MKT}	0.36	-0.25	0.10	0.29	0.58	2.68	0.34
		β_{SMB}	0.17	-0.75	0.00	0.10	0.27	2.17	0.31
		β_{HML}	0.06	-5.59	-0.10	0.05	0.21	1.81	0.46
		β_{MOM}	0.04	-1.79	-0.13	0.03	0.23	3.09	0.44
		β_{BOND10}	0.03	-1.71	-0.21	-0.04	0.13	6.00	0.54
		β_{CBMB10}	-0.01	-1.23	-0.10	-0.02	0.07	1.49	0.21
		β_{BOND_RET}	0.14	-10.17	-1.20	-0.20	0.98	38.03	3.47
		$\beta_{FUTURES}$	-0.04	-0.83	-0.16	-0.04	0.04	2.01	0.22
		调整后 R^2	31.6%	-19.2%	13.3%	30.3%	48.3%	85.0%	21.5%
事件驱动型	66	α	0.5%	-58.9%	-4.5%	-0.4%	6.9%	43.9%	16.4%
		β_{MKT}	0.58	-0.21	0.16	0.56	0.79	3.46	0.56
		β_{SMB}	0.31	-2.46	0.02	0.22	0.69	1.46	0.58
		β_{HML}	0.30	-0.86	-0.13	0.06	0.54	3.15	0.73
		β_{MOM}	-0.15	-2.15	-0.56	-0.03	0.28	1.16	0.75
		β_{BOND10}	0.09	-1.70	-0.19	0.06	0.44	2.74	0.78
		β_{CBMB10}	0.06	-2.20	-0.19	0.03	0.34	1.50	0.49
		β_{BOND_RET}	1.33	-9.12	-0.88	0.78	3.82	18.08	4.55
		$\beta_{FUTURES}$	-0.11	-2.32	-0.23	-0.05	0.11	0.57	0.40
		调整后 R^2	35.6%	-22.5%	9.0%	37.5%	59.8%	83.0%	25.9%

续表

投资策略	基金数量（只）	因子	均值	最小值	Q1	中位数	Q3	最大值	标准差
债券型	375	α	1.9%	-109.8%	-0.4%	3.8%	7.1%	53.4%	14.6%
		β_{MKT}	0.04	-0.98	-0.02	0.00	0.08	1.73	0.25
		β_{SMB}	0.05	-1.69	-0.06	0.01	0.08	2.42	0.31
		β_{HML}	-0.03	-2.60	-0.07	0.00	0.05	2.76	0.38
		β_{MOM}	-0.02	-5.03	-0.14	-0.02	0.04	2.01	0.53
		β_{BOND10}	0.09	-2.32	-0.08	0.00	0.11	9.41	0.67
		β_{CBMB10}	0.02	-0.74	-0.05	-0.01	0.04	2.59	0.25
		β_{BOND_RET}	0.26	-12.46	-0.40	0.10	0.65	20.15	2.50
		$\beta_{FUTURES}$	-0.02	-2.49	-0.05	0.00	0.04	0.98	0.23
		调整后 R^2	9.6%	-37.0%	-7.1%	3.8%	23.3%	74.0%	24.1%
CTA 型	111	α	11.1%	-16.2%	3.7%	8.2%	14.2%	135.9%	17.7%
		β_{MKT}	0.05	-0.43	-0.09	-0.01	0.11	1.50	0.28
		β_{SMB}	0.16	-0.90	-0.07	0.09	0.33	2.88	0.52
		β_{HML}	-0.06	-4.81	-0.20	-0.02	0.13	3.48	0.67
		β_{MOM}	-0.17	-5.33	-0.41	-0.09	0.19	2.04	0.78
		β_{BOND10}	0.11	-2.33	-0.14	0.07	0.19	5.28	0.77
		β_{CBMB10}	0.02	-0.92	-0.08	0.00	0.10	1.11	0.29
		β_{BOND_RET}	0.37	-11.36	-1.09	0.36	1.58	17.84	3.48
		$\beta_{FUTURES}$	0.11	-0.71	-0.03	0.09	0.20	1.56	0.28
		调整后 R^2	4.1%	-37.6%	-6.6%	4.0%	14.2%	46.3%	15.9%

表 6-7 展示了不同策略私募基金回归在各因子上的显著程度。在 10%的显著性水平下，对于基金经理的投资能力 α，债券型基金中有 49%的基金呈正显著，CTA 型基金中有 40%的基金呈正显著，说明债券型和 CTA 型基金具有投资能力的基金数量相对较多。普通股票型、相对价值型和股票多空型基金的 α 呈正显著的比例也都超过了 20%。此外，在四类股票型私募基金里，除了相对价值型私募基金以外，其他三种类型的私募基金在股票市场风险因子 MKT 上呈正显著的比例都比较高。具体来看，普通股票型私募基金中有 86%的基金在 MKT 因子上为正显著，股票多空型基金中有 80%的基金在 MKT 因子上呈正显著，事件驱动型基金中有 74%的基金在 MKT 因子上呈正显著，而相对价值型基金中有

43%的基金在 MKT 因子上为正显著。如前所述，相对价值策略中的市场中性策略基金会在持有股票多头头寸的同时做空股指期货，以对冲股票市场的风险，因此与其他主要投资股票的基金相比，较少比例的基金在 MKT 因子上的风险暴露是显著的。

表 6-7　私募基金归因分析结果显著性比例统计　单位：%

投资策略	样本数（只）	显著性	α	β_{MKT}	β_{SMB}	β_{HML}	β_{MOM}	β_{BOND10}	β_{CBMB10}	β_{BOND_RET}	$\beta_{FUTURES}$
普通股票型	8 636	正显著	21.7	86.2	34.2	21.1	16.9	9.8	7.5	9.2	6.7
		不显著	68.7	12.8	59.5	69.8	70.8	74.4	80.1	77.6	78.2
		负显著	9.5	1.0	6.3	9.1	12.4	15.8	12.4	13.2	15.1
相对价值型	467	正显著	25.1	43.3	55.9	13.3	34.9	25.9	12.4	25.5	4.1
		不显著	69.4	51.0	40.7	76.7	52.0	69.2	82.0	70.2	85.0
		负显著	5.6	5.8	3.4	10.1	13.1	4.9	5.6	4.3	10.9
股票多空型	446	正显著	22.0	79.6	39.9	20.2	22.2	12.3	6.1	11.0	8.7
		不显著	60.1	15.5	57.2	73.1	61.4	79.4	84.1	81.8	77.4
		负显著	17.9	4.9	2.9	6.7	16.4	8.3	9.9	7.2	13.9
事件驱动型	66	正显著	13.6	74.2	40.9	21.2	12.1	9.1	21.2	10.6	3.0
		不显著	72.7	25.8	57.6	72.7	65.2	78.8	72.7	80.3	83.3
		负显著	13.6	0.0	1.5	6.1	22.7	12.1	6.1	9.1	13.6
债券型	375	正显著	49.3	26.1	9.1	7.2	7.2	12.8	11.5	13.6	10.9
		不显著	41.3	66.7	77.3	78.4	73.3	79.2	74.1	80.0	78.1
		负显著	9.3	7.2	13.6	14.4	19.5	8.0	14.4	6.4	10.9
CTA 型	111	正显著	39.6	18.0	20.7	5.4	6.3	12.6	3.6	7.2	25.2
		不显著	58.6	73.9	73.9	79.3	70.3	82.0	89.2	86.5	72.1
		负显著	1.8	8.1	5.4	15.3	23.4	5.4	7.2	6.3	2.7

注：显著性水平为 10%，$t=1.282$，表中数字为处于各个显著水平基金的比例。

对于主要投资债券的债券型基金和主要投资期货的 CTA 型基金，我们发现债券型基金在债券类因子（BOND10、CBMB10、BOND_RET）上的正显著比例为 12%左右，要低于其在 MKT 因子上的正显著比例，表明一定比例的债券型基金在策略上可能存在漂移，将资金投向了股票市场。CTA 型基金中，有 25%的基金回归到 FUTURES 因子时是正显著的。

四、私募基金指数的风险因子归因分析

除了对每只私募基金进行因子回归分析之外，我们还以第五章所构建的私募基金指数为研究对象，对指数的收益率进行回归，分析不同策略基金指数在八个风险因子上的暴露。

（一）私募基金指数风险归因模型

基于八个风险因子，我们构建八因子模型对不同策略的私募基金指数进行回归分析，具体模型为：

$$INDEX\_R_{i,t}=\alpha_i+\beta_{1,i}MKT_t+\beta_{2,i}SMB_t+\beta_{3,i}HML_t+\beta_{4,i}MOM_t+\beta_{5,i}BOND10_t \\ +\beta_{6,i}CBMB10_t+\beta_{7,i}BOND\_RET_t+\beta_{8,i}FUTURES_t+\varepsilon_{i,t} \quad (6.10)$$

其中，$INDEX\_R_{i,t}$ 为第 t 个月私募基金指数 i 的超额收益率；其他变量的含义与式（6.9）相同。

（二）归因结果分析

不同策略私募基金指数风险因子回归的结果如表 6-8 所示。从模型的拟合程度来看，普通股票型、股票多空型和事件驱动型私募基金指数回归后的调整后 R^2 较高，在 60%左右。调整后 R^2 最低的私募基金指数是 CTA 型基金，主要原因在于 CTA 策略的基金采用多空双向交易的方式灵活切换持仓，既可以做多也可以做空，使基金能够在市场上涨和下跌的环境下均赚取收益，且不同的 CTA 基金所采取的具体策略有所不同，FUTURES 因子作为纯多头的因子无法对许多 CTA 基金的收益进行很好的解释，其调整后 R^2 为 7.3%。从超额收益 α 来看，普通股票型、债券型和 CTA 型基金的 α 为正显著，说明这些策略的私募基金是凭借基金经理的投资能力获得的超额收益。

我们还发现，不同策略的私募基金指数在不同风险因子上的暴露是不同的。在 10%的显著性水平下，四类股票型私募基金指数都与股票市场风险呈显著正相关，其中相对价值型私募基金的策略特征造成了其对 MKT 因子的暴露程度要低于其他三类股票型基金指数。此外，在 SMB、HML 和 MOM 这三个衡量股票市场风险的因子中，事件驱动型基金指数在 SMB 因子的暴露程度最高，表明该策略基金获得了来自投资小盘股的风险溢价；普通股票型和相对价值型基金指数对于 HML 因子的相关性为负显著，意味着这两类基金更偏向投资成长股；对于 MOM 因子，普通股票型和股

票多空型私募基金指数与其相关性为正且显著，但β值都为0.09，暴露程度不大。此外，大部分股票型私募基金指数对三个债券类风险因子和一个商品市场风险因子的暴露均不显著，或暴露程度不高。对于债券型私募基金指数，可以发现其在BOND_RET因子上的风险暴露是显著的，且β系数为0.56，与债券市场综合业绩相关性较高。同时，该策略基金与四个股票风险因子的相关性或不显著，或整体较低。

表6-8　　不同策略私募基金指数的风险因子回归结果

投资策略	普通股票型	相对价值型	股票多空型	事件驱动型	债券型	CTA型
起始日期	2005-12	2010-12	2008-12	2011-12	2010-12	2012-12
α	4.4%	1.3%	1.9%	1.7%	3.5%	11.8%
(t值)	(1.98)	(0.34)	(0.64)	(0.37)	(2.14)	(2.58)
β_{MKT}	0.43	0.18	0.41	0.51	0.03	0.11
(t值)	(19.25)	(4.42)	(13.56)	(9.77)	(1.79)	(1.94)
β_{SMB}	0.14	0.10	0.16	0.51	0.04	-0.01
(t值)	(3.41)	(1.40)	(2.65)	(5.35)	(1.39)	(-0.13)
β_{HML}	0.19	0.04	0.22	-0.03	-0.03	0.03
(t值)	(-2.79)	(-0.34)	(-2.49)	(-0.22)	(-0.59)	(-0.21)
β_{MOM}	0.09	0.17	0.09	0.08	-0.06	-0.23
(t值)	(1.70)	(1.84)	(1.30)	(0.76)	(-1.50)	(-1.98)
β_{BOND10}	-0.08	0.18	-0.07	0.27	-0.05	0.15
(t值)	(-1.51)	(-0.06)	(-1.23)	(-0.98)	(-0.70)	(-0.28)
β_{CBMB10}	-0.06	0.00	-0.06	-0.08	-0.02	-0.03
(t值)	(-1.48)	(0.08)	(-1.32)	(-0.95)	(-0.79)	(-0.39)
β_{BOND_RET}	-0.27	0.80	-0.50	0.85	0.60	0.03
(t值)	(-0.61)	(0.79)	(-0.69)	(0.74)	(1.66)	(0.02)
$\beta_{FUTURES}$	0.01	-0.03	0.01	-0.08	-0.02	0.00
(t值)	(0.48)	(-0.55)	(-0.15)	(-1.16)	(-1.01)	(-0.04)
调整后R^2	69.9%	11.7%	63.2%	56.9%	14.2%	7.3%

（三）稳健性检验

通过上述分析可以发现，一些因子在解释某些策略的私募基金收益时并不显著。例如，三个债券市场因子和一个商品市场因子回归到大多数股票型私募基金指数时不显著。因此，我们去掉了一些和私募基金策略相关性不高的因子，对私募基金指数的回归分析进行稳健性检验。在普通股票型、相对价值型、股票多空型和事件驱动型私募基金指数的分析中，我们保留了与股票市场相关的MKT、SMB、

HML 和 MOM 四个风险因子；在债券型基金指数的分析中保留了债券市场的 BOND10、CMCB10 和 BOND_RET 三个风险因子；在 CTA 型基金指数的分析中，保留了商品市场风险因子 FUTURES。

表 6-9 为调整模型变量后不同策略的私募基金指数对不同因子的回归结果。其中，普通股票型、相对价值型、股票多空型和事件驱动型私募基金指数在去掉了三个债券市场因子和一个商品市场因子之后，模型的拟合程度几乎没有变化。债券型私募基金指数在去掉了四个股票市场因子和一个商品市场因子后，模型拟合程度和相关因子的显著性水平同样没有太大改变，表明回归结果是稳健的。但是，对于 CTA 型私募基金指数，当对风险因子进行调整后，调整后 R^2 由原来的 7.3%进一步降低至-0.4%，这意味着该模型不能解释 CTA 型私募基金指数的风险来源。前面我们提到，CTA 型基金可以进行做多和做空的双向交易，策略包括趋势追踪、跨期套利、波动率套利等多种方式，且交易中包括商品、股指、利率等多种期货品种，仅通过单一做多的商品市场风险因子 FUTURES 对其风险暴露程度进行衡量并不准确，进而造成模型拟合程度低，FUTURES 因子的回归结果不显著。

表 6-9　　不同策略私募基金指数的风险因子回归结果（稳健性检验）

投资策略	普通股票型	相对价值型	股票多空型	事件驱动型	债券型	CTA 型
起始日期	2005-12	2010-12	2008-12	2011-12	2010-12	2012-12
α	6.5%	4.1%	1.4%	2.5%	4.5%	13.1%
(t 值)	(3.05)	(1.00)	(0.45)	(0.52)	(2.67)	(2.72)
β_{MKT}	0.43	0.18	0.39	0.53		
(t 值)	(21.39)	(4.92)	(13.56)	(11.11)		
β_{SMB}	0.13	0.03	0.24	0.48		
(t 值)	(3.43)	(0.37)	(4.07)	(4.81)		
β_{HML}	-0.26	-0.18	-0.07	-0.11		
(t 值)	(-5.39)	(-2.00)	(-0.96)	(-0.91)		
β_{MOM}	0.12	0.10	0.06	0.07		
(t 值)	(2.23)	(1.03)	(0.80)	(0.58)		
β_{BOND10}					-0.04	
(t 值)					(-0.71)	
β_{CBMB10}					-0.02	
(t 值)					(-0.69)	
β_{BOND_RET}					0.69	
(t 值)					(1.89)	
$\beta_{FUTURES}$						0.07
(t 值)						(0.79)
调整后 R^2	72.4%	12.1%	61.0%	58.1%	12.6%	-0.4%

综合来看，在本章中我们所构造的八个风险因子对普通股票型、股票多空型和事件驱动型私募基金指数的风险来源能够进行较好的解释。但是，对于相对价值型、债券型，特别是 CTA 型私募基金指数，模型的拟合程度相对较低，还需要进一步挖掘能够对这些策略进行有效解释的风险因子。

五、小结

为了分析各策略私募基金在不同风险上的暴露程度，我们基于美国市场的风险因子，结合我国私募基金的发展情况构建出八个中国私募基金风险因子。其中，与股票市场风险相关的因子包括：股票市场风险因子（MKT）、规模因子（SMB）、价值因子（HML）和动量因子（MOM）；与债券市场风险相关的因子包括：债券因子（BOND10）、信用风险因子（CBMB10）和债券市场综合因子（BOND_RET）；与商品市场风险相关的因子包括商品市场风险因子（FUTURES）。

在分析过程中，我们分别以单只基金和私募基金指数为对象，对普通股票型、相对价值型、股票多空型、事件驱动型、债券型和 CTA 型基金进行了回归分析。研究结果显示，当对单只基金进行回归时，四类股票型基金的拟合程度较好，与 MKT 因子呈正相关的基金数量比例较高，体现出了股票型基金的特征。而债券型基金和 CTA 型基金回归到模型时调整后 R^2 偏低，意味着我们构造的八个风险因子不能较好地解释这两个策略私募基金的收益构成。

当对私募基金指数进行回归时，普通股票型、股票多空型和事件驱动型私募基金指数的模型拟合程度较高，其中，普通股票型私募基金指数与 MKT、SMB 和 MOM 因子显著正相关，与 HML 因子显著负相关。债券型基金与 BOND_RET 因子显著正相关，与另外两个债券类因子的相关性不显著。CTA 型基金由于其策略的特殊性，回归结果的拟合程度不好。通过这些分析，我们可以在一定程度上了解不同策略私募基金的风险暴露程度，从而使投资者更加了解自己资产组合中私募基金的收益来源。

附录一　股票型私募基金业绩描述统计表（按年化收益率由高到低排序）：2015~2019 年

本表展示的是近五年股票型私募基金的收益和风险指标。其中，收益指标包括年化收益率、夏普比率、索丁诺比率、收益—最大回撤比率，风险指标包括年化波动率、年化下行风险及五年内最大回撤率。在评估基金的收益与风险时，我们选取万得全 A 指数作为评估标准，并在表中第 0 行给出相关指标的结果。

编号	基金名称	年化收益率（%）	年化波动率（%）	年化下行风险（%）	最大回撤率（%）	夏普比率	索丁诺比率	收益—最大回撤比率
0	万得全 A 指数	3.85	28.24	17.06	48.44	0.22	0.36	0.43
1	优波	37.15	30.34	9.94	20.52	1.17	3.58	18.77
2	新思哲 1 期	35.28	26.38	9.06	23.86	1.21	3.54	14.80
3	细水醍醐	34.55	27.36	9.93	29.25	1.16	3.21	11.66
4	健顺云	31.71	34.89	12.65	23.21	0.93	2.58	12.77
5	仙童 1 期	31.66	27.96	7.68	18.59	1.06	3.86	15.90
6	同犇 1 期	31.36	24.12	8.94	24.67	1.19	3.20	11.80
7	宁聚满天星	30.30	25.40	9.19	28.05	1.11	3.05	9.83
8	美港基金	28.97	25.36	7.28	20.32	1.08	3.76	12.64
9	林园	28.52	21.77	12.13	28.94	1.20	2.15	8.66
10	弘尚资产灵活配置	27.18	24.97	12.81	36.50	1.03	2.01	6.38
11	林园 3 期	25.72	26.26	15.30	32.51	0.95	1.63	6.59
12	康曼德 003 号	25.18	21.80	7.31	14.47	1.06	3.17	14.33
13	林园 2 期	25.18	25.90	15.21	31.81	0.94	1.61	6.52
14	溪牛长期回报	24.73	26.59	14.84	29.90	0.91	1.63	6.75

续表

编号	基金名称	年化收益率（%）	年化波动率（%）	年化下行风险（%）	最大回撤率（%）	夏普比率	索丁诺比率	收益—最大回撤比率
15	利得汉景1期	24.15	19.85	8.72	22.20	1.15	2.63	8.78
16	景林价值B类	23.54	21.63	11.30	25.06	1.02	1.95	7.49
17	奕金安1期	23.13	22.49	12.84	27.12	0.97	1.71	6.75
18	高信百诺1期	23.04	27.21	14.47	42.80	0.84	1.58	4.25
19	天弓2号	22.91	27.84	15.29	31.90	0.83	1.50	5.66
20	稳健增长（外贸）	22.84	23.02	8.16	35.06	0.94	2.64	5.12
21	东方医疗平衡1期	22.06	22.15	11.74	33.00	0.94	1.78	5.18
22	丰岭稳健成长1期	21.93	16.14	6.37	23.71	1.22	3.08	7.15
23	证大稳健增长	21.91	32.15	16.55	37.12	0.73	1.42	4.56
24	源乐晟策略创新1期	21.85	23.97	10.43	25.67	0.88	2.01	6.57
25	奕金安2期	21.30	21.71	11.34	27.81	0.93	1.78	5.85
26	景林创新成长	21.23	25.46	14.62	38.84	0.85	1.49	4.17
27	奕金安3期	21.12	22.10	11.88	28.73	0.91	1.69	5.59
28	巴克夏月月利1号	20.94	38.41	21.05	48.24	0.65	1.18	3.29
29	海洋之星1号	20.89	18.22	9.36	20.97	1.05	2.04	7.54
30	紫晶1号	20.77	20.77	11.39	21.80	0.94	1.71	7.19
31	凤翔多利	20.49	23.26	12.74	31.57	0.85	1.56	4.88
32	万利富达	20.32	20.10	11.71	26.09	0.95	1.63	5.83
33	恒复趋势1号	20.20	30.98	16.72	41.16	0.72	1.33	3.67

续表

编号	基金名称	年化收益率（%）	年化波动率（%）	年化下行风险（%）	最大回撤率（%）	夏普比率	索丁诺比率	收益—最大回撤比率
34	大朴进取 1 期	19.95	15.70	6.49	14.12	1.14	2.75	10.51
35	天勤 1 号	19.95	23.62	8.35	27.45	0.81	2.30	5.40
36	招商汇智之凤翔 1 号	19.55	23.44	13.00	33.80	0.81	1.47	4.27
37	东方鼎泰 1 期	19.49	17.69	6.23	14.00	1.04	2.96	10.26
38	彤源 7 号（A）	19.44	30.51	17.48	49.01	0.69	1.20	2.92
39	景林稳健	19.33	19.19	11.03	27.98	0.94	1.64	5.07
40	乐晟精选	18.75	24.21	10.21	29.64	0.76	1.80	4.59
41	景林丰收 2 号	18.72	22.55	13.19	32.56	0.81	1.38	4.17
42	朱雀 13 期	18.69	22.11	13.02	24.60	0.82	1.39	5.51
43	少数派新三板尊享 2 号	18.42	16.75	7.11	23.75	1.02	2.40	5.59
44	同庆 2 期	18.33	29.61	17.07	39.21	0.68	1.17	3.37
45	诚盛 1 期	18.17	13.54	5.09	12.29	1.19	3.15	10.62
46	源乐晟 2 期	18.06	24.48	11.18	31.20	0.73	1.60	4.14
47	通和进取 1 号	18.05	19.25	8.81	18.75	0.88	1.91	6.90
48	金蕴 12 期（泽升）	18.04	29.87	13.10	33.39	0.65	1.47	3.87
49	沣杨锦绣	17.90	19.52	8.85	23.73	0.86	1.90	5.38
50	彤源 5 号	17.88	27.16	15.82	42.81	0.69	1.18	2.98
51	思晔量化择股旗舰	17.66	21.14	10.78	25.50	0.80	1.57	4.92
52	银帆 8 期	17.61	19.13	5.20	17.68	0.85	3.14	7.07

续表

编号	基金名称	年化收益率（%）	年化波动率（%）	年化下行风险（%）	最大回撤率（%）	夏普比率	索丁诺比率	收益—最大回撤比率
53	沣杨旺德福	17.45	19.04	8.71	22.24	0.86	1.87	5.55
54	得大1期	17.16	25.59	8.68	20.30	0.67	1.98	5.94
55	泽泉景渤财富	17.12	61.22	14.22	50.20	0.42	1.82	2.40
56	鑫安6期	17.11	16.68	6.36	14.46	0.97	2.54	8.32
57	源乐晟4期	16.96	27.64	13.09	36.24	0.64	1.35	3.28
58	彤源6号	16.83	22.31	13.13	35.68	0.74	1.26	3.30
59	富恩德1期	16.81	17.83	8.80	15.85	0.87	1.77	7.41
60	华夏未来泽时进取1号	16.79	18.95	9.75	25.74	0.85	1.64	4.55
61	金蕴56期（恒复）	16.74	27.31	14.60	43.70	0.65	1.21	2.67
62	清水源1号	16.71	32.84	15.30	50.39	0.57	1.23	2.31
63	尚诚	16.71	26.94	14.10	31.37	0.65	1.23	3.71
64	朴石1期	16.47	27.04	13.81	39.92	0.64	1.25	2.86
65	久富2期	16.24	21.92	11.00	25.35	0.72	1.44	4.43
66	广金成长3期	16.03	18.82	11.35	23.31	0.80	1.33	4.73
67	银帆7期	16.01	13.74	3.90	8.75	1.03	3.64	12.58
68	万泰华瑞1号	15.99	34.33	14.92	33.08	0.56	1.28	3.32
69	康曼德101号	15.94	19.24	10.65	20.11	0.80	1.44	5.44
70	理成转子2号	15.91	25.95	14.29	26.80	0.64	1.16	4.08
71	星石1期	15.86	24.95	14.01	29.54	0.65	1.16	3.68

续表

编号	基金名称	年化收益率（%）	年化波动率（%）	年化下行风险（%）	最大回撤率（%）	夏普比率	索丁诺比率	收益—最大回撤比率
72	名禹灵越	15.78	18.83	5.74	13.65	0.78	2.57	7.91
73	景林丰收	15.57	23.61	14.66	35.48	0.67	1.08	2.99
74	双赢12期	15.31	20.72	11.27	31.70	0.72	1.31	3.28
75	朱雀4期	15.25	20.65	12.58	26.25	0.72	1.18	3.94
76	金中和西鼎	15.25	30.12	16.08	46.23	0.56	1.06	2.23
77	私享-蓝筹1期	15.19	31.94	17.27	44.45	0.56	1.04	2.31
78	投资精英之景林（A类）	15.18	24.13	14.04	39.57	0.64	1.11	2.60
79	朱雀9期	15.15	21.08	12.84	25.06	0.70	1.16	4.09
80	恒复利贞	15.10	28.95	16.40	44.18	0.58	1.02	2.31
81	朱雀中欧教育	15.10	22.86	13.10	25.30	0.66	1.16	4.03
82	浦来德天天开心对冲1号	14.97	19.41	9.18	24.20	0.73	1.55	4.17
83	朱雀新机遇	14.93	21.56	12.81	25.00	0.68	1.15	4.02
84	久富1期	14.75	21.53	10.88	25.47	0.67	1.33	3.89
85	朱雀专项	14.74	25.23	14.10	30.80	0.61	1.09	3.21
86	星石10期	14.69	25.60	12.55	28.53	0.60	1.22	3.45
87	名禹稳健增长	14.67	15.75	5.09	13.01	0.85	2.62	7.56
88	星石9期	14.57	25.76	14.94	33.60	0.60	1.03	2.90
89	衍航1号	14.45	20.58	10.26	33.53	0.68	1.36	2.87
90	中欧瑞博1期	14.37	17.04	8.07	25.00	0.79	1.67	3.83

续表

编号	基金名称	年化收益率（%）	年化波动率（%）	年化下行风险（%）	最大回撤率（%）	夏普比率	索丁诺比率	收益—最大回撤比率
91	璟恒 1 期	14.37	20.99	11.41	32.62	0.67	1.23	2.93
92	金狮 157 号	14.31	22.60	10.22	35.86	0.63	1.39	2.65
93	久富 3 号	14.28	21.28	10.93	26.62	0.66	1.28	3.57
94	星石 8 期	14.26	24.94	14.08	30.08	0.60	1.07	3.15
95	私募工场 8 期第 3 期	14.26	23.08	12.95	28.83	0.63	1.13	3.29
96	朱雀 19 期	14.24	22.62	13.67	27.96	0.64	1.05	3.38
97	国润 1 期	14.23	17.80	10.15	23.54	0.76	1.34	4.02
98	雷根 5 号	14.17	7.99	1.20	2.15	1.50	9.99	43.68
99	道谊稳健	14.17	12.91	5.02	17.81	0.97	2.49	5.28
100	金蕴 25 期（淡水泉）	14.16	20.87	11.87	27.10	0.66	1.17	3.46
101	朱雀 10 期	14.13	20.11	12.74	25.21	0.68	1.08	3.71
102	彤源 3 号	14.12	26.30	15.81	43.71	0.58	0.96	2.14
103	投资精英（朱雀 A）	14.03	21.58	13.31	26.31	0.65	1.05	3.53
104	朱雀 1 期（深国投）	13.98	25.05	14.19	30.87	0.58	1.03	2.99
105	久富 4 期	13.94	20.81	10.14	26.93	0.65	1.34	3.42
106	长江稳健	13.92	12.92	7.30	18.35	0.95	1.69	5.01
107	朱雀 2 期（深国投）	13.86	25.08	14.20	30.84	0.58	1.02	2.96
108	朱雀 22 期	13.85	22.18	13.55	27.30	0.63	1.03	3.34
109	博颐精选	13.81	24.54	14.59	41.32	0.59	0.99	2.20

续表

编号	基金名称	年化收益率（%）	年化波动率（%）	年化下行风险（%）	最大回撤率（%）	夏普比率	索丁诺比率	收益—最大回撤比率
110	明达	13.73	23.97	14.86	34.68	0.59	0.96	2.60
111	星石 12 期	13.73	24.88	14.80	33.14	0.58	0.97	2.72
112	利檀 3 期	13.68	18.42	10.18	24.02	0.72	1.29	3.74
113	航长常春藤	13.68	18.09	7.35	26.09	0.71	1.74	3.44
114	淡水泉专项 2 期（外贸）	13.58	21.31	12.19	29.06	0.63	1.10	3.06
115	朱雀 5 期	13.47	22.05	13.49	26.78	0.61	1.01	3.29
116	银帆 5 期	13.45	13.69	3.72	9.24	0.87	3.21	9.52
117	理成转子 6 号	13.38	26.12	14.65	30.55	0.55	0.98	2.86
118	双赢 7 期	13.38	24.32	14.64	33.89	0.57	0.95	2.58
119	少数派新三板尊享 1 号	13.32	17.59	7.52	26.20	0.71	1.65	3.32
120	朱雀 1 期（陕国投）	13.31	24.67	14.51	31.12	0.57	0.96	2.79
121	明达 2 期	13.26	27.10	16.04	34.96	0.54	0.91	2.47
122	中欧瑞博 4 期	13.23	16.11	8.55	21.64	0.75	1.42	3.98
123	金锝 5 号	13.21	6.37	0.82	0.96	1.73	13.50	89.28
124	双赢 10 期	13.20	20.81	11.87	31.40	0.62	1.10	2.74
125	森瑞独立景气	13.20	39.25	18.36	56.90	0.45	0.97	1.51
126	中欧瑞博 7 期	13.14	16.98	9.10	27.17	0.73	1.36	3.14
127	西藏隆源 1 号	13.06	15.93	9.75	16.76	0.75	1.23	5.05
128	海中湾（齐鲁）3 号	12.91	24.11	12.18	43.29	0.55	1.10	1.93

续表

编号	基金名称	年化收益率（%）	年化波动率（%）	年化下行风险（%）	最大回撤率（%）	夏普比率	索丁诺比率	收益—最大回撤比率
129	淡水泉精选1期	12.79	22.76	12.52	29.85	0.57	1.04	2.76
130	淡水泉成长5期	12.76	21.68	12.42	28.81	0.59	1.03	2.85
131	淡水泉成长7期	12.59	21.44	12.34	29.60	0.59	1.02	2.73
132	朱雀精选	12.58	22.14	13.61	26.91	0.59	0.95	3.00
133	淡水泉成长9期	12.44	21.88	12.59	29.77	0.57	1.00	2.68
134	星石目标回报1期	12.43	27.23	15.61	37.16	0.51	0.88	2.14
135	展博新兴产业（A）	12.43	25.84	12.59	31.13	0.52	1.06	2.56
136	思晔动态对冲旗舰产品	12.41	12.34	4.92	9.01	0.88	2.21	8.82
137	润晖稳健增值	12.37	17.05	10.18	23.28	0.68	1.14	3.40
138	榕树文明复兴	12.35	29.96	13.77	41.20	0.47	1.03	1.92
139	淡水泉成长6期	12.24	21.76	12.56	29.30	0.57	0.98	2.67
140	混沌2号	12.21	31.90	17.87	36.02	0.47	0.84	2.16
141	淡水泉2008	12.21	22.48	13.68	29.42	0.56	0.91	2.65
142	淡水泉成长4期	12.20	22.11	12.77	29.43	0.56	0.97	2.64
143	拾贝精选1期	12.18	15.21	8.66	22.08	0.73	1.28	3.52
144	双赢6期	12.12	11.88	6.47	17.90	0.89	1.63	4.31
145	阳光宝1号	12.11	16.30	9.34	26.24	0.70	1.22	2.94
146	投资精英（星石A）	12.11	25.19	15.24	35.32	0.52	0.86	2.18
147	红筹1号	12.04	21.08	11.78	32.85	0.57	1.02	2.33

续表

编号	基金名称	年化收益率（%）	年化波动率（%）	年化下行风险（%）	最大回撤率（%）	夏普比率	索丁诺比率	收益—最大回撤比率
148	雷根 6 号	12.00	7.46	0.46	1.08	1.35	21.75	70.87
149	鼎润 1 期	11.90	19.27	10.01	30.37	0.60	1.15	2.48
150	淡水泉成长 1 期	11.89	21.66	12.62	28.70	0.55	0.95	2.63
151	智诚 10 期	11.88	25.25	12.19	33.68	0.52	1.08	2.24
152	华夏财富创新广发 1 期	11.77	14.70	7.31	19.05	0.72	1.45	3.91
153	神农 1 期	11.76	21.84	11.36	28.40	0.54	1.05	2.62
154	长金 9 号	11.69	31.01	20.12	43.33	0.47	0.72	1.70
155	光大兴富进取 3 期	11.60	32.25	14.81	43.56	0.45	0.97	1.68
156	朱雀新动力	11.59	19.16	12.08	22.34	0.60	0.95	3.27
157	执耳医药	11.57	26.17	17.18	45.45	0.49	0.75	1.60
158	淡水泉成长 3 期	11.53	22.03	13.04	30.12	0.53	0.90	2.41
159	汇信得 3 期	11.52	24.79	13.37	39.36	0.50	0.92	1.84
160	金狮 155 号	11.47	15.73	9.04	28.38	0.67	1.16	2.54
161	朱雀 12 期	11.46	21.91	13.41	26.69	0.54	0.89	2.70
162	鑫兰瑞	11.38	19.37	5.23	31.11	0.57	2.12	2.29
163	智德 1 期	11.33	20.55	12.60	40.79	0.55	0.90	1.74
164	投资精英（淡水泉 A）	11.31	21.08	12.37	28.79	0.54	0.92	2.46
165	穿石 1 号	11.26	20.45	11.63	30.97	0.55	0.96	2.28
166	鑫安 1 期	11.22	15.11	5.91	13.53	0.67	1.72	5.18

续表

编号	基金名称	年化收益率（%）	年化波动率（%）	年化下行风险（%）	最大回撤率（%）	夏普比率	索丁诺比率	收益—最大回撤比率
167	宽远价值成长	11.07	14.05	7.59	16.42	0.70	1.30	4.20
168	锐进16期中欧瑞博	11.01	15.40	8.17	22.06	0.68	1.28	3.11
169	朱雀2期A（平安）	10.98	21.16	13.72	30.84	0.53	0.81	2.22
170	展博专注A期	10.97	23.93	12.17	31.00	0.48	0.95	2.20
171	金锝6号	10.90	5.25	1.03	1.41	1.70	8.62	48.12
172	智诚11期	10.89	25.50	11.94	34.07	0.48	1.02	1.99
173	展博1期	10.87	23.79	12.57	31.90	0.48	0.91	2.12
174	智德精选3期	10.82	19.19	11.33	35.64	0.55	0.93	1.88
175	金海9号	10.82	18.23	10.82	25.09	0.57	0.96	2.67
176	智诚7期	10.81	27.43	13.92	42.51	0.45	0.89	1.58
177	裕晋9期	10.78	19.96	10.95	28.93	0.55	1.00	2.31
178	平安阖鼎中欧瑞博9期	10.75	16.21	9.12	24.86	0.64	1.13	2.68
179	混沌1号（聚发11）	10.74	33.36	18.99	47.26	0.42	0.74	1.41
180	惠正成长	10.67	35.93	14.83	44.44	0.39	0.94	1.49
181	鼎萨价值成长	10.61	41.22	27.00	58.78	0.43	0.65	1.12
182	德丰华1期	10.59	17.87	10.75	26.82	0.56	0.94	2.44
183	金百镕1期	10.50	14.78	8.02	22.27	0.64	1.18	2.91
184	中国龙进取	10.48	16.00	9.79	25.03	0.60	0.99	2.58
185	淡水泉成长10期（A）	10.47	20.96	12.51	29.08	0.50	0.85	2.22

续表

编号	基金名称	年化收益率（%）	年化波动率（%）	年化下行风险（%）	最大回撤率（%）	夏普比率	索丁诺比率	收益—最大回撤比率
186	世诚扬子 3F 号	10.47	15.93	9.34	18.40	0.63	1.07	3.50
187	朱雀 20 期	10.38	20.48	13.33	26.77	0.51	0.79	2.38
188	华骏海石 1 号	10.33	15.35	5.35	20.05	0.61	1.75	3.17
189	金锝量化	10.32	5.74	1.78	6.31	1.46	4.73	10.04
190	信复创值 2 号	10.20	17.21	9.04	28.81	0.56	1.06	2.17
191	紫金港 1 号	10.09	30.83	16.57	38.08	0.41	0.77	1.62
192	华夏未来领时对冲 1 号尊享 A 期	10.08	18.52	9.73	26.24	0.52	1.00	2.35
193	新同方	10.07	11.53	4.18	9.46	0.75	2.07	6.51
194	智德精选	10.04	19.18	11.04	33.48	0.52	0.90	1.83
195	智德持续增长 2	9.96	22.70	11.44	35.28	0.47	0.93	1.72
196	冰剑 10 号	9.92	21.21	7.34	27.56	0.46	1.34	2.19
197	康曼德甘主动管理型	9.91	17.37	10.55	20.76	0.54	0.89	2.91
198	新方程精选 E5 号	9.90	18.97	10.81	25.81	0.52	0.92	2.34
199	平石 2n 对冲基金	9.90	19.17	13.86	27.23	0.52	0.72	2.22
200	神农长空集母	9.89	23.21	9.37	27.24	0.45	1.11	2.21
201	长青藤 3 期	9.82	21.59	10.96	33.73	0.47	0.93	1.77
202	穿石品质生活	9.82	20.70	11.62	31.90	0.48	0.85	1.87
203	国泰君安兴富进取 2 期	9.79	31.38	14.67	25.56	0.40	0.85	2.33
204	乾元 TOT	9.71	5.78	1.53	2.63	1.42	5.36	22.40

续表

编号	基金名称	年化收益率（%）	年化波动率（%）	年化下行风险（%）	最大回撤率（%）	夏普比率	索丁诺比率	收益—最大回撤比率
205	中国龙平衡	9.68	9.57	5.26	13.34	0.85	1.54	4.40
206	景泰复利回报 1 期（国投）	9.65	17.08	9.00	30.57	0.53	1.00	1.91
207	金狮 151 号	9.63	11.72	4.37	14.69	0.70	1.89	3.98
208	国联安-弘尚资产成长精选 1 号	9.55	22.58	12.26	28.99	0.44	0.82	1.99
209	智诚 6 期	9.47	26.32	13.28	42.27	0.41	0.81	1.35
210	兆信 1 期	9.47	15.68	6.35	19.40	0.55	1.36	2.95
211	铭深 1 号	9.47	17.49	10.29	27.83	0.51	0.87	2.05
212	重阳 8 期	9.47	11.27	6.97	13.96	0.72	1.16	4.10
213	景林稳健 2 号	9.40	22.17	14.06	35.17	0.45	0.71	1.61
214	和聚鼎宝 1 期	9.33	22.32	9.23	40.46	0.43	1.05	1.39
215	神农春生	9.31	20.42	10.50	27.25	0.46	0.89	2.06
216	京福 1 号	9.28	31.11	14.95	53.63	0.38	0.80	1.04
217	开宝 1 期	9.28	15.58	7.82	23.37	0.54	1.08	2.39
218	金百镕 5 期	9.28	16.42	9.27	21.76	0.52	0.93	2.56
219	智诚 3 期	9.27	24.32	14.63	34.79	0.42	0.70	1.60
220	裕晋 5 期	9.27	22.69	11.21	33.68	0.43	0.87	1.66
221	私募工场君洽精选 1 期	9.24	14.07	7.23	22.23	0.58	1.14	2.50
222	一线对冲君一对冲	9.21	12.27	5.15	15.79	0.65	1.54	3.50
223	阳光宝 2 号	9.20	19.18	11.66	28.61	0.48	0.79	1.93

续表

编号	基金名称	年化收益率（%）	年化波动率（%）	年化下行风险（%）	最大回撤率（%）	夏普比率	索丁诺比率	收益—最大回撤比率
224	七星 1 号	9.19	13.51	7.07	17.08	0.63	1.19	3.23
225	远策对冲 1 号	9.06	18.91	9.41	31.15	0.47	0.94	1.74
226	格上创富 2 期	9.04	14.92	8.81	23.21	0.55	0.93	2.33
227	智诚 2 期	8.94	24.45	13.89	40.84	0.41	0.72	1.31
228	长见精选 1 号	8.92	18.98	9.66	33.64	0.47	0.93	1.59
229	悟空东略量化对冲 1 期	8.91	13.19	6.10	19.88	0.59	1.28	2.68
230	东源 1 期	8.81	19.22	10.86	26.32	0.45	0.80	1.99
231	康曼德 002 号	8.71	15.09	9.23	19.16	0.52	0.85	2.70
232	博鸿成长 1 号	8.70	22.66	12.99	37.81	0.41	0.71	1.37
233	思晔市场中性旗舰产品	8.67	5.94	2.30	3.83	1.16	3.00	13.44
234	银帆 6 期	8.65	10.72	3.77	11.58	0.68	1.93	4.44
235	景泰复利回报 2 期	8.58	16.99	9.03	30.68	0.47	0.89	1.66
236	质嘉 1 期	8.57	25.66	15.02	42.58	0.39	0.66	1.19
237	光大基金宝-均衡价值	8.50	17.63	10.74	26.10	0.46	0.76	1.93
238	重阳目标回报 1 期	8.50	20.05	10.70	23.69	0.42	0.79	2.13
239	景泰复利回报银信宝 1 期	8.47	16.29	8.52	30.62	0.48	0.92	1.64
240	重阳 1 期	8.47	19.47	11.67	23.76	0.43	0.72	2.11
241	红宝石 E-1306 多元凯利	8.43	9.54	4.50	15.04	0.76	1.60	3.32
242	京福 2 号	8.32	31.22	15.28	47.50	0.36	0.73	1.03

续表

编号	基金名称	年化收益率（%）	年化波动率（%）	年化下行风险（%）	最大回撤率（%）	夏普比率	索丁诺比率	收益—最大回撤比率
243	弘酬永泰	8.26	17.48	11.13	27.70	0.45	0.71	1.76
244	下游消费板块 H1104	8.16	20.91	11.94	35.03	0.41	0.71	1.37
245	汇利优选 9 期	8.13	27.86	16.29	43.96	0.36	0.62	1.09
246	投资精英之展博（A）	8.13	20.83	12.87	31.14	0.40	0.65	1.53
247	弘酬开元	8.07	6.19	3.04	4.20	1.03	2.09	11.28
248	普邦恒升华金 1 期	7.97	15.02	9.23	22.12	0.48	0.78	2.11
249	锐进 2 期	7.86	21.88	12.73	33.39	0.38	0.66	1.38
250	远策 1 期	7.85	16.19	9.24	23.70	0.45	0.78	1.94
251	尚雅 13 期	7.79	27.89	16.13	49.45	0.35	0.61	0.92
252	中国龙精选 2	7.74	14.39	8.36	20.21	0.48	0.82	2.24
253	六禾光辉岁月 1 期	7.71	19.64	11.47	30.59	0.39	0.67	1.47
254	垒土自营	7.69	7.98	2.37	6.46	0.79	2.64	6.95
255	开宝 2 期	7.69	18.65	10.57	26.62	0.40	0.71	1.68
256	金蕴 21 期（泓璞 1 号）	7.69	27.06	14.55	45.09	0.35	0.65	0.99
257	华宝艾方多策略对冲套利 1 期	7.64	9.44	4.84	14.46	0.66	1.28	3.08
258	华夏金色长城养老投资	7.60	19.72	12.10	32.66	0.39	0.63	1.35
259	天勤 2 号	7.59	26.50	16.24	55.64	0.35	0.57	0.79
260	金海 2 号	7.58	13.85	7.02	20.00	0.48	0.95	2.21
261	冰冷 2 期	7.51	30.63	20.66	50.75	0.35	0.53	0.86

续表

编号	基金名称	年化收益率（%）	年化波动率（%）	年化下行风险（%）	最大回撤率（%）	夏普比率	索丁诺比率	收益—最大回撤比率
262	汇利优选 10 期	7.43	28.57	17.51	48.24	0.34	0.56	0.89
263	宾悦成长 1 号	7.42	24.54	14.03	27.04	0.35	0.61	1.59
264	鼎锋 5 期	7.31	23.49	12.95	37.88	0.35	0.63	1.12
265	鑫扬 1 期	7.29	25.90	11.82	42.72	0.33	0.72	0.99
266	彩瑞 3 期	7.28	24.13	14.12	35.49	0.34	0.59	1.19
267	金海 8 号	7.25	11.57	6.58	16.77	0.52	0.92	2.50
268	徐星投资	7.23	21.68	11.37	38.81	0.35	0.67	1.08
269	归富长乐 1 号	6.94	11.81	5.21	16.21	0.49	1.11	2.46
270	创赢 2 号（华润）	6.90	15.95	8.71	20.86	0.40	0.73	1.90
271	投资精英之重阳（A）	6.81	12.82	7.80	26.23	0.45	0.75	1.49
272	永兴量化对冲 2 号	6.60	6.43	3.36	7.06	0.78	1.49	5.33
273	投资精英之翼虎（A）	6.59	15.14	7.05	30.06	0.39	0.84	1.25
274	星动力	6.52	17.53	9.93	32.17	0.36	0.63	1.15
275	重阳对冲 3 号	6.51	16.77	9.04	18.68	0.36	0.67	1.99
276	神州牧 1 号	6.51	23.17	11.42	46.12	0.31	0.64	0.80
277	陆宝点金精选	6.48	8.31	3.64	12.76	0.60	1.38	2.89
278	华西神农复兴	6.47	19.63	10.89	29.85	0.33	0.60	1.23
279	红宝石安心进取 H-1001	6.43	22.34	12.93	41.02	0.32	0.55	0.89
280	睿信 5 期	6.41	25.88	15.83	32.61	0.31	0.50	1.12

续表

编号	基金名称	年化收益率（%）	年化波动率（%）	年化下行风险（%）	最大回撤率（%）	夏普比率	索丁诺比率	收益—最大回撤比率
281	双赢5期	6.37	20.03	13.58	39.02	0.33	0.49	0.93
282	龙腾3期	6.32	32.64	15.99	54.11	0.29	0.59	0.66
283	博润价值成长	6.29	20.83	10.54	27.44	0.32	0.63	1.30
284	金狮141号	6.27	22.40	13.76	43.92	0.31	0.51	0.81
285	和禄1号	6.25	12.38	6.98	23.37	0.42	0.75	1.51
286	长青藤（A类）	6.21	21.26	13.44	40.83	0.32	0.50	0.86
287	金百镕6期	6.19	14.47	8.05	21.12	0.39	0.71	1.66
288	中国龙精选	6.16	23.20	14.21	35.79	0.30	0.50	0.97
289	鸿道4期	6.10	25.86	14.03	47.57	0.29	0.54	0.72
290	昭时5期	6.09	30.68	16.54	45.44	0.29	0.54	0.76
291	中国龙	5.93	15.60	8.88	21.08	0.34	0.60	1.58
292	上善若水3期	5.86	17.95	10.29	35.07	0.32	0.55	0.94
293	重阳对冲2号	5.81	18.47	9.67	21.86	0.31	0.59	1.49
294	淘利多策略量化套利	5.73	5.10	1.96	2.94	0.80	2.09	10.92
295	国信红岭	5.71	4.28	1.97	3.05	0.94	2.05	10.50
296	融昌3期	5.64	23.72	16.41	42.52	0.29	0.42	0.74
297	兴聚1期	5.63	14.36	9.62	31.51	0.34	0.51	1.00
298	华夏养老新动力1号	5.58	18.15	11.82	29.47	0.30	0.46	1.06
299	康曼德001号	5.53	21.15	11.94	28.31	0.29	0.51	1.09

续表

编号	基金名称	年化收益率（%）	年化波动率（%）	年化下行风险（%）	最大回撤率（%）	夏普比率	索丁诺比率	收益—最大回撤比率
300	汇利优选 2 号	5. 50	28. 53	17. 33	47. 94	0. 28	0. 45	0. 64
301	和聚 1 期	5. 49	23. 14	12. 29	35. 15	0. 27	0. 51	0. 87
302	汇利优选	5. 41	28. 06	16. 74	48. 35	0. 27	0. 46	0. 62
303	华润信托大岩绝对	5. 40	10. 41	4. 99	15. 03	0. 40	0. 84	2. 00
304	合德丰泰	5. 40	6. 32	3. 25	6. 49	0. 61	1. 19	4. 63
305	冰剑 1 号	5. 35	15. 61	7. 66	31. 70	0. 31	0. 62	0. 94
306	仙多山 1-A	5. 34	23. 61	13. 85	28. 86	0. 27	0. 47	1. 03
307	普尔创智	5. 26	31. 03	17. 84	49. 03	0. 27	0. 47	0. 60
308	六禾财富东莞	5. 18	19. 09	11. 69	33. 55	0. 28	0. 45	0. 86
309	金蕴 70 期（鼎萨 5 期）	5. 13	30. 07	18. 88	55. 79	0. 26	0. 42	0. 51
310	安进 13 期壹心 1 号	5. 08	5. 45	2. 64	7. 01	0. 64	1. 32	4. 01
311	中金金致 5 号	4. 97	19. 71	9. 77	27. 35	0. 27	0. 54	1. 00
312	神农老院子基金	4. 96	30. 25	15. 23	39. 92	0. 26	0. 51	0. 69
313	鸿道 3 期	4. 92	23. 83	14. 02	47. 40	0. 25	0. 43	0. 57
314	中国龙稳健	4. 89	15. 47	8. 68	20. 47	0. 28	0. 50	1. 32
315	龙腾 5 期	4. 82	30. 84	15. 10	51. 53	0. 25	0. 50	0. 52
316	翼虎成长 3 期	4. 82	14. 73	6. 95	30. 57	0. 28	0. 60	0. 87
317	创赢 5 号	4. 79	16. 46	9. 44	23. 64	0. 27	0. 47	1. 12
318	尊嘉 ALPHA	4. 68	7. 93	2. 15	15. 09	0. 41	1. 52	1. 70

续表

编号	基金名称	年化收益率（%）	年化波动率（%）	年化下行风险（%）	最大回撤率（%）	夏普比率	索丁诺比率	收益—最大回撤比率
319	创赢 7 号	4.63	15.76	9.08	19.85	0.26	0.46	1.28
320	品正理翔 2 期	4.58	17.88	10.19	26.85	0.25	0.44	0.93
321	申毅量化	4.57	3.21	1.40	3.14	0.91	2.09	7.97
322	永兴量化对冲 3 号	4.52	15.02	9.20	19.02	0.27	0.44	1.30
323	鼎锋 8 期	4.47	19.61	10.21	36.12	0.24	0.45	0.68
324	普尔 1 号	4.46	30.90	18.41	50.13	0.25	0.41	0.49
325	冰剑 10 号之冰剑专享 1 期	4.45	17.92	9.73	30.37	0.24	0.44	0.80
326	冰剑 10 号之冰剑专享 2 期	4.43	17.90	9.75	30.51	0.24	0.44	0.79
327	红宝石安心进取 H-1003	4.39	7.75	4.24	12.25	0.38	0.70	1.95
328	同瑞汇金 1 期	4.34	12.34	6.91	30.52	0.27	0.49	0.78
329	昭时 9 期	4.13	30.45	15.21	43.13	0.22	0.45	0.52
330	永兴量化对冲 5 号	4.13	5.75	3.71	7.50	0.48	0.75	2.99
331	汇利 5 期	4.12	29.69	17.87	52.12	0.23	0.38	0.43
332	常春藤 6 期	4.09	20.94	11.40	41.86	0.22	0.40	0.53
333	金狮 158 号	3.97	6.34	3.72	9.87	0.39	0.67	2.18
334	柘弓 1 期	3.94	26.24	16.71	39.07	0.22	0.35	0.55
335	金狮 154 号	3.93	12.47	8.21	24.46	0.24	0.37	0.87
336	优选 M1 号 A	3.71	21.46	15.59	43.18	0.21	0.30	0.46
337	民森 A 号	3.70	23.32	15.89	45.29	0.21	0.30	0.44

续表

编号	基金名称	年化收益率（%）	年化波动率（%）	年化下行风险（%）	最大回撤率（%）	夏普比率	索丁诺比率	收益—最大回撤比率
338	金海 5 号	3.70	19.41	12.48	27.41	0.20	0.31	0.73
339	雷钧 2 号	3.68	29.58	13.83	43.41	0.21	0.44	0.46
340	和聚 10 期	3.63	23.00	13.10	41.13	0.20	0.35	0.47
341	大岩量化对冲	3.58	11.41	7.10	17.31	0.24	0.38	1.11
342	创赢 3 号（华润）	3.57	17.39	10.20	21.22	0.19	0.33	0.90
343	金石 3 期	3.47	36.89	15.58	50.63	0.21	0.50	0.37
344	雪球 2 期	3.35	21.26	12.20	37.91	0.18	0.32	0.47
345	谦石 1 期	3.30	30.89	17.62	53.76	0.20	0.36	0.33
346	汇利 3 期	3.23	30.64	19.47	51.11	0.21	0.33	0.34
347	投资精英（汇利 A）	3.23	27.63	16.71	49.22	0.20	0.32	0.35
348	鼎萨 3 期	3.19	31.69	17.85	56.69	0.20	0.36	0.30
349	泛涵正元证券投资	3.17	6.56	4.27	19.75	0.26	0.40	0.86
350	鼎锋 18 期	3.14	18.04	9.78	38.14	0.17	0.31	0.44
351	锐进 15 期中国龙稳健	3.04	13.14	8.32	20.96	0.18	0.29	0.77
352	中国龙尊享 E	3.04	13.13	8.32	20.97	0.18	0.29	0.77
353	申毅对冲 1 号	3.01	2.19	0.67	1.79	0.63	2.04	8.93
354	工银量化恒盛精选	3.00	3.58	1.95	3.84	0.39	0.72	4.14
355	光大兴富进取 5 期	2.96	29.37	14.61	38.22	0.19	0.38	0.41
356	沃胜 5 期	2.95	16.26	9.74	38.06	0.16	0.27	0.41

续表

编号	基金名称	年化收益率（%）	年化波动率（%）	年化下行风险（%）	最大回撤率（%）	夏普比率	索丁诺比率	收益—最大回撤比率
357	华西神农繁荣	2.92	21.60	11.91	39.15	0.17	0.30	0.40
358	慧安 1 号	2.79	22.73	11.55	46.91	0.16	0.31	0.31
359	慧安 3 号	2.76	24.26	11.45	48.36	0.15	0.33	0.30
360	赤子之心成长	2.60	18.57	11.05	25.08	0.14	0.24	0.55
361	鼎锋 2 期	2.55	22.91	13.81	43.84	0.15	0.25	0.31
362	汇利优选 6 期	2.55	26.14	16.65	49.46	0.17	0.26	0.27
363	明曜启明 1 期	2.53	23.69	15.05	45.14	0.16	0.25	0.30
364	智诚 8 期	2.46	27.53	14.74	44.61	0.16	0.30	0.29
365	中国龙价值	2.35	12.33	7.88	23.35	0.12	0.19	0.53
366	炳富 1 号（华宝）	2.30	18.38	10.02	35.68	0.13	0.24	0.34
367	和聚 6 期（2014）	2.13	20.59	11.58	38.11	0.13	0.22	0.29
368	泰九 2 期	2.09	22.50	11.90	45.86	0.13	0.24	0.24
369	金中和 1 期（中信）	2.04	24.33	17.00	50.93	0.14	0.21	0.21
370	温莎简毅精选 8 号	2.04	21.98	11.06	46.61	0.12	0.24	0.23
371	鼎锋 1 期	2.02	22.19	13.64	48.16	0.13	0.21	0.22
372	沃胜 2 期	1.97	27.80	17.15	57.61	0.15	0.24	0.18
373	和聚 7 期之和聚专享 1 期	1.94	30.71	18.43	46.54	0.17	0.28	0.22
374	神农价值精选 1 号	1.92	18.70	10.42	41.67	0.11	0.20	0.24
375	浦江之星 96 号 2 期	1.86	1.41	1.12	3.67	0.17	0.21	2.63

续表

编号	基金名称	年化收益率（%）	年化波动率（%）	年化下行风险（%）	最大回撤率（%）	夏普比率	索丁诺比率	收益—最大回撤比率
376	瀚信成长 10 期	1.73	32.48	13.82	54.58	0.14	0.33	0.16
377	论德 1 期	1.67	16.29	7.65	39.17	0.08	0.17	0.22
378	睿信 2 期	1.59	21.02	12.76	41.74	0.10	0.17	0.20
379	锐进 12 期	1.55	28.04	17.00	58.70	0.14	0.23	0.14
380	龙旗扶翼第 5 期	1.43	6.19	3.27	17.65	0.00	0.00	0.42
381	安进 19 期富善对冲 1 号	1.08	4.44	2.30	14.28	-0.10	-0.19	0.39
382	泰九 1 期	0.98	23.53	13.41	49.78	0.09	0.15	0.10
383	聚星 2 号汇裕 1 期	0.85	31.58	19.70	54.85	0.14	0.22	0.08
384	慧安 6 号	0.85	23.84	12.98	52.33	0.08	0.15	0.08
385	华夏财富阿尔法 1 号	0.78	21.77	14.38	50.72	0.07	0.11	0.08
386	尚雅 2 期	0.75	33.37	18.76	58.76	0.14	0.24	0.06
387	道睿择 1 期	0.71	10.92	6.29	21.52	-0.03	-0.05	0.17
388	尚雅 5 期	0.69	29.78	17.79	56.80	0.12	0.19	0.06
389	R2007ZX065	0.50	17.98	10.62	40.16	0.03	0.05	0.06
390	聚发（25）-保证金交易 1 号 A2	0.35	9.74	8.49	21.15	-0.08	-0.09	0.08
391	合正普惠 1 期	0.33	15.56	9.92	33.41	-0.01	-0.01	0.05
392	广金成长 6 期	0.24	29.15	19.55	50.73	0.11	0.16	0.02
393	盈丰康伦 1 期	0.24	34.61	18.07	43.31	0.12	0.23	0.03
394	赤子之心价值	0.19	16.11	10.39	26.65	-0.01	-0.01	0.04

续表

编号	基金名称	年化收益率（%）	年化波动率（%）	年化下行风险（%）	最大回撤率（%）	夏普比率	索丁诺比率	收益—最大回撤比率
395	利得宝	0.10	3.97	3.66	5.69	-0.36	-0.39	0.09
396	美联融通 1 期	0.04	45.14	28.53	68.21	0.21	0.33	0.00
397	映雪霜雪 2 期	-0.13	28.81	18.47	51.77	0.09	0.14	-0.01
398	泽泉信德	-0.26	22.37	12.90	52.17	0.02	0.04	-0.02
399	稳健流动性	-0.28	1.31	1.08	2.02	-1.45	-1.75	-0.69
400	紫鑫 6 号	-0.42	9.35	6.07	23.56	-0.17	-0.26	-0.09
401	富众多维共振	-0.44	24.60	15.10	40.48	0.04	0.07	-0.05
402	尚雅 1 期（深国投）	-0.57	32.30	18.70	59.92	0.09	0.16	-0.05
403	御峰 2 号	-0.79	18.89	10.90	39.20	-0.03	-0.06	-0.10
404	禾木 1 号	-0.90	25.44	13.31	47.43	0.02	0.04	-0.09
405	恒盛定向增发	-0.90	24.59	14.07	49.77	0.02	0.03	-0.09
406	富承成长 1 号	-0.98	35.07	21.98	43.50	0.10	0.16	-0.11
407	富承高息 1 号	-1.02	74.42	35.09	81.06	0.27	0.58	-0.06
408	泰瓴 3 期	-1.11	21.62	12.47	52.75	-0.02	-0.04	-0.10
409	睿信	-1.16	20.05	12.80	43.46	-0.04	-0.06	-0.13
410	紫鑫盈泰 1 号	-1.38	13.52	9.17	31.24	-0.16	-0.23	-0.21
411	富直 1 号	-1.46	26.36	14.26	41.96	0.01	0.02	-0.17
412	飞天财富宝	-1.50	11.04	7.54	31.17	-0.23	-0.33	-0.23
413	紫鑫盈泰 3 号	-1.51	10.16	6.78	24.18	-0.26	-0.39	-0.30

续表

编号	基金名称	年化收益率（%）	年化波动率（%）	年化下行风险（%）	最大回撤率（%）	夏普比率	索丁诺比率	收益—最大回撤比率
414	睿源 1 号	-1.65	15.11	9.27	36.51	-0.14	-0.23	-0.22
415	恒丰泰石	-1.82	26.38	17.38	43.01	0.00	0.00	-0.20
416	睿信成长 1 期	-1.85	18.08	11.51	35.94	-0.10	-0.16	-0.25
417	金狮 160 号	-1.94	21.12	11.62	34.02	-0.07	-0.12	-0.27
418	对冲精英之民森 1 期 A 类	-2.27	11.33	8.87	29.49	-0.29	-0.37	-0.37
419	金樽 1 期	-2.50	12.39	9.12	35.70	-0.28	-0.37	-0.33
420	武当稳健增长	-2.58	20.28	13.42	45.29	-0.11	-0.16	-0.27
421	瀚信成长 6 期	-2.62	26.58	17.87	56.43	-0.02	-0.03	-0.22
422	保证金交易 1 号	-2.65	4.76	4.04	16.53	-0.88	-1.04	-0.76
423	金石 2 期	-2.84	28.94	17.41	46.05	-0.01	-0.02	-0.29
424	云程泰资本增值	-3.14	34.06	18.65	59.53	0.02	0.04	-0.25
425	鼎锋成长 3 期	-3.33	21.31	11.14	59.10	-0.13	-0.25	-0.26
426	瀚信成长 5 期	-3.44	25.23	16.02	59.66	-0.08	-0.12	-0.27
427	金蕴 30 期	-3.50	33.23	20.99	60.93	0.01	0.02	-0.27
428	映雪霜雪 1 期	-3.57	28.78	19.56	58.15	-0.03	-0.05	-0.29
429	恒天紫鑫 2 号	-3.58	11.72	8.05	32.78	-0.39	-0.57	-0.51
430	尚雅 11 期	-3.64	30.83	16.80	57.27	-0.02	-0.04	-0.30
431	恒天紫鑫 3 号	-3.77	11.31	7.96	32.05	-0.43	-0.61	-0.55
432	世通 5 期	-4.10	33.35	20.09	63.13	-0.01	-0.01	-0.30

续表

编号	基金名称	年化收益率（%）	年化波动率（%）	年化下行风险（%）	最大回撤率（%）	夏普比率	索丁诺比率	收益—最大回撤比率
433	新价值成长1期（A）	-4.16	34.54	20.97	60.19	0.01	0.01	-0.32
434	金狮161号	-4.45	22.29	16.95	55.35	-0.16	-0.21	-0.37
435	富锦8号（尚雅）	-4.68	23.44	13.77	59.19	-0.16	-0.27	-0.36
436	投资精英之云程泰（A）	-4.72	34.99	19.95	61.74	-0.01	-0.02	-0.35
437	武当1期	-4.81	22.92	15.42	49.64	-0.17	-0.25	-0.44
438	投资精英之尚雅（A）	-4.94	26.36	16.07	61.15	-0.12	-0.20	-0.37
439	武当4期	-5.30	20.51	14.75	48.89	-0.24	-0.33	-0.49
440	瀚信成长1期	-5.43	23.61	15.39	61.74	-0.18	-0.28	-0.39
441	武当14期	-5.65	19.24	14.13	47.34	-0.29	-0.39	-0.53
442	新价值19期	-5.87	32.14	21.11	67.43	-0.07	-0.11	-0.39
443	新价值精选2期	-6.06	29.88	19.46	60.63	-0.11	-0.17	-0.44
444	浦江之星50号	-6.06	61.83	23.54	80.53	0.10	0.27	-0.33
445	新价值16号	-6.08	27.53	17.54	60.24	-0.15	-0.23	-0.45
446	瀚信经典1期	-6.61	29.13	17.04	69.19	-0.15	-0.26	-0.42
447	浦江之星168号佳友1号	-6.69	26.21	17.13	44.52	-0.19	-0.30	-0.66
448	瀚信成长3期	-7.11	24.09	15.84	64.61	-0.25	-0.38	-0.48
449	武当6期	-7.34	21.70	15.52	54.81	-0.32	-0.44	-0.58
450	新价值精选1期	-7.39	27.21	19.63	60.47	-0.20	-0.27	-0.53
451	宝晟1期	-7.50	19.41	13.98	52.90	-0.38	-0.53	-0.61

续表

编号	基金名称	年化收益率（%）	年化波动率（%）	年化下行风险（%）	最大回撤率（%）	夏普比率	索丁诺比率	收益—最大回撤比率
452	慧安财富 5 期	-7.65	21.01	15.94	53.31	-0.34	-0.45	-0.62
453	金蕴 55 期（季胜）	-7.75	25.79	16.29	62.25	-0.25	-0.39	-0.53
454	聚星 2 号	-7.82	28.07	19.94	52.05	-0.20	-0.28	-0.64
455	铀链大盘波段 1 号	-8.14	24.88	19.24	46.68	-0.27	-0.35	-0.74
456	新价值 11 号	-8.23	29.27	19.97	63.10	-0.20	-0.29	-0.55
457	世通嫦娥奔月	-8.25	37.40	21.41	67.21	-0.10	-0.17	-0.52
458	塔晶老虎 1 期	-8.66	41.65	24.77	60.22	-0.04	-0.06	-0.61
459	锐进 13 期通用汇锦 3 号	-8.84	19.88	14.37	55.03	-0.44	-0.61	-0.67
460	新价值 12 号	-8.84	32.59	22.25	69.58	-0.16	-0.24	-0.53
461	金泰瑞丰（乾清）	-9.50	91.64	33.40	75.68	0.19	0.52	-0.52
462	聚鑫 33 号	-9.52	25.27	20.56	59.67	-0.32	-0.39	-0.66
463	金海 1 号	-9.73	20.19	16.32	63.06	-0.48	-0.59	-0.64
464	双赢 1 期（瀚信）	-11.58	30.20	17.59	78.98	-0.31	-0.54	-0.58
465	慧安财富 2 期	-11.69	27.04	20.88	68.22	-0.36	-0.47	-0.68
466	浦江之星 165 号	-12.06	51.49	33.72	88.41	0.02	0.03	-0.54
467	中域增值 1 期	-12.13	30.45	20.41	79.10	-0.32	-0.47	-0.60
468	塔晶狮王 2 号	-12.18	31.24	21.27	62.76	-0.30	-0.44	-0.76
469	蕴泽 1 号	-12.25	26.96	17.61	69.04	-0.41	-0.62	-0.69
470	塔晶狮王	-12.55	33.22	22.04	62.54	-0.28	-0.42	-0.78

续表

编号	基金名称	年化收益率（%）	年化波动率（%）	年化下行风险（%）	最大回撤率（%）	夏普比率	索丁诺比率	收益—最大回撤比率
471	懋峰平和 1 号	-12.77	20.57	13.15	67.21	-0.65	-1.01	-0.74
472	冰冷 1 期	-13.26	22.23	16.65	69.75	-0.59	-0.79	-0.73
473	御峰 1 号	-13.40	21.56	13.19	65.40	-0.63	-1.03	-0.78
474	德源安战略成长 1 号	-13.41	33.51	18.22	73.04	-0.32	-0.58	-0.70
475	慧安财富 3 期	-13.73	26.63	20.65	71.13	-0.46	-0.59	-0.73
476	鑫增长 1 号	-13.82	41.44	24.86	74.28	-0.19	-0.31	-0.71
477	龙票 1 期（华润）	-14.02	28.28	23.82	70.29	-0.42	-0.50	-0.75
478	共青城新里程	-14.24	18.26	12.75	62.96	-0.83	-1.19	-0.85
479	光华上智 1 期	-15.25	25.27	16.99	71.94	-0.59	-0.87	-0.78
480	资财 1 号	-15.26	28.52	20.06	68.47	-0.48	-0.69	-0.82
481	蕴泽 3 号	-18.61	30.51	21.38	77.05	-0.56	-0.80	-0.83
482	长青 1 期	-20.05	27.57	17.92	68.48	-0.72	-1.11	-0.98
483	泰石 1 期	-21.06	45.06	26.80	87.28	-0.33	-0.56	-0.79
484	正弘 1 号	-35.41	66.55	43.75	94.23	-0.23	-0.35	-0.94
485	沈阳天马时代 2 期	-58.56	47.91	35.81	99.07	-1.57	-2.11	-1.00
指标平均值		**7.29**	**22.10**	**12.31**	**35.22**	**0.39**	**0.92**	**2.86**

附录二　股票型私募基金经理的选股能力和择时能力（按年化 α 排序）：2015~2019 年

本表展示的是基于 Carhart 四因子模型改进得到的 Treynor-Mazuy 四因子模型对过去五年股票型私募基金的月度收益率进行回归拟合所得结果，所用模型为：

$$R_{i,t}-R_{f,t}=\alpha_i+\beta_{i,mkt}\times(R_{mkt,t}-R_{f,t})+\gamma_i\times(R_{mkt,t}-R_{f,t})^2+\beta_{i,smb}\times SMB_t+\beta_{i,hml}\times HML_t+\beta_{i,mom}\times MOM_t+\varepsilon_{i,t}$$

其中，i 指的是第 i 只基金，$R_{i,t}-R_{f,t}$ 为 t 月基金 i 的超额收益率；$R_{mkt,t}-R_{f,t}$ 为 t 月大盘指数（万得全 A 指数）的超额收益率，$R_{f,t}$ 为 t 月无风险收益率。SMB_t 为规模因子，代表小盘股与大盘股之间的溢价，是第 t 月小公司的收益率与大公司的收益率之差；HML_t 为价值因子，代表价值股与成长股之间的溢价，是第 t 月价值股（高账面市值比公司）与成长股（低账面市值比公司）收益率之差；MOM_t 为动量因子，代表过去一年收益率最高的股票与收益率最低的股票之间的溢价，是过去一年（$t-1$ 个月到 $t-11$ 个月）收益率最高的（前 30%）股票与收益率最低的（后 30%）股票第 t 月收益率之差。我们用 A 股所有上市公司的数据自行计算规模因子、价值因子和动量因子。α_i 代表基金经理的选股能力给投资者带来的超额收益，γ_i 代表基金经理的择时能力。本表还展示每只基金对于万得全 A 指数、规模因子、价值因子和动量因子的风险暴露（β_{mkt}、β_{smb}、β_{hml}、β_{mom}）以及对应的 t 统计值。* 表示在 5%的显著水平下，具有选股能力或择时能力的基金。

编号	基金名称	年化 α(%)	$t(\alpha)$	γ	$t(\gamma)$	β_{mkt}	$t(\beta_{mkt})$	β_{smb}	$t(\beta_{smb})$	β_{hml}	$t(\beta_{hml})$	β_{mom}	$t(\beta_{mom})$	调整后 R^2(%)
1	优波	46.04	3.28*	-0.46	-0.55	0.50	7.42	-0.06	-0.48	-0.62	-3.00	-0.15	-0.80	54
2	美港基金	33.07	2.83*	-0.09	-0.13	0.31	6.42	-0.06	-0.66	0.21	1.43	0.10	0.72	51
3	宁聚满天星	30.57	2.70*	-1.08	-1.55	0.56	4.75	0.30	1.27	0.72	1.99	0.36	1.08	52
4	证大稳健增长	27.81	2.50*	-1.56	-2.28	0.58	6.64	0.04	0.24	0.09	0.33	0.32	1.31	52
5	奕金安 1 期	23.33	3.36*	-0.78	-1.82	0.48	5.72	0.22	1.33	-0.04	-0.16	0.61	2.59	51
6	私享-蓝筹 1 期	22.82	1.82*	-0.27	-0.35	0.52	4.08	0.44	1.75	0.16	0.41	-0.18	-0.51	40
7	天弓 2 号	22.68	2.36*	-1.14	-1.93	0.51	5.71	0.18	1.04	-0.04	-0.15	0.61	2.44	49
8	长金 9 号	22.31	2.03*	-1.48	-2.20	0.51	8.04	0.04	0.34	0.20	1.07	-0.15	-0.84	67
9	林园	22.25	2.46*	-0.05	-0.09	0.07	2.98	0.08	1.61	-0.07	-0.97	-0.01	-0.14	37

续表

编号	基金名称	年化 α(%)	t(α)	γ	t(γ)	β_{mkt}	t(β_{mkt})	β_{smb}	t(β_{smb})	β_{hml}	t(β_{hml})	β_{mom}	t(β_{mom})	调整后 R^2(%)
10	新思哲 1 期	22.00	1.96*	0.69	1.00	0.50	4.49	0.13	0.59	0.11	0.34	0.05	0.17	36
11	康曼德 003 号	22.00	2.16*	-0.31	-0.49	0.24	3.78	-0.01	-0.05	0.18	0.93	-0.37	-2.08	32
12	恒复趋势 1 号	21.04	1.64*	-0.88	-1.12	0.33	3.43	-0.13	-0.71	0.41	1.42	-0.03	-0.10	26
13	平石 2n 对冲基金	20.65	3.17*	-1.71	-4.32	0.55	2.43	0.15	0.33	-0.30	-0.44	-1.54	-2.45	21
14	同犇 1 期	20.15	2.24*	0.60	1.09	0.72	16.46	-0.18	-2.14	0.29	2.20	-0.37	-3.03	86
15	健顺云	19.69	1.81*	0.36	0.55	0.35	7.08	-0.04	-0.43	0.04	0.29	0.03	0.18	53
16	景林价值 B 类	19.66	2.61*	0.03	0.06	0.25	3.51	0.36	2.69	0.33	1.58	0.74	3.83	55
17	林园 2 期	19.55	1.82*	0.20	0.30	0.43	8.20	-0.09	-0.90	-0.01	-0.08	0.03	0.17	58
18	奕金安 3 期	19.25	2.64*	-0.42	-0.94	0.77	5.95	0.14	0.55	-0.89	-2.29	-0.23	-0.64	44
19	鼎萨价值成长	19.18	1.84*	-1.74	-2.72	0.38	3.91	-0.02	-0.10	0.26	0.86	-0.08	-0.29	34
20	万利富达	19.00	2.26*	-0.41	-0.79	0.73	6.74	0.17	0.79	-0.91	-2.79	-0.20	-0.67	51
21	高信百诺 1 期	18.98	2.06*	-0.08	-0.15	0.20	6.48	0.08	1.42	-0.07	-0.79	0.07	0.86	52
22	溪牛长期回报	18.86	2.73*	-0.25	-0.59	0.54	7.30	0.05	0.32	0.09	0.39	0.28	1.34	59
23	巴克夏月月利 1 号	18.74	1.19	0.19	0.20	0.54	7.51	-0.03	-0.21	0.18	0.84	-0.27	-1.35	58
24	朱雀 13 期	18.73	2.83*	-0.70	-1.71	0.94	6.25	0.32	1.07	0.07	0.14	-0.63	-1.50	52
25	利得汉景 1 期	18.56	2.17*	0.59	1.13	0.71	16.07	-0.22	-2.54	0.29	2.18	-0.37	-3.01	85
26	林园 3 期	18.52	1.71*	0.38	0.57	0.57	4.49	0.07	0.26	0.64	1.68	-0.50	-1.41	41
27	少数派新三板尊享 2 号	18.47	2.33*	0.08	0.17	0.25	4.25	0.26	2.23	0.49	2.68	-0.10	-0.62	57
28	奕金安 2 期	18.45	2.55*	-0.20	-0.46	0.86	12.96	-0.21	-1.57	0.28	1.40	-0.40	-2.14	79

续表

编号	基金名称	年化 α(%)	$t(\alpha)$	γ	$t(\gamma)$	β_{mkt}	$t(\beta_{mkt})$	β_{smb}	$t(\beta_{smb})$	β_{hml}	$t(\beta_{hml})$	β_{mom}	$t(\beta_{mom})$	调整后 R^2(%)
29	仙童 1 期	18. 32	1. 58	0. 68	0. 96	0. 50	8. 54	0. 08	0. 73	0. 19	1. 10	-0. 04	-0. 22	66
30	景林稳健	17. 97	2. 82*	-0. 25	-0. 64	0. 26	3. 67	0. 10	0. 69	0. 43	1. 99	0. 28	1. 40	39
31	景林创新成长	17. 52	1. 69*	0. 28	0. 44	0. 39	7. 91	-0. 04	-0. 37	0. 08	0. 51	0. 07	0. 49	59
32	富恩德 1 期	17. 36	2. 31*	-0. 47	-1. 02	0. 33	9. 71	0. 05	0. 77	0. 05	0. 48	-0. 13	-1. 38	71
33	彤源 6 号	17. 31	2. 79*	-0. 87	-2. 29	0. 17	3. 57	0. 10	1. 11	0. 08	0. 56	0. 40	3. 02	39
34	景林丰收	17. 09	2. 48*	-0. 68	-1. 60	0. 94	8. 91	0. 08	0. 39	-0. 52	-1. 61	0. 05	0. 17	63
35	彤源 7 号（A）	17. 08	2. 36*	-0. 71	-1. 61	0. 80	10. 85	0. 53	3. 62	0. 17	0. 76	0. 44	2. 10	80
36	海洋之星 1 号	17. 06	2. 66*	-0. 05	-0. 12	0. 38	6. 17	-0. 15	-1. 25	-0. 23	-1. 24	0. 17	0. 96	44
37	同庆 2 期	16. 73	2. 52*	-0. 78	-1. 94	0. 65	12. 38	0. 14	1. 34	-0. 01	-0. 06	-0. 02	-0. 14	79
38	景林丰收 2 号	16. 36	2. 43*	-0. 38	-0. 92	0. 57	6. 55	-0. 14	-0. 78	0. 31	1. 18	-0. 23	-0. 92	51
39	思晔量化择股旗舰	16. 31	2. 84*	-0. 35	-0. 99	0. 56	5. 12	0. 34	1. 57	0. 18	0. 53	1. 04	3. 42	52
40	紫晶 1 号	16. 25	3. 45*	-0. 31	-1. 06	0. 54	5. 69	0. 44	2. 36	-0. 14	-0. 49	-0. 06	-0. 22	52
41	朱雀 4 期	15. 91	2. 67*	-0. 81	-2. 21	0. 40	4. 13	0. 05	0. 29	0. 15	0. 53	-0. 37	-1. 37	33
42	彤源 5 号	15. 88	2. 18*	-0. 58	-1. 29	0. 00	-0. 52	0. 01	0. 38	-0. 01	-0. 26	0. 00	0. 16	3
43	广金成长 3 期	15. 56	3. 01*	-0. 64	-2. 02	0. 46	6. 17	0. 47	3. 27	-0. 26	-1. 16	-0. 06	-0. 30	60
44	重阳 1 期	14. 75	1. 69*	-1. 33	-2. 47	0. 39	3. 25	0. 26	1. 08	-0. 23	-0. 63	0. 79	2. 34	28
45	朱雀 9 期	14. 68	2. 60*	-0. 59	-1. 71	0. 55	8. 99	0. 18	1. 47	-0. 02	-0. 12	-0. 22	-1. 26	69
46	投资精英（朱雀 A）	14. 59	2. 58*	-0. 68	-1. 95	0. 17	2. 02	0. 57	3. 43	-0. 16	-0. 61	0. 60	2. 53	36
47	智诚 7 期	14. 48	1. 46	-1. 25	-2. 05	0. 48	8. 33	-0. 15	-1. 34	0. 34	1. 95	0. 13	0. 81	63

续表

编号	基金名称	年化 α(%)	$t(\alpha)$	γ	$t(\gamma)$	β_{mkt}	$t(\beta_{mkt})$	β_{smb}	$t(\beta_{smb})$	β_{hml}	$t(\beta_{hml})$	β_{mom}	$t(\beta_{mom})$	调整后 R^2(%)
48	西藏隆源 1 号	14.44	2.35*	-0.82	-2.19	0.43	5.49	0.19	1.22	0.31	1.32	0.18	0.81	51
49	金狮 157 号	14.38	1.51	-0.21	-0.36	0.60	7.50	-0.36	-2.30	0.52	2.13	-0.18	-0.79	57
50	凤翔多利	14.36	2.57*	-0.04	-0.11	0.27	4.45	-0.09	-0.79	0.25	1.38	-0.58	-3.46	41
51	双赢 12 期	14.35	2.27*	-0.69	-1.77	0.68	5.97	0.05	0.25	-0.03	-0.08	0.18	0.58	46
52	朱雀精选	14.27	2.27*	-0.71	-1.85	0.50	5.62	0.27	1.55	-0.02	-0.08	0.68	2.73	52
53	投资精英之景林（A 类）	14.16	1.84*	-0.33	-0.70	0.57	6.92	0.43	2.65	-0.01	-0.03	0.08	0.33	63
54	朱雀 19 期	14.05	2.16*	-0.68	-1.72	0.66	7.09	0.32	1.73	0.06	0.19	0.21	0.81	60
55	国润 1 期	13.74	2.13*	-0.63	-1.60	0.49	7.35	0.07	0.56	0.19	0.94	-0.13	-0.73	59
56	细水醍醐	13.66	1.43	1.45	2.46*	0.79	11.51	-0.14	-1.04	0.44	2.12	-0.06	-0.30	76
57	彤源 3 号	13.64	2.02*	-0.86	-2.07	0.57	8.21	0.13	0.94	-0.17	-0.83	0.02	0.11	61
58	璟恒 1 期	13.59	1.82*	-0.41	-0.89	0.20	2.03	0.56	2.94	0.12	0.41	0.47	1.74	35
59	私募工场 8 期第 3 期	13.59	1.73*	-0.49	-1.02	0.34	2.18	1.57	5.12	0.59	1.24	0.77	1.76	57
60	朱雀 10 期	13.59	2.70*	-0.57	-1.85	0.27	6.24	0.14	1.63	-0.10	-0.79	0.43	3.57	57
61	朱雀 22 期	13.49	2.27*	-0.55	-1.50	0.38	5.89	0.41	3.23	0.23	1.15	0.20	1.12	64
62	源乐晟策略创新 1 期	13.36	1.79*	0.47	1.03	0.70	6.45	-0.41	-1.89	0.51	1.54	0.40	1.30	56
63	朱雀 20 期	13.33	2.25*	-0.94	-2.58	1.05	12.08	-0.07	-0.40	0.05	0.18	-0.52	-2.13	77
64	朱雀 5 期	13.30	2.16*	-0.67	-1.77	0.19	4.51	0.18	2.11	0.07	0.57	0.11	0.95	46
65	朱雀新机遇	13.24	2.11*	-0.38	-0.99	0.87	9.81	0.03	0.14	0.21	0.79	0.00	0.01	70
66	大朴进取 1 期	13.22	2.30*	0.04	0.12	0.41	9.98	-0.06	-0.74	0.44	3.52	-0.05	-0.47	75

续表

编号	基金名称	年化 α(%)	$t(\alpha)$	γ	$t(\gamma)$	β_{mkt}	$t(\beta_{mkt})$	β_{smb}	$t(\beta_{smb})$	β_{hml}	$t(\beta_{hml})$	β_{mom}	$t(\beta_{mom})$	调整后 R^2(%)
67	恒复利贞	13.19	1.41	-0.85	-1.49	0.60	9.16	0.31	2.45	-0.16	-0.81	-0.06	-0.30	70
68	利檀 3 期	13.16	2.28*	0.05	0.15	0.87	15.71	-0.24	-2.20	0.50	2.98	-0.34	-2.21	85
69	朱雀 2 期 A（平安）	13.03	2.55*	-0.80	-2.55	0.01	0.51	0.04	1.06	0.09	1.57	0.11	2.06	20
70	朱雀专项	12.82	1.42	-0.42	-0.76	0.77	8.00	0.06	0.34	0.30	1.02	0.20	0.76	63
71	招商汇智之凤翔 1 号	12.69	2.43*	0.01	0.03	0.46	5.48	0.33	2.01	0.23	0.92	0.48	2.06	55
72	明达	12.68	2.04*	-0.48	-1.25	0.48	4.30	0.45	2.06	0.47	1.37	0.19	0.59	49
73	天勤 2 号	12.57	1.10	-0.58	-0.82	0.80	10.39	-0.20	-1.33	-0.24	-1.02	0.23	1.09	69
74	执耳医药	12.56	2.03*	-0.68	-1.79	0.02	1.09	0.09	2.12	0.02	0.25	-0.03	-0.45	20
75	明达 2 期	12.52	1.02	-0.60	-0.80	0.96	13.58	-0.17	-1.21	0.18	0.85	-0.07	-0.34	80
76	朱雀 1 期（深国投）	12.43	1.39	-0.46	-0.83	0.62	10.69	0.21	1.80	0.11	0.64	-0.13	-0.81	76
77	朱雀 12 期	12.40	1.91*	-0.60	-1.53	0.36	3.21	0.47	2.14	0.64	1.87	0.88	2.78	50
78	星石 10 期	12.25	1.32	-0.90	-1.57	0.58	5.48	0.01	0.04	0.21	0.66	0.21	0.71	43
79	朱雀 2 期（深国投）	12.23	1.36	-0.45	-0.81	0.42	3.97	-0.01	-0.05	-0.02	-0.05	-0.01	-0.03	26
80	银帆 8 期	12.21	1.43	0.48	0.91	0.59	9.18	0.14	1.09	0.10	0.53	0.07	0.38	70
81	重阳目标回报 1 期	12.21	1.33	-0.97	-1.71	0.14	1.44	0.58	3.09	-0.10	-0.34	-0.41	-1.52	33
82	淡水泉 2008	12.11	2.30*	-0.90	-2.79	0.58	6.87	0.33	2.00	0.07	0.28	-0.01	-0.03	59
83	朱雀中欧教育	12.08	1.89*	-0.25	-0.65	0.52	4.80	0.73	3.44	0.39	1.18	0.02	0.05	59
84	朱雀 1 期（陕国投）	11.98	1.37	-0.51	-0.95	0.44	5.60	-0.09	-0.61	0.19	0.82	-0.32	-1.46	43
85	久富 2 期	11.97	1.59	-0.12	-0.26	0.00	-0.01	0.03	1.42	0.01	0.39	-0.02	-0.62	10

续表

编号	基金名称	年化 α(%)	t(α)	γ	t(γ)	β_{mkt}	$t(\beta_{mkt})$	β_{smb}	$t(\beta_{smb})$	β_{hml}	$t(\beta_{hml})$	β_{mom}	$t(\beta_{mom})$	调整后 R^2(%)
86	朱雀新动力	11.89	2.50*	-0.62	-2.13	0.46	9.74	0.36	3.84	0.06	0.45	0.40	3.04	78
87	开宝1期	11.85	1.66*	-0.76	-1.74	0.37	5.27	0.43	3.10	0.32	1.48	0.15	0.79	63
88	融昌3期	11.79	1.22	-1.19	-2.00	0.35	9.30	-0.10	-1.38	-0.25	-2.16	0.03	0.33	63
89	混沌2号	11.73	1.57	-1.01	-2.19	0.59	6.88	-0.05	-0.30	0.17	0.65	0.21	0.89	53
90	长江稳健	11.69	2.32*	-0.24	-0.76	0.01	0.12	0.82	3.70	0.08	0.23	0.80	2.54	32
91	冰冷2期	11.65	0.91	-0.99	-1.27	0.77	3.97	0.64	1.70	1.21	2.06	-0.94	-1.74	49
92	源乐晟4期	11.62	1.15	0.08	0.13	0.84	11.95	-0.15	-1.11	0.36	1.71	-0.33	-1.67	77
93	泽泉景渤财富	11.61	0.39	0.75	0.41	0.64	8.55	-0.02	-0.17	0.35	1.53	-0.05	-0.24	66
94	沣杨旺德福	11.41	1.93*	-0.04	-0.11	0.57	9.35	-0.23	-1.94	0.37	2.01	-0.31	-1.86	68
95	东方医疗平衡1期	11.40	1.55	0.48	1.06	0.74	8.11	-0.09	-0.53	0.15	0.53	0.12	0.46	60
96	景林稳健2号	11.39	1.62	-0.72	-1.67	0.58	6.05	0.14	0.74	-0.01	-0.02	0.28	1.05	48
97	沣杨锦绣	11.32	1.89*	0.04	0.10	0.50	5.20	-0.01	-0.04	-0.11	-0.39	-0.63	-2.35	41
98	浦来德天天开心对冲1号	11.23	1.58	-0.72	-1.65	0.64	6.34	0.08	0.41	0.47	1.53	-0.60	-2.13	56
99	智诚3期	11.17	1.48	-0.94	-2.02	0.43	6.53	-0.03	-0.20	0.53	2.68	0.08	0.45	61
100	康曼德101号	11.16	1.46	-0.12	-0.26	0.53	8.24	0.04	0.30	0.29	1.43	0.21	1.17	65
101	红筹1号	11.12	1.47	-0.12	-0.27	0.35	4.17	0.55	3.34	-0.10	-0.39	0.06	0.26	53
102	久富1期	11.12	1.50	-0.22	-0.47	0.59	8.34	-0.01	-0.04	0.31	1.44	0.12	0.59	64
103	星石12期	11.11	2.27*	-0.65	-2.17	0.74	10.50	0.43	3.16	-0.04	-0.17	-0.46	-2.33	78
104	丰岭稳健成长1期	11.08	1.59	0.91	2.15*	0.64	11.36	0.05	0.49	0.05	0.30	0.00	-0.03	76

续表

编号	基金名称	年化 α(%)	t(α)	γ	t(γ)	β_{mkt}	$t(\beta_{mkt})$	β_{smb}	$t(\beta_{smb})$	β_{hml}	$t(\beta_{hml})$	β_{mom}	$t(\beta_{mom})$	调整后 R^2(%)
105	东方鼎泰 1 期	11.01	1.31	0.75	1.46	0.56	9.85	-0.44	-3.95	-0.04	-0.24	0.03	0.19	66
106	星石 1 期	10.98	1.65*	-0.69	-1.68	0.62	6.22	0.18	0.91	0.45	1.48	-0.52	-1.87	56
107	重阳对冲 2 号	10.93	1.24	-1.12	-2.07	0.53	11.26	0.17	1.87	0.08	0.56	0.15	1.11	79
108	紫金港 1 号	10.87	1.11	-0.59	-0.99	0.34	4.72	0.08	0.58	-0.36	-1.65	-0.20	-1.01	44
109	久富 3 号	10.74	1.50	-0.17	-0.39	0.57	4.54	0.23	0.91	0.09	0.23	-0.03	-0.09	38
110	华夏未来泽时进取 1 号	10.66	1.56	0.20	0.47	0.37	6.94	-0.05	-0.47	-0.04	-0.23	0.11	0.75	52
111	混沌 1 号（聚发 11）	10.58	1.09	-0.96	-1.62	0.65	13.80	0.10	1.06	0.32	2.27	0.10	0.75	84
112	智德精选 3 期	10.56	1.70*	-0.29	-0.77	0.47	5.42	0.28	1.61	-0.24	-0.90	-0.03	-0.11	45
113	金蕴 25 期（淡水泉）	10.56	2.14*	-0.34	-1.12	0.03	0.85	0.03	0.52	0.01	0.05	-0.13	-1.48	11
114	理成转子 2 号	10.55	1.87*	-0.28	-0.82	1.05	3.00	-1.46	-2.12	1.74	1.64	-0.65	-0.67	20
115	源乐晟 2 期	10.52	1.29	0.34	0.69	0.55	8.85	-0.25	-2.03	0.14	0.74	0.11	0.66	63
116	星石 8 期	10.49	1.51	-0.66	-1.53	0.66	6.29	-0.28	-1.37	-0.23	-0.72	-0.15	-0.52	43
117	淡水泉专项 2 期（外贸）	10.43	2.32*	-0.44	-1.60	0.89	7.29	0.60	2.52	-0.37	-1.01	0.39	1.14	61
118	乐晟精选	10.40	1.26	0.31	0.61	0.54	8.15	0.36	2.80	0.59	2.96	-0.14	-0.77	75
119	诚盛 1 期	10.34	1.65*	0.56	1.46	0.62	9.96	0.09	0.78	0.09	0.47	-0.02	-0.09	72
120	德丰华 1 期	10.27	1.93*	-0.38	-1.16	0.74	9.83	0.39	2.63	0.10	0.44	0.69	3.29	76
121	博颐精选	10.20	1.28	-0.58	-1.18	0.23	1.30	1.47	4.18	-0.75	-1.37	0.85	1.70	33
122	淡水泉成长 10 期（A）	10.04	2.19*	-0.72	-2.55	0.57	7.07	-0.03	-0.21	-0.69	-2.84	-0.20	-0.88	50
123	阳光宝 1 号	10.00	1.74*	-0.15	-0.42	0.57	11.31	-0.05	-0.50	0.20	1.27	-0.02	-0.13	75

续表

编号	基金名称	年化 α(%)	t(α)	γ	t(γ)	β_{mkt}	$t(\beta_{mkt})$	β_{smb}	$t(\beta_{smb})$	β_{hml}	$t(\beta_{hml})$	β_{mom}	$t(\beta_{mom})$	调整后 R^2(%)
124	金海 9 号	9.90	2.02*	-0.32	-1.08	0.64	8.84	-0.04	-0.26	0.72	3.28	0.19	0.96	72
125	双赢 7 期	9.90	2.26*	-0.40	-1.49	0.33	6.67	0.16	1.62	-0.09	-0.57	-0.05	-0.39	61
126	宽远价值成长	9.84	2.15*	-0.29	-1.05	0.64	6.72	-0.17	-0.91	0.52	1.82	-0.09	-0.33	53
127	淡水泉成长 3 期	9.81	2.27*	-0.57	-2.14	0.34	6.10	-0.08	-0.69	0.31	1.82	-0.04	-0.24	53
128	淡水泉成长 1 期	9.74	2.23*	-0.51	-1.91	0.51	5.36	0.28	1.51	0.10	0.35	-0.37	-1.39	50
129	世诚扬子 3F 号	9.72	1.81*	-0.23	-0.71	-0.36	-1.24	1.59	2.77	0.26	0.29	0.65	0.80	18
130	永兴量化对冲 3 号	9.71	1.28	-0.65	-1.40	0.24	1.87	0.63	2.52	0.15	0.40	1.08	3.02	34
131	淡水泉成长 5 期	9.70	2.21*	-0.42	-1.54	0.37	7.30	0.06	0.60	0.03	0.21	0.18	1.28	61
132	弘尚资产灵活配置	9.63	1.06	1.16	2.08*	0.62	8.63	-0.35	-2.47	0.24	1.10	-0.04	-0.22	61
133	淡水泉精选 1 期	9.59	1.89*	-0.49	-1.56	0.77	12.61	-0.02	-0.14	-0.14	-0.74	-0.34	-1.94	78
134	淡水泉成长 7 期	9.57	2.23*	-0.43	-1.65	0.91	9.66	0.07	0.41	-0.45	-1.58	0.10	0.37	67
135	鼎润 1 期	9.55	1.26	-0.36	-0.77	0.28	5.74	-0.05	-0.50	-0.10	-0.70	0.06	0.46	42
136	投资精英（淡水泉 A）	9.51	2.13*	-0.55	-2.01	0.20	2.90	-0.12	-0.86	0.44	2.07	-0.16	-0.81	24
137	天勤 1 号	9.48	1.12	0.59	1.14	0.42	6.62	-0.13	-1.03	0.38	2.01	-0.08	-0.43	55
138	淡水泉成长 6 期	9.47	2.12*	-0.44	-1.60	0.41	9.80	-0.24	-2.86	-0.13	-1.05	0.00	-0.04	65
139	金蕴 56 期（恒复）	9.40	1.05	0.04	0.07	0.50	9.41	-0.01	-0.11	0.14	0.89	0.15	0.98	69
140	富承高息 1 号	9.39	0.27	-0.08	-0.04	0.22	3.12	-0.07	-0.51	0.35	1.66	-0.68	-3.47	34
141	淡水泉成长 9 期	9.39	2.09*	-0.45	-1.64	0.85	9.62	0.45	2.59	0.05	0.19	0.07	0.30	74
142	优选 M1 号 A	9.39	1.74*	-0.88	-2.69	0.73	7.74	0.08	0.43	-0.26	-0.93	-0.07	-0.26	57

续表

编号	基金名称	年化 α(%)	t(α)	γ	t(γ)	β_{mkt}	$t(\beta_{mkt})$	β_{smb}	$t(\beta_{smb})$	β_{hml}	$t(\beta_{hml})$	β_{mom}	$t(\beta_{mom})$	调整后 R^2(%)
143	国泰君安兴富进取 2 期	9.32	0.71	-0.63	-0.79	0.93	13.57	0.04	0.32	0.36	1.74	-0.36	-1.85	82
144	久富 4 期	9.31	1.29	-0.15	-0.33	0.55	6.78	0.29	1.85	0.00	-0.01	0.36	1.59	58
145	重阳 8 期	9.28	2.14*	-0.43	-1.63	0.65	9.94	0.01	0.05	0.17	0.86	-0.32	-1.74	71
146	淡水泉成长 4 期	9.26	2.10*	-0.45	-1.65	0.57	4.37	0.51	1.99	0.07	0.19	0.52	1.43	43
147	铭深 1 号	9.21	1.80*	-0.44	-1.41	0.32	0.97	1.17	1.80	-0.56	-0.56	0.52	0.56	11
148	金锝 5 号	9.10	3.14*	0.11	0.64	0.24	4.79	-0.10	-0.99	0.08	0.53	-0.22	-1.58	34
149	智德 1 期	9.07	1.61	-0.11	-0.30	0.79	11.81	-0.12	-0.89	0.25	1.26	-0.33	-1.75	77
150	中欧瑞博 7 期	9.07	1.62	-0.36	-1.07	0.30	7.23	0.03	0.32	-0.08	-0.62	0.43	3.70	59
151	重阳对冲 3 号	9.03	1.17	-0.88	-1.86	0.59	9.60	-0.03	-0.27	0.20	1.07	0.21	1.22	69
152	长青藤 3 期	9.00	0.92	-0.10	-0.16	0.80	9.04	-0.30	-1.73	0.29	1.10	0.07	0.27	64
153	双赢 10 期	8.94	2.09*	-0.37	-1.43	0.04	1.46	0.19	3.47	-0.12	-1.42	0.15	1.94	28
154	汇利优选 10 期	8.84	1.39	-0.89	-2.28	0.23	3.27	-0.13	-0.96	0.48	2.21	0.15	0.73	31
155	汇利优选 9 期	8.82	1.24	-0.85	-1.95	0.35	11.96	-0.09	-1.62	0.01	0.10	0.04	0.51	75
156	弘酬永泰	8.71	2.31*	-0.60	-2.60	0.55	7.36	-0.05	-0.34	-0.51	-2.25	-0.17	-0.81	52
157	星石 9 期	8.62	1.95*	-0.15	-0.56	0.52	6.47	0.26	1.63	-0.22	-0.91	0.45	2.02	54
158	双赢 6 期	8.59	1.67*	-0.03	-0.09	0.39	8.06	0.20	2.11	-0.01	-0.06	0.02	0.14	67
159	润晖稳健增值	8.56	2.51*	-0.22	-1.06	0.78	9.42	0.30	1.85	-0.78	-3.12	0.01	0.03	68
160	理成转子 6 号	8.55	1.48	-0.32	-0.90	0.57	7.24	0.01	0.08	0.76	3.16	0.29	1.30	66
161	银帆 7 期	8.43	1.33	0.63	1.61	0.04	1.19	-0.02	-0.24	-0.05	-0.51	-0.16	-1.82	11

续表

编号	基金名称	年化 α(%)	$t(\alpha)$	γ	$t(\gamma)$	β_{mkt}	$t(\beta_{mkt})$	β_{smb}	$t(\beta_{smb})$	β_{hml}	$t(\beta_{hml})$	β_{mom}	$t(\beta_{mom})$	调整后 R^2(%)
162	神农老院子基金	8.38	0.65	-0.68	-0.87	0.46	5.80	0.33	2.13	0.45	1.87	0.22	0.99	60
163	雪球2期	8.29	1.11	-0.33	-0.71	0.25	5.03	0.01	0.11	-0.15	-0.97	-0.42	-2.99	41
164	中国龙精选2	8.25	1.55	-0.33	-1.02	0.41	4.66	0.26	1.47	0.49	1.81	-0.31	-1.24	52
165	投资精英（星石A）	8.22	1.88*	-0.38	-1.43	0.36	6.10	0.16	1.38	0.05	0.28	0.33	1.99	53
166	华夏金色长城养老投资	8.16	1.52	-0.46	-1.38	0.35	4.41	0.03	0.21	-0.07	-0.30	0.32	1.44	33
167	七星1号	8.14	1.63	-0.16	-0.52	0.51	7.52	0.18	1.36	0.55	2.67	0.21	1.12	68
168	尚雅13期	8.08	0.91	-0.39	-0.71	0.31	6.74	-0.10	-1.15	0.10	0.71	0.11	0.89	50
169	智德精选	7.99	1.16	-0.08	-0.17	0.70	9.67	0.04	0.31	-0.14	-0.66	0.16	0.80	69
170	双赢5期	7.93	1.45	-0.62	-1.86	0.48	8.09	0.08	0.65	-0.07	-0.38	0.22	1.34	61
171	智诚2期	7.85	1.01	-0.57	-1.21	1.01	9.79	-0.45	-2.25	0.08	0.25	-0.43	-1.50	66
172	朴石1期	7.84	0.82	0.78	1.33	0.81	18.78	-0.37	-4.40	0.44	3.34	-0.44	-3.59	89
173	浦江之星168号佳友1号	7.78	0.62	-1.58	-2.04	0.59	6.98	0.26	1.57	0.65	2.52	0.22	0.94	66
174	中国龙平衡	7.77	2.36*	-0.15	-0.72	0.28	4.42	0.06	0.52	0.18	0.92	-0.18	-1.00	38
175	金百镕5期	7.75	1.09	-0.64	-1.46	0.41	7.64	0.07	0.66	-0.19	-1.17	-0.11	-0.72	56
176	中国龙	7.64	1.25	-0.19	-0.50	0.55	8.77	0.20	1.64	-0.23	-1.20	0.56	3.20	67
177	中欧瑞博1期	7.64	1.26	-0.20	-0.53	0.33	5.70	0.18	1.61	-0.05	-0.26	-0.14	-0.86	58
178	金锝量化	7.62	2.77*	-0.06	-0.38	0.64	7.64	0.33	1.99	-0.21	-0.83	0.52	2.20	62
179	远策1期	7.62	1.54	-0.36	-1.19	0.19	1.14	0.10	0.31	1.09	2.20	-0.43	-0.93	19
180	华夏财富创新广发1期	7.55	1.50	0.07	0.23	-0.02	-0.43	0.21	2.76	-0.08	-0.67	0.14	1.30	15

续表

编号	基金名称	年化 α(%)	$t(\alpha)$	γ	$t(\gamma)$	β_{mkt}	$t(\beta_{mkt})$	β_{smb}	$t(\beta_{smb})$	β_{hml}	$t(\beta_{hml})$	β_{mom}	$t(\beta_{mom})$	调整后 R^2(%)
181	拾贝精选 1 期	7.51	1.43	0.22	0.69	0.45	11.90	0.05	0.69	0.02	0.21	0.08	0.76	77
182	金蕴 21 期（泓璞 1 号）	7.51	0.64	-0.62	-0.87	0.80	7.74	0.32	1.56	0.20	0.65	0.10	0.36	64
183	永兴量化对冲 2 号	7.48	2.32*	-0.36	-1.82	0.05	1.80	0.26	4.42	0.02	0.18	0.11	1.30	50
184	鸿道 4 期	7.47	0.81	-0.29	-0.52	0.41	6.63	0.33	2.76	-0.07	-0.40	0.28	1.64	62
185	金锝 6 号	7.44	3.15*	0.07	0.49	0.33	4.79	-0.13	-0.98	-0.02	-0.11	-0.11	-0.58	35
186	金狮 155 号	7.42	1.14	0.35	0.89	0.64	10.12	0.13	1.07	0.09	0.45	0.13	0.74	72
187	思晔动态对冲旗舰产品	7.41	1.64	0.30	1.07	0.71	15.81	-0.19	-2.21	0.31	2.32	-0.39	-3.17	85
188	雷根 5 号	7.37	2.34*	0.43	2.24*	0.63	8.70	-0.29	-2.06	0.23	1.05	-0.17	-0.87	62
189	长青藤（A 类）	7.37	1.27	-0.39	-1.09	0.60	7.92	0.31	2.09	-0.16	-0.72	0.43	2.05	67
190	汇利 5 期	7.25	0.90	-1.10	-2.22	1.43	5.92	-0.58	-1.23	0.71	0.97	-0.09	-0.14	46
191	尚诚	7.16	0.98	-0.03	-0.06	0.57	13.13	-0.23	-2.71	0.56	4.28	-0.07	-0.55	82
192	少数派新三板尊享 1 号	7.08	0.95	0.67	1.46	0.54	8.64	0.00	-0.03	0.33	1.74	-0.04	-0.20	67
193	通和进取 1 号	7.00	0.85	0.84	1.67*	0.68	15.29	-0.19	-2.19	0.33	2.40	-0.34	-2.74	84
194	星石目标回报 1 期	6.96	1.25	-0.22	-0.65	0.67	8.78	0.11	0.73	0.13	0.58	-0.03	-0.15	66
195	金海 8 号	6.93	1.61	-0.34	-1.30	0.14	1.74	0.32	2.06	0.34	1.42	0.20	0.89	30
196	汇利 3 期	6.87	0.89	-1.18	-2.51	0.64	6.83	-0.09	-0.50	0.33	1.16	-0.29	-1.10	53
197	锐进 15 期中国龙稳健	6.86	1.42	-0.57	-1.95	0.19	2.02	1.16	6.45	0.47	1.69	1.14	4.44	68
198	中国龙尊享 E	6.86	1.42	-0.57	-1.95	0.41	7.79	0.53	5.15	0.03	0.17	0.63	4.29	76
199	银帆 5 期	6.84	1.03	0.52	1.28	0.55	6.12	0.15	0.86	0.08	0.28	0.34	1.36	51

续表

编号	基金名称	年化 α(%)	t(α)	γ	t(γ)	β_{mkt}	$t(\beta_{mkt})$	β_{smb}	$t(\beta_{smb})$	β_{hml}	$t(\beta_{hml})$	β_{mom}	$t(\beta_{mom})$	调整后 R^2(%)
200	中国龙稳健	6.84	1.12	-0.18	-0.49	0.73	7.07	0.63	3.12	0.00	0.01	0.06	0.20	66
201	创赢2号（华润）	6.64	1.05	0.10	0.24	0.29	3.29	0.79	4.53	0.10	0.36	0.61	2.44	55
202	宾悦成长1号	6.55	1.02	-0.01	-0.02	0.55	4.88	0.06	0.27	-0.35	-1.03	0.01	0.03	34
203	中国龙进取	6.54	1.54	0.17	0.67	0.21	2.40	0.03	0.16	0.40	1.51	0.08	0.33	29
204	金中和1期（中信）	6.53	0.90	-0.76	-1.71	0.28	9.23	-0.15	-2.61	-0.14	-1.51	0.09	1.04	63
205	格上创富2期	6.47	1.71*	-0.16	-0.70	0.55	7.82	0.24	1.76	-0.07	-0.32	0.47	2.40	64
206	稳健增长（外贸）	6.35	0.76	1.30	2.52*	-0.02	-0.73	0.13	2.48	0.04	0.45	-0.06	-0.85	19
207	谦石1期	6.28	0.52	-0.59	-0.80	0.87	6.06	-0.24	-0.84	0.06	0.13	-0.19	-0.48	43
208	富承成长1号	6.26	0.42	-1.09	-1.20	0.16	1.89	-0.20	-1.20	0.70	2.70	0.26	1.09	24
209	华夏养老新动力1号	6.26	1.17	-0.55	-1.67	0.26	7.07	-0.14	-1.96	-0.09	-0.82	0.12	1.16	51
210	汇利优选	6.26	0.95	-0.70	-1.72	0.64	9.04	0.02	0.13	0.83	3.91	0.36	1.83	74
211	兴聚1期	6.20	1.88*	-0.41	-2.02	0.10	2.01	0.02	0.26	-0.11	-0.77	0.00	-0.03	13
212	新价值精选1期	6.19	0.60	-1.31	-2.09	0.30	7.35	-0.16	-1.96	-0.16	-1.27	0.13	1.14	52
213	神农1期	6.08	0.73	-0.06	-0.13	0.92	14.22	-0.26	-2.05	0.30	1.51	-0.35	-1.93	82
214	民森A号	6.08	1.00	-0.93	-2.49	0.87	12.73	0.04	0.29	0.50	2.42	-0.53	-2.80	82
215	世通5期	6.08	0.59	-1.90	-2.99	0.66	7.40	0.26	1.52	0.25	0.92	0.03	0.10	63
216	开宝2期	6.07	1.33	-0.31	-1.12	0.32	4.85	0.00	0.00	0.26	1.30	-0.47	-2.52	47
217	汇利优选2号	6.04	0.93	-0.69	-1.74	0.23	4.55	0.11	1.16	-0.02	-0.14	0.35	2.48	42
218	创赢7号	5.89	0.94	-0.10	-0.25	0.65	6.85	0.08	0.42	0.12	0.41	0.60	2.26	56

续表

编号	基金名称	年化α(%)	$t(\alpha)$	γ	$t(\gamma)$	β_{mkt}	$t(\beta_{mkt})$	β_{smb}	$t(\beta_{smb})$	β_{hml}	$t(\beta_{hml})$	β_{mom}	$t(\beta_{mom})$	调整后R^2(%)
219	展博1期	5.87	0.72	0.19	0.37	0.30	3.98	0.19	1.31	0.42	1.84	0.32	1.51	45
220	光大基金宝-均衡价值	5.84	1.89*	-0.33	-1.73	0.83	9.28	0.26	1.50	0.11	0.39	-0.05	-0.21	70
221	景泰复利回报1期（国投）	5.83	0.86	0.05	0.13	0.15	1.70	0.03	0.20	0.34	1.30	0.04	0.17	20
222	裕晋9期	5.81	0.95	0.01	0.02	0.38	6.20	-0.02	-0.18	-0.37	-2.01	0.15	0.89	45
223	平安阖鼎中欧瑞博9期	5.77	1.11	-0.04	-0.13	0.26	2.71	0.35	1.83	-0.05	-0.18	0.52	1.93	28
224	中国龙精选	5.76	0.71	-0.55	-1.10	0.56	15.53	0.06	0.84	0.08	0.71	-0.03	-0.33	85
225	金百镕1期	5.72	0.95	-0.14	-0.38	0.33	4.95	0.08	0.62	0.17	0.85	0.29	1.56	43
226	金泰瑞丰（乾清）	5.66	0.12	1.38	0.48	0.47	6.94	0.08	0.62	0.06	0.27	0.00	-0.02	55
227	创赢5号	5.61	0.86	-0.04	-0.09	0.59	8.22	0.25	1.75	0.80	3.67	0.22	1.10	74
228	展博新兴产业（A）	5.56	0.66	0.63	1.21	0.74	10.27	0.17	1.23	0.26	1.19	0.12	0.57	75
229	金海2号	5.54	1.03	0.15	0.46	0.57	7.78	-0.05	-0.36	0.12	0.52	-0.28	-1.38	58
230	穿石1号	5.54	1.19	-0.06	-0.21	0.18	0.36	0.62	0.62	-0.16	-0.10	2.13	1.52	6
231	中欧瑞博4期	5.53	1.44	0.05	0.20	0.63	7.98	-0.45	-2.92	0.73	3.04	-0.75	-3.41	63
232	投资精英之重阳（A）	5.39	1.07	-0.07	-0.22	0.40	6.24	-0.15	-1.22	-0.21	-1.08	0.22	1.23	45
233	景泰复利回报银信宝1期	5.36	0.81	-0.01	-0.01	0.39	7.68	0.04	0.38	0.35	2.29	0.04	0.26	65
234	新方程精选E5号	5.34	0.84	-0.25	-0.65	0.23	3.61	0.16	1.29	0.11	0.60	-0.20	-1.15	34
235	垒土自营	5.33	1.35	0.06	0.26	0.75	8.07	-0.27	-1.47	0.67	2.40	-0.72	-2.77	63
236	红宝石E-1306多元凯利	5.32	1.27	-0.02	-0.07	0.65	8.46	-0.07	-0.45	0.39	1.69	-0.06	-0.27	65
237	鸿道3期	5.27	0.76	-0.39	-0.91	0.53	5.04	0.37	1.78	0.03	0.10	0.63	2.12	48

续表

编号	基金名称	年化 α(%)	t(α)	γ	t(γ)	β_{mkt}	$t(\beta_{mkt})$	β_{smb}	$t(\beta_{smb})$	β_{hml}	$t(\beta_{hml})$	β_{mom}	$t(\beta_{mom})$	调整后 R^2(%)
238	锐进16期中欧瑞博	5.21	1.24	0.08	0.33	0.43	11.38	0.02	0.30	0.43	3.77	-0.07	-0.65	80
239	昭时9期	5.18	0.42	-0.18	-0.24	0.15	2.64	0.10	0.85	0.15	0.83	0.00	0.00	27
240	弘酬开元	5.14	2.26*	0.08	0.57	0.31	6.85	0.08	0.96	-0.26	-1.92	-0.15	-1.24	53
241	下游消费板块H1104	5.13	0.78	-0.18	-0.45	0.32	2.53	-0.09	-0.38	-0.41	-1.07	-0.35	-0.99	18
242	永兴量化对冲5号	5.05	1.81*	-0.33	-1.92	0.69	10.38	0.04	0.28	0.24	1.16	-0.38	-2.04	74
243	汇利优选6期	5.01	0.74	-0.98	-2.37	0.08	0.94	0.92	5.28	0.31	1.14	1.71	6.91	65
244	道谊稳健	4.97	0.85	0.62	1.72*	0.15	4.84	0.08	1.26	0.03	0.30	0.12	1.43	45
245	康曼德002号	4.94	0.92	-0.06	-0.18	0.02	1.19	0.03	1.02	-0.02	-0.33	-0.03	-0.70	15
246	鼎萨3期	4.87	0.45	-1.19	-1.79	0.17	2.42	-0.15	-1.10	0.67	3.19	0.32	1.63	33
247	淘利多策略量化套利	4.84	1.90*	-0.16	-1.02	0.52	8.87	-0.40	-3.54	0.28	1.61	-0.34	-2.09	62
248	新价值精选2期	4.82	0.53	-1.20	-2.14	1.09	12.26	-0.03	-0.15	-0.09	-0.34	-0.47	-1.88	77
249	衍航1号	4.73	0.65	0.92	2.06*	0.79	12.05	0.24	1.84	0.53	2.70	0.20	1.11	83
250	名禹稳健增长	4.68	0.97	0.64	2.15*	0.61	10.86	0.06	0.50	0.11	0.67	0.05	0.31	75
251	万泰华瑞1号	4.64	0.36	0.94	1.20	0.38	4.54	-0.38	-2.28	0.24	0.95	0.41	1.73	37
252	悟空东略量化对冲1期	4.61	0.94	0.06	0.21	0.27	3.28	-0.26	-1.59	0.15	0.59	-0.31	-1.34	23
253	景泰复利回报2期	4.61	0.68	0.07	0.17	0.44	5.87	-0.17	-1.15	0.33	1.47	-0.22	-1.05	45
254	阳光宝2号	4.58	1.04	-0.16	-0.59	0.40	5.74	-0.12	-0.85	-0.32	-1.50	0.29	1.47	41
255	乾元TOT	4.57	2.36*	0.32	2.70*	0.54	8.56	-0.33	-2.65	0.17	0.89	0.09	0.48	61
256	彩瑞3期	4.57	0.84	-0.26	-0.79	0.63	7.63	-0.27	-1.71	0.21	0.82	0.23	1.03	55

续表

编号	基金名称	年化 α(%)	$t(\alpha)$	γ	$t(\gamma)$	β_{mkt}	$t(\beta_{mkt})$	β_{smb}	$t(\beta_{smb})$	β_{hml}	$t(\beta_{hml})$	β_{mom}	$t(\beta_{mom})$	调整后 R^2(%)
257	新价值成长 1 期（A）	4. 34	0. 34	-0. 44	-0. 56	0. 64	5. 41	0. 43	1. 86	-0. 22	-0. 60	0. 21	0. 64	47
258	红宝石安心进取 H-1001	4. 24	0. 60	-0. 33	-0. 75	0. 56	4. 42	0. 65	2. 60	0. 28	0. 72	0. 68	1. 90	51
259	质嘉 1 期	4. 17	0. 37	-0. 55	-0. 80	0. 71	5. 40	0. 12	0. 48	-0. 78	-1. 94	-0. 22	-0. 60	39
260	投资精英（汇利 A）	4. 14	0. 62	-0. 78	-1. 89	0. 70	11. 03	0. 23	1. 85	-0. 37	-1. 95	0. 06	0. 35	74
261	金狮 141 号	4. 13	0. 51	0. 14	0. 28	0. 34	7. 20	-0. 09	-0. 94	-0. 15	-1. 04	-0. 03	-0. 21	54
262	惠正成长	4. 11	0. 28	0. 63	0. 71	0. 26	2. 42	0. 30	1. 43	0. 50	1. 55	1. 09	3. 65	40
263	六禾光辉岁月 1 期	4. 10	0. 75	-0. 13	-0. 39	0. 51	7. 02	0. 09	0. 63	-0. 06	-0. 25	0. 38	1. 88	56
264	睿信 5 期	4. 08	0. 36	0. 06	0. 08	0. 90	5. 72	-0. 82	-2. 67	0. 20	0. 42	-0. 90	-2. 06	40
265	展博专注 A 期	4. 06	0. 53	0. 50	1. 07	0. 66	15. 53	-0. 20	-2. 38	0. 41	3. 17	-0. 37	-3. 15	85
266	国信红岭	4. 00	1. 95*	-0. 01	-0. 06	0. 55	6. 17	-0. 17	-0. 98	0. 65	2. 39	0. 01	0. 03	53
267	新价值 19 期	3. 87	0. 29	-0. 84	-1. 02	0. 45	4. 56	0. 53	2. 79	-0. 10	-0. 34	-0. 12	-0. 43	47
268	安进 13 期壹心 1 号	3. 85	1. 49	-0. 20	-1. 29	0. 30	3. 69	-0. 13	-0. 78	-0. 24	-0. 96	-0. 44	-1. 91	35
269	博鸿成长 1 号	3. 81	0. 56	-0. 27	-0. 66	0. 95	14. 13	-0. 06	-0. 47	0. 38	1. 87	-0. 39	-2. 05	83
270	穿石品质生活	3. 79	0. 73	0. 00	-0. 01	0. 60	8. 07	-0. 26	-1. 82	-0. 57	-2. 55	-0. 14	-0. 68	56
271	金百镕 6 期	3. 78	0. 59	-0. 18	-0. 46	0. 60	5. 96	0. 28	1. 42	-0. 78	-2. 53	0. 34	1. 18	50
272	世通嫦娥奔月	3. 78	0. 28	-2. 19	-2. 68	0. 74	4. 27	0. 66	1. 94	0. 60	1. 15	-0. 50	-1. 03	47
273	投资精英之展博（A）	3. 68	0. 58	0. 46	1. 17	0. 62	9. 59	0. 10	0. 82	0. 17	0. 88	0. 02	0. 12	71
274	御峰 2 号	3. 67	0. 53	-0. 36	-0. 86	0. 10	8. 58	-0. 05	-2. 01	-0. 02	-0. 54	-0. 04	-1. 14	59
275	雷根 6 号	3. 66	1. 20	0. 71	3. 79*	0. 66	14. 12	-0. 10	-1. 09	0. 20	1. 44	-0. 23	-1. 78	82

续表

编号	基金名称	年化 α(%)	$t(\alpha)$	γ	$t(\gamma)$	β_{mkt}	$t(\beta_{mkt})$	β_{smb}	$t(\beta_{smb})$	β_{hml}	$t(\beta_{hml})$	β_{mom}	$t(\beta_{mom})$	调整后 R^2(%)
276	京福 2 号	3.64	0.42	-0.37	-0.70	0.12	2.45	-0.01	-0.12	-0.14	-1.00	-0.34	-2.59	30
277	华夏财富阿尔法 1 号	3.64	0.49	-0.69	-1.51	0.54	7.81	-0.22	-1.64	0.49	2.31	-0.24	-1.25	60
278	华夏未来领时对冲 1 号尊享 A 期	3.57	0.60	0.29	0.80	0.79	6.41	-0.63	-2.57	-0.35	-0.92	0.10	0.29	47
279	名禹灵越	3.49	0.56	1.02	2.68*	0.56	9.16	0.18	1.51	0.28	1.48	0.20	1.14	73
280	汇信得 3 期	3.49	0.45	0.36	0.77	0.63	8.51	0.04	0.25	0.20	0.88	0.47	2.25	66
281	创赢 3 号（华润）	3.49	0.49	0.20	0.47	0.45	10.59	0.04	0.45	0.05	0.42	0.46	3.90	75
282	金蕴 12 期（泽升）	3.44	0.36	1.17	1.98*	0.56	16.49	-0.34	-5.20	0.42	4.06	-0.18	-1.92	86
283	新价值 11 号	3.42	0.31	-1.13	-1.68	0.43	5.50	0.51	3.34	0.09	0.40	0.27	1.26	59
284	得大 1 期	3.39	0.41	0.98	1.93*	0.74	6.72	0.39	1.83	-0.15	-0.45	-0.47	-1.54	58
285	东源 1 期	3.39	0.50	0.38	0.91	-0.04	-1.76	0.09	1.84	-0.01	-0.10	-0.06	-0.85	12
286	远策对冲 1 号	3.33	0.57	0.32	0.88	0.51	8.62	0.11	0.95	0.17	0.94	0.00	0.00	67
287	康曼德甘主动管理型	3.28	0.46	0.21	0.48	0.50	6.91	-0.17	-1.21	0.70	3.18	0.39	1.90	61
288	徐星投资	3.28	0.48	-0.41	-0.98	0.77	1.66	0.00	0.00	0.03	0.02	1.12	0.86	7
289	金海 5 号	3.28	0.64	-0.51	-1.64	0.58	5.61	-0.16	-0.82	0.46	1.49	0.13	0.45	45
290	鑫安 6 期	3.17	0.54	1.25	3.53*	0.55	4.00	-0.14	-0.53	-1.06	-2.44	-0.02	-0.06	29
291	新同方	3.13	0.57	0.64	1.88*	0.61	9.19	-0.27	-2.10	0.51	2.52	0.22	1.17	69
292	大岩量化对冲	3.13	0.88	-0.29	-1.35	0.04	0.25	0.87	3.04	0.26	0.58	1.31	3.21	31
293	和聚鼎宝 1 期	3.09	0.35	0.43	0.80	0.27	2.55	0.27	1.28	0.48	1.48	1.04	3.49	39
294	华润信托大岩绝对	3.09	0.80	-0.21	-0.89	0.49	6.36	-0.26	-1.69	0.33	1.42	-0.35	-1.59	48

续表

编号	基金名称	年化 α(%)	$t(\alpha)$	γ	$t(\gamma)$	β_{mkt}	$t(\beta_{mkt})$	β_{smb}	$t(\beta_{smb})$	β_{hml}	$t(\beta_{hml})$	β_{mom}	$t(\beta_{mom})$	调整后 R^2(%)
295	神农长空集母	3.00	0.28	0.63	0.97	0.06	2.90	0.04	0.94	-0.05	-0.88	0.04	0.68	18
296	普尔1号	2.95	0.43	-0.64	-1.52	0.56	7.62	-0.01	-0.06	0.16	0.73	0.05	0.25	59
297	金石2期	2.95	0.33	-1.29	-2.33	0.23	2.32	0.33	1.70	-0.20	-0.68	0.55	2.02	23
298	长见精选1号	2.93	0.37	0.55	1.15	0.40	8.92	-0.10	-1.17	0.04	0.30	-0.08	-0.64	63
299	康曼德001号	2.93	0.34	0.21	0.40	0.60	6.08	0.20	1.03	0.25	0.84	-0.22	-0.79	54
300	锐进2期	2.91	0.41	0.33	0.75	0.64	12.02	-0.10	-0.94	0.05	0.34	0.19	1.28	78
301	私募工场君沿精选1期	2.88	0.63	0.13	0.46	0.59	8.35	-0.11	-0.83	0.09	0.41	-0.30	-1.54	60
302	森瑞独立景气	2.85	0.18	0.81	0.85	0.71	14.14	-0.15	-1.57	0.35	2.29	-0.39	-2.77	83
303	陆宝点金精选	2.83	0.92	0.15	0.79	0.78	7.33	0.53	2.53	0.26	0.79	-0.35	-1.18	67
304	智德持续增长2	2.82	0.34	0.75	1.48	0.69	13.14	-0.20	-1.92	0.34	2.12	-0.60	-4.14	81
305	翼虎成长3期	2.81	0.44	-0.35	-0.89	0.93	6.08	-0.53	-1.76	0.62	1.35	-0.54	-1.26	45
306	金狮158号	2.64	1.09	-0.04	-0.25	0.77	14.21	-0.03	-0.29	0.11	0.67	-0.14	-0.93	82
307	思晔市场中性旗舰产品	2.45	0.98	0.50	3.26*	-0.01	-0.49	0.19	3.41	0.04	0.44	0.13	1.64	27
308	六禾财富东莞	2.45	0.43	-0.22	-0.64	0.18	3.71	0.09	0.88	0.13	0.84	-0.04	-0.30	35
309	投资精英之翼虎（A）	2.43	0.38	-0.08	-0.20	0.21	6.00	0.33	4.84	-0.08	-0.77	0.26	2.63	67
310	普尔创智	2.34	0.34	-0.51	-1.19	0.94	15.40	-0.31	-2.59	0.16	0.84	-0.28	-1.66	83
311	金狮151号	2.31	0.46	0.40	1.29	0.16	7.24	0.01	0.32	-0.08	-1.22	-0.03	-0.50	53
312	金蕴70期（鼎萨5期）	2.24	0.31	-0.08	-0.18	0.89	11.68	0.00	-0.01	0.37	1.58	-0.19	-0.89	78
313	银帆6期	2.01	0.42	0.56	1.92*	0.42	4.68	-0.34	-1.93	0.63	2.31	0.16	0.65	39

续表

编号	基金名称	年化 α(%)	t(α)	γ	t(γ)	β_{mkt}	$t(\beta_{mkt})$	β_{smb}	$t(\beta_{smb})$	β_{hml}	$t(\beta_{hml})$	β_{mom}	$t(\beta_{mom})$	调整后 R^2(%)
314	清水源 1 号	2.00	0.19	1.10	1.71*	0.27	3.42	-0.34	-2.23	-0.17	-0.71	-0.04	-0.17	23
315	合德丰泰	1.98	0.90	0.05	0.35	0.56	10.35	0.02	0.16	0.13	0.82	0.27	1.77	74
316	同瑞汇金 1 期	1.97	0.39	-0.08	-0.25	0.61	6.68	0.36	2.01	-0.32	-1.17	0.40	1.59	56
317	新价值 12 号	1.82	0.14	-0.90	-1.13	0.63	10.79	0.09	0.82	-0.17	-0.95	-0.16	-1.00	72
318	和禄 1 号	1.81	0.39	0.24	0.84	0.84	19.34	-0.32	-3.75	0.48	3.67	-0.38	-3.17	89
319	美联融通 1 期	1.78	0.11	-0.88	-0.91	0.83	10.10	0.18	1.13	0.32	1.29	-0.65	-2.84	75
320	裕晋 5 期	1.77	0.18	0.47	0.78	0.08	2.85	-0.03	-0.60	0.00	-0.06	-0.08	-1.03	20
321	一线对冲君一对冲	1.72	0.35	0.74	2.42*	0.54	9.09	0.17	1.43	0.15	0.82	0.07	0.42	71
322	沃胜 2 期	1.72	0.16	-0.18	-0.27	0.67	9.79	0.24	1.77	-0.22	-1.06	0.11	0.58	70
323	恒丰泰石	1.69	0.22	-0.33	-0.69	0.68	5.51	-0.26	-1.07	0.26	0.69	0.34	0.99	41
324	红宝石安心进取 H-1003	1.54	0.64	-0.01	-0.06	0.39	6.28	-0.19	-1.51	-0.22	-1.13	0.18	1.02	44
325	鼎锋 5 期	1.49	0.19	-0.12	-0.24	0.41	6.55	0.11	0.86	0.45	2.35	-0.13	-0.73	61
326	仙多山 1-A	1.45	0.16	-0.05	-0.10	0.39	5.22	-0.09	-0.63	-0.15	-0.68	0.16	0.78	36
327	申毅量化	1.42	0.90	0.15	1.54	0.55	14.83	-0.02	-0.33	0.07	0.60	-0.05	-0.43	84
328	神农春生	1.42	0.18	0.38	0.79	0.53	7.19	-0.14	-0.98	0.24	1.08	0.11	0.54	55
329	京福 1 号	1.42	0.17	-0.07	-0.14	0.31	5.76	0.04	0.42	0.33	2.06	0.34	2.28	55
330	智诚 10 期	1.41	0.18	0.61	1.25	0.70	16.38	-0.20	-2.37	0.31	2.41	-0.34	-2.87	86
331	榕树文明复兴	1.37	0.12	1.21	1.78*	0.24	7.29	0.01	0.13	0.06	0.63	0.14	1.51	58
332	国联安-弘尚资产成长精选 1 号	1.30	0.22	0.28	0.77	0.39	6.94	-0.27	-2.46	0.41	2.37	0.18	1.16	57

续表

编号	基金名称	年化α(%)	$t(\alpha)$	γ	$t(\gamma)$	β_{mkt}	$t(\beta_{mkt})$	β_{smb}	$t(\beta_{smb})$	β_{hml}	$t(\beta_{hml})$	β_{mom}	$t(\beta_{mom})$	调整后R^2(%)
333	普邦恒升华金1期	1.24	0.21	0.60	1.69*	0.32	6.41	-0.17	-1.73	0.10	0.66	-0.27	-1.92	47
334	华西神农复兴	1.09	0.14	0.11	0.22	0.58	12.90	0.05	0.52	-0.14	-1.04	-0.30	-2.34	79
335	昭时5期	1.08	0.12	0.09	0.16	0.39	6.37	-0.02	-0.17	-0.36	-1.97	0.11	0.68	46
336	禾木1号	1.01	0.10	-0.84	-1.38	0.73	7.41	0.20	1.01	0.15	0.50	-0.15	-0.55	60
337	海中湾（齐鲁）3号	0.94	0.10	0.44	0.81	1.22	11.84	-0.25	-1.23	0.62	1.99	-0.49	-1.69	77
338	航长常春藤	0.90	0.12	1.42	3.20*	0.56	11.02	-0.41	-4.07	0.40	2.59	-0.28	-1.96	73
339	申毅对冲1号	0.87	0.78	0.02	0.25	0.91	14.48	-0.23	-1.89	0.33	1.75	-0.40	-2.27	83
340	柘弓1期	0.87	0.09	-0.25	-0.42	0.22	9.37	0.01	0.25	-0.02	-0.24	-0.05	-0.74	66
341	星动力	0.84	0.17	0.25	0.84	0.58	19.00	-0.08	-1.40	0.19	2.07	-0.13	-1.51	89
342	华宝艾方多策略对冲套利1期	0.78	0.23	0.48	2.31*	0.50	7.89	-0.30	-2.40	0.19	0.97	-0.01	-0.05	56
343	鑫扬1期	0.77	0.08	0.29	0.49	0.54	4.74	0.14	0.62	0.22	0.64	0.00	0.00	40
344	上善若水3期	0.64	0.11	0.17	0.48	0.93	12.61	0.03	0.18	0.36	1.62	-0.73	-3.54	81
345	新价值16号	0.64	0.08	-0.74	-1.43	0.72	10.95	-0.13	-1.04	0.18	0.93	0.00	-0.02	73
346	智诚11期	0.43	0.06	0.62	1.38	0.78	16.06	-0.10	-1.06	0.39	2.65	-0.41	-3.01	86
347	归富长乐1号	0.42	0.12	0.28	1.33	0.42	5.03	-0.42	-2.59	0.42	1.65	-0.15	-0.66	38
348	中国龙价值	0.29	0.07	0.16	0.62	0.23	3.33	0.02	0.11	-0.08	-0.38	-0.46	-2.31	26
349	工银量化恒盛精选	0.25	0.20	0.11	1.44	0.64	10.96	0.08	0.67	0.06	0.35	0.07	0.40	75
350	铀链大盘波段1号	0.17	0.02	-1.27	-2.70	0.90	9.67	-0.30	-1.66	0.21	0.74	-0.49	-1.89	66
351	品正理翔2期	-0.02	-0.01	-0.01	-0.06	0.36	6.79	-0.05	-0.49	-0.25	-1.55	0.04	0.25	47

续表

编号	基金名称	年化 α(%)	$t(\alpha)$	γ	$t(\gamma)$	β_{mkt}	$t(\beta_{mkt})$	β_{smb}	$t(\beta_{smb})$	β_{hml}	$t(\beta_{hml})$	β_{mom}	$t(\beta_{mom})$	调整后 R^2(%)
352	信复创值 2 号	-0.05	-0.01	0.52	1.26	0.71	16.39	-0.20	-2.34	0.26	2.02	-0.38	-3.17	86
353	泛涵正元证券投资	-0.06	-0.02	0.11	0.54	0.37	6.66	0.15	1.37	0.35	2.09	-0.15	-0.99	63
354	冰剑 10 号	-0.09	-0.01	0.73	1.22	0.67	14.76	-0.23	-2.60	0.29	2.13	-0.42	-3.32	83
355	浦江之星 96 号 2 期	-0.09	-0.12	0.05	1.03	0.74	12.00	-0.20	-1.62	0.27	1.44	-0.04	-0.23	76
356	常春藤 6 期	-0.15	-0.03	0.10	0.29	0.30	3.32	0.80	4.57	0.09	0.35	0.62	2.48	55
357	广金成长 6 期	-0.40	-0.05	-0.26	-0.57	0.48	7.19	0.03	0.20	0.07	0.36	0.38	2.01	57
358	锐进 12 期	-0.54	-0.09	-0.18	-0.48	0.50	8.40	0.08	0.67	0.03	0.15	0.00	0.02	63
359	龙旗扶翼第 5 期	-0.56	-0.20	0.05	0.31	0.11	1.33	-0.27	-1.65	-0.22	-0.86	-0.89	-3.77	30
360	塔晶老虎 1 期	-0.87	-0.05	-0.49	-0.44	0.36	8.01	0.00	-0.05	0.14	1.05	-0.31	-2.43	63
361	赤子之心成长	-0.89	-0.10	-0.03	-0.06	0.11	0.92	0.49	2.07	0.58	1.59	0.45	1.32	28
362	神农价值精选 1 号	-0.93	-0.11	0.10	0.20	0.60	7.46	0.03	0.16	0.34	1.37	0.46	2.04	61
363	盈丰康伦 1 期	-1.06	-0.06	-0.79	-0.78	0.89	6.96	0.19	0.78	-1.00	-2.59	0.05	0.15	51
364	金蕴 30 期	-1.08	-0.10	-0.47	-0.74	0.37	4.83	0.07	0.48	0.09	0.38	0.40	1.86	42
365	鑫兰瑞	-1.13	-0.13	1.41	2.76*	0.44	3.83	-0.08	-0.33	-0.84	-2.31	0.23	0.70	27
366	冰剑 10 号之冰剑专享 2 期	-1.21	-0.15	0.08	0.17	0.15	3.72	-0.05	-0.67	-0.01	-0.06	-0.40	-3.50	34
367	鼎锋 2 期	-1.24	-0.24	-0.25	-0.79	0.65	7.31	0.58	3.34	-0.13	-0.48	0.06	0.25	66
368	沃胜 5 期	-1.25	-0.21	0.17	0.47	0.47	9.69	-0.03	-0.35	-0.03	-0.22	0.00	-0.01	67
369	炳富 1 号（华宝）	-1.28	-0.16	0.40	0.81	0.82	14.69	-0.16	-1.51	0.37	2.17	-0.46	-2.95	83
370	光大兴富进取 5 期	-1.28	-0.11	-0.12	-0.18	0.15	6.65	0.08	1.78	0.00	-0.07	-0.03	-0.45	57

续表

编号	基金名称	年化 α(%)	$t(\alpha)$	γ	$t(\gamma)$	β_{mkt}	$t(\beta_{mkt})$	β_{smb}	$t(\beta_{smb})$	β_{hml}	$t(\beta_{hml})$	β_{mom}	$t(\beta_{mom})$	调整后 R^2(%)
371	明曜启明 1 期	-1.29	-0.20	0.02	0.04	0.35	5.45	-0.13	-1.00	0.00	0.01	0.28	1.55	40
372	泰九 1 期	-1.30	-0.19	-0.32	-0.74	0.31	2.77	-0.03	-0.14	0.91	2.72	-0.47	-1.50	33
373	冰剑 10 号之冰剑专享 1 期	-1.37	-0.17	0.09	0.20	0.14	1.87	0.02	0.14	-0.26	-1.16	-0.12	-0.59	11
374	鑫安 1 期	-1.39	-0.28	1.12	3.62*	0.62	9.01	-0.22	-1.65	0.34	1.63	0.02	0.13	66
375	兆信 1 期	-1.44	-0.24	1.09	3.01*	0.64	11.32	0.11	1.00	-0.28	-1.65	-0.19	-1.22	74
376	合正普惠 1 期	-1.44	-0.26	-0.09	-0.25	0.00	0.01	0.39	5.19	0.16	1.38	0.32	2.96	52
377	安进 19 期富善对冲 1 号	-1.47	-0.69	0.01	0.08	0.19	2.49	0.01	0.05	0.37	1.59	-0.01	-0.05	25
378	雷钧 2 号	-1.57	-0.16	0.04	0.06	0.62	6.25	0.09	0.46	0.34	1.11	0.42	1.49	53
379	紫鑫盈泰 1 号	-1.59	-0.37	-0.06	-0.22	0.34	5.02	0.06	0.48	0.19	0.92	0.31	1.66	44
380	紫鑫 6 号	-1.62	-0.53	0.10	0.55	0.60	8.65	-0.33	-2.41	0.41	1.95	0.07	0.38	65
381	华骏海石 1 号	-1.68	-0.33	1.11	3.53*	0.43	6.68	0.10	0.78	-0.05	-0.24	-0.04	-0.22	60
382	泰九 2 期	-1.85	-0.28	-0.02	-0.06	0.31	6.22	-0.04	-0.38	-0.03	-0.19	0.13	0.96	46
383	紫鑫盈泰 3 号	-1.87	-0.49	-0.02	-0.09	0.55	9.16	0.19	1.63	0.41	2.26	0.47	2.80	76
384	武当 4 期	-1.95	-0.30	-1.15	-2.87	0.89	9.41	-0.10	-0.52	-0.10	-0.35	-0.48	-1.83	65
385	鼎锋 1 期	-1.96	-0.42	-0.24	-0.81	0.74	5.62	0.54	2.05	0.15	0.38	0.05	0.12	56
386	稳健流动性	-2.05	-3.03	0.03	0.67	0.55	5.41	-0.39	-1.97	0.47	1.51	0.34	1.19	43
387	尊嘉 ALPHA	-2.10	-0.71	0.45	2.46*	0.38	3.37	-0.12	-0.53	0.12	0.36	-1.00	-3.18	30
388	富众多维共振	-2.15	-0.34	-0.07	-0.17	0.86	10.70	0.00	0.01	0.25	1.04	-0.32	-1.41	74
389	浦江之星 165 号	-2.15	-0.11	-2.30	-1.92	0.81	6.02	-0.07	-0.26	-0.67	-1.66	-0.46	-1.22	42

续表

编号	基金名称	年化 α(%)	$t(\alpha)$	γ	$t(\gamma)$	β_{mkt}	$t(\beta_{mkt})$	β_{smb}	$t(\beta_{smb})$	β_{hml}	$t(\beta_{hml})$	β_{mom}	$t(\beta_{mom})$	调整后 R^2(%)
390	博润价值成长	-2.16	-0.31	0.32	0.75	0.60	7.72	-0.39	-2.58	0.57	2.42	-0.12	-0.54	60
391	和聚 1 期	-2.20	-0.31	0.13	0.31	0.63	6.62	0.07	0.38	0.30	1.04	-0.07	-0.25	57
392	尚雅 2 期	-2.23	-0.15	0.42	0.46	0.48	5.05	0.02	0.08	-0.08	-0.28	0.28	1.05	38
393	华西神农繁荣	-2.33	-0.31	0.21	0.47	0.59	11.09	-0.04	-0.41	0.02	0.14	0.12	0.79	74
394	尚雅 5 期	-2.37	-0.18	0.34	0.43	0.04	1.39	0.08	1.58	0.08	0.97	0.02	0.24	21
395	鼎锋 18 期	-2.58	-0.43	0.09	0.26	0.30	3.34	0.79	4.55	0.09	0.33	0.61	2.44	55
396	飞天财富宝	-2.66	-0.91	-0.16	-0.91	0.53	10.96	0.02	0.22	-0.01	-0.09	-0.03	-0.25	73
397	鼎锋 8 期	-2.69	-0.40	0.25	0.61	0.21	3.38	0.02	0.19	-0.08	-0.41	-0.12	-0.70	24
398	利得宝	-2.75	-1.45	0.09	0.79	0.44	8.34	-0.09	-0.87	0.09	0.59	-0.02	-0.13	61
399	道睿择 1 期	-2.77	-0.65	-0.01	-0.04	0.16	6.75	-0.09	-1.84	-0.01	-0.12	0.06	0.85	49
400	和聚 10 期	-2.85	-0.43	0.12	0.29	0.34	7.20	-0.09	-0.94	-0.15	-1.04	-0.03	-0.21	54
401	聚星 2 号汇裕 1 期	-2.98	-0.40	-0.14	-0.31	0.62	12.16	-0.18	-1.80	0.43	2.74	-0.11	-0.76	78
402	金狮 154 号	-3.06	-0.61	0.67	2.17*	0.57	7.64	-0.39	-2.65	0.31	1.35	0.27	1.28	57
403	富直 1 号	-3.25	-0.31	0.32	0.49	0.60	8.00	-0.12	-0.79	0.11	0.47	-0.32	-1.54	58
404	和聚 6 期（2014）	-3.25	-0.52	0.09	0.23	0.24	2.62	0.10	0.56	0.28	1.02	0.10	0.40	26
405	金樽 1 期	-3.34	-0.76	-0.01	-0.06	0.74	8.41	-0.25	-1.44	0.41	1.55	-0.57	-2.29	62
406	尚雅 1 期（深国投）	-3.53	-0.25	0.40	0.46	0.52	7.60	0.35	2.64	0.66	3.17	-0.17	-0.86	74
407	金中和西鼎	-3.55	-0.31	1.71	2.45*	0.57	11.45	0.11	1.13	0.12	0.83	0.15	1.10	78
408	恒天紫鑫 2 号	-3.57	-0.94	-0.07	-0.29	0.59	10.90	-0.16	-1.55	0.26	1.55	-0.08	-0.55	73

续表

编号	基金名称	年化 α(%)	$t(\alpha)$	γ	$t(\gamma)$	β_{mkt}	$t(\beta_{mkt})$	β_{smb}	$t(\beta_{smb})$	β_{hml}	$t(\beta_{hml})$	β_{mom}	$t(\beta_{mom})$	调整后 R^2(%)
409	瀚信成长 6 期	-3.72	-0.35	-0.17	-0.25	0.32	4.88	0.06	0.44	0.17	0.87	0.31	1.70	43
410	神州牧 1 号	-3.79	-0.43	0.71	1.33	0.72	16.83	-0.18	-2.15	0.26	2.00	-0.37	-3.12	86
411	龙腾 3 期	-3.92	-0.44	0.63	1.15	0.27	6.20	-0.03	-0.36	0.05	0.40	-0.12	-0.98	48
412	武当 1 期	-3.99	-0.51	-0.73	-1.52	0.59	8.46	0.17	1.22	0.24	1.16	-0.26	-1.33	68
413	光大兴富进取 3 期	-4.02	-0.33	1.12	1.52	0.35	6.23	0.11	0.96	0.11	0.65	-0.17	-1.05	53
414	智诚 6 期	-4.17	-0.59	0.78	1.78*	0.82	11.44	0.21	1.51	0.52	2.37	0.24	1.19	80
415	塔晶狮王	-4.17	-0.39	-0.95	-1.45	0.38	6.43	-0.12	-1.03	-0.09	-0.50	-0.18	-1.09	50
416	金石 3 期	-4.30	-0.35	0.85	1.13	0.59	9.50	0.10	0.81	0.12	0.61	0.20	1.15	70
417	武当 6 期	-4.33	-0.60	-1.21	-2.78	0.36	4.97	0.35	2.46	-0.02	-0.10	0.76	3.76	53
418	塔晶狮王 2 号	-4.41	-0.46	-0.95	-1.64	0.37	4.21	0.47	2.76	-0.22	-0.82	-0.43	-1.77	50
419	投资精英之尚雅（A）	-4.47	-0.43	-0.52	-0.82	0.23	6.97	-0.01	-0.12	-0.02	-0.20	-0.12	-1.30	55
420	泰瓴 3 期	-4.64	-0.88	-0.10	-0.31	0.51	6.23	-0.25	-1.54	0.43	1.71	-0.49	-2.12	49
421	睿信成长 1 期	-4.66	-0.77	0.08	0.21	0.38	4.07	0.48	2.66	0.51	1.83	-0.20	-0.76	53
422	瀚信成长 5 期	-4.72	-0.49	-0.09	-0.15	0.61	4.91	-0.40	-1.62	0.74	1.93	-0.73	-2.08	41
423	聚发(25)-保证金交易 1 号 A2	-4.75	-0.98	0.51	1.74*	0.35	5.70	0.00	-0.02	0.17	0.90	-0.19	-1.15	48
424	赤子之心价值	-4.76	-0.68	0.11	0.25	0.27	3.16	0.80	4.70	0.13	0.48	0.60	2.46	56
425	恒天紫鑫 3 号	-4.77	-1.14	0.10	0.40	0.55	7.32	0.01	0.05	-0.12	-0.53	0.21	0.99	54
426	睿信 2 期	-4.85	-0.78	0.36	0.94	0.51	9.71	0.01	0.12	-0.01	-0.08	0.10	0.67	69
427	武当稳健增长	-4.91	-0.92	-0.18	-0.55	0.85	9.40	0.21	1.19	-0.74	-2.69	-0.01	-0.05	67

续表

编号	基金名称	年化 α(%)	$t(\alpha)$	γ	$t(\gamma)$	β_{mkt}	$t(\beta_{mkt})$	β_{smb}	$t(\beta_{smb})$	β_{hml}	$t(\beta_{hml})$	β_{mom}	$t(\beta_{mom})$	调整后 R^2(%)
428	映雪霜雪 1 期	-4.94	-0.48	-0.77	-1.23	0.39	4.77	-0.12	-0.74	0.07	0.29	-0.23	-1.02	33
429	映雪霜雪 2 期	-5.03	-0.50	-0.34	-0.55	0.54	7.16	0.42	2.83	-0.08	-0.33	0.59	2.81	64
430	富锦 8 号（尚雅）	-5.04	-0.79	-0.20	-0.51	0.53	9.09	0.07	0.63	-0.04	-0.20	0.15	0.91	66
431	泽泉信德	-5.16	-0.53	0.01	0.02	0.81	8.35	0.26	1.37	-0.01	-0.02	0.07	0.27	65
432	聚星 2 号	-5.21	-0.55	-0.80	-1.39	0.15	1.87	0.30	1.93	0.37	1.54	0.20	0.89	31
433	龙腾 5 期	-5.33	-0.59	0.64	1.17	0.62	10.14	0.08	0.70	0.15	0.79	-0.01	-0.08	73
434	宝晟 1 期	-5.33	-1.11	-0.85	-2.90	0.40	5.56	0.16	1.14	-0.16	-0.74	-0.10	-0.51	44
435	武当 14 期	-5.51	-1.14	-0.48	-1.63	0.44	7.43	0.16	1.36	0.14	0.79	-0.03	-0.15	62
436	尚雅 11 期	-5.73	-0.40	0.15	0.18	0.61	10.65	-0.13	-1.17	0.13	0.77	0.41	2.53	74
437	恒盛定向增发	-5.83	-0.86	-0.17	-0.40	0.44	3.74	0.18	0.77	0.02	0.05	-0.78	-2.38	34
438	瀚信成长 10 期	-5.95	-0.46	0.62	0.77	0.48	9.38	0.23	2.35	-0.23	-1.51	-0.12	-0.82	70
439	慧安 1 号	-6.02	-0.71	0.96	1.84*	0.74	14.30	-0.22	-2.14	0.42	2.68	-0.05	-0.35	83
440	正弘 1 号	-6.05	-0.18	-1.72	-0.84	0.32	5.57	-0.06	-0.57	0.16	0.90	0.42	2.59	47
441	对冲精英之民森 1 期 A 类	-6.06	-1.27	0.24	0.84	0.45	13.83	-0.03	-0.45	-0.03	-0.26	0.13	1.45	81
442	R2007ZX065	-6.35	-1.09	0.37	1.02	0.81	13.16	-0.40	-3.33	0.50	2.70	0.06	0.33	80
443	保证金交易 1 号	-6.47	-2.71	0.28	1.92*	0.68	9.97	-0.17	-1.28	0.21	0.99	0.13	0.70	70
444	锐进 13 期通用汇锦 3 号	-6.52	-0.99	-1.06	-2.62	0.35	3.00	0.40	1.75	-0.22	-0.61	0.90	2.75	31
445	慧安 3 号	-6.54	-0.73	1.01	1.83*	0.62	6.54	-0.67	-3.58	1.16	4.02	-0.45	-1.67	58
446	睿源 1 号	-6.59	-0.94	0.03	0.08	0.63	13.76	-0.17	-1.88	0.40	2.88	-0.11	-0.88	82

续表

编号	基金名称	年化 α(%)	$t(\alpha)$	γ	$t(\gamma)$	β_{mkt}	$t(\beta_{mkt})$	β_{smb}	$t(\beta_{smb})$	β_{hml}	$t(\beta_{hml})$	β_{mom}	$t(\beta_{mom})$	调整后 R^2(%)
447	冰剑 1 号	-6.69	-1.17	0.95	2.72*	0.62	9.45	0.02	0.15	0.10	0.49	-0.05	-0.27	68
448	中金金致 5 号	-7.37	-1.21	1.35	3.37*	-0.01	-0.38	0.16	3.41	0.05	0.64	0.13	1.93	29
449	温莎简毅精选 8 号	-7.43	-1.00	0.73	1.60	0.36	4.78	0.16	1.07	-0.16	-0.71	0.07	0.33	38
450	瀚信经典 1 期	-7.64	-0.66	-0.07	-0.10	0.90	13.70	-0.25	-1.91	0.24	1.21	-0.36	-1.96	80
451	睿信	-7.77	-0.91	0.67	1.28	0.58	9.80	0.01	0.06	0.09	0.50	-0.07	-0.45	70
452	金狮 160 号	-7.79	-1.11	0.42	0.98	0.85	19.50	-0.26	-3.00	0.46	3.48	-0.30	-2.43	90
453	慧安 6 号	-7.81	-0.86	0.99	1.78*	0.08	4.00	0.19	4.96	-0.02	-0.42	0.12	2.32	62
454	鑫增长 1 号	-8.06	-0.53	-1.33	-1.43	0.66	9.58	0.12	0.92	-0.01	-0.04	-0.26	-1.37	69
455	聚鑫 33 号	-8.13	-0.84	-0.95	-1.61	0.16	1.16	0.39	1.43	0.51	1.21	1.02	2.60	25
456	资财 1 号	-8.25	-1.17	-1.83	-4.23	0.00	0.65	-0.01	-0.65	-0.01	-0.66	-0.02	-1.04	6
457	和聚 7 期之和聚专享 1 期	-8.43	-0.91	0.64	1.13	0.68	15.36	-0.21	-2.39	0.28	2.10	-0.38	-3.09	84
458	论德 1 期	-8.85	-1.23	0.85	1.92*	0.55	11.85	0.06	0.62	0.14	1.02	0.06	0.48	79
459	智诚 8 期	-9.07	-1.06	0.53	1.00	0.57	11.67	-0.15	-1.57	0.09	0.62	0.03	0.24	75
460	鼎锋成长 3 期	-9.31	-1.17	0.11	0.22	0.06	1.03	0.05	0.39	-0.20	-1.06	-0.45	-2.56	25
461	中域增值 1 期	-9.87	-1.43	-1.39	-3.29	0.03	1.32	0.01	0.26	0.01	0.08	0.07	1.05	11
462	瀚信成长 1 期	-10.13	-1.17	0.25	0.48	0.31	4.41	0.02	0.16	0.80	3.74	-0.20	-1.03	53
463	投资精英之云程泰（A）	-10.34	-1.15	0.29	0.53	0.63	11.26	-0.32	-2.95	0.26	1.55	0.15	0.95	74
464	瀚信成长 3 期	-11.16	-1.26	0.22	0.41	0.82	14.22	-0.15	-1.29	0.36	2.04	-0.48	-3.00	83
465	懋峰平和 1 号	-11.21	-1.47	-0.24	-0.51	0.09	1.56	-0.21	-1.98	0.06	0.34	-0.29	-1.86	19

续表

编号	基金名称	年化 α(%)	$t(\alpha)$	γ	$t(\gamma)$	β_{mkt}	$t(\beta_{mkt})$	β_{smb}	$t(\beta_{smb})$	β_{hml}	$t(\beta_{hml})$	β_{mom}	$t(\beta_{mom})$	调整后 R^2(%)
466	德源安战略成长 1 号	-11.40	-0.84	-0.05	-0.06	0.02	0.31	0.06	0.43	-0.11	-0.54	-0.36	-1.94	16
467	冰冷 1 期	-11.66	-1.21	-0.86	-1.45	0.08	0.60	0.83	3.01	0.18	0.43	1.21	3.06	31
468	御峰 1 号	-11.70	-1.45	-0.11	-0.23	0.36	4.39	0.07	0.44	0.07	0.30	-0.01	-0.02	36
469	龙票 1 期（华润）	-11.89	-1.33	-0.37	-0.68	0.76	5.16	-0.33	-1.14	0.22	0.50	-0.52	-1.26	37
470	云程泰资本增值	-12.68	-1.45	0.67	1.25	0.71	16.27	-0.21	-2.43	0.29	2.24	-0.35	-2.90	86
471	慧安财富 5 期	-12.99	-1.32	0.72	1.19	0.10	0.99	0.44	2.23	0.22	0.71	0.46	1.64	23
472	金蕴 55 期（季胜）	-13.49	-1.43	0.05	0.09	0.09	3.09	0.08	1.41	0.03	0.30	0.17	1.95	41
473	金海 1 号	-14.29	-1.95	0.36	0.81	0.70	9.20	-0.46	-3.06	0.32	1.38	-0.14	-0.64	64
474	共青城新里程	-15.53	-2.13	-0.31	-0.69	0.84	9.82	0.24	1.41	0.24	0.94	-0.50	-2.11	73
475	慧安财富 2 期	-16.25	-1.33	0.87	1.15	0.67	13.69	-0.27	-2.77	0.24	1.64	-0.53	-3.90	80
476	蕴泽 1 号	-16.58	-1.75	0.29	0.50	0.29	6.87	-0.13	-1.56	0.11	0.83	-0.04	-0.34	51
477	双赢 1 期（瀚信）	-16.89	-1.81	0.10	0.17	0.55	6.73	0.07	0.46	0.44	1.78	0.45	1.96	59
478	光华上智 1 期	-18.07	-2.11	-0.41	-0.78	0.05	0.63	0.74	4.25	0.23	0.90	0.81	3.36	42
479	慧安财富 3 期	-18.17	-1.54	0.74	1.02	0.66	9.82	0.30	2.26	0.39	1.92	0.20	1.08	77
480	金狮 161 号	-18.96	-1.91	1.25	2.11*	0.72	13.06	-0.14	-1.30	0.31	1.84	-0.01	-0.08	80
481	蕴泽 3 号	-20.23	-2.11	-0.36	-0.61	0.57	8.48	-0.13	-1.02	0.50	2.49	-0.37	-1.99	66
482	长青 1 期	-21.26	-2.37	-0.80	-1.45	0.66	12.98	0.04	0.38	0.40	2.59	0.15	1.05	82
483	泰石 1 期	-29.62	-1.70	-0.07	-0.07	0.81	12.79	-0.14	-1.11	-0.41	-2.12	-0.27	-1.54	76
484	浦江之星 50 号	-30.07	-1.22	3.08	2.07*	0.64	12.69	-0.01	-0.13	0.09	0.56	0.03	0.19	79
485	沈阳天马时代 2 期	-79.31	-3.47	-0.45	-0.32	1.41	1.99	-1.50	-1.08	1.72	0.80	-2.64	-1.33	11

附录三 收益率在排序期位于前 5%的基金在检验期的排名（排序期为一年）：2014~2019 年

本表展示的是排序期为一年、检验期为一年时，排序期收益率排名在前 5%的基金在检验期的收益率排名，以及基金在排序期和检验期的收益率。样本量为在排序期和检验期都存在的基金个数。★表示在检验期仍位于前 5%的基金。

排序期	排序期排名	基金名称	排序期收益率（%）	检验期	检验期排名	检验期收益率（%）	样本量
2014	1	金汇峰收益展示 1 号	245. 0	2015	10★	156. 5	546
2014	2	泽熙 3 期（山东）	208. 8	2015	2★	438. 9	546
2014	3	蕴泽 1 号	153. 3	2015	525	-12. 8	546
2014	4	泽熙 1 期（华润）	139. 3	2015	3★	319. 3	546
2014	5	清水源 1 号	120. 3	2015	22★	108. 5	546
2014	6	天乙 1 期	117. 4	2015	393	15. 1	546
2014	7	证大稳健增长	115. 2	2015	11★	155. 8	546
2014	8	长余 1 期	112. 3	2015	522	-11. 3	546
2014	9	嘉禾 1 号	108. 8	2015	489	-1. 0	546
2014	10	悟空对冲量化	108. 4	2015	262	29. 5	546
2014	11	御峰 1 号	108. 4	2015	526	-13. 3	546
2014	12	懿和 2 期	108. 2	2015	516	-8. 4	546
2014	13	金狮 93 号	106. 2	2015	542	-49. 5	546
2014	14	尊荣	98. 4	2015	527	-13. 4	546
2014	15	和美 1 期	97. 9	2015	496	-1. 9	546
2014	16	炜博领航	96. 7	2015	467	4. 1	546
2014	17	天马 1 期	94. 6	2015	418	12. 6	546

续表

排序期	排序期排名	基金名称	排序期收益率（%）	检验期	检验期排名	检验期收益率（%）	样本量
2014	18	东源 1 期	91.2	2015	287	26.5	546
2014	19	德源安战略成长 3 号	89.8	2015	469	3.5	546
2014	20	紫鑫 3 号	88.4	2015	523	-11.5	546
2014	21	桃花源共同量子 1 期	86.0	2015	247	31.2	546
2014	22	中国龙目标回报 1 期	85.6	2015	498	-3.3	546
2014	23	金融战士 1 号	85.6	2015	436	9.3	546
2014	24	雪球 2 期	85.0	2015	515	-7.6	546
2014	25	德源安战略成长 1 号	84.8	2015	223	32.8	546
2014	26	名禹稳健增长	83.8	2015	66	65.9	546
2014	27	证大 1 期	83.6	2015	318	23.9	546
2015	1	华鑫 785 号	480.7	2016	109	4.2	795
2015	2	倚天雅莉 3 号	333.9	2016	791	-48.9	795
2015	3	泽泉景渤财富	251.5	2016	173	1.5	795
2015	4	卓泰 2 号	240.8	2016	17*	18.0	795
2015	5	兆意 1 期	231.2	2016	607	-16.3	795
2015	6	稳健增长（外贸）	195.2	2016	9*	30.0	795
2015	7	毕咸 1 期	189.1	2016	706	-24.0	795
2015	8	思考 1 号	173.5	2016	128	3.3	795
2015	9	稳增 3 期	168.4	2016	63	8.4	795
2015	10	旭诺成长择时对冲 1 号	164.1	2016	108	4.3	795

续表

排序期	排序期排名	基金名称	排序期收益率（%）	检验期	检验期排名	检验期收益率（%）	样本量
2015	11	德亚进取 1 号	157.0	2016	655	-20.0	795
2015	12	证大稳健增长	155.8	2016	12*	25.5	795
2015	13	金陀罗飞龙 1 号	155.7	2016	772	-36.0	795
2015	14	穗富 1 号	155.7	2016	782	-42.5	795
2015	15	中融 293 号-金河新价值成长 1 期	152.1	2016	588	-15.2	795
2015	16	以太量化 2 号	150.0	2016	7*	36.0	795
2015	17	仙童 1 期	149.2	2016	528	-11.4	795
2015	18	永望复利成长 1 号	142.4	2016	400	-6.2	795
2015	19	睿策格上优享 1 期	140.0	2016	460	-8.3	795
2015	20	得大 1 期	137.9	2016	569	-13.9	795
2015	21	景富趋势成长 1 期	137.0	2016	305	-2.9	795
2015	22	向量 ETF 创新 1 期	136.7	2016	343	-4.2	795
2015	23	泽泉盛辉	136.0	2016	106	4.3	795
2015	24	祥和 1 号	135.8	2016	11*	27.3	795
2015	25	富腾成长 3 期	127.0	2016	301	-2.9	795
2015	26	弘尚资产灵活配置	125.8	2016	13*	20.1	795
2015	27	富安达安晟 1 号	118.7	2016	261	-1.7	795
2015	28	泽泉涨停板 1 号	116.5	2016	54	9.4	795
2015	29	君富至尊 9 号	113.7	2016	707	-24.0	795
2015	30	朴道 2 期	112.6	2016	711	-24.6	795

续表

排序期	排序期排名	基金名称	排序期收益率（%）	检验期	检验期排名	检验期收益率（%）	样本量
2015	31	宝耀 1 期	110. 3	2016	127	3. 3	795
2015	32	清水源 1 号	108. 5	2016	399	-6. 1	795
2015	33	源乐晟策略创新 1 期	108. 0	2016	642	-18. 7	795
2015	34	摩通 5 号	106. 1	2016	657	-20. 1	795
2015	35	思源赛富 1 号	104. 9	2016	419	-6. 8	795
2015	36	京福 1 号	102. 9	2016	52	9. 7	795
2015	37	金蕴 21 期（泓璞 1 号）	101. 9	2016	589	-15. 2	795
2015	38	菁英时代成长 3 号	101. 7	2016	252	-1. 5	795
2015	39	大君智萌 2 期	100. 4	2016	755	-33. 2	795
2016	1	蓝金 1 号	193. 9	2017	825	17. 0	2 348
2016	2	蓝海 1 号（北京蓝海）	180. 9	2017	2 326	-37. 7	2 348
2016	3	新宇-番茄资产管理 1 号	139. 7	2017	2 332	-40. 2	2 348
2016	4	辰阳恒丰 1 号	106. 0	2017	502	26. 8	2 348
2016	5	宁聚事件驱动 1 号	98. 0	2017	1 471	2. 1	2 348
2016	6	南方海慧 1 号	83. 9	2017	345	34. 2	2 348
2016	7	卓泰阳光举牌 1 号	74. 4	2017	1 369	4. 2	2 348
2016	8	上元 1 号	72. 3	2017	246	42. 8	2 348
2016	9	91 金融环球时刻 2 号	67. 9	2017	2 035	-9. 8	2 348
2016	10	金田龙盛	65. 9	2017	778	18. 1	2 348
2016	11	深圳量华逆袭 1 号	65. 6	2017	2 071	-11. 3	2 348

续表

排序期	排序期排名	基金名称	排序期收益率（%）	检验期	检验期排名	检验期收益率（%）	样本量
2016	12	潼骁成长精选3期	61.5	2017	1 988	-8.4	2 348
2016	13	私募工场5期第3期	60.8	2017	1 815	-3.7	2 348
2016	14	杜兹3号	58.1	2017	2 340	-45.9	2 348
2016	15	鑫富资产腾龙1号	57.1	2017	203	47.2	2 348
2016	16	阿超1号	57.1	2017	2 110	-13.6	2 348
2016	17	鑫增长1号	51.8	2017	2 322	-36.6	2 348
2016	18	融通3号	49.8	2017	1 386	3.9	2 348
2016	19	凡得幸福	46.9	2017	1 724	-1.8	2 348
2016	20	宁聚满天星	45.2	2017	1 304	5.7	2 348
2016	21	默驰对冲1号	44.4	2017	484	27.3	2 348
2016	22	本利达1号	43.5	2017	1 344	4.7	2 348
2016	23	证大久盈旗舰5号	43.4	2017	29*	75.2	2 348
2016	24	善水稳健对冲1期	42.8	2017	1 092	10.7	2 348
2016	25	新宇红枫1号	42.6	2017	1 301	5.8	2 348
2016	26	中垒1号	42.4	2017	833	16.8	2 348
2016	27	晟维价值	41.5	2017	168	50.4	2 348
2016	28	菁英时代国投大盈1号	38.6	2017	576	24.8	2 348
2016	29	高毅邻山1号	37.0	2017	44*	69.1	2 348
2016	30	以太量化2号	36.0	2017	2 208	-19.8	2 348
2016	31	九旭1号	35.2	2017	1 546	1.1	2 348

续表

排序期	排序期排名	基金名称	排序期收益率（%）	检验期	检验期排名	检验期收益率（%）	样本量
2016	32	恒瑞-中国梦2期	34.3	2017	2 001	-8.8	2 348
2016	33	福建至诚滚雪球1号	34.1	2017	182	49.2	2 348
2016	34	梦真1号	34.0	2017	2 318	-35.5	2 348
2016	35	少数派4号	33.7	2017	32*	74.2	2 348
2016	36	幻方鼎立01号	33.5	2017	1 189	8.4	2 348
2016	37	爱心稳健收益型	33.5	2017	1 538	1.2	2 348
2016	38	远澜云杉	33.5	2017	1 233	7.3	2 348
2016	39	幻方永途01号	33.4	2017	780	18.1	2 348
2016	40	钰淞（精选1期）	33.4	2017	2 003	-8.8	2 348
2016	41	塔晶老虎1期	33.3	2017	2 122	-14.0	2 348
2016	42	幻方涌泉01号	32.9	2017	950	14.0	2 348
2016	43	睿信主题成长2期	32.6	2017	1 105	10.3	2 348
2016	44	双隆-隆腾1号	32.6	2017	540	25.6	2 348
2016	45	巴克夏月月利1号	32.6	2017	256	42.0	2 348
2016	46	恒立7号	32.4	2017	1 251	7.0	2 348
2016	47	达仁卓越2号	32.0	2017	2 278	-27.2	2 348
2016	48	睿信主题成长1期	31.9	2017	1 088	10.7	2 348
2016	49	汇创稳健1号（广东汇创）	31.5	2017	250	42.4	2 348
2016	50	卓跞1号	30.9	2017	864	16.1	2 348
2016	51	钜垣投资健康中国1号	30.3	2017	2 248	-23.8	2 348

续表

排序期	排序期排名	基金名称	排序期收益率（%）	检验期	检验期排名	检验期收益率（%）	样本量
2016	52	稳健增长（外贸）	30.0	2017	2 150	-15.4	2 348
2016	53	圣盾成长1号	29.7	2017	1 480	2.0	2 348
2016	54	龙韬华枝满1号	29.6	2017	2 181	-17.4	2 348
2016	55	幻方钱海01号	29.5	2017	452	28.3	2 348
2016	56	明汯全天候1号	29.3	2017	1 051	11.6	2 348
2016	57	幻方印月01号	29.2	2017	822	17.1	2 348
2016	58	沃蓝1期	29.0	2017	217	46.1	2 348
2016	59	融通1号（宁聚）	28.0	2017	1 259	6.7	2 348
2016	60	幻方恒光01号	27.9	2017	792	17.8	2 348
2016	61	丰యా1号	27.9	2017	2 173	-16.6	2 348
2016	62	益沣成钜瑞对冲1号	27.4	2017	1 890	-5.3	2 348
2016	63	塔晶价值成长1号	27.4	2017	1 627	-0.2	2 348
2016	64	祥和1号	27.3	2017	1 812	-3.6	2 348
2016	65	福建滚雪球31号	26.9	2017	15*	83.8	2 348
2016	66	91-环球1号	26.3	2017	2 149	-15.4	2 348
2016	67	逸杉2期	25.9	2017	537	25.7	2 348
2016	68	九铭恒升	25.7	2017	1 150	9.2	2 348
2016	69	伯洋6期	25.5	2017	1 069	11.3	2 348
2016	70	证大稳健增长	25.5	2017	1 893	-5.3	2 348
2016	71	牧容卓越5号	24.9	2017	1 154	9.1	2 348

续表

排序期	排序期排名	基金名称	排序期收益率（%）	检验期	检验期排名	检验期收益率（%）	样本量
2016	72	福建滚雪球33号	24.8	2017	33★	73.5	2 348
2016	73	鑫泉复利增长1期	24.5	2017	745	18.8	2 348
2016	74	逸杉1期	24.2	2017	689	21.1	2 348
2016	75	睿璞投资-睿洪1号	24.2	2017	146	52.7	2 348
2016	76	泰观恒-渤海银行-五岳1号	23.7	2017	528	25.9	2 348
2016	77	瀚木资产瀚木1号	23.3	2017	1 745	-2.2	2 348
2016	78	幻方之江01号	22.9	2017	827	17.0	2 348
2016	79	微观世界量化对冲1号	22.9	2017	1 186	8.4	2 348
2016	80	私募学院菁英139号	22.8	2017	496	27.0	2 348
2016	81	同望1期1号	22.7	2017	241	43.2	2 348
2016	82	温莎简毅策略成长10号	22.7	2017	2 233	-22.3	2 348
2016	83	通和富享1期	22.6	2017	48★	68.0	2 348
2016	84	逐流1号	22.5	2017	1 588	0.5	2 348
2016	85	泓信全景1号	22.4	2017	1 852	-4.3	2 348
2016	86	云梦泽-春风	22.2	2017	1 999	-8.7	2 348
2016	87	海中湾（中信）1号	22.1	2017	2 008	-9.0	2 348
2016	88	上海老渔民家欣1号	22.0	2017	119	55.6	2 348
2016	89	东方点赞	21.9	2017	8★	88.3	2 348
2016	90	润樽沪港通	21.8	2017	221	45.9	2 348
2016	91	深圳前海华霖进取1号	21.8	2017	2 263	-25.3	2 348

续表

排序期	排序期排名	基金名称	排序期收益率（%）	检验期	检验期排名	检验期收益率（%）	样本量
2016	92	幻方慧鑫 01 号	21.7	2017	918	14.8	2 348
2016	93	穗富 12 号	21.5	2017	2 300	-31.1	2 348
2016	94	汇艾资产-稳健 1 号	21.2	2017	1 322	5.3	2 348
2016	95	添华 1 号	21.2	2017	2 328	-39.0	2 348
2016	96	千波 1 号	21.0	2017	2 174	-16.7	2 348
2016	97	大鹏湾财富 3 期	20.9	2017	60*	65.4	2 348
2016	98	金蕴 99 期（谷寒长线回报）	20.9	2017	118	55.6	2 348
2016	99	泊通 2 号	20.7	2017	444	28.8	2 348
2016	100	永升致远 1 期	20.2	2017	427	29.4	2 348
2016	101	因诺启航 2 号	20.2	2017	1 717	-1.7	2 348
2016	102	弘尚资产灵活配置	20.1	2017	562	25.2	2 348
2016	103	福建滚雪球 11 号	20.0	2017	243	43.1	2 348
2016	104	盈阳 19 号	19.9	2017	1 358	4.4	2 348
2016	105	优扬 1 号	19.9	2017	1 371	4.1	2 348
2016	106	幻方欣荣 01 号	19.7	2017	480	27.4	2 348
2016	107	菁英时代优选 5 号	19.6	2017	973	13.6	2 348
2016	108	东方先进制造优选	19.5	2017	72*	63.0	2 348
2016	109	亘盈稳健	19.4	2017	2 054	-10.6	2 348
2016	110	身安道隆 100	19.4	2017	281	39.4	2 348
2016	111	海之源价值 1 期	19.2	2017	321	35.8	2 348

续表

排序期	排序期排名	基金名称	排序期收益率（%）	检验期	检验期排名	检验期收益率（%）	样本量
2016	112	幻方志远 01 号	19. 1	2017	964	13. 8	2 348
2016	113	东方港湾价值投资 2 号	19. 1	2017	184	48. 8	2 348
2016	114	瀚投华睿千和 1 号	19. 0	2017	1 293	5. 9	2 348
2016	115	兆顺 1 号	18. 8	2017	1 514	1. 5	2 348
2016	116	万方稳进 1 号	18. 6	2017	4*	121. 6	2 348
2016	117	量易进取 1 号	18. 5	2017	1 994	-8. 6	2 348
2017	1	恒利资产管理 1 期	423. 9	2018	2 629	-36. 8	2 858
2017	2	汇祥 1 号（汇祥）	249. 2	2018	2 750	-49. 0	2 858
2017	3	雨山寻牛 1 号	217. 1	2018	2 605	-35. 8	2 858
2017	4	河洲资产川行主观 1 号	192. 4	2018	1526	-16. 9	2 858
2017	5	迎水起航 1 号	137. 0	2018	1 557	-17. 2	2 858
2017	6	璟恒 5 期	132. 9	2018	1 277	-13. 8	2 858
2017	7	复胜正能量 1 期	132. 8	2018	1 528	-16. 9	2 858
2017	8	乔格理 8 号	129. 7	2018	2 719	-43. 4	2 858
2017	9	蓝海战略 1 号	125. 4	2018	2 761	-50. 8	2 858
2017	10	万方稳进 1 号	121. 6	2018	1 696	-18. 9	2 858
2017	11	林园投资 2 号	120. 9	2018	1 842	-20. 5	2 858
2017	12	匀丰量化进取	119. 9	2018	16*	34. 0	2 858
2017	13	景林创新成长	107. 6	2018	2 083	-23. 8	2 858
2017	14	天宝稳健 2 号	106. 8	2018	1 907	-21. 3	2 858

续表

排序期	排序期排名	基金名称	排序期收益率（%）	检验期	检验期排名	检验期收益率（%）	样本量
2017	15	卓凯2号	106.6	2018	1 361	-14.9	2 858
2017	16	等观风险5号	106.2	2018	2 836	-66.9	2 858
2017	17	林园投资1号	105.9	2018	2 187	-25.4	2 858
2017	18	金泰瑞丰（乾清）	95.3	2018	2 845	-72.8	2 858
2017	19	今港优选	93.5	2018	1 727	-19.2	2 858
2017	20	君行5号	92.1	2018	103*	11.0	2 858
2017	21	抱朴1号	91.0	2018	2 451	-31.0	2 858
2017	22	东方点赞	88.3	2018	288	2.1	2 858
2017	23	同犇智慧1号	87.9	2018	1 484	-16.5	2 858
2017	24	九霄投资稳健成长2号	87.7	2018	1 703	-18.9	2 858
2017	25	利得汉景1期	87.7	2018	1 230	-13.3	2 858
2017	26	成泉汇涌1期	87.6	2018	2 384	-29.3	2 858
2017	27	朴信创新1号	85.5	2018	2 770	-51.5	2 858
2017	28	金钥匙东方港湾港股通1号	84.6	2018	1 354	-14.9	2 858
2017	29	卓铸卓越1号	84.4	2018	2 292	-27.3	2 858
2017	30	金钥匙东方港湾港股通2号	84.3	2018	1 362	-14.9	2 858
2017	31	东方港湾拓商1号	84.1	2018	1 183	-12.5	2 858
2017	32	同犇尊享2号	82.9	2018	1 668	-18.5	2 858
2017	33	东方港湾拓商	82.7	2018	1 145	-12.0	2 858
2017	34	景林价值B类	82.6	2018	1 763	-19.6	2 858

续表

排序期	排序期排名	基金名称	排序期收益率（%）	检验期	检验期排名	检验期收益率（%）	样本量
2017	35	东方点赞 A	81.6	2018	305	1.7	2 858
2017	36	长江汉景港湾 1 号	80.8	2018	1 465	-16.3	2 858
2017	37	添益 1 号（海之帆）	80.4	2018	215	4.6	2 858
2017	38	鹏山长期回报 1 号	79.9	2018	2 448	-31.0	2 858
2017	39	鹏山资产-果实 1 号	79.8	2018	1 333	-14.5	2 858
2017	40	大禾投资-掘金 1 号	79.8	2018	3★	99.0	2 858
2017	41	望正基石投资 1 号	79.1	2018	522	-2.5	2 858
2017	42	高信百诺 1 期	78.6	2018	1 061	-10.8	2 858
2017	43	青榕中华消费	78.6	2018	1 513	-16.8	2 858
2017	44	红亨稳赢 1 期	78.4	2018	46★	17.0	2 858
2017	45	涌津涌赢 2 号	78.1	2018	2 210	-25.8	2 858
2017	46	汇杉稳健成长 1 号	78.0	2018	2 611	-36.0	2 858
2017	47	景林优选 2 号	78.0	2018	2 262	-26.8	2 858
2017	48	仙童 3 期	77.9	2018	1 393	-15.4	2 858
2017	49	望正精英鹏辉 2 号	77.9	2018	420	-0.7	2 858
2017	50	涌津涌赢 8 号	77.5	2018	1 958	-21.9	2 858
2017	51	望正精英浩然 1 号	76.8	2018	2 425	-30.3	2 858
2017	52	浙商汉景港湾 1 号	76.4	2018	1 438	-16.0	2 858
2017	53	弘石量化 1 号	76.3	2018	115★	10.1	2 858
2017	54	东方港湾马拉松 1 号	75.7	2018	341	0.8	2 858

续表

排序期	排序期排名	基金名称	排序期收益率（%）	检验期	检验期排名	检验期收益率（%）	样本量
2017	55	止于至善	75.4	2018	2 575	-34.7	2 858
2017	56	汉景港湾4号	75.2	2018	1 999	-22.6	2 858
2017	57	坚实1号	75.2	2018	2 228	-26.3	2 858
2017	58	证大久盈旗舰5号	75.2	2018	2 219	-26.0	2 858
2017	59	景林稳健	74.2	2018	2 053	-23.3	2 858
2017	60	少数派4号	74.2	2018	1 612	-17.8	2 858
2017	61	泽升优选成长1期	73.8	2018	2 306	-27.8	2 858
2017	62	恒丰一号	73.6	2018	2 309	-27.9	2 858
2017	63	东方港湾3号	72.7	2018	1 445	-16.1	2 858
2017	64	私募工场千帆2期	72.6	2018	2 502	-32.5	2 858
2017	65	予曦1号	72.4	2018	1 210	-13.0	2 858
2017	66	卓凯1号	72.0	2018	1 858	-20.7	2 858
2017	67	潮金丰中港价值优选2号	72.0	2018	2 104	-24.1	2 858
2017	68	东方新经济先锋1号	71.5	2018	2 136	-24.5	2 858
2017	69	同犇财通5期	71.2	2018	1 682	-18.7	2 858
2017	70	镛泉资产泉顺1号	70.4	2018	1 304	-14.1	2 858
2017	71	东方港湾2号	70.4	2018	1 488	-16.5	2 858
2017	72	等观风险6号	70.3	2018	2 707	-42.5	2 858
2017	73	东方医疗健康优选	70.1	2018	2 076	-23.7	2 858
2017	74	长金银信宝6期	69.9	2018	2 208	-25.7	2 858

续表

排序期	排序期排名	基金名称	排序期收益率（%）	检验期	检验期排名	检验期收益率（%）	样本量
2017	75	和盛丰悦 1 号	69. 8	2018	1 051	-10. 7	2 858
2017	76	曦微成长精选 2 期	69. 7	2018	2 655	-38. 6	2 858
2017	77	私募工场秃鹫 1 期	68. 8	2018	2 259	-26. 8	2 858
2017	78	私享-蓝筹 1 期	68. 5	2018	2 506	-32. 5	2 858
2017	79	通和富享 1 期	68. 0	2018	1 724	-19. 1	2 858
2017	80	磐厚蔚然-英安中国	68. 0	2018	1 136	-11. 9	2 858
2017	81	同犇 1 期	67. 7	2018	1 168	-12. 4	2 858
2017	82	91 金融东方港湾价值 1 号	67. 3	2018	1 173	-12. 4	2 858
2017	83	娜嫚资本东方既白	67. 2	2018	1 200	-12. 9	2 858
2017	84	高信百诺价值成长	67. 1	2018	1 176	-12. 4	2 858
2017	85	汉景港湾 3 号	67. 0	2018	1 469	-16. 3	2 858
2017	86	林园	66. 5	2018	1 706	-18. 9	2 858
2017	87	东方港湾-拓商 1 号	66. 5	2018	1 708	-18. 9	2 858
2017	88	卓凯 1 号 1 期	66. 4	2018	1 853	-20. 6	2 858
2017	89	奕歌元晟	66. 3	2018	2 526	-33. 2	2 858
2017	90	东方港湾创业成长	65. 8	2018	1 448	-16. 2	2 858
2017	91	新智达成长 1 号	65. 7	2018	1 472	-16. 4	2 858
2017	92	大鹏湾财富 3 期	65. 4	2018	1 443	-16. 1	2 858
2017	93	朴信 3 号	64. 8	2018	2 717	-43. 2	2 858
2017	94	骏伟资本掘金改革 2 期	64. 4	2018	1 530	-16. 9	2 858

续表

排序期	排序期排名	基金名称	排序期收益率（%）	检验期	检验期排名	检验期收益率（%）	样本量
2017	95	惠正共赢	64.1	2018	1 887	-21.0	2 858
2017	96	骏伟资本3期	63.8	2018	2 722	-43.5	2 858
2017	97	东方消费服务优选	63.8	2018	2 050	-23.2	2 858
2017	98	高傅汉景港湾1号	63.7	2018	2 008	-22.8	2 858
2017	99	私募工场荔慎稳健成长1号	63.4	2018	2 162	-25.0	2 858
2017	100	海洋之星1号	63.4	2018	1 268	-13.7	2 858
2017	101	滚雪球1号（201502）	63.2	2018	592	-3.7	2 858
2017	102	东方先进制造优选	63.0	2018	1 854	-20.6	2 858
2017	103	紫金港7号	63.0	2018	1 963	-22.0	2 858
2017	104	国泓稳健1期	62.8	2018	635	-4.3	2 858
2017	105	金舆中国互联网	62.6	2018	1 418	-15.8	2 858
2017	106	投资精英之景林（A类）	62.5	2018	2 552	-34.0	2 858
2017	107	阿甘1号	62.5	2018	2 589	-35.0	2 858
2017	108	私募工场亚洲价值长线回报	62.5	2018	202	5.1	2 858
2017	109	广汇缘1号	62.5	2018	2 465	-31.5	2 858
2017	110	紫金港6号灵活策略	62.3	2018	1 726	-19.2	2 858
2017	111	久铭2号	62.3	2018	1 730	-19.2	2 858
2017	112	汇谷舒心1号	62.3	2018	2 085	-23.8	2 858
2017	113	长金银信宝2期	62.2	2018	2 614	-36.2	2 858
2017	114	源乐晟4期	62.1	2018	2 304	-27.8	2 858

续表

排序期	排序期排名	基金名称	排序期收益率（%）	检验期	检验期排名	检验期收益率（%）	样本量
2017	115	私享-蓝筹2期	62.0	2018	2 389	-29.5	2 858
2017	116	万利富达	61.8	2018	2 048	-23.2	2 858
2017	117	双安誉信宏观对冲5号	61.7	2018	2 171	-25.2	2 858
2017	118	平石T5对冲基金	61.7	2018	979	-9.7	2 858
2017	119	融通资本汉景港湾2号	61.6	2018	1 673	-18.6	2 858
2017	120	长牛分析1号	61.6	2018	875	-8.2	2 858
2017	121	同犇9期	61.4	2018	1 992	-22.5	2 858
2017	122	深圳广汇缘5号	61.2	2018	2 461	-31.4	2 858
2017	123	丰实1号	61.1	2018	2 487	-32.1	2 858
2017	124	万顺通1号	60.8	2018	2 057	-23.4	2 858
2017	125	仁灏开元	60.7	2018	1 262	-13.7	2 858
2017	126	金砖悦力	60.7	2018	645	-4.5	2 858
2017	127	长金9号	60.3	2018	2 457	-31.3	2 858
2017	128	奕金安1期	60.2	2018	1 911	-21.3	2 858
2017	129	少数派24号	60.1	2018	1 332	-14.5	2 858
2017	130	广发银来汉景港湾1号	60.0	2018	1 548	-17.1	2 858
2017	131	东方鼎泰2期	59.9	2018	1 029	-10.4	2 858
2017	132	汉景泉东方港湾马拉松	59.7	2018	854	-7.9	2 858
2017	133	证大久盈稳健5号	59.7	2018	66*	15.0	2 858
2017	134	仙童1期	59.5	2018	1 030	-10.5	2 858

续表

排序期	排序期排名	基金名称	排序期收益率（%）	检验期	检验期排名	检验期收益率（%）	样本量
2017	135	天弓2号	59.1	2018	2 033	-23.1	2 858
2017	136	私募学院菁英135号	59.0	2018	1 857	-20.7	2 858
2017	137	壁虎成长3号	58.9	2018	152	7.9	2 858
2017	138	进化论复合策略1号	58.7	2018	85*	12.7	2 858
2017	139	汉景港湾投360-1号	58.7	2018	1 359	-14.9	2 858
2017	140	私享-价值3期	58.5	2018	2 469	-31.6	2 858
2017	141	盈阳22号	58.2	2018	24*	25.2	2 858
2017	142	玖鹏价值精选1号	58.2	2018	2 478	-31.8	2 858
2018	1	协捷资产-私募学院菁英324号	116.6	2019	141	61.1	2 236
2018	2	天下溪	113.9	2019	1 943	1.7	2 236
2018	3	大禾投资-掘金1号	99.0	2019	22*	108.9	2 236
2018	4	金然稳健1号	85.3	2019	1 586	12.5	2 236
2018	5	青云专享1号	60.1	2019	1 285	20.4	2 236
2018	6	天瓴-幻方星辰12号	53.0	2019	15*	129.9	2 236
2018	7	上海远澜硕桦1号	46.3	2019	1 050	25.9	2 236
2018	8	新动力远澜梧桐1号	41.2	2019	1 942	1.8	2 236
2018	9	添盈7号	41.1	2019	2 070	-4.4	2 236
2018	10	达尔文明德1号	39.2	2019	1 391	18.1	2 236
2018	11	天瓴-幻方星辰11号	38.4	2019	144	60.7	2 236
2018	12	财掌柜持股宝8号	38.2	2019	369	46.2	2 236

续表

排序期	排序期排名	基金名称	排序期收益率（%）	检验期	检验期排名	检验期收益率（%）	样本量
2018	13	达尔文至诚 1 号	36.5	2019	1 734	8.1	2 236
2018	14	匀丰量化进取	34.0	2019	145	60.6	2 236
2018	15	达尔文博学 1 号	33.7	2019	1 577	12.7	2 236
2018	16	聚鑫 1 号（华宝）	33.5	2019	1 380	18.4	2 236
2018	17	远澜红枫 1 号	33.4	2019	855	30.1	2 236
2018	18	幻方永途 01 号	33.0	2019	207	55.4	2 236
2018	19	久盈 1 号（久盈投资）	31.1	2019	1 567	13.1	2 236
2018	20	浙江白鹭嘉庚 1 期	30.5	2019	1 960	1.1	2 236
2018	21	达尔文远志 1 号	29.3	2019	1 696	9.1	2 236
2018	22	胤狮 8 号	29.3	2019	1 294	20.2	2 236
2018	23	远澜云杉 4 号	28.4	2019	1 627	11.5	2 236
2018	24	中昊 1 期	28.2	2019	72*	75.1	2 236
2018	25	星和宽星 1 号	28.0	2019	1 400	17.8	2 236
2018	26	牛博士 2 期	27.4	2019	1 336	19.3	2 236
2018	27	盈阳 22 号	25.2	2019	1 450	16.4	2 236
2018	28	满天星 6 号	23.5	2019	1 622	11.6	2 236
2018	29	远澜红松	23.0	2019	1 519	14.5	2 236
2018	30	恒升 318 号	21.6	2019	2 223	-58.4	2 236
2018	31	民晟金牛 4 号	20.9	2019	764	32.5	2 236
2018	32	嘉翼商品对冲	20.8	2019	1 497	15.2	2 236

续表

排序期	排序期排名	基金名称	排序期收益率（%）	检验期	检验期排名	检验期收益率（%）	样本量
2018	33	久期宏观对冲 5 号	20.5	2019	1 540	13.7	2 236
2018	34	思维 30 号	19.1	2019	1 442	16.7	2 236
2018	35	远澜苍松 1 号	19.0	2019	1 843	4.7	2 236
2018	36	远澜火松	18.9	2019	953	27.9	2 236
2018	37	信弘平方和稳健 1 号	18.9	2019	1 525	14.2	2 236
2018	38	领望巴舍里耶 3 期	18.3	2019	1 758	7.3	2 236
2018	39	远澜银杉	18.2	2019	2 090	-6.1	2 236
2018	40	幻方志远 01 号	17.9	2019	573	38.6	2 236
2018	41	幻方鼎立 01 号	17.5	2019	1 352	18.9	2 236
2018	42	御澜扬子江 1 号	17.4	2019	1 933	2.0	2 236
2018	43	远澜雪松	17.3	2019	1 632	11.2	2 236
2018	44	远澜云杉	17.3	2019	1 585	12.5	2 236
2018	45	百泉多策略 2 号	16.6	2019	178	57.5	2 236
2018	46	正则	16.6	2019	1 614	11.8	2 236
2018	47	汇泽至远 3 期	16.3	2019	1 367	18.7	2 236
2018	48	远澜银杏 1 号	16.0	2019	1 589	12.4	2 236
2018	49	森旭资产-前瞻 8 号	15.9	2019	626	36.6	2 236
2018	50	华量申毅 1 号	15.9	2019	1 805	5.9	2 236
2018	51	幻方恒光 01 号	15.8	2019	1 392	18.1	2 236
2018	52	金锝建业 2 号	15.8	2019	1 695	9.1	2 236

续表

排序期	排序期排名	基金名称	排序期收益率（%）	检验期	检验期排名	检验期收益率（%）	样本量
2018	53	涌鑫 2 号	15.8	2019	183	57.1	2 236
2018	54	龙智低布猎手 1 号	15.8	2019	1 968	0.8	2 236
2018	55	展弘稳进 1 号	15.8	2019	1 600	12.2	2 236
2018	56	宁聚量化稳盈 1 期	15.7	2019	960	27.8	2 236
2018	57	丝路汉赋 1 号	15.7	2019	2 056	-3.6	2 236
2018	58	金锝建业 1 号	15.7	2019	1 690	9.3	2 236
2018	59	金锝量化	15.6	2019	1 421	17.3	2 236
2018	60	宁聚量化稳盈 2 期	15.5	2019	982	27.5	2 236
2018	61	盈定 8 号	15.4	2019	913	28.9	2 236
2018	62	涵德量化稳健从基金 2 号	15.3	2019	1 145	23.7	2 236
2018	63	远澜云杉 2 号	15.3	2019	1 704	8.8	2 236
2018	64	盘古 1 号	15.3	2019	2 086	-5.5	2 236
2018	65	金锝建业 3 号	15.1	2019	1 694	9.2	2 236
2018	66	渤海期货远澜翠柏 1 号	15.0	2019	1 637	10.9	2 236
2018	67	创赢投资 4 号	15.0	2019	1 333	19.3	2 236
2018	68	刘东声刘子赢家 1 号	14.8	2019	2 137	-12.2	2 236
2018	69	盈至东方量子 1 号	14.4	2019	37*	92.7	2 236
2018	70	金锝 5 号	14.3	2019	1 531	14.0	2 236
2018	71	正则 1 期	14.2	2019	1 672	9.7	2 236
2018	72	鹤骑鹰一粟	14.0	2019	1 112	24.3	2 236

续表

排序期	排序期排名	基金名称	排序期收益率（%）	检验期	检验期排名	检验期收益率（%）	样本量
2018	73	辉毅 9 号	14.0	2019	1 804	5.9	2 236
2018	74	鹤骑鹰奇古	14.0	2019	1 555	13.3	2 236
2018	75	国润 1 期	13.8	2019	525	40.0	2 236
2018	76	弈投启航对冲 1 号	13.8	2019	1 708	8.7	2 236
2018	77	君行 8 号	13.7	2019	98*	67.6	2 236
2018	78	幻方慧鑫 01 号	13.5	2019	938	28.3	2 236
2018	79	平方和信享	13.5	2019	1 616	11.8	2 236
2018	80	金田龙盛 2 号	13.4	2019	554	39.2	2 236
2018	81	JH 龙腾 1 号	13.0	2019	1 715	8.5	2 236
2018	82	久安金石 1 号	12.8	2019	1 173	23.1	2 236
2018	83	进化论复合策略 1 号	12.7	2019	340	47.2	2 236
2018	84	易融宝深南大道 1 号	12.3	2019	882	29.6	2 236
2018	85	领路金稳盈 1 号	12.2	2019	1 165	23.3	2 236
2018	86	思博量道 15 号	12.2	2019	1 662	10.1	2 236
2018	87	千惠领航 1 号	12.1	2019	1 743	7.8	2 236
2018	88	九章幻方量化对冲 1 号	12.1	2019	1 125	24.0	2 236
2018	89	锦和 1 号	11.9	2019	1 872	4.0	2 236
2018	90	宁聚量化精选	11.8	2019	1 342	19.2	2 236
2018	91	金樽 1 期	11.7	2019	1 954	1.3	2 236
2018	92	磐京稳赢 6 号	11.6	2019	1 994	-0.3	2 236

续表

排序期	排序期排名	基金名称	排序期收益率（%）	检验期	检验期排名	检验期收益率（%）	样本量
2018	93	银帆 7 期	11.6	2019	1 868	4.1	2 236
2018	94	寰宇精选收益之睿益 1 期	11.5	2019	1 856	4.4	2 236
2018	95	金锝进取 1 号尊享 A	11.5	2019	1 217	22.0	2 236
2018	96	九章幻方量化对冲 2 号	11.4	2019	1 170	23.1	2 236
2018	97	进化论悦享 1 号	11.3	2019	353	47.0	2 236
2018	98	艾方全天候 2 号	11.3	2019	1 197	22.5	2 236
2018	99	君行 5 号	11.0	2019	79*	72.0	2 236
2018	100	盛运德诚趋势 1 号	10.9	2019	1 924	2.5	2 236
2018	101	天益 1 号	10.8	2019	1 775	6.8	2 236
2018	102	挚盟资本-私募学院菁英 189 号	10.8	2019	1 422	17.2	2 236
2018	103	雷根期权套利	10.8	2019	1 574	12.8	2 236
2018	104	辉毅 1 号	10.7	2019	1 721	8.4	2 236
2018	105	汇升期权 1 号	10.5	2019	1 311	19.8	2 236
2018	106	锋滔喆颢量化对冲 1 号	10.5	2019	1 895	3.5	2 236
2018	107	雅柏宝量化 5 号	10.4	2019	1 160	23.3	2 236
2018	108	金锝 6 号	10.3	2019	1 532	14.0	2 236
2018	109	辉毅 2 号	9.9	2019	1 620	11.7	2 236
2018	110	福泽 1 号	9.9	2019	220	54.6	2 236
2018	111	柚子乘风	9.8	2019	6*	221.1	2 236

附录四　收益率在排序期位于前 5%的基金在检验期的排名（排序期为三年）：2014~2019 年

本表展示的是排序期为三年、检验期为一年时，排序期收益率排名在前 5%的基金在检验期的收益率排名，以及基金在排序期和检验期的收益率。排序期收益率是指三年排序期间内的累计收益率。样本量为在排序期和检验期都存在的基金个数。★表示在检验期仍位于前 5%的基金。

排序期	排序期排名	基金名称	排序期收益率（%）	检验期	检验期排名	检验期收益率（%）	样本量
2014~2016	1	华鑫 785 号	677.3	2017	287	-67.6	287
2014~2016	2	证大稳健增长	591.0	2017	235	-5.3	287
2014~2016	3	稳健增长（外贸）	534.3	2017	257	-15.4	287
2014~2016	4	清水源 1 号	331.2	2017	176	2.7	287
2014~2016	5	思考 1 号	322.4	2017	263	-18.2	287
2014~2016	6	泽泉景渤财富	309.6	2017	276	-24.4	287
2014~2016	7	景富趋势成长 1 期	211.0	2017	198	0.2	287
2014~2016	8	泽泉涨停板 1 号	201.2	2017	277	-26.6	287
2014~2016	9	思晔量化择股旗舰	195.3	2017	80	23.0	287
2014~2016	10	鑫安 1 期	194.0	2017	221	-2.6	287
2014~2016	11	诚盛 1 期	186.8	2017	106	17.3	287
2014~2016	12	少数派 5 号	186.1	2017	32	46.7	287
2014~2016	13	名禹稳健增长	184.7	2017	154	7.1	287
2014~2016	14	新思哲 1 期	180.2	2017	18	54.6	287
2015~2017	1	仙童 1 期	251.9	2018	114	-10.5	425
2015~2017	2	弘尚资产灵活配置	239.4	2018	337	-28.4	425

续表

排序期	排序期排名	基金名称	排序期收益率（%）	检验期	检验期排名	检验期收益率（%）	样本量
2015~2017	3	新思哲1期	225.8	2018	213	-18.6	425
2015~2017	4	稳健增长（外贸）	224.5	2018	242	-20.3	425
2015~2017	5	证大稳健增长	203.9	2018	365	-31.2	425
2015~2017	6	宁聚满天星	203.7	2018	263	-21.8	425
2015~2017	7	德亚进取1号	201.5	2018	199	-17.6	425
2015~2017	8	稳增3期	199.2	2018	22	1.9	425
2015~2017	9	同犇1期	173.7	2018	145	-12.4	425
2015~2017	10	以太量化2号	172.5	2018	424	-87.1	425
2015~2017	11	泽泉景渤财富	169.7	2018	367	-31.2	425
2015~2017	12	丰岭稳健成长1期	169.4	2018	198	-17.6	425
2015~2017	13	细水醍醐	167.7	2018	57	-3.9	425
2015~2017	14	泽元元利	163.0	2018	224	-19.5	425
2015~2017	15	乐晟精选	158.4	2018	312	-25.2	425
2015~2017	16	林园	152.3	2018	218	-18.9	425
2015~2017	17	海洋之星1号	152.2	2018	153	-13.7	425
2015~2017	18	源乐晟策略创新1期	150.0	2018	219	-18.9	425
2015~2017	19	少数派5号	149.2	2018	127	-11.2	425
2015~2017	20	同犇2期	147.7	2018	122	-10.8	425
2015~2017	21	凤翔多利	147.7	2018	334	-27.8	425
2016~2018	1	东方点赞	134.5	2019	57	57.2	849

续表

排序期	排序期排名	基金名称	排序期收益率（%）	检验期	检验期排名	检验期收益率（%）	样本量
2016~2018	2	进化论复合策略1号	111.0	2019	125	47.2	849
2016~2018	3	幻方永途01号	109.6	2019	71	55.4	849
2016~2018	4	金田龙盛	108.5	2019	211	38.1	849
2016~2018	5	睿璞投资-睿洪1号	103.3	2019	166	43.0	849
2016~2018	6	盈阳22号	97.0	2019	572	16.4	849
2016~2018	7	金蕴99期（谷寒长线回报）	95.3	2019	675	8.5	849
2016~2018	8	璟恒5期	89.2	2019	78	54.1	849
2016~2018	9	幻方钱海01号	81.1	2019	388	26.2	849
2016~2018	10	景林创新成长	76.3	2019	47	59.5	849
2016~2018	11	九霄投资稳健成长2号	75.9	2019	172	42.1	849
2016~2018	12	幻方恒光01号	74.6	2019	552	18.1	849
2016~2018	13	景林价值B类	72.3	2019	43	61.2	849
2016~2018	14	林园2期	71.0	2019	152	44.5	849
2016~2018	15	幻方鼎立01号	70.0	2019	535	18.9	849
2016~2018	16	远澜云杉	68.1	2019	625	12.5	849
2016~2018	17	通和富享1期	66.5	2019	395	26.0	849
2016~2018	18	林园3期	65.8	2019	117	48.6	849
2016~2018	19	盘古1号	64.9	2019	818	-5.5	849
2016~2018	20	幻方志远01号	59.8	2019	206	38.6	849
2016~2018	21	林园	59.6	2019	22*	71.4	849

续表

排序期	排序期排名	基金名称	排序期收益率（%）	检验期	检验期排名	检验期收益率（%）	样本量
2016~2018	22	幻方慧鑫 01 号	58.6	2019	353	28.3	849
2016~2018	23	利得汉景 1 期	58.0	2019	89	51.6	849
2016~2018	24	幻方之江 01 号	56.9	2019	570	16.5	849
2016~2018	25	东方先进制造优选	54.6	2019	87	52.1	849
2016~2018	26	东方港湾马拉松 1 号	54.3	2019	235	35.9	849
2016~2018	27	金舆财富之车 1 号	53.5	2019	255	34.1	849
2016~2018	28	幻方欣荣 01 号	52.7	2019	640	10.9	849
2016~2018	29	平石 T5 对冲基金	51.4	2019	387	26.5	849
2016~2018	30	望正基石投资 1 号	51.4	2019	609	13.9	849
2016~2018	31	宽远价值成长 2 期	51.0	2019	275	32.9	849
2016~2018	32	汉和恒聚	50.9	2019	88	52.0	849
2016~2018	33	望正 1 号	48.8	2019	583	15.9	849
2016~2018	34	长江汉景港湾 1 号	47.4	2019	119	47.7	849
2016~2018	35	长金银信宝 6 期	47.3	2019	27*	68.7	849
2016~2018	36	海洋之星 1 号	47.2	2019	543	18.7	849
2016~2018	37	同望 1 期 1 号	47.1	2019	36*	63.5	849
2016~2018	38	鹏山资产-果实 1 号	46.4	2019	261	33.5	849
2016~2018	39	宽远沪港深精选	46.1	2019	282	32.2	849
2016~2018	40	东方新经济先锋 1 号	44.4	2019	68	55.7	849
2016~2018	41	资瑞兴 1 号	44.2	2019	224	36.8	849
2016~2018	42	东方消费服务优选	44.2	2019	75	54.6	849

附录五　收益率在排序期和检验期分别位于前5%的基金排名（排序期为一年）：2014~2019年

本表展示的是排序期为一年、检验期为一年时，排序期和检验期分别排名在前5%的基金及基金的收益率。样本量为在排序期和检验期都存在的基金个数。★表示在检验期仍位于前5%的基金。

排序期	排序期排名	基金名称	排序期收益率（%）	检验期	检验期排名	基金名称	检验期收益率（%）	样本量
2014	1	金汇峰收益展示1号	245.0	2015	1	华鑫785号	480.7	546
2014	2	泽熙3期（山东）	208.8	2015	2	泽熙3期（山东）★	438.9	546
2014	3	蕴泽1号	153.3	2015	3	泽熙1期（华润）★	319.3	546
2014	4	泽熙1期（华润）	139.3	2015	4	泽泉景渤财富	251.5	546
2014	5	清水源1号	120.3	2015	5	泽熙4期	207.5	546
2014	6	天乙1期	117.4	2015	6	稳健增长（外贸）	195.2	546
2014	7	证大稳健增长	115.2	2015	7	泽熙5期	175.2	546
2014	8	长余1期	112.3	2015	8	思考1号	173.5	546
2014	9	嘉禾1号	108.8	2015	9	天启螣蛇	172.4	546
2014	10	悟空对冲量化	108.4	2015	10	金汇峰收益展示1号★	156.5	546
2014	11	御峰1号	108.4	2015	11	证大稳健增长★	155.8	546
2014	12	懿和2期	108.2	2015	12	金陀罗飞龙1号	155.7	546
2014	13	金狮93号	106.2	2015	13	穗富1号	155.7	546
2014	14	尊荣	98.4	2015	14	泽熙2期（山东）	152.5	546
2014	15	和美1期	97.9	2015	15	仙童1期	149.2	546
2014	16	炜博领航	96.7	2015	16	景富趋势成长1期	137.0	546

续表

排序期	排序期排名	基金名称	排序期收益率（%）	检验期	检验期排名	基金名称	检验期收益率（%）	样本量
2014	17	天马1期	94.6	2015	17	向量ETF创新1期	136.7	546
2014	18	东源1期	91.2	2015	18	富安达安晟1号	118.7	546
2014	19	德源安战略成长3号	89.8	2015	19	泽泉涨停板1号	116.5	546
2014	20	紫鑫3号	88.4	2015	20	君富至尊9号	113.7	546
2014	21	桃花源共同量子1期	86.0	2015	21	中原汇盈	108.5	546
2014	22	中国龙目标回报1期	85.6	2015	22	清水源1号*	108.5	546
2014	23	金融战士1号	85.6	2015	23	源乐晟策略创新1期	108.0	546
2014	24	雪球2期	85.0	2015	24	京福1号	102.9	546
2014	25	德源安战略成长1号	84.8	2015	25	金蕴21期（泓璞1号）	101.9	546
2014	26	名禹稳健增长	83.8	2015	26	菁英时代成长3号	101.7	546
2014	27	证大1期	83.6	2015	27	映雪霜雪1期	99.2	546
2015	1	华鑫785号	480.7	2016	1	安盈1号	75.2	795
2015	2	倚天雅莉3号	333.9	2016	2	鑫增长1号	51.8	795
2015	3	泽泉景渤财富	251.5	2016	3	宝幡稳健回报35期	49.4	795
2015	4	卓泰2号	240.8	2016	4	宁聚满天星	45.2	795
2015	5	兆意1期	231.2	2016	5	新宇红枫1号	42.6	795
2015	6	稳健增长（外贸）	195.2	2016	6	混沌1号（聚发11）	39.1	795
2015	7	毕咸1期	189.1	2016	7	以太量化2号*	36.0	795
2015	8	思考1号	173.5	2016	8	巴克夏月月利1号	32.6	795

续表

排序期	排序期排名	基金名称	排序期收益率（%）	检验期	检验期排名	基金名称	检验期收益率（%）	样本量
2015	9	稳增 3 期	168.4	2016	9	稳健增长（外贸）*	30.0	795
2015	10	旭诺成长择时对冲 1 号	164.1	2016	10	塔晶价值成长 1 号	27.4	795
2015	11	德亚进取 1 号	157.0	2016	11	祥和 1 号*	27.3	795
2015	12	证大稳健增长	155.8	2016	12	证大稳健增长*	25.5	795
2015	13	金陀罗飞龙 1 号	155.7	2016	13	弘尚资产灵活配置*	20.1	795
2015	14	穗富 1 号	155.7	2016	14	北京格雷成长	18.4	795
2015	15	中融 293 号-金河新价值成长 1 期	152.1	2016	15	格雷 1 期	18.4	795
2015	16	以太量化 2 号	150.0	2016	16	林园	18.2	795
2015	17	仙童 1 期	149.2	2016	17	卓泰 2 号*	18.0	795
2015	18	永望复利成长 1 号	142.4	2016	18	信合东方（粤财）	17.7	795
2015	19	睿策格上优享 1 期	140.0	2016	19	开拓者程序化 3 号	16.9	795
2015	20	得大 1 期	137.9	2016	20	德汇成长 1 期	16.6	795
2015	21	景富趋势成长 1 期	137.0	2016	21	海中湾（齐鲁）3 号	16.6	795
2015	22	向量 ETF 创新 1 期	136.7	2016	22	林园 2 期	16.4	795
2015	23	泽泉盛辉	136.0	2016	23	金中和西鼎	16.3	795
2015	24	祥和 1 号	135.8	2016	24	北京格雷兴盛	16.2	795
2015	25	富腾成长 3 期	127.0	2016	25	开拓者程序化 2 号	15.0	795
2015	26	弘尚资产灵活配置	125.8	2016	26	长金银信宝 2 期	14.8	795
2015	27	富安达安晟 1 号	118.7	2016	27	莞香对冲 1 号	14.1	795

续表

排序期	排序期排名	基金名称	排序期收益率（%）	检验期	检验期排名	基金名称	检验期收益率（%）	样本量
2015	28	泽泉涨停板 1 号	116.5	2016	28	惠理价值 1 期（2011）	14.1	795
2015	29	君富至尊 9 号	113.7	2016	29	泽泉信德	14.0	795
2015	30	朴道 2 期	112.6	2016	30	博观臻选 2 期	13.4	795
2015	31	宝耀 1 期	110.3	2016	31	浦江之星 168 号佳友 1 号	13.4	795
2015	32	清水源 1 号	108.5	2016	32	鼎润 1 期	13.4	795
2015	33	源乐晟策略创新 1 期	108.0	2016	33	少数派 5 号	13.0	795
2015	34	摩通 5 号	106.1	2016	34	万丰友方贯富创赢 1 号 B	12.9	795
2015	35	思源赛富 1 号	104.9	2016	35	雪球 2 期	12.4	795
2015	36	京福 1 号	102.9	2016	36	智博方略 2 号	12.3	795
2015	37	金蕴 21 期（泓璞 1 号）	101.9	2016	37	昀沣	12.2	795
2015	38	菁英时代成长 3 号	101.7	2016	38	或然赋利 1 期	12.1	795
2015	39	大君智萌 2 期	100.4	2016	39	温莎简毅精选 8 号	12.0	795
2016	1	蓝金 1 号	193.9	2017	1	美港喜马拉雅	165.4	2 348
2016	2	蓝海 1 号（北京蓝海）	180.9	2017	2	美港基金	135.2	2 348
2016	3	新宇-番茄资产管理 1 号	139.7	2017	3	璟恒 5 期	132.9	2 348
2016	4	辰阳恒丰 1 号	106.0	2017	4	万方稳进 1 号*	121.6	2 348
2016	5	宁聚事件驱动 1 号	98.0	2017	5	景林创新成长	107.6	2 348
2016	6	南方海慧 1 号	83.9	2017	6	金泰瑞丰（乾清）	95.3	2 348
2016	7	卓泰阳光举牌 1 号	74.4	2017	7	东航金融-蓝海 2 号	94.4	2 348

续表

排序期	排序期排名	基金名称	排序期收益率（%）	检验期	检验期排名	基金名称	检验期收益率（%）	样本量
2016	8	上元 1 号	72.3	2017	8	东方点赞★	88.3	2 348
2016	9	91 金融环球时刻 2 号	67.9	2017	9	九霄投资稳健成长 2 号	87.7	2 348
2016	10	金田龙盛	65.9	2017	10	利得汉景 1 期	87.7	2 348
2016	11	深圳量华逆袭 1 号	65.6	2017	11	成泉汇涌 1 期	87.6	2 348
2016	12	潼骁成长精选 3 期	61.5	2017	12	朴信创新 1 号	85.5	2 348
2016	13	私募工场 5 期第 3 期	60.8	2017	13	金钥匙东方港湾港股通 1 号	84.6	2 348
2016	14	杜兹 3 号	58.1	2017	14	金钥匙东方港湾港股通 2 号	84.3	2 348
2016	15	鑫富资产腾龙 1 号	57.1	2017	15	福建滚雪球 31 号★	83.8	2 348
2016	16	阿超 1 号	57.1	2017	16	景林价值 B 类	82.6	2 348
2016	17	鑫增长 1 号	51.8	2017	17	万象汇富 8 号	81.1	2 348
2016	18	融通 3 号	49.8	2017	18	长江汉景港湾 1 号	80.8	2 348
2016	19	凡得幸福	46.9	2017	19	富赢进取 7 号	80.4	2 348
2016	20	宁聚满天星	45.2	2017	20	鹏山长期回报 1 号	79.9	2 348
2016	21	默驰对冲 1 号	44.4	2017	21	鹏山资产-果实 1 号	79.8	2 348
2016	22	本利达 1 号	43.5	2017	22	望正基石投资 1 号	79.1	2 348
2016	23	证大久盈旗舰 5 号	43.4	2017	23	高信百诺 1 期	78.6	2 348
2016	24	善水稳健对冲 1 期	42.8	2017	24	青榕中华消费	78.6	2 348
2016	25	新宇红枫 1 号	42.6	2017	25	景林优选 2 号	78.0	2 348
2016	26	中垒 1 号	42.4	2017	26	望正精英浩然 1 号	76.8	2 348

续表

排序期	排序期排名	基金名称	排序期收益率（%）	检验期	检验期排名	基金名称	检验期收益率（%）	样本量
2016	27	晟维价值	41.5	2017	27	浙商汉景港湾1号	76.4	2 348
2016	28	菁英时代国投大盈1号	38.6	2017	28	东方港湾马拉松1号	75.7	2 348
2016	29	高毅邻山1号	37.0	2017	29	证大久盈旗舰5号*	75.2	2 348
2016	30	以太量化2号	36.0	2017	30	长金4号	75.1	2 348
2016	31	九旭1号	35.2	2017	31	景林稳健	74.2	2 348
2016	32	恒瑞-中国梦2期	34.3	2017	32	少数派4号*	74.2	2 348
2016	33	福建至诚滚雪球1号	34.1	2017	33	福建滚雪球33号*	73.5	2 348
2016	34	梦真1号	34.0	2017	34	东方港湾3号	72.7	2 348
2016	35	少数派4号	33.7	2017	35	卓凯1号	72.0	2 348
2016	36	幻方鼎立01号	33.5	2017	36	东方新经济先锋1号	71.5	2 348
2016	37	爱心稳健收益型	33.5	2017	37	同犇财通5期	71.2	2 348
2016	38	远澜云杉	33.5	2017	38	广汇缘3号	70.9	2 348
2016	39	幻方永途01号	33.4	2017	39	东方港湾2号	70.4	2 348
2016	40	钰淞（精选1期）	33.4	2017	40	东方医疗健康优选	70.1	2 348
2016	41	塔晶老虎1期	33.3	2017	41	长金银信宝6期	69.9	2 348
2016	42	幻方涌泉01号	32.9	2017	42	曦微成长精选2期	69.7	2 348
2016	43	睿信主题成长2期	32.6	2017	43	中汇金凯8期	69.3	2 348
2016	44	双隆-隆腾1号	32.6	2017	44	高毅邻山1号*	69.1	2 348
2016	45	巴克夏月月利1号	32.6	2017	45	融通资本汉景港湾1号	68.9	2 348

续表

排序期	排序期排名	基金名称	排序期收益率（%）	检验期	检验期排名	基金名称	检验期收益率（%）	样本量
2016	46	恒立 7 号	32.4	2017	46	私享-蓝筹 1 期	68.5	2 348
2016	47	达仁卓越 2 号	32.0	2017	47	汇鑫 89 号	68.0	2 348
2016	48	睿信主题成长 1 期	31.9	2017	48	通和富享 1 期*	68.0	2 348
2016	49	汇创稳健 1 号（广东汇创）	31.5	2017	49	同犇 1 期	67.7	2 348
2016	50	卓跞 1 号	30.9	2017	50	91 金融东方港湾价值 1 号	67.3	2 348
2016	51	钜垣投资健康中国 1 号	30.3	2017	51	长金 8 号 1 期（I 类）	67.1	2 348
2016	52	稳健增长（外贸）	30.0	2017	52	晓峰 1 号睿远	67.1	2 348
2016	53	圣盾成长 1 号	29.7	2017	53	高信百诺价值成长	67.1	2 348
2016	54	龙韬华枝满 1 号	29.6	2017	54	汉景港湾 3 号	67.0	2 348
2016	55	幻方钱海 01 号	29.5	2017	55	林园	66.5	2 348
2016	56	明汯全天候 1 号	29.3	2017	56	卓凯 1 号 1 期	66.4	2 348
2016	57	幻方印月 01 号	29.2	2017	57	滚雪球 9 号	65.8	2 348
2016	58	沃蓝 1 期	29.0	2017	58	东方港湾创业成长	65.8	2 348
2016	59	融通 1 号（宁聚）	28.0	2017	59	新智达成长 1 号	65.7	2 348
2016	60	幻方恒光 01 号	27.9	2017	60	大鹏湾财富 3 期*	65.4	2 348
2016	61	丰奘 1 号	27.9	2017	61	福建滚雪球 10 号	64.5	2 348
2016	62	益沣成钜瑞对冲 1 号	27.4	2017	62	骏伟资本掘金改革 2 期	64.4	2 348
2016	63	塔晶价值成长 1 号	27.4	2017	63	新思哲成长	64.2	2 348
2016	64	祥和 1 号	27.3	2017	64	惠正共赢	64.1	2 348

续表

排序期	排序期排名	基金名称	排序期收益率（%）	检验期	检验期排名	基金名称	检验期收益率（%）	样本量
2016	65	福建滚雪球 31 号	26.9	2017	65	源乐晟 3 期	64.0	2 348
2016	66	91-环球 1 号	26.3	2017	66	骏伟资本 3 期	63.8	2 348
2016	67	逸杉 2 期	25.9	2017	67	东方消费服务优选	63.8	2 348
2016	68	九铭恒升	25.7	2017	68	高傅汉景港湾 1 号	63.7	2 348
2016	69	伯洋 6 期	25.5	2017	69	海洋之星 1 号	63.4	2 348
2016	70	证大稳健增长	25.5	2017	70	新方程望正精英鹏辉	63.2	2 348
2016	71	牧容卓越 5 号	24.9	2017	71	滚雪球 1 号（201502）	63.2	2 348
2016	72	福建滚雪球 33 号	24.8	2017	72	东方先进制造优选*	63.0	2 348
2016	73	鑫泉复利增长 1 期	24.5	2017	73	紫金港 7 号	63.0	2 348
2016	74	逸杉 1 期	24.2	2017	74	国泓稳健 1 期	62.8	2 348
2016	75	睿璞投资-睿洪 1 号	24.2	2017	75	炜博领航	62.7	2 348
2016	76	泰观恒-渤海银行-五岳 1 号	23.7	2017	76	高毅世宏 1 号	62.6	2 348
2016	77	瀚木资产瀚木 1 号	23.3	2017	77	投资精英之景林（A 类）	62.5	2 348
2016	78	幻方之江 01 号	22.9	2017	78	阿甘 1 号	62.5	2 348
2016	79	微观世界量化对冲 1 号	22.9	2017	79	广汇缘 1 号	62.5	2 348
2016	80	私募学院菁英 139 号	22.8	2017	80	紫金港 6 号灵活策略	62.3	2 348
2016	81	同望 1 期 1 号	22.7	2017	81	汇谷舒心 1 号	62.3	2 348
2016	82	温莎简毅策略成长 10 号	22.7	2017	82	长金银信宝 2 期	62.2	2 348
2016	83	通和富享 1 期	22.6	2017	83	源乐晟 4 期	62.1	2 348

续表

排序期	排序期排名	基金名称	排序期收益率（%）	检验期	检验期排名	基金名称	检验期收益率（%）	样本量
2016	84	逐流1号	22.5	2017	84	万利富达	61.8	2 348
2016	85	泓信全景1号	22.4	2017	85	平石T5对冲基金	61.7	2 348
2016	86	云梦泽-春风	22.2	2017	86	融通资本汉景港湾2号	61.6	2 348
2016	87	海中湾（中信）1号	22.1	2017	87	深圳广汇缘5号	61.2	2 348
2016	88	上海老渔民家欣1号	22.0	2017	88	丰实1号	61.1	2 348
2016	89	东方点赞	21.9	2017	89	金色木棉1号	60.6	2 348
2016	90	润樽沪港通	21.8	2017	90	源乐晟10期	60.6	2 348
2016	91	深圳前海华霖进取1号	21.8	2017	91	长金9号	60.3	2 348
2016	92	幻方慧鑫01号	21.7	2017	92	奕金安1期	60.2	2 348
2016	93	穗富12号	21.5	2017	93	广发银来汉景港湾1号	60.0	2 348
2016	94	汇艾资产-稳健1号	21.2	2017	94	汉景泉东方港湾马拉松	59.7	2 348
2016	95	添华1号	21.2	2017	95	仙童1期	59.5	2 348
2016	96	千波1号	21.0	2017	96	天弓2号	59.1	2 348
2016	97	大鹏湾财富3期	20.9	2017	97	进化论复合策略1号	58.7	2 348
2016	98	金蕴99期（谷寒长线回报）	20.9	2017	98	汉景港湾投360-1号	58.7	2 348
2016	99	泊通2号	20.7	2017	99	盈阳22号	58.2	2 348
2016	100	永升致远1期	20.2	2017	100	卓晔1号	57.8	2 348
2016	101	因诺启航2号	20.2	2017	101	乐晟精选	57.8	2 348
2016	102	弘尚资产灵活配置	20.1	2017	102	源乐晟-晟世2号	57.6	2 348

续表

排序期	排序期排名	基金名称	排序期收益率（%）	检验期	检验期排名	基金名称	检验期收益率（%）	样本量
2016	103	福建滚雪球 11 号	20.0	2017	103	榕树文明复兴	57.6	2 348
2016	104	盈阳 19 号	19.9	2017	104	金石管理型	57.5	2 348
2016	105	优扬 1 号	19.9	2017	105	阳光宝 3 号	57.4	2 348
2016	106	幻方欣荣 01 号	19.7	2017	106	宝源胜知 1 号	57.4	2 348
2016	107	菁英时代优选 5 号	19.6	2017	107	德亚进取 9 号	57.3	2 348
2016	108	东方先进制造优选	19.5	2017	108	几何增长 1 期 A	57.3	2 348
2016	109	亘盈稳健	19.4	2017	109	源乐晟 2 期	57.1	2 348
2016	110	身安道隆 100	19.4	2017	110	资臻 1 号	57.0	2 348
2016	111	海之源价值 1 期	19.2	2017	111	东方港湾 1 期	57.0	2 348
2016	112	幻方志远 01 号	19.1	2017	112	龙成 1 号	56.9	2 348
2016	113	东方港湾价值投资 2 号	19.1	2017	113	平安阖鼎源乐晟双诚 2 号	56.8	2 348
2016	114	瀚投华睿千和 1 号	19.0	2017	114	东方行业优选	56.6	2 348
2016	115	兆顺 1 号	18.8	2017	115	景林丰收 2 号	56.4	2 348
2016	116	万方稳进 1 号	18.6	2017	116	森林湖 1 号	56.3	2 348
2016	117	量易进取 1 号	18.5	2017	117	凤翔多利	55.8	2 348
2017	1	恒利资产管理 1 期	423.9	2018	1	大凡 1 号	395.4	2 858
2017	2	汇祥 1 号（汇祥）	249.2	2018	2	私募工场宫奇锐进	111.8	2 858
2017	3	雨山寻牛 1 号	217.1	2018	3	大禾投资-掘金 1 号*	99.0	2 858
2017	4	河洲资产川行主观 1 号	192.4	2018	4	悟源农产品 2 号	55.9	2 858

续表

排序期	排序期排名	基金名称	排序期收益率（%）	检验期	检验期排名	基金名称	检验期收益率（%）	样本量
2017	5	迎水起航1号	137.0	2018	5	银垒进取2号	49.5	2 858
2017	6	璟恒5期	132.9	2018	6	上海远澜硕桦1号	46.3	2 858
2017	7	复胜正能量1期	132.8	2018	7	靖奇金牛思锐	45.3	2 858
2017	8	乔格理8号	129.7	2018	8	天倚道-幻方星辰2号	45.2	2 858
2017	9	蓝海战略1号	125.4	2018	9	量化阿法1期	42.2	2 858
2017	10	万方稳进1号	121.6	2018	10	泓瑞1号	39.5	2 858
2017	11	林园投资2号	120.9	2018	11	合众2号	36.3	2 858
2017	12	匀丰量化进取	119.9	2018	12	巡洋进取1号	34.7	2 858
2017	13	景林创新成长	107.6	2018	13	小黑妞黑金3号	34.6	2 858
2017	14	天宝稳健2号	106.8	2018	14	双隆稳盈1号	34.2	2 858
2017	15	卓凯2号	106.6	2018	15	恒健远志量化对冲1期	34.1	2 858
2017	16	等观风险5号	106.2	2018	16	匀丰量化进取*	34.0	2 858
2017	17	林园投资1号	105.9	2018	17	聚鑫1号（华宝）	33.5	2 858
2017	18	金泰瑞丰（乾清）	95.3	2018	18	远澜红枫1号	33.4	2 858
2017	19	今港优选	93.5	2018	19	幻方永途01号	33.0	2 858
2017	20	君行5号	92.1	2018	20	上九点金1号	30.6	2 858
2017	21	抱朴1号	91.0	2018	21	浙江白鹭嘉庚1期	30.5	2 858
2017	22	东方点赞	88.3	2018	22	益恒恒赢1号	28.6	2 858
2017	23	同犇智慧1号	87.9	2018	23	证大久盈旗舰101号	28.6	2 858

续表

排序期	排序期排名	基金名称	排序期收益率（%）	检验期	检验期排名	基金名称	检验期收益率（%）	样本量
2017	24	九霄投资稳健成长2号	87.7	2018	24	盈阳22号★	25.2	2 858
2017	25	利得汉景1期	87.7	2018	25	淘利多策略12号	23.7	2 858
2017	26	成泉汇涌1期	87.6	2018	26	满天星6号	23.5	2 858
2017	27	朴信创新1号	85.5	2018	27	远澜红松	23.0	2 858
2017	28	金钥匙东方港湾港股通1号	84.6	2018	28	金祥盈3号	22.0	2 858
2017	29	卓铸卓越1号	84.4	2018	29	固禾翡翠	21.8	2 858
2017	30	金钥匙东方港湾港股通2号	84.3	2018	30	卓跞3号	21.8	2 858
2017	31	东方港湾拓商1号	84.1	2018	31	冲和小奖章2号	21.6	2 858
2017	32	同犇尊享2号	82.9	2018	32	民晟金牛4号	20.9	2 858
2017	33	东方港湾拓商	82.7	2018	33	合泰1期	19.7	2 858
2017	34	景林价值B类	82.6	2018	34	远澜火松	18.9	2 858
2017	35	东方点赞A	81.6	2018	35	嘉理红利	18.6	2 858
2017	36	长江汉景港湾1号	80.8	2018	36	私募工场诺桥1号	18.6	2 858
2017	37	添益1号（海之帆）	80.4	2018	37	远澜银杉	18.2	2 858
2017	38	鹏山长期回报1号	79.9	2018	38	广金美好哥德尔1号	18.1	2 858
2017	39	鹏山资产-果实1号	79.8	2018	39	幻方志远01号	17.9	2 858
2017	40	大禾投资-掘金1号	79.8	2018	40	平凡悟量	17.7	2 858
2017	41	望正基石投资1号	79.1	2018	41	幻方鼎立01号	17.5	2 858
2017	42	高信百诺1期	78.6	2018	42	雅柏宝量化6号	17.4	2 858

续表

排序期	排序期排名	基金名称	排序期收益率（%）	检验期	检验期排名	基金名称	检验期收益率（%）	样本量
2017	43	青榕中华消费	78.6	2018	43	远澜雪松	17.3	2 858
2017	44	红亨稳赢1期	78.4	2018	44	远澜云杉	17.3	2 858
2017	45	涌津涌赢2号	78.1	2018	45	淘利趋势套利15号	17.2	2 858
2017	46	汇杉稳健成长1号	78.0	2018	46	红亨稳赢1期*	17.0	2 858
2017	47	景林优选2号	78.0	2018	47	领星九坤市场中性	16.8	2 858
2017	48	仙童3期	77.9	2018	48	正则	16.6	2 858
2017	49	望正精英鹏辉2号	77.9	2018	49	致远3号	16.5	2 858
2017	50	涌津涌赢8号	77.5	2018	50	天演趋异	16.4	2 858
2017	51	望正精英浩然1号	76.8	2018	51	中润1期	16.3	2 858
2017	52	浙商汉景港湾1号	76.4	2018	52	森旭资产-前瞻8号	15.9	2 858
2017	53	弘石量化1号	76.3	2018	53	华量申毅1号	15.9	2 858
2017	54	东方港湾马拉松1号	75.7	2018	54	幻方恒光01号	15.8	2 858
2017	55	止于至善	75.4	2018	55	涌鑫2号	15.8	2 858
2017	56	汉景港湾4号	75.2	2018	56	展弘稳进1号3期	15.8	2 858
2017	57	坚实1号	75.2	2018	57	展弘稳进1号	15.8	2 858
2017	58	证大久盈旗舰5号	75.2	2018	58	丝路汉赋1号	15.7	2 858
2017	59	景林稳健	74.2	2018	59	金锝量化	15.6	2 858
2017	60	少数派4号	74.2	2018	60	盈定8号	15.4	2 858
2017	61	泽升优选成长1期	73.8	2018	61	涵德量化稳健从基金2号	15.3	2 858

续表

排序期	排序期 排名	基金名称	排序期 收益率（%）	检验期	检验期 排名	基金名称	检验期 收益率（%）	样本量
2017	62	恒丰一号	73.6	2018	62	盘古1号	15.3	2 858
2017	63	东方港湾3号	72.7	2018	63	巡洋稳健1号	15.1	2 858
2017	64	私募工场千帆2期	72.6	2018	64	大牛进取1号	15.1	2 858
2017	65	予曦1号	72.4	2018	65	创赢投资4号	15.0	2 858
2017	66	卓凯1号	72.0	2018	66	证大久盈稳健5号*	15.0	2 858
2017	67	潮金丰中港价值优选2号	72.0	2018	67	刘东声刘子赢家1号	14.8	2 858
2017	68	东方新经济先锋1号	71.5	2018	68	华贯波段3号	14.5	2 858
2017	69	同犇财通5期	71.2	2018	69	金锝5号	14.3	2 858
2017	70	镛泉资产泉顺1号	70.4	2018	70	泛融金-渤海银行-天使1号	14.3	2 858
2017	71	东方港湾2号	70.4	2018	71	金锝15号	14.3	2 858
2017	72	等观风险6号	70.3	2018	72	雅柏宝量化7号	14.2	2 858
2017	73	东方医疗健康优选	70.1	2018	73	正则1期	14.2	2 858
2017	74	长金银信宝6期	69.9	2018	74	鹤骑鹰奇古	14.0	2 858
2017	75	和盛丰悦1号	69.8	2018	75	盈盾增长	13.9	2 858
2017	76	曦微成长精选2期	69.7	2018	76	弦高稳健2号	13.8	2 858
2017	77	私募工场秃鹫1期	68.8	2018	77	国润1期	13.8	2 858
2017	78	私享-蓝筹1期	68.5	2018	78	弈投启航对冲1号	13.8	2 858
2017	79	通和富享1期	68.0	2018	79	幻方慧鑫01号	13.5	2 858
2017	80	磐厚蔚然-英安中国	68.0	2018	80	千象全景7号	13.3	2 858

续表

排序期	排序期排名	基金名称	排序期收益率（%）	检验期	检验期排名	基金名称	检验期收益率（%）	样本量
2017	81	同犇 1 期	67.7	2018	81	腾倍尔 9 号	13.1	2 858
2017	82	91 金融东方港湾价值 1 号	67.3	2018	82	重瑞方程式	13.0	2 858
2017	83	娜嬛资本东方既白	67.2	2018	83	平凡悟鑫	12.8	2 858
2017	84	高信百诺价值成长	67.1	2018	84	元 1 号	12.8	2 858
2017	85	汉景港湾 3 号	67.0	2018	85	进化论复合策略 1 号★	12.7	2 858
2017	86	林园	66.5	2018	86	丰衍财富与日聚金	12.5	2 858
2017	87	东方港湾-拓商 1 号	66.5	2018	87	致远财富 5 号	12.5	2 858
2017	88	卓凯 1 号 1 期	66.4	2018	88	易融宝深南大道 1 号	12.3	2 858
2017	89	奕歌元晟	66.3	2018	89	领路金稳盈 1 号	12.2	2 858
2017	90	东方港湾创业成长	65.8	2018	90	博普跨市场 1 号	12.1	2 858
2017	91	新智达成长 1 号	65.7	2018	91	量游 2 号	12.0	2 858
2017	92	大鹏湾财富 3 期	65.4	2018	92	锦和 1 号	11.9	2 858
2017	93	朴信 3 号	64.8	2018	93	宁聚量化精选	11.8	2 858
2017	94	骏伟资本掘金改革 2 期	64.4	2018	94	金樽 1 期	11.7	2 858
2017	95	惠正共赢	64.1	2018	95	银帆 7 期	11.6	2 858
2017	96	骏伟资本 3 期	63.8	2018	96	玄同成长 1 号	11.5	2 858
2017	97	东方消费服务优选	63.8	2018	97	寰宇精选收益之睿益 1 期	11.5	2 858
2017	98	高傅汉景港湾 1 号	63.7	2018	98	葆金峰-私募学院菁英 287 号	11.5	2 858
2017	99	私募工场荔慎稳健成长 1 号	63.4	2018	99	淘利多策略对冲 1 号	11.5	2 858

续表

排序期	排序期排名	基金名称	排序期收益率（%）	检验期	检验期排名	基金名称	检验期收益率（%）	样本量
2017	100	海洋之星 1 号	63. 4	2018	100	知几投资灵活配置 1 期	11. 4	2 858
2017	101	滚雪球 1 号（201502）	63. 2	2018	101	昊恩 1 号	11. 4	2 858
2017	102	东方先进制造优选	63. 0	2018	102	泛融金-太极 1 号	11. 2	2 858
2017	103	紫金港 7 号	63. 0	2018	103	君行 5 号*	11. 0	2 858
2017	104	国泓稳健 1 期	62. 8	2018	104	盛运德诚趋势 1 号	10. 9	2 858
2017	105	金舆中国互联网	62. 6	2018	105	挚盟资本-私募学院菁英 189 号	10. 8	2 858
2017	106	投资精英之景林（A 类）	62. 5	2018	106	雷根期权套利	10. 8	2 858
2017	107	阿甘 1 号	62. 5	2018	107	辉毅 1 号	10. 7	2 858
2017	108	私募工场亚洲价值长线回报	62. 5	2018	108	宽客 2 号	10. 6	2 858
2017	109	广汇缘 1 号	62. 5	2018	109	云梦泽-春风	10. 4	2 858
2017	110	紫金港 6 号灵活策略	62. 3	2018	110	雅柏宝量化 5 号	10. 4	2 858
2017	111	久铭 2 号	62. 3	2018	111	金锝 6 号	10. 3	2 858
2017	112	汇谷舒心 1 号	62. 3	2018	112	睿金-汇赢通 34 号	10. 3	2 858
2017	113	长金银信宝 2 期	62. 2	2018	113	持赢成长 1 号	10. 3	2 858
2017	114	源乐晟 4 期	62. 1	2018	114	循实宏观对冲	10. 2	2 858
2017	115	私享-蓝筹 2 期	62. 0	2018	115	弘石量化 1 号*	10. 1	2 858
2017	116	万利富达	61. 8	2018	116	量化进取型 2 号	10. 0	2 858
2017	117	双安誉信宏观对冲 5 号	61. 7	2018	117	红钻-学院菁英 114 号	9. 9	2 858
2017	118	平石 T5 对冲基金	61. 7	2018	118	辉毅 2 号	9. 9	2 858

续表

排序期	排序期排名	基金名称	排序期收益率（%）	检验期	检验期排名	基金名称	检验期收益率（%）	样本量
2017	119	融通资本汉景港湾 2 号	61.6	2018	119	德远稳健 1 号	9.8	2 858
2017	120	长牛分析 1 号	61.6	2018	120	博孚利聚强 1 号	9.8	2 858
2017	121	同犇 9 期	61.4	2018	121	君悦日新 4 号	9.7	2 858
2017	122	深圳广汇缘 5 号	61.2	2018	122	上海宽德共赢	9.6	2 858
2017	123	丰实 1 号	61.1	2018	123	思瑞 2 号	9.5	2 858
2017	124	万顺通 1 号	60.8	2018	124	容克 1 号	9.5	2 858
2017	125	仁灏开元	60.7	2018	125	上海宽德卓越	9.4	2 858
2017	126	金砖悦力	60.7	2018	126	辉毅 3 号	9.4	2 858
2017	127	长金 9 号	60.3	2018	127	鲁信稳健 1 号	9.3	2 858
2017	128	奕金安 1 期	60.2	2018	128	幻方之江 01 号	9.1	2 858
2017	129	少数派 24 号	60.1	2018	129	辉毅 5 号	9.1	2 858
2017	130	广发银来汉景港湾 1 号	60.0	2018	130	幻方钱海 01 号	9.0	2 858
2017	131	东方鼎泰 2 期	59.9	2018	131	美浓红宝石 1 号	9.0	2 858
2017	132	汉景泉东方港湾马拉松	59.7	2018	132	安进 13 期壹心 1 号	9.0	2 858
2017	133	证大久盈稳健 5 号	59.7	2018	133	旭鑫价值成长 1 期	9.0	2 858
2017	134	仙童 1 期	59.5	2018	134	洛肯国际安泰 1 期	8.9	2 858
2017	135	天弓 2 号	59.1	2018	135	大浪淘金千象全景 5 号	8.9	2 858
2017	136	私募学院菁英 135 号	59.0	2018	136	睿璞投资-睿华 1 号	8.8	2 858
2017	137	壁虎成长 3 号	58.9	2018	137	旭鑫价值成长 2 期	8.8	2 858

续表

排序期	排序期排名	基金名称	排序期收益率（%）	检验期	检验期排名	基金名称	检验期收益率（%）	样本量
2017	138	进化论复合策略 1 号	58. 7	2018	138	申九积极进取 1 号	8. 7	2 858
2017	139	汉景港湾投 360-1 号	58. 7	2018	139	穿石特殊情况	8. 7	2 858
2017	140	私享-价值 3 期	58. 5	2018	140	上海泓倍 3 号	8. 7	2 858
2017	141	盈阳 22 号	58. 2	2018	141	智享增强对冲 1 期	8. 6	2 858
2017	142	玖鹏价值精选 1 号	58. 2	2018	142	金舆财富之车 1 号	8. 5	2 858
2018	1	协捷资产-私募学院菁英 324 号	116. 6	2019	1	财富骐骥定增 28 号	356. 5	2 236
2018	2	天下溪	113. 9	2019	2	紫霞 1 号	354. 5	2 236
2018	3	大禾投资-掘金 1 号	99. 0	2019	3	小棉袄	234. 5	2 236
2018	4	金然稳健 1 号	85. 3	2019	4	富承价值 1 号	223. 6	2 236
2018	5	青云专享 1 号	60. 1	2019	5	迎水龙凤呈祥 11 号	221. 3	2 236
2018	6	天瓴-幻方星辰 12 号	53. 0	2019	6	柚子乘风*	221. 1	2 236
2018	7	上海远澜硕桦 1 号	46. 3	2019	7	富承高息 1 号	211. 8	2 236
2018	8	新动力远澜梧桐 1 号	41. 2	2019	8	恒泰辰丰港湾 1 期	164. 7	2 236
2018	9	添盈 7 号	41. 1	2019	9	迎水龙凤呈祥 3 号	150. 4	2 236
2018	10	达尔文明德 1 号	39. 2	2019	10	新里程超越梦想	145. 9	2 236
2018	11	天瓴-幻方星辰 11 号	38. 4	2019	11	浅湖达尔文 2 号	144. 7	2 236
2018	12	财掌柜持股宝 8 号	38. 2	2019	12	迎水龙凤呈祥 1 号	140. 7	2 236
2018	13	达尔文至诚 1 号	36. 5	2019	13	浙江白鹭博学 1 期	132. 7	2 236
2018	14	匀丰量化进取	34. 0	2019	14	天贝合复兴号	132. 6	2 236

续表

排序期	排序期排名	基金名称	排序期收益率（%）	检验期	检验期排名	基金名称	检验期收益率（%）	样本量
2018	15	达尔文博学 1 号	33.7	2019	15	天瓴-幻方星辰 12 号*	129.9	2 236
2018	16	聚鑫 1 号（华宝）	33.5	2019	16	迎水龙凤呈祥 6 号	129.2	2 236
2018	17	远澜红枫 1 号	33.4	2019	17	蓝海战略 1 号	128.6	2 236
2018	18	幻方永途 01 号	33.0	2019	18	鼎萨价值成长	116.2	2 236
2018	19	久盈 1 号（久盈投资）	31.1	2019	19	浅湖 6 号	112.5	2 236
2018	20	浙江白鹭嘉庚 1 期	30.5	2019	20	天贝合共盈 2 号	112.2	2 236
2018	21	达尔文远志 1 号	29.3	2019	21	迎水龙凤呈祥 7 号	109.7	2 236
2018	22	胤狮 8 号	29.3	2019	22	大禾投资-掘金 1 号*	108.9	2 236
2018	23	远澜云杉 4 号	28.4	2019	23	达邦久赢 8 期	108.1	2 236
2018	24	中昊 1 期	28.2	2019	24	相生 3 号	104.2	2 236
2018	25	星和宽星 1 号	28.0	2019	25	智慧人生健子 4 期	103.8	2 236
2018	26	牛博士 2 期	27.4	2019	26	领真 1 期	103.6	2 236
2018	27	盈阳 22 号	25.2	2019	27	迎水龙凤呈祥 12 号	101.6	2 236
2018	28	满天星 6 号	23.5	2019	28	浅湖稳健 5 号	100.7	2 236
2018	29	远澜红松	23.0	2019	29	浦江之星 165 号	100.3	2 236
2018	30	恒升 318 号	21.6	2019	30	奕歌元晟	98.9	2 236
2018	31	民晟金牛 4 号	20.9	2019	31	领真 2 期	98.9	2 236
2018	32	嘉翼商品对冲	20.8	2019	32	上善若水疾风	97.5	2 236
2018	33	久期宏观对冲 5 号	20.5	2019	33	巴克夏月月利 2 号	96.8	2 236

续表

排序期	排序期排名	基金名称	排序期收益率（%）	检验期	检验期排名	基金名称	检验期收益率（%）	样本量
2018	34	思维 30 号	19.1	2019	34	华杉永旭	95.7	2 236
2018	35	远澜苍松 1 号	19.0	2019	35	蝶恋花	94.8	2 236
2018	36	远澜火松	18.9	2019	36	晟盟进取策略	93.9	2 236
2018	37	信弘平方和稳健 1 号	18.9	2019	37	盈至东方量子 1 号*	92.7	2 236
2018	38	领望巴舍里耶 3 期	18.3	2019	38	巴克夏月月利 1 号	92.4	2 236
2018	39	远澜银杉	18.2	2019	39	青骊泰川量化	91.6	2 236
2018	40	幻方志远 01 号	17.9	2019	40	恒复利亨 1 号	90.7	2 236
2018	41	幻方鼎立 01 号	17.5	2019	41	沪深 300 指数 2 倍增强 1 期	89.8	2 236
2018	42	御澜扬子江 1 号	17.4	2019	42	中证 500 指数 2 倍增强 1 期	88.8	2 236
2018	43	远澜雪松	17.3	2019	43	舍得之道资本-平安吉象 C 期	88.2	2 236
2018	44	远澜云杉	17.3	2019	44	石锋重剑 1 号	86.3	2 236
2018	45	百泉多策略 2 号	16.6	2019	45	虞美人	86.2	2 236
2018	46	正则	16.6	2019	46	同犇消费 1 号	85.0	2 236
2018	47	汇泽至远 3 期	16.3	2019	47	中证 800 等权指数 2 倍增强 1 期	83.8	2 236
2018	48	远澜银杏 1 号	16.0	2019	48	晶宏阳山 1 号	83.2	2 236
2018	49	森旭资产-前瞻 8 号	15.9	2019	49	金晟 5 号	82.4	2 236
2018	50	华量申毅 1 号	15.9	2019	50	水龙吟	82.3	2 236
2018	51	幻方恒光 01 号	15.8	2019	51	泽升优选成长 5 期	81.6	2 236
2018	52	金锝建业 2 号	15.8	2019	52	明汯价值成长 1 期	81.5	2 236

续表

排序期	排序期排名	基金名称	排序期收益率（%）	检验期	检验期排名	基金名称	检验期收益率（%）	样本量
2018	53	涌鑫 2 号	15.8	2019	53	杜兹 3 号	81.1	2 236
2018	54	龙智低布猎手 1 号	15.8	2019	54	德晟福佳音 1 号	81.0	2 236
2018	55	展弘稳进 1 号	15.8	2019	55	泽升优选成长 1 期	81.0	2 236
2018	56	宁聚量化稳盈 1 期	15.7	2019	56	鹏山长期回报 1 号	80.4	2 236
2018	57	丝路汉赋 1 号	15.7	2019	57	阿甘 1 号	78.5	2 236
2018	58	金锝建业 1 号	15.7	2019	58	道恒稳健	78.5	2 236
2018	59	金锝量化	15.6	2019	59	复胜正能量 1 期	78.4	2 236
2018	60	宁聚量化稳盈 2 期	15.5	2019	60	健顺云	78.3	2 236
2018	61	盈定 8 号	15.4	2019	61	同犇尊享 3 号	78.3	2 236
2018	62	涵德量化稳健从基金 2 号	15.3	2019	62	恒复趋势 1 号	78.2	2 236
2018	63	远澜云杉 2 号	15.3	2019	63	骏伟资本价值 5 期	77.9	2 236
2018	64	盘古 1 号	15.3	2019	64	康曼德 003 号	77.6	2 236
2018	65	金锝建业 3 号	15.1	2019	65	宏泰进取	76.9	2 236
2018	66	渤海期货远澜翠柏 1 号	15.0	2019	66	溪牛长期回报	76.7	2 236
2018	67	创赢投资 4 号	15.0	2019	67	千波小盘 1 号	76.2	2 236
2018	68	刘东声刘子赢家 1 号	14.8	2019	68	恒复利贞	76.0	2 236
2018	69	盈至东方量子 1 号	14.4	2019	69	和美博文价值	75.5	2 236
2018	70	金锝 5 号	14.3	2019	70	弘尚资产健康中国 1 号	75.4	2 236
2018	71	正则 1 期	14.2	2019	71	龙腾跨市场灵活配置	75.2	2 236

续表

排序期	排序期排名	基金名称	排序期收益率（%）	检验期	检验期排名	基金名称	检验期收益率（%）	样本量
2018	72	鹤骑鹰一粟	14.0	2019	72	中昊1期*	75.1	2 236
2018	73	辉毅9号	14.0	2019	73	同犇智慧1号	74.4	2 236
2018	74	鹤骑鹰奇古	14.0	2019	74	泽升优选成长3期	73.0	2 236
2018	75	国润1期	13.8	2019	75	盈阳27号	72.9	2 236
2018	76	弈投启航对冲1号	13.8	2019	76	安易持兴国2号	72.7	2 236
2018	77	君行8号	13.7	2019	77	至信40号聚信2期	72.4	2 236
2018	78	幻方慧鑫01号	13.5	2019	78	私募工场弗睿得价值金选1号	72.3	2 236
2018	79	平方和信享	13.5	2019	79	君行5号*	72.0	2 236
2018	80	金田龙盛2号	13.4	2019	80	海中湾（齐鲁）3号	72.0	2 236
2018	81	JH龙腾1号	13.0	2019	81	玖金价值1期	71.7	2 236
2018	82	久安金石1号	12.8	2019	82	林园	71.4	2 236
2018	83	进化论复合策略1号	12.7	2019	83	细水醍醐	71.4	2 236
2018	84	易融宝深南大道1号	12.3	2019	84	新思哲1期	71.0	2 236
2018	85	领路金稳盈1号	12.2	2019	85	合道-翼翔1期	70.3	2 236
2018	86	思博量道15号	12.2	2019	86	财智生活启航1期	70.1	2 236
2018	87	千惠领航1号	12.1	2019	87	汇信得3期	69.2	2 236
2018	88	九章幻方量化对冲1号	12.1	2019	88	宁波幻方	69.0	2 236
2018	89	锦和1号	11.9	2019	89	长金银信宝6期	68.7	2 236
2018	90	宁聚量化精选	11.8	2019	90	卓铸卓越1号	68.4	2 236
2018	91	金樽1期	11.7	2019	91	私募工场泽升中国优势	68.3	2 236

续表

排序期	排序期排名	基金名称	排序期收益率（%）	检验期	检验期排名	基金名称	检验期收益率（%）	样本量
2018	92	磐京稳赢6号	11.6	2019	92	盛信1期（2016）	68.2	2 236
2018	93	银帆7期	11.6	2019	93	红筹平衡选择	68.2	2 236
2018	94	寰宇精选收益之睿益1期	11.5	2019	94	盘世1期	68.1	2 236
2018	95	金锝进取1号尊享A	11.5	2019	95	易同优选	68.1	2 236
2018	96	九章幻方量化对冲2号	11.4	2019	96	投资精英之景林（A类）	68.0	2 236
2018	97	进化论悦享1号	11.3	2019	97	智诚2期	67.9	2 236
2018	98	艾方全天候2号	11.3	2019	98	君行8号*	67.6	2 236
2018	99	君行5号	11.0	2019	99	尚雅13期	67.6	2 236
2018	100	盛运德诚趋势1号	10.9	2019	100	同犇尊享6号	67.2	2 236
2018	101	天益1号	10.8	2019	101	盈源12号	67.1	2 236
2018	102	挚盟资本-私募学院菁英189号	10.8	2019	102	智慧人生谏信1期	66.7	2 236
2018	103	雷根期权套利	10.8	2019	103	泽升优选成长6期	66.6	2 236
2018	104	辉毅1号	10.7	2019	104	彤源3号	66.4	2 236
2018	105	汇升期权1号	10.5	2019	105	希瓦小牛精选	66.4	2 236
2018	106	锋滔喆颢量化对冲1号	10.5	2019	106	鹰傲长盈1号	66.2	2 236
2018	107	雅柏宝量化5号	10.4	2019	107	希瓦小牛7号	66.1	2 236
2018	108	金锝6号	10.3	2019	108	鹰傲长盈2号	66.0	2 236
2018	109	辉毅2号	9.9	2019	109	同犇尊享2号	65.9	2 236
2018	110	福泽1号	9.9	2019	110	泽升优选成长7期	65.5	2 236
2018	111	柚子乘风	9.8	2019	111	雀跃进取1号	65.3	2 236

附录六　收益率在排序期和检验期分别位于前5%的基金排名（排序期为三年）：2014~2019年

本表展示的是排序期为三年、检验期为一年时，排序期和检验期分别排名在前5%的基金及基金的收益率。排序期收益率是指三年排序期间内的累计收益率。样本量为在排序期和检验期都存在的基金个数。★表示在检验期仍位于前5%的基金。

排序期	排序期排名	基金名称	排序期收益率(%)	检验期	检验期排名	基金名称	检验期收益率(%)	样本量
2014~2016	1	华鑫785号	677.3	2017	1	金泰瑞丰（乾清）	95.3	287
2014~2016	2	证大稳健增长	591.0	2017	2	高信百诺1期	78.6	287
2014~2016	3	稳健增长（外贸）	534.3	2017	3	景林稳健	74.2	287
2014~2016	4	清水源1号	331.2	2017	4	林园	66.5	287
2014~2016	5	思考1号	322.4	2017	5	海洋之星1号	63.4	287
2014~2016	6	泽泉景渤财富	309.6	2017	6	炜博领航	62.7	287
2014~2016	7	景富趋势成长1期	211.0	2017	7	投资精英之景林（A类）	62.5	287
2014~2016	8	泽泉涨停板1号	201.2	2017	8	万利富达	61.8	287
2014~2016	9	思晔量化择股旗舰	195.3	2017	9	尚雅9期	61.2	287
2014~2016	10	鑫安1期	194.0	2017	10	奕金安1期	60.2	287
2014~2016	11	诚盛1期	186.8	2017	11	仙童1期	59.5	287
2014~2016	12	少数派5号	186.1	2017	12	天弓2号	59.1	287
2014~2016	13	名禹稳健增长	184.7	2017	13	乐晟精选	57.8	287
2014~2016	14	新思哲1期	180.2	2017	14	榕树文明复兴	57.6	287
2015~2017	1	仙童1期	251.9	2018	1	上善御富量化阿尔法对冲	16.4	425
2015~2017	2	弘尚资产灵活配置	239.4	2018	2	金锝量化	15.6	425
2015~2017	3	新思哲1期	225.8	2018	3	金锝5号	14.3	425

续表

排序期	排序期排名	基金名称	排序期收益率（%）	检验期	检验期排名	基金名称	检验期收益率（%）	样本量
2015~2017	4	稳健增长（外贸）	224.5	2018	4	知儿投资灵活配置1期	11.4	425
2015~2017	5	证大稳健增长	203.9	2018	5	金锝6号尊享A期	10.3	425
2015~2017	6	宁聚满天星	203.7	2018	6	安进13期壹心1号	9.0	425
2015~2017	7	德亚进取1号	201.5	2018	7	西南盈佳1号5期	8.4	425
2015~2017	8	稳增3期	199.2	2018	8	念空阿尔法	7.0	425
2015~2017	9	同犇1期	173.7	2018	9	雷根5号	5.8	425
2015~2017	10	以太量化2号	172.5	2018	10	弘酬稳赢	5.1	425
2015~2017	11	泽泉景渤财富	169.7	2018	11	雷根6号	4.0	425
2015~2017	12	丰岭稳健成长1期	169.4	2018	12	倚天雅莉3号	3.8	425
2015~2017	13	细水醍醐	167.7	2018	13	浦来德天天开心对冲1号	3.6	425
2015~2017	14	泽元元利	163.0	2018	14	念空跨境套利	3.5	425
2015~2017	15	乐晟精选	158.4	2018	15	思晔市场中性旗舰产品	3.3	425
2015~2017	16	林园	152.3	2018	16	申毅量化	2.7	425
2015~2017	17	海洋之星1号	152.2	2018	17	金中和灵猫1号	2.5	425
2015~2017	18	源乐晟策略创新1期	150.0	2018	18	淘利多策略量化套利	2.5	425
2015~2017	19	少数派5号	149.2	2018	19	浦江之星96号2期	2.5	425
2015~2017	20	同犇2期	147.7	2018	20	大岩绝对	2.3	425
2015~2017	21	凤翔多利	147.7	2018	21	国信红岭	2.1	425
2016~2018	1	东方点赞	134.5	2019	1	紫霞1号	354.5	849
2016~2018	2	进化论复合策略1号	111.0	2019	2	富承价值1号	223.6	849

续表

排序期	排序期排名	基金名称	排序期收益率(%)	检验期	检验期排名	基金名称	检验期收益率(%)	样本量
2016~2018	3	幻方永途 01 号	109.6	2019	3	富承高息 1 号	211.8	849
2016~2018	4	金田龙盛	108.5	2019	4	新里程超越梦想	145.9	849
2016~2018	5	睿璞投资~睿洪 1 号	103.3	2019	5	浅湖达尔文 2 号	144.7	849
2016~2018	6	盈阳 22 号	97.0	2019	6	鼎萨价值成长	116.2	849
2016~2018	7	金蕴 99 期（谷寒长线回报）	95.3	2019	7	领真 1 期	103.6	849
2016~2018	8	璟恒 5 期	89.2	2019	8	浦江之星 165 号	100.3	849
2016~2018	9	幻方钱海 01 号	81.1	2019	9	领真 2 期	98.9	849
2016~2018	10	景林创新成长	76.3	2019	10	巴克夏月月利 1 号	92.4	849
2016~2018	11	九霄投资稳健成长 2 号	75.9	2019	11	金晟 5 号	82.4	849
2016~2018	12	幻方恒光 01 号	74.6	2019	12	杜兹 3 号	81.1	849
2016~2018	13	景林价值 B 类	72.3	2019	13	鹏山长期回报 1 号	80.4	849
2016~2018	14	林园 2 期	71.0	2019	14	阿甘 1 号	78.5	849
2016~2018	15	幻方鼎立 01 号	70.0	2019	15	道恒稳健	78.5	849
2016~2018	16	远澜云杉	68.1	2019	16	健顺云	78.3	849
2016~2018	17	通和富享 1 期	66.5	2019	17	康曼德 003 号	77.6	849
2016~2018	18	林园 3 期	65.8	2019	18	溪牛长期回报	76.7	849
2016~2018	19	盘古 1 号	64.9	2019	19	恒复利贞	76.0	849
2016~2018	20	幻方志远 01 号	59.8	2019	20	至信 40 号聚信 2 期	72.4	849
2016~2018	21	林园	59.6	2019	21	海中湾（齐鲁）3 号	72.0	849
2016~2018	22	幻方慧鑫 01 号	58.6	2019	22	林园★	71.4	849

续表

排序期	排序期排名	基金名称	排序期收益率（%）	检验期	检验期排名	基金名称	检验期收益率（%）	样本量
2016~2018	23	利得汉景 1 期	58.0	2019	23	细水醍醐	71.4	849
2016~2018	24	幻方之江 01 号	56.9	2019	24	新思哲 1 期	71.0	849
2016~2018	25	东方先进制造优选	54.6	2019	25	财智生活启航 1 期	70.1	849
2016~2018	26	东方港湾马拉松 1 号	54.3	2019	26	汇信得 3 期	69.2	849
2016~2018	27	金舆财富之车 1 号	53.5	2019	27	长金银信宝 6 期★	68.7	849
2016~2018	28	幻方欣荣 01 号	52.7	2019	28	易同优选	68.1	849
2016~2018	29	平石 T5 对冲基金	51.4	2019	29	投资精英之景林（A 类）	68.0	849
2016~2018	30	望正基石投资 1 号	51.4	2019	30	智诚 2 期	67.9	849
2016~2018	31	宽远价值成长 2 期	51.0	2019	31	尚雅 13 期	67.6	849
2016~2018	32	汉和恒聚	50.9	2019	32	彤源 3 号	66.4	849
2016~2018	33	望正 1 号	48.8	2019	33	金蕴 56 期（恒复）	64.9	849
2016~2018	34	长江汉景港湾 1 号	47.4	2019	34	易同领先	64.8	849
2016~2018	35	长金银信宝 6 期	47.3	2019	35	雀跃岩辰量化投资 1 期	64.0	849
2016~2018	36	海洋之星 1 号	47.2	2019	36	同望 1 期 1 号★	63.5	849
2016~2018	37	同望 1 期 1 号	47.1	2019	37	同犇 1 期	63.1	849
2016~2018	38	鹏山资产~果实 1 号	46.4	2019	38	锐进 12 期	62.5	849
2016~2018	39	宽远沪港深精选	46.1	2019	39	同犇财通 5 期	62.3	849
2016~2018	40	东方新经济先锋 1 号	44.4	2019	40	天勤 1 号	61.9	849
2016~2018	41	资瑞兴 1 号	44.2	2019	41	彤源 5 号	61.8	849
2016~2018	42	东方消费服务优选	44.2	2019	42	私享~蓝筹 1 期	61.5	849

附录七　夏普比率在排序期位于前5%的基金在检验期的排名（排序期为一年）：2014~2019年

本表展示的是排序期为一年、检验期为一年时，排序期夏普比率排名在前5%的基金在检验期的夏普比率排名，以及基金在排序期和检验期的夏普比率。样本量为在排序期和检验期都存在的基金个数。★表示在检验期仍位于前5%的基金。

排序期	排序期排名	基金名称	排序期夏普比率	检验期	检验期排名	检验期夏普比率	样本量
2014	1	淡水泉成长1期	4.31	2015	215	1.08	547
2014	2	泽熙3期（山东）	3.84	2015	10★	3.10	547
2014	3	思晔市场中性旗舰产品	3.68	2015	11★	3.09	547
2014	4	懿和2期	3.58	2015	501	-0.05	547
2014	5	飞天4号	3.26	2015	92	1.65	547
2014	6	泽熙1期（华润）	3.23	2015	9★	3.12	547
2014	7	励石1号	3.20	2015	117	1.48	547
2014	8	光大基金宝-积极成长	3.10	2015	197	1.15	547
2014	9	名禹稳健增长	3.00	2015	45	2.14	547
2014	10	武当稳健增长	2.97	2015	328	0.73	547
2014	11	思晔量化择股旗舰	2.92	2015	41	2.20	547
2014	12	新价值1期	2.91	2015	292	0.85	547
2014	13	念空跨境套利	2.89	2015	23★	2.71	547
2014	14	泽熙4期	2.87	2015	6★	3.26	547
2014	15	银垒成长1号	2.85	2015	78	1.75	547
2014	16	聚发（25）-保证金交易1号A2	2.83	2015	29	2.43	547
2014	17	黄金组合1期1号	2.80	2015	158	1.32	547

续表

排序期	排序期排名	基金名称	排序期夏普比率	检验期	检验期排名	检验期夏普比率	样本量
2014	18	昀沣	2.74	2015	216	1.08	547
2014	19	精选1期	2.70	2015	244	0.98	547
2014	20	投资精英之云程泰（A）	2.68	2015	282	0.88	547
2014	21	富恩德1期	2.67	2015	103	1.57	547
2014	22	泽熙2期（山东）	2.65	2015	18★	2.84	547
2014	23	巨柏1号	2.63	2015	207	1.11	547
2014	24	恒盛配置1号	2.62	2015	107	1.55	547
2014	25	证大稳健增长	2.59	2015	38	2.28	547
2014	26	丰煜如意1期	2.58	2015	229	1.04	547
2014	27	乾信中国影响力	2.53	2015	309	0.80	547
2015	1	浦江之星96号2期	7.50	2016	9★	1.66	800
2015	2	宁聚常青藤1期	4.80	2016	523	-0.69	800
2015	3	泛涵正元证券投资	3.97	2016	10★	1.62	800
2015	4	稳健增长（外贸）	3.79	2016	16★	1.41	800
2015	5	兆意1期	3.64	2016	546	-0.75	800
2015	6	金蕴21期（泓璞1号）	3.64	2016	451	-0.52	800
2015	7	申毅对冲1号	3.60	2016	236	-0.05	800
2015	8	锝金1号	3.56	2016	13★	1.47	800
2015	9	禾昇1号	3.56	2016	56	0.71	800
2015	10	宁聚量化对冲1期	3.49	2016	307	-0.19	800

续表

排序期	排序期排名	基金名称	排序期夏普比率	检验期	检验期排名	检验期夏普比率	样本量
2015	11	奇迹种子 1 号	3. 43	2016	784	−2. 39	800
2015	12	航长常春藤	3. 35	2016	775	−2. 07	800
2015	13	旭诺成长择时对冲 1 号	3. 33	2016	120	0. 29	800
2015	14	宁聚爬山虎 1 期	3. 29	2016	317	−0. 22	800
2015	15	质嘉 1 期	3. 29	2016	393	−0. 40	800
2015	16	红宝石 E−1306 多元凯利	3. 27	2016	12★	1. 57	800
2015	17	申毅量化	3. 24	2016	521	−0. 68	800
2015	18	思晔市场中性旗舰产品	3. 09	2016	8★	1. 67	800
2015	19	道谊稳健	3. 04	2016	767	−1. 92	800
2015	20	宽智阿尔法对冲 2 号	3. 04	2016	257	−0. 07	800
2015	21	铭深 1 号	3. 02	2016	391	−0. 39	800
2015	22	丰岭稳健成长 1 期	3. 01	2016	281	−0. 13	800
2015	23	盈峰量化	2. 99	2016	182	0. 09	800
2015	24	弘尚资产灵活配置	2. 99	2016	30★	1. 00	800
2015	25	航长常春藤 2 号	2. 99	2016	723	−1. 50	800
2015	26	道谊稳进	2. 96	2016	716	−1. 45	800
2015	27	龙旗扶翼第 2 期	2. 93	2016	490	−0. 59	800
2015	28	泽泉盛辉	2. 91	2016	132	0. 23	800
2015	29	诚盛 1 期	2. 86	2016	410	−0. 43	800
2015	30	天瑞 1 期	2. 84	2016	133	0. 23	800

续表

排序期	排序期排名	基金名称	排序期夏普比率	检验期	检验期排名	检验期夏普比率	样本量
2015	31	龙旗紫微	2.84	2016	184	0.08	800
2015	32	德骏核心 1 号	2.81	2016	273	-0.11	800
2015	33	宁聚满天星 2 期	2.80	2016	137	0.21	800
2015	34	大朴进取 1 期	2.79	2016	197	0.05	800
2015	35	重阳 8 期	2.77	2016	173	0.11	800
2015	36	翼虎产业转型机会 1 号	2.77	2016	706	-1.36	800
2015	37	同瑞汇金 1 期	2.75	2016	130	0.24	800
2015	38	正弘 1 号	2.75	2016	401	-0.41	800
2015	39	泽泉涨停板 1 号	2.74	2016	74	0.55	800
2015	40	黑森 9 号	2.72	2016	152	0.18	800
2016	1	泛融金太极 2 号	25.69	2017	2*	14.18	2 363
2016	2	泰观恒-渤海银行-五岳 1 号	13.41	2017	298	2.66	2 363
2016	3	广发纳斯特乐睿 1 号	8.13	2017	3*	9.02	2 363
2016	4	幻方志远 01 号	7.19	2017	322	2.54	2 363
2016	5	泛融金-太极 1 号	7.11	2017	9*	6.14	2 363
2016	6	长流资本长运 1 号	5.43	2017	11*	5.92	2 363
2016	7	泛融金-渤海银行-天使 1 号	5.42	2017	4*	7.86	2 363
2016	8	幻方欣荣 01 号	5.27	2017	88*	3.95	2 363
2016	9	千象红包 1 号	5.03	2017	86*	3.96	2 363
2016	10	睿信主题成长 1 期	4.61	2017	784	1.50	2 363

续表

排序期	排序期排名	基金名称	排序期夏普比率	检验期	检验期排名	检验期夏普比率	样本量
2016	11	幻方之江 01 号	4. 50	2017	59★	4. 28	2 363
2016	12	睿信主题成长 2 期	4. 33	2017	859	1. 34	2 363
2016	13	幻方印月 01 号	4. 27	2017	207	3. 09	2 363
2016	14	幻方慧鑫 01 号	4. 11	2017	306	2. 63	2 363
2016	15	幻方钱海 01 号	4. 03	2017	101★	3. 81	2 363
2016	16	幻方恒光 01 号	3. 75	2017	103★	3. 80	2 363
2016	17	幻方永途 01 号	3. 68	2017	61★	4. 27	2 363
2016	18	泛融金-渤海银行-天使 2 号	3. 66	2017	1★	21. 73	2 363
2016	19	泓信全景 1 号	3. 66	2017	1 808	-0. 50	2 363
2016	20	千象红包 2 号	3. 58	2017	45★	4. 55	2 363
2016	21	雷根期权套利	3. 56	2017	718	1. 62	2 363
2016	22	幻方涌泉 01 号	3. 48	2017	193	3. 15	2 363
2016	23	信合东方（粤财）	3. 38	2017	1 994	-0. 94	2 363
2016	24	信合东方 1 期	3. 36	2017	1 988	-0. 93	2 363
2016	25	信合东方 5 期	3. 36	2017	1 989	-0. 93	2 363
2016	26	信合东方 2 期	3. 31	2017	2 017	-0. 99	2 363
2016	27	幻方鼎立 01 号	3. 20	2017	936	1. 22	2 363
2016	28	钜垣投资健康中国 1 号	3. 17	2017	2 157	-1. 43	2 363
2016	29	汇艾资产-稳健 1 号	2. 81	2017	452	2. 17	2 363
2016	30	卓跞 1 号	2. 79	2017	466	2. 11	2 363

续表

排序期	排序期排名	基金名称	排序期夏普比率	检验期	检验期排名	检验期夏普比率	样本量
2016	31	资舟观复	2.71	2017	323	2.54	2 363
2016	32	远澜云杉	2.71	2017	1 283	0.52	2 363
2016	33	致远 3 号	2.68	2017	269	2.75	2 363
2016	34	念空跨境套利	2.65	2017	1 009	1.07	2 363
2016	35	逐流 1 号	2.55	2017	1 691	-0.25	2 363
2016	36	潼骁成长精选 3 期	2.53	2017	1 650	-0.15	2 363
2016	37	通和富享 1 期	2.49	2017	266	2.78	2 363
2016	38	九旭 1 号	2.23	2017	1 484	0.12	2 363
2016	39	蓝海 1 号（北京蓝海）	2.22	2017	2 283	-2.07	2 363
2016	40	蓝金 1 号	2.21	2017	1 155	0.79	2 363
2016	41	盘古 3 号	2.19	2017	2 208	-1.65	2 363
2016	42	淘利多策略量化套利	2.10	2017	1 573	-0.02	2 363
2016	43	新方程对冲多策略	2.09	2017	1 971	-0.90	2 363
2016	44	通和量化对冲 6 期	2.08	2017	783	1.50	2 363
2016	45	汇创稳健 1 号（广东汇创）	2.03	2017	82*	3.98	2 363
2016	46	淘利趋势套利 7 号	2.01	2017	2 309	-2.29	2 363
2016	47	晟维价值	1.95	2017	280	2.71	2 363
2016	48	宁聚满天星	1.94	2017	1 387	0.29	2 363
2016	49	杜兹 3 号	1.90	2017	2 188	-1.57	2 363
2016	50	宁聚事件驱动 1 号	1.89	2017	1 494	0.10	2 363

续表

排序期	排序期排名	基金名称	排序期夏普比率	检验期	检验期排名	检验期夏普比率	样本量
2016	51	明汯全天候1号	1.87	2017	849	1.37	2 363
2016	52	谊恒多品种稳健1号	1.87	2017	789	1.49	2 363
2016	53	91金融环球时刻2号	1.86	2017	1 953	-0.87	2 363
2016	54	牧容卓越5号	1.84	2017	1 256	0.58	2 363
2016	55	翔云粤大金融1号	1.82	2017	1 181	0.73	2 363
2016	56	温莎简毅策略成长10号	1.80	2017	2 212	-1.65	2 363
2016	57	益沣成钜瑞对冲1号	1.78	2017	2 002	-0.96	2 363
2016	58	新宇红枫1号	1.73	2017	1 356	0.32	2 363
2016	59	睿璞投资-睿洪1号	1.72	2017	194	3.15	2 363
2016	60	新宇-番茄资产管理1号	1.71	2017	2 319	-2.46	2 363
2016	61	伯洋6期	1.70	2017	505	2.04	2 363
2016	62	美好投资-美好华腾	1.69	2017	1 849	-0.59	2 363
2016	63	亘盈稳健	1.68	2017	1 970	-0.90	2 363
2016	64	思晔市场中性旗舰产品	1.67	2017	1 421	0.24	2 363
2016	65	善水稳健对冲1期	1.66	2017	1 233	0.62	2 363
2016	66	博孚利聚强1号	1.66	2017	2 324	-2.55	2 363
2016	67	浦江之星96号2期	1.66	2017	2 231	-1.75	2 363
2016	68	通和进取1号	1.65	2017	852	1.36	2 363
2016	69	泛涵正元证券投资	1.62	2017	1 429	0.22	2 363
2016	70	辰阳恒丰1号	1.59	2017	977	1.13	2 363

续表

排序期	排序期排名	基金名称	排序期夏普比率	检验期	检验期排名	检验期夏普比率	样本量
2016	71	钰淞（精选1期）	1.58	2017	1 959	-0.87	2 363
2016	72	海洋之星90号第2期	1.58	2017	274	2.74	2 363
2016	73	雅林1号	1.57	2017	1 418	0.24	2 363
2016	74	红宝石E-1306多元凯利	1.57	2017	1 156	0.79	2 363
2016	75	鑫顺4号	1.55	2017	1 530	0.05	2 363
2016	76	深圳量华逆袭1号	1.54	2017	1 918	-0.79	2 363
2016	77	天演趋异	1.52	2017	454	2.16	2 363
2016	78	金田龙盛	1.49	2017	1 174	0.74	2 363
2016	79	锝金1号	1.47	2017	1 355	0.33	2 363
2016	80	宝义衢州领航1期	1.47	2017	195	3.13	2 363
2016	81	少数派4号	1.47	2017	164	3.35	2 363
2016	82	海之源价值1期	1.47	2017	404	2.31	2 363
2016	83	淘利多策略对冲1号	1.46	2017	1 815	-0.52	2 363
2016	84	双隆-隆腾1号	1.45	2017	284	2.70	2 363
2016	85	昭图3期	1.45	2017	1 675	-0.21	2 363
2016	86	相聚芒格1期	1.44	2017	836	1.39	2 363
2016	87	谊恒多品种进取1号	1.44	2017	186	3.18	2 363
2016	88	菁禾2号	1.44	2017	550	1.95	2 363
2016	89	同望1期1号	1.43	2017	358	2.45	2 363
2016	90	圣盾成长1号	1.42	2017	1 486	0.12	2 363

续表

排序期	排序期排名	基金名称	排序期夏普比率	检验期	检验期排名	检验期夏普比率	样本量
2016	91	证大久盈旗舰 5 号	1.42	2017	730	1.60	2 363
2016	92	逸杉 2 期	1.41	2017	513	2.03	2 363
2016	93	稳增 3 期	1.41	2017	1 336	0.39	2 363
2016	94	稳健增长（外贸）	1.41	2017	2 101	-1.25	2 363
2016	95	弘尚耕耘中国	1.40	2017	826	1.40	2 363
2016	96	恒瑞-中国梦 2 期	1.40	2017	1 810	-0.50	2 363
2016	97	九铭恒升	1.40	2017	880	1.30	2 363
2016	98	保银中国价值	1.40	2017	29★	5.07	2 363
2016	99	桑鹰启航 1 号	1.39	2017	1 737	-0.32	2 363
2016	100	聚发（25）-保证金交易 1 号 A2	1.38	2017	2 146	-1.37	2 363
2016	101	华夏未来添时 1 号	1.38	2017	887	1.29	2 363
2016	102	云梦泽-春风	1.38	2017	2 108	-1.27	2 363
2016	103	私募学院菁英 139 号	1.37	2017	364	2.43	2 363
2016	104	伯洋 1 期	1.37	2017	856	1.35	2 363
2016	105	至璞新以恒	1.37	2017	96★	3.85	2 363
2016	106	橡谷成长 1 号	1.37	2017	30★	5.03	2 363
2016	107	大麓投资 1 期	1.36	2017	128	3.59	2 363
2016	108	海洋之星 90 号第 4 期	1.35	2017	54★	4.37	2 363
2016	109	厚品资产复利 1 号	1.35	2017	330	2.52	2 363
2016	110	雷根 6 号	1.34	2017	522	2.01	2 363

续表

排序期	排序期排名	基金名称	排序期夏普比率	检验期	检验期排名	检验期夏普比率	样本量
2016	111	格上稳盈量化对冲2号	1.33	2017	1 680	-0.22	2 363
2016	112	默驰对冲1号	1.33	2017	829	1.40	2 363
2016	113	逸杉1期	1.32	2017	510	2.03	2 363
2016	114	格上稳盈1号	1.32	2017	2 011	-0.98	2 363
2016	115	中垒1号	1.32	2017	1 286	0.51	2 363
2016	116	泊通2号	1.31	2017	294	2.68	2 363
2016	117	五合一心	1.31	2017	804	1.46	2 363
2016	118	达仁通宝7期	1.29	2017	2 268	-2.00	2 363
2017	1	兴富3号	15.45	2018	715	-0.55	2 874
2017	2	兴富2号（中海）	14.92	2018	710	-0.54	2 874
2017	3	泛融金太极2号	14.18	2018	5*	7.68	2 874
2017	4	广发纳斯特乐睿1号	9.02	2018	345	-0.02	2 874
2017	5	丰衍财富与日聚金	7.96	2018	9*	5.31	2 874
2017	6	泛融金-渤海银行-天使1号	7.86	2018	29*	2.40	2 874
2017	7	景林创新成长	7.15	2018	1 092	-0.88	2 874
2017	8	长牛分析1号	6.92	2018	601	-0.40	2 874
2017	9	高毅利伟精选唯实1号	6.86	2018	1 669	-1.27	2 874
2017	10	阳光宝3号	6.73	2018	2 038	-1.54	2 874
2017	11	景林稳健	6.67	2018	1 692	-1.29	2 874
2017	12	泛融金-太极1号	6.14	2018	51*	2.02	2 874

续表

排序期	排序期排名	基金名称	排序期夏普比率	检验期	检验期排名	检验期夏普比率	样本量
2017	13	恒天泰旸 1 期	5. 96	2018	556	-0. 36	2 874
2017	14	红筹平衡选择	5. 93	2018	863	-0. 68	2 874
2017	15	长流资本长运 1 号	5. 92	2018	183	0. 63	2 874
2017	16	东方新经济先锋 1 号	5. 89	2018	1 184	-0. 95	2 874
2017	17	东方医疗健康优选	5. 65	2018	1 122	-0. 91	2 874
2017	18	今港优选	5. 64	2018	1 792	-1. 36	2 874
2017	19	磐厚蔚然-英安中国	5. 63	2018	823	-0. 66	2 874
2017	20	景林价值 B 类	5. 55	2018	1 081	-0. 88	2 874
2017	21	锐进 25 期盈信瑞峰多空策略 1 号	5. 46	2018	2 059	-1. 56	2 874
2017	22	锐进 25 期盈信瑞峰尊享系列	5. 46	2018	2 060	-1. 56	2 874
2017	23	东方医疗平衡 1 期	5. 42	2018	1 710	-1. 30	2 874
2017	24	新方程星动力 S7 号	5. 34	2018	2 068	-1. 57	2 874
2017	25	金钥匙东方港湾港股通 1 号	5. 34	2018	1 048	-0. 85	2 874
2017	26	保银陆家嘴财富中国价值 8 期	5. 30	2018	426	-0. 16	2 874
2017	27	弘酬永泰 2 号	5. 29	2018	1 439	-1. 11	2 874
2017	28	东方消费服务优选	5. 26	2018	1 103	-0. 89	2 874
2017	29	同犇财通 5 期	5. 26	2018	2 151	-1. 64	2 874
2017	30	量游 2 号	5. 25	2018	8★	5. 37	2 874
2017	31	东方先进制造优选	5. 22	2018	1 020	-0. 83	2 874
2017	32	中国龙进取	5. 22	2018	606	-0. 41	2 874

续表

排序期	排序期排名	基金名称	排序期夏普比率	检验期	检验期排名	检验期夏普比率	样本量
2017	33	保银石榴红了	5. 15	2018	1 734	-1. 31	2 874
2017	34	大钧沪港深	5. 12	2018	1 361	-1. 07	2 874
2017	35	利得汉景 1 期	5. 11	2018	895	-0. 71	2 874
2017	36	保银中国价值	5. 07	2018	382	-0. 09	2 874
2017	37	展弘稳进 1 号	5. 05	2018	6*	7. 37	2 874
2017	38	展弘稳进 1 号 3 期	5. 05	2018	3*	8. 33	2 874
2017	39	汉景港湾 4 号	5. 04	2018	1 657	-1. 26	2 874
2017	40	橡谷成长 1 号	5. 03	2018	1 848	-1. 40	2 874
2017	41	易同精选 3 期	5. 00	2018	1 687	-1. 29	2 874
2017	42	鹏山资产-果实 1 号	4. 96	2018	1 064	-0. 87	2 874
2017	43	海洋之星 1 号	4. 91	2018	1 292	-1. 02	2 874
2017	44	弘酬安盈东北融耀 8 号	4. 91	2018	1 871	-1. 42	2 874
2017	45	菁英 80 号	4. 90	2018	1 335	-1. 05	2 874
2017	46	深乾凌凌九进取	4. 86	2018	874	-0. 69	2 874
2017	47	鹏山长期回报 1 号	4. 84	2018	1 613	-1. 23	2 874
2017	48	同犇 9 期	4. 83	2018	2 171	-1. 66	2 874
2017	49	东方行业优选	4. 83	2018	1 077	-0. 88	2 874
2017	50	凯顺星成长	4. 81	2018	867	-0. 69	2 874
2017	51	正则	4. 78	2018	78*	1. 65	2 874
2017	52	林园	4. 76	2018	839	-0. 67	2 874

续表

排序期	排序期排名	基金名称	排序期夏普比率	检验期	检验期排名	检验期夏普比率	样本量
2017	53	米答资产管理 1 号	4. 75	2018	578	−0. 38	2 874
2017	54	盘古 1 号	4. 74	2018	107★	1. 32	2 874
2017	55	金石 1 期	4. 73	2018	1 757	−1. 34	2 874
2017	56	长江汉景港湾 1 号	4. 67	2018	1 165	−0. 94	2 874
2017	57	泰旸创新成长 2 号	4. 67	2018	642	−0. 46	2 874
2017	58	金钥匙东方港湾港股通 2 号	4. 66	2018	985	−0. 80	2 874
2017	59	私募工场互联网加艾美谷成长	4. 65	2018	1 293	−1. 02	2 874
2017	60	玖鹏价值精选 1 号	4. 59	2018	2 091	−1. 58	2 874
2017	61	东方港湾拓商 1 号	4. 59	2018	1 002	−0. 82	2 874
2017	62	千象红包 2 号	4. 55	2018	60★	1. 88	2 874
2017	63	东方港湾马拉松 1 号	4. 53	2018	334	0. 02	2 874
2017	64	弦高稳健 2 号	4. 52	2018	13★	4. 43	2 874
2017	65	金石管理型	4. 50	2018	1 759	−1. 34	2 874
2017	66	中欧盛世泰旸精选 2 号	4. 49	2018	731	−0. 56	2 874
2017	67	林园投资 1 号	4. 49	2018	526	−0. 32	2 874
2017	68	青榕中华消费	4. 45	2018	1 520	−1. 16	2 874
2017	69	平安阖鼎万利富达	4. 44	2018	1 245	−0. 99	2 874
2017	70	同犇 1 期	4. 44	2018	1 675	−1. 28	2 874
2017	71	东方港湾-拓商 1 号	4. 42	2018	1 629	−1. 24	2 874
2017	72	阳光宝 1 号	4. 42	2018	1 729	−1. 31	2 874

续表

排序期	排序期排名	基金名称	排序期夏普比率	检验期	检验期排名	检验期夏普比率	样本量
2017	73	兴识乾坤1号	4.40	2018	1 392	-1.08	2 874
2017	74	高信百诺1期	4.39	2018	1 423	-1.10	2 874
2017	75	智德精选	4.37	2018	1 148	-0.93	2 874
2017	76	宽远价值成长3期	4.36	2018	835	-0.67	2 874
2017	77	身安道隆100	4.35	2018	951	-0.77	2 874
2017	78	潮金丰中港价值优选2号	4.33	2018	1 585	-1.21	2 874
2017	79	长江稳健	4.32	2018	1 342	-1.06	2 874
2017	80	景林优选2号	4.30	2018	1 364	-1.07	2 874
2017	81	玖鹏价值精选5号	4.29	2018	2 100	-1.59	2 874
2017	82	同犇智慧1号	4.29	2018	1 329	-1.05	2 874
2017	83	幻方之江01号	4.28	2018	144	0.84	2 874
2017	84	果实资本精英汇2号	4.27	2018	1 816	-1.38	2 874
2017	85	幻方永途01号	4.27	2018	52*	2.01	2 874
2017	86	中国龙价值	4.26	2018	2 529	-2.19	2 874
2017	87	喆颢大中华	4.26	2018	1 192	-0.95	2 874
2017	88	金海9号	4.21	2018	1 618	-1.23	2 874
2017	89	投资精英之景林（A类）	4.17	2018	1 951	-1.47	2 874
2017	90	红奶酪	4.16	2018	891	-0.71	2 874
2017	91	景林丰收2号	4.15	2018	1 268	-1.01	2 874
2017	92	高信百诺价值成长	4.15	2018	1 336	-1.05	2 874

续表

排序期	排序期排名	基金名称	排序期夏普比率	检验期	检验期排名	检验期夏普比率	样本量
2017	93	私募工场腾龙	4.14	2018	704	-0.54	2 874
2017	94	久期纯股1号	4.12	2018	733	-0.56	2 874
2017	95	金狮155号	4.11	2018	1 768	-1.35	2 874
2017	96	汉景港湾投360-1号	4.09	2018	1 186	-0.95	2 874
2017	97	万利富达	4.09	2018	1 577	-1.20	2 874
2017	98	果实资本精英汇3号	4.07	2018	1 775	-1.36	2 874
2017	99	保银紫荆怒放	4.07	2018	890	-0.71	2 874
2017	100	景林丰收	4.06	2018	1 306	-1.04	2 874
2017	101	浦慧系列1号	4.05	2018	1 308	-1.04	2 874
2017	102	宽远沪港深精选	4.03	2018	767	-0.61	2 874
2017	103	文多稳健1期	4.02	2018	483	-0.25	2 874
2017	104	新方程特别机遇A2号	4.00	2018	1 128	-0.91	2 874
2017	105	幻方沪深300指数增强2号A	4.00	2018	1 856	-1.41	2 874
2017	106	长见精选1号	3.99	2018	386	-0.11	2 874
2017	107	少数派求是1号	3.99	2018	950	-0.77	2 874
2017	108	汇创稳健1号（广东汇创）	3.98	2018	941	-0.76	2 874
2017	109	森林湖1号	3.97	2018	1 085	-0.88	2 874
2017	110	私募工场翙鹏中国竞争力1号	3.97	2018	427	-0.17	2 874
2017	111	金蕴99期（谷寒长线回报）	3.97	2018	266	0.23	2 874
2017	112	普邦恒升华金1期	3.96	2018	1 236	-0.98	2 874

续表

排序期	排序期排名	基金名称	排序期夏普比率	检验期	检验期排名	检验期夏普比率	样本量
2017	113	千象红包1号	3.96	2018	64*	1.81	2 874
2017	114	金太阳-果实资本精英汇1号	3.96	2018	2 105	-1.59	2 874
2017	115	易同精选2期1号	3.96	2018	1 966	-1.48	2 874
2017	116	文多逆向	3.96	2018	1 274	-1.01	2 874
2017	117	幻方欣荣01号	3.95	2018	393	-0.11	2 874
2017	118	博普指数增强1号	3.94	2018	2 103	-1.59	2 874
2017	119	远望角容远1号	3.93	2018	264	0.24	2 874
2017	120	盛信1期（2016）	3.92	2018	1 637	-1.25	2 874
2017	121	果实资本精英汇5A号	3.91	2018	1 995	-1.50	2 874
2017	122	奕金安1期	3.90	2018	1 196	-0.95	2 874
2017	123	少数派17号	3.89	2018	632	-0.44	2 874
2017	124	中国龙平衡	3.88	2018	600	-0.40	2 874
2017	125	林园投资2号	3.88	2018	434	-0.18	2 874
2017	126	乐晟精选	3.86	2018	2 439	-2.03	2 874
2017	127	广金成长3期	3.86	2018	901	-0.71	2 874
2017	128	东方港湾拓商	3.86	2018	743	-0.58	2 874
2017	129	宽远价值成长2期	3.85	2018	746	-0.59	2 874
2017	130	至璞新以恒	3.85	2018	817	-0.65	2 874
2017	131	长金银信宝6期	3.84	2018	1 197	-0.96	2 874
2017	132	润晖稳健增值	3.83	2018	1 872	-1.42	2 874

续表

排序期	排序期排名	基金名称	排序期夏普比率	检验期	检验期排名	检验期夏普比率	样本量
2017	133	源乐晟 4 期	3.82	2018	2 505	-2.14	2 874
2017	134	幻方钱海 01 号	3.81	2018	225	0.39	2 874
2017	135	卓铸卓越 1 号	3.80	2018	1 508	-1.15	2 874
2017	136	幻方恒光 01 号	3.80	2018	70*	1.69	2 874
2017	137	淘利策略指数轮动 3 号	3.79	2018	2 020	-1.53	2 874
2017	138	少数派 10 号	3.79	2018	738	-0.57	2 874
2017	139	利檀 3 期	3.77	2018	1 300	-1.03	2 874
2017	140	私募工场亚洲价值长线回报	3.76	2018	252	0.28	2 874
2017	141	格上理财-拾贝收益 8 期	3.76	2018	1 638	-1.25	2 874
2017	142	望正精英浩然 1 号	3.76	2018	2 782	-3.01	2 874
2017	143	金狮 157 号	3.74	2018	1 844	-1.40	2 874
2018	1	地鑫海中湾 A	11.20	2019	2 076	-0.29	2 254
2018	2	坤元 TOT	10.77	2019	2*	10.29	2 254
2018	3	达尔文明德 1 号	7.75	2019	361	2.14	2 254
2018	4	展弘稳进 1 号	7.37	2019	4*	7.86	2 254
2018	5	达尔文至诚 1 号	6.80	2019	1 457	1.01	2 254
2018	6	金锝建业 3 号	5.44	2019	278	2.28	2 254
2018	7	金锝建业 2 号	5.20	2019	321	2.22	2 254
2018	8	金锝建业 1 号	5.07	2019	246	2.34	2 254
2018	9	金锝 5 号	5.06	2019	27*	3.28	2 254

续表

排序期	排序期排名	基金名称	排序期夏普比率	检验期	检验期排名	检验期夏普比率	样本量
2018	10	雷根期权套利	5.05	2019	29*	3.23	2 254
2018	11	达尔文远志1号	4.66	2019	1 371	1.11	2 254
2018	12	达尔文博学1号	4.34	2019	867	1.62	2 254
2018	13	睿赢精选C类6期	4.14	2019	9*	4.57	2 254
2018	14	磐京稳赢6号	3.99	2019	1 996	-0.01	2 254
2018	15	浙江白鹭嘉庚1期	3.74	2019	2 010	-0.06	2 254
2018	16	信弘平方和稳健1号	3.27	2019	1 017	1.50	2 254
2018	17	浦江之星221号	3.08	2019	2 217	-1.69	2 254
2018	18	财掌柜持股宝8号	3.05	2019	80*	2.68	2 254
2018	19	金然稳健1号	3.00	2019	1 656	0.76	2 254
2018	20	鹤骑鹰一粟	2.89	2019	13*	3.96	2 254
2018	21	金锝量化	2.86	2019	75*	2.72	2 254
2018	22	远澜红枫3号	2.77	2019	637	1.82	2 254
2018	23	金锝6号	2.73	2019	30*	3.23	2 254
2018	24	宁聚量化优选	2.65	2019	323	2.21	2 254
2018	25	天瓴-幻方星辰12号	2.59	2019	32*	3.18	2 254
2018	26	思维30号	2.49	2019	591	1.86	2 254
2018	27	工银量化信诚精选	2.39	2019	7*	5.60	2 254
2018	28	幻方鼎立01号	2.38	2019	811	1.68	2 254
2018	29	平方和信享	2.32	2019	1 208	1.31	2 254

续表

排序期	排序期排名	基金名称	排序期夏普比率	检验期	检验期排名	检验期夏普比率	样本量
2018	30	牛博士 2 期	2.24	2019	1 642	0.79	2 254
2018	31	寰宇精选收益之睿益 1 期	2.23	2019	1 582	0.86	2 254
2018	32	满天星 6 号	2.21	2019	500	1.96	2 254
2018	33	辉毅 1 号	2.21	2019	213	2.40	2 254
2018	34	御澜扬子江 1 号	2.21	2019	1 967	0.10	2 254
2018	35	新动力远澜梧桐 1 号	2.12	2019	1 970	0.09	2 254
2018	36	乾元 TOT	2.09	2019	754	1.72	2 254
2018	37	幻方志远 01 号	2.08	2019	24*	3.34	2 254
2018	38	远澜银杏 1 号	2.06	2019	1 266	1.23	2 254
2018	39	民晟金牛 4 号	2.05	2019	1 073	1.45	2 254
2018	40	辉毅 3 号	2.03	2019	1 231	1.28	2 254
2018	41	雷根 9 号	2.03	2019	58*	2.85	2 254
2018	42	幻方永途 01 号	2.01	2019	19*	3.54	2 254
2018	43	宁聚量化稳盈 2 期	2.00	2019	921	1.59	2 254
2018	44	渤海期货远澜翠柏 1 号	2.00	2019	1 356	1.13	2 254
2018	45	辉毅 2 号	1.99	2019	373	2.13	2 254
2018	46	宁聚量化稳盈 1 期	1.99	2019	916	1.59	2 254
2018	47	锋滔喆颢量化对冲 1 号	1.98	2019	1 814	0.46	2 254
2018	48	远澜云杉 2 号	1.95	2019	1 045	1.48	2 254
2018	49	博普对冲 1 号	1.92	2019	76*	2.71	2 254

续表

排序期	排序期排名	基金名称	排序期夏普比率	检验期	检验期排名	检验期夏普比率	样本量
2018	50	天瓴-幻方星辰 11 号	1.91	2019	945	1.57	2 254
2018	51	资舟观复	1.91	2019	926	1.58	2 254
2018	52	资舟磐石	1.90	2019	915	1.59	2 254
2018	53	申毅惟精 2 号	1.88	2019	1 826	0.44	2 254
2018	54	远澜云杉 4 号	1.85	2019	1 374	1.10	2 254
2018	55	协捷资产-私募学院菁英 324 号	1.84	2019	993	1.52	2 254
2018	56	远澜红枫 1 号	1.84	2019	88*	2.64	2 254
2018	57	思博量道 15 号	1.83	2019	1 537	0.91	2 254
2018	58	千象红包 1 号	1.81	2019	1 755	0.57	2 254
2018	59	上海远澜硕桦 1 号	1.81	2019	626	1.83	2 254
2018	60	涵德量化稳健从基金 2 号	1.76	2019	731	1.74	2 254
2018	61	幻方慧鑫 01 号	1.75	2019	473	2.00	2 254
2018	62	九章幻方量化对冲 1 号	1.75	2019	119	2.58	2 254
2018	63	爱心稳健收益型	1.69	2019	1*	13.39	2 254
2018	64	幻方恒光 01 号	1.69	2019	110*	2.59	2 254
2018	65	以太投资趋势 4 号	1.69	2019	630	1.83	2 254
2018	66	九章幻方量化对冲 2 号	1.68	2019	96*	2.62	2 254
2018	67	思瑞 2 号	1.68	2019	1 115	1.40	2 254
2018	68	正则	1.65	2019	28*	3.24	2 254
2018	69	辉毅 9 号	1.63	2019	1 489	0.96	2 254
2018	70	东源嘉盈 6 号	1.63	2019	1 930	0.22	2 254

续表

排序期	排序期排名	基金名称	排序期夏普比率	检验期	检验期排名	检验期夏普比率	样本量
2018	71	安进 13 期壹心 1 号	1.59	2019	1 808	0.48	2 254
2018	72	JH 龙腾 1 号	1.59	2019	11★	4.29	2 254
2018	73	以太投资趋势 14 号	1.57	2019	966	1.55	2 254
2018	74	云古赤霄对冲 1 号	1.55	2019	1 972	0.08	2 254
2018	75	汇升稳进共盈 1 号	1.55	2019	568	1.88	2 254
2018	76	领望巴舍里耶 3 期	1.53	2019	185	2.44	2 254
2018	77	金锝进取 1 号尊享 A	1.53	2019	728	1.74	2 254
2018	78	远澜云杉	1.49	2019	496	1.97	2 254
2018	79	胤狮 8 号	1.49	2019	1 413	1.06	2 254
2018	80	雷根 6 号	1.48	2019	51★	2.95	2 254
2018	81	远澜苍松 1 号	1.48	2019	1 879	0.32	2 254
2018	82	大禾投资-掘金 1 号	1.47	2019	589	1.86	2 254
2018	83	金樽 1 期	1.46	2019	2 050	-0.18	2 254
2018	84	远澜红松	1.46	2019	1 104	1.42	2 254
2018	85	远澜雪松	1.44	2019	462	2.01	2 254
2018	86	鲁信稳健 1 号	1.43	2019	3★	7.86	2 254
2018	87	正则 1 期	1.40	2019	120	2.58	2 254
2018	88	明汯中性 1 号	1.36	2019	129	2.56	2 254
2018	89	宁聚量化精选	1.36	2019	259	2.32	2 254
2018	90	辉毅 5 号	1.34	2019	52★	2.94	2 254
2018	91	洛书进取 2 号	1.33	2019	1 761	0.56	2 254

续表

排序期	排序期排名	基金名称	排序期夏普比率	检验期	检验期排名	检验期夏普比率	样本量
2018	92	盘古 1 号	1.32	2019	2 106	-0.44	2 254
2018	93	鹤骑鹰奇古	1.28	2019	1 604	0.83	2 254
2018	94	天下溪	1.25	2019	1 917	0.24	2 254
2018	95	匀丰量化进取	1.21	2019	1 143	1.37	2 254
2018	96	雷根 5 号	1.16	2019	124	2.58	2 254
2018	97	盈阳 22 号	1.16	2019	1 514	0.93	2 254
2018	98	康曼德 105 号	1.14	2019	1 043	1.48	2 254
2018	99	泓湖稳健	1.13	2019	1 175	1.34	2 254
2018	100	星和宽星 1 号	1.13	2019	1 071	1.45	2 254
2018	101	嘉翼商品对冲	1.12	2019	1 406	1.07	2 254
2018	102	联创永泉新享尊享 A 期	1.12	2 019	5*	5.66	2 254
2018	103	智诚 12 期	1.10	2019	2 144	-0.79	2 254
2018	104	远澜火松	1.08	2019	520	1.93	2 254
2018	105	华量申毅 1 号	1.08	2019	1 530	0.91	2 254
2018	106	刘东声刘子赢家 1 号	1.08	2019	2 219	-1.73	2 254
2018	107	九坤统计套利尊享 A 期	1.07	2019	1 442	1.02	2 254
2018	108	青云专享 1 号	1.07	2019	6*	5.65	2 254
2018	109	寰宇精选收益之增益 1 期	1.06	2019	2 235	-2.05	2 254
2018	110	锦和 1 号	1.05	2019	1 569	0.88	2 254
2018	111	垒土自营	1.04	2019	1 187	1.33	2 254
2018	112	以太投资稳健成长 16 号	0.98	2019	233	2.35	2 254

附录八　夏普比率在排序期位于前 5%的基金在检验期的排名（排序期为三年）：2014~2019 年

本表展示的是排序期为三年、检验期为一年时，排序期夏普比率排名在前 5%的基金在检验期的夏普比率排名，以及基金在排序期和检验期的夏普比率。排序期夏普比率是以排序期三年年化收益率为基础计算出的夏普比率。样本量为在排序期和检验期都存在的基金个数。★表示在检验期仍位于前 5%的基金。

排序期	排序期排名	基金名称	排序期夏普比率	检验期	检验期排名	检验期夏普比率	样本量
2014~2016	1	念空跨境套利	2. 68	2017	116	1. 07	288
2014~2016	2	思晔市场中性旗舰产品	2. 67	2017	175	0. 24	288
2014~2016	3	稳健增长（外贸）	2. 42	2017	257	-1. 25	288
2014~2016	4	聚发（25）-保证金交易 1 号 A2	2. 14	2017	261	-1. 37	288
2014~2016	5	思晔动态对冲旗舰产品	1. 88	2017	140	0. 72	288
2014~2016	6	申毅对冲 1 号	1. 87	2017	199	-0. 14	288
2014~2016	7	证大稳健增长	1. 82	2017	233	-0. 67	288
2014~2016	8	名禹稳健增长	1. 72	2017	149	0. 66	288
2014~2016	9	大朴进取 1 期	1. 67	2017	106	1. 28	288
2014~2016	10	信合东方（粤财）	1. 65	2017	242	-0. 94	288
2014~2016	11	道谊稳健	1. 65	2017	99	1. 51	288
2014~2016	12	思晔量化择股旗舰	1. 64	2017	52	2. 42	288
2014~2016	13	丰岭稳健成长 1 期	1. 63	2017	28	3. 25	288
2014~2016	14	睿策 1 期	1. 62	2017	127	0. 97	288
2015~2017	1	念空跨境套利	2. 09	2018	15★	0. 49	426
2015~2017	2	丰岭稳健成长 1 期	2. 08	2018	248	-1. 41	426

续表

排序期	排序期排名	基金名称	排序期夏普比率	检验期	检验期排名	检验期夏普比率	样本量
2015~2017	3	泛涵正元证券投资	1.94	2018	330	-1.88	426
2015~2017	4	弘尚资产灵活配置	1.87	2018	177	-1.11	426
2015~2017	5	林园	1.76	2018	82	-0.67	426
2015~2017	6	红宝石 E-1306 多元凯利	1.72	2018	214	-1.23	426
2015~2017	7	长江稳健	1.70	2018	166	-1.06	426
2015~2017	8	雷根 5 号	1.63	2018	10★	1.16	426
2015~2017	9	思晔市场中性旗舰产品	1.58	2018	19★	0.39	426
2015~2017	10	明河优质企业	1.57	2018	59	-0.47	426
2015~2017	11	海洋之星 1 号	1.56	2018	156	-1.02	426
2015~2017	12	道谊稳健	1.56	2018	376	-2.28	426
2015~2017	13	稳健增长（外贸）	1.54	2018	331	-1.88	426
2015~2017	14	诚盛 1 期	1.54	2018	145	-1.00	426
2015~2017	15	少数派 5 号	1.50	2018	70	-0.56	426
2015~2017	16	新思哲 1 期	1.49	2018	164	-1.04	426
2015~2017	17	雷根 6 号	1.48	2018	8★	1.48	426
2015~2017	18	通和进取 1 号	1.45	2018	69	-0.55	426
2015~2017	19	东方医疗平衡 1 期	1.44	2018	229	-1.30	426
2015~2017	20	申毅对冲 1 号	1.44	2018	128	-0.91	426
2015~2017	21	宁聚满天星	1.42	2018	260	-1.45	426
2016~2018	1	千象红包 1 号	3.06	2019	689	0.57	852

续表

排序期	排序期排名	基金名称	排序期夏普比率	检验期	检验期排名	检验期夏普比率	样本量
2016~2018	2	雷根期权套利	2.86	2019	7*	3.23	852
2016~2018	3	幻方志远01号	2.84	2019	5*	3.34	852
2016~2018	4	幻方恒光01号	2.78	2019	34*	2.59	852
2016~2018	5	幻方慧鑫01号	2.69	2019	172	2.00	852
2016~2018	6	幻方永途01号	2.55	2019	3*	3.54	852
2016~2018	7	资舟观复	2.42	2019	360	1.58	852
2016~2018	8	幻方鼎立01号	2.28	2019	322	1.68	852
2016~2018	9	幻方之江01号	2.25	2019	43	2.56	852
2016~2018	10	金锝5号	2.06	2019	6*	3.28	852
2016~2018	11	幻方欣荣01号	1.89	2019	617	0.87	852
2016~2018	12	金锝6号	1.68	2019	8*	3.23	852
2016~2018	13	雷根6号	1.64	2019	13*	2.95	852
2016~2018	14	远澜云杉	1.51	2019	180	1.97	852
2016~2018	15	雷根5号	1.46	2019	38*	2.58	852
2016~2018	16	睿璞投资-睿洪1号	1.40	2019	337	1.64	852
2016~2018	17	进化论复合策略1号	1.39	2019	106	2.26	852
2016~2018	18	金蕴99期（谷寒长线回报）	1.31	2019	672	0.65	852
2016~2018	19	幻方钱海01号	1.28	2019	559	1.03	852
2016~2018	20	资舟磐石	1.18	2019	357	1.59	852
2016~2018	21	涵德量化稳健从基金2号	1.17	2019	283	1.74	852

续表

排序期	排序期排名	基金名称	排序期夏普比率	检验期	检验期排名	检验期夏普比率	样本量
2016~2018	22	五合一心	1.10	2019	787	-0.13	852
2016~2018	23	东方点赞	0.99	2019	112	2.24	852
2016~2018	24	九霄投资稳健成长2号	0.97	2019	307	1.70	852
2016~2018	25	宽远价值成长2期	0.94	2019	206	1.89	852
2016~2018	26	金田龙盛	0.93	2019	466	1.31	852
2016~2018	27	景林创新成长	0.92	2019	45	2.53	852
2016~2018	28	景林价值B类	0.91	2019	89	2.33	852
2016~2018	29	资瑞兴1号	0.91	2019	245	1.82	852
2016~2018	30	安进13期壹心1号	0.90	2019	713	0.48	852
2016~2018	31	国信红岭	0.90	2019	751	0.23	852
2016~2018	32	利得汉景1期	0.89	2019	281	1.75	852
2016~2018	33	通和富享1期	0.85	2019	604	0.91	852
2016~2018	34	望正1号	0.85	2019	635	0.82	852
2016~2018	35	同望1期1号	0.84	2019	30*	2.63	852
2016~2018	36	宽远价值成长2期诺亚专享1号	0.84	2019	249	1.81	852
2016~2018	37	东方港湾马拉松1号	0.84	2019	234	1.84	852
2016~2018	38	淘利多策略量化套利	0.84	2019	812	-0.50	852
2016~2018	39	逸杉2期	0.84	2019	538	1.12	852
2016~2018	40	宽远沪港深精选	0.84	2019	207	1.89	852
2016~2018	41	望正基石投资1号	0.84	2019	522	1.16	852
2016~2018	42	恒天泰旸1期	0.83	2019	4*	3.35	852

参考文献

［1］庞丽艳、李文凯、黄娜：《开放式基金绩效评价研究》，载于《经济纵横》2014 年第 7 期。

［2］赵骄、闫光华：《公募基金与阳光私募基金经理的管理业绩持续性实证分析》，载于《科技经济市场》2011 年第 12 期。

［3］赵羲、刘文宇：《中国私募证券投资基金的业绩持续性研究》，载于《上海管理科学》2018 年第 6 期。

［4］朱杰：《中国证券投资基金收益择时能力的实证研究》，载于《统计与决策》2012 年第 12 期。

［5］Agarwal, V. & Naik, N. Y., "On Taking the 'Alternative' Route: The Risks, Rewards, and Performance Persistence of Hedge Funds", *The Journal of Alternative Investments*, 2000 (2): 6-23.

［6］Brown, S. J. & Goetzmann, W. N., "Performance Persistence", *The Journal of Finance*, 1995 (50): 679-698.

［7］Carhart, M. M., "On Persistence in Mutual Fund Performance", *The Journal of Finance*, 1997 (52): 57-82.

［8］Cao, C., Simin, T., Wang, Y., "Do Mutual Fund Managers Time Market Liquidity?", *Journal of Financial Markets*, 2013 (16): 279-307.

［9］Cao, C., Chen, Y., Liang, B., Lo, A., "Can Hedge Funds Time Market Liquidity?", *Journal of Financial Economics*, 2013 (109): 493-516.

［10］Chen, Y., "Timing Ability in the Focus Market of Hedge Funds", *Journal of Investment Management*, 2007 (5): 66-98.

［11］Chen, Y., & Liang, B., "Do Market Timing Hedge Funds Time the Market?", *Journal of Financial and Quantitative Analysis*, 2007 (42): 827-856.

［12］Fama, E. F. & French, K. R., "The Cross-section of Expected Stock Returns", *The Journal of Finance*, 1992 (47): 427-465.

［13］Fama, E. F. & French, K. R., "Common Risk Factors in the Returns on Stocks and Bonds", *Journal of Financial Economics*, 1993 (33): 3-56.

［14］Fama, E. F. & French, K. R., "Luck versus Skill in the Cross-section of Mutual Fund Returns", *The Journal of Finance*, 2010 (65): 1915-1947.

[15] Fung, W., & Hsieh, D. A., "Hedge Fund Benchmarks: A Risk-based Approach", *Financial Analysts Journal*, 2004 (60): 65-80.

[16] Malkiel, B. G., "Returns from Investing in Equity Mutual Funds 1971 to 1991", *The Journal of Finance*, 1995 (50): 549-572.

[17] Jegadeesh, N. & Titman, S., "Returns to Buying Winners and Selling Losers: Implications for Stock Market Efficiency", *The Journal of Finance*, 1993 (48): 65-91.

后　记

本书是清华大学五道口金融学院民生财富管理研究中心经过多年积累的研究成果，是研究中心已出版的《2016 年中国公募基金和私募基金研究报告》《2017 年中国公募基金研究报告》《2017 年中国私募基金研究报告》《2018 年中国公募基金研究报告》《2018 年中国私募基金研究报告》《2019 年中国公募基金研究报告》《2019 年中国私募基金研究报告》的后续报告。2020 年，我们进一步完善了研究方法、样本和结果，出版《2020 年中国公募基金研究报告》和《2020 年中国私募基金研究报告》，以飨读者。

本书凝聚着研究中心所有工作人员的心血和智慧。整个书稿的撰写及审阅过程，由研究中心主任曹泉伟教授、副主任陈卓教授以及顾问李彬共同主持指导，由中心的研究人员门垚、王平凡、石界、姜白杨和滕立雅共同撰写完成。

本书的完成离不开清华大学五道口金融学院的大力支持，以及来自学界、业界、监管机构的各方人士在书稿写作过程中提供的帮助。在此特别鸣谢中国民生银行对民生财富管理研究中心的慷慨捐赠，正是因为中国民生银行的大力支持，民生财富管理研究中心才能专注于运用现代经济金融理论，结合前沿量化研究方法，分析研究金融市场的产品与投资策略，搭建学术研究与金融业界交流的平台。此外，我们感谢上海淘利资产管理有限公司、上海耀之资产管理中心（有限合伙）、上海申毅投资股份有限公司、上海富善投资有限公司、华溢之星资产管理（北京）有限公司、杭州龙旗科技有限公司、九坤投资（北京）有限公司和浙江九章资产管理有限公司（幻方量化）的领导在我们实地调研时提供的大力支持，感谢朱民、廖理、林成栋、余剑锋、于江勇、史炎、肖辉、朱彦哲、赵剑秋、李雯、朱晓康、王琛、徐进等为本书提供许多有价值的建议。最后，我们由衷感谢来自各方的支持与帮助，在此一并致谢！

作者

2020 年 5 月

图书在版编目（CIP）数据

2020年中国私募基金研究报告／曹泉伟等著．—北京：
经济科学出版社，2020.7
ISBN 978-7-5218-1659-4

Ⅰ.①2… Ⅱ.①曹… Ⅲ.①投资基金-研究报告-
中国-2020 Ⅳ.①F832.51

中国版本图书馆CIP数据核字（2020）第109702号

责任编辑：齐伟娜 初少磊
责任校对：杨晓莹
责任印制：李 鹏 范 艳

2020年中国私募基金研究报告
曹泉伟 陈卓 等/著
经济科学出版社出版、发行 新华书店经销
社址：北京市海淀区阜成路甲28号 邮编：100142
总编部电话：010-88191217 发行部电话：010-88191540
网址：www.esp.com.cn
电子邮箱：esp@esp.com.cn
天猫网店：经济科学出版社旗舰店
网址：http://jjkxcbs.tmall.com
北京季蜂印刷有限公司印装
787×1092 16开 19.75印张 400000字
2020年8月第1版 2020年8月第1次印刷
ISBN 978-7-5218-1659-4 定价：68.00元
（图书出现印装问题，本社负责调换。电话：010-88191510）